モンテーニュ逍遥

新版

関根秀雄
Sekine Hideo

国書刊行会

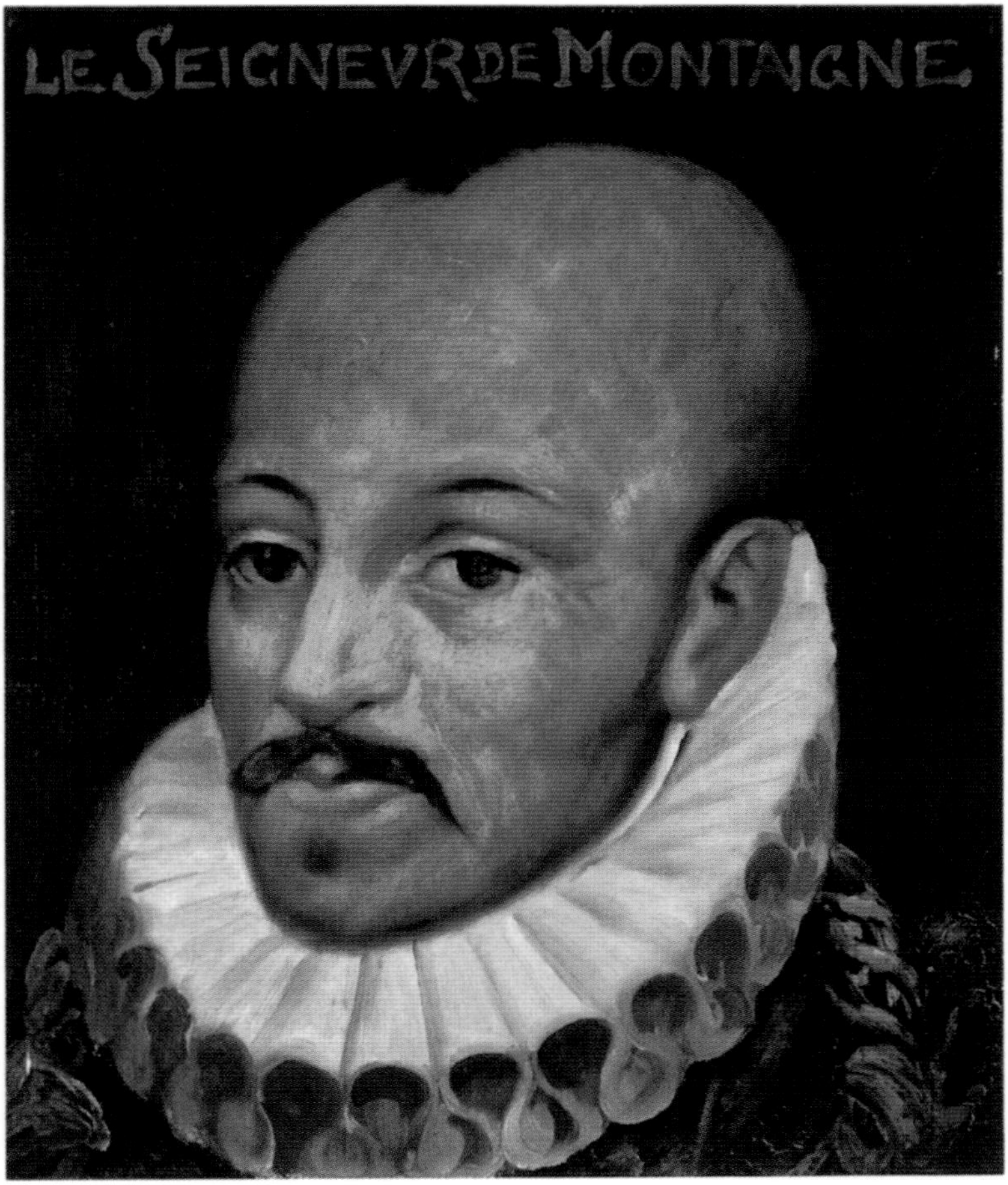

ミシェル・ド・モンテーニュ

玉井力三画（1901–1982　元 示現会会員）

1846年当時のシャトー・ド・モンテーニュ——レオ・ドルアンによるデッサン
(Photo Jacques Lagrange. — *Bulletin de la Société des Amis de Montaigne*, 4e série, nº 6, 1966.)

シャトー・ド・モンテーニュの現状

モンテーニュの図書室（リブレーリー）

モンテーニュ逍遥

——一東洋人のモンテーニュ論——

逍遙学派はすべての学派の中で最も社交的であるが、以上霊肉両面の合致による幸福を重んじ、両方をもろともに娯《たの》しもうと心掛けることをもってただ一つ賢者にふさわしいこととし、他の諸学派がこの融合に十分な考慮を払わず、いたずらに派をかまえて、あるいは肉体のみを重んじ、あるいは霊魂にのみ偏して、いずれも共に同じ誤りに落ちていること、彼らが人間を主題としながら人間をうとんじ、一般に自然をその案内者と認めながら自然を遠ざけていることを、咎めている。『随想録』第二巻第十七章〈自惚れについて〉

今、子ハ、大樹ヲ有シテ其ノ用ナキヲ患《ウレ》ウ。何ゾ之ヲ無何有之郷・広莫之野ニ樹《ウ》エ、彷徨乎トシテ其ノ側《カタワラ》ニ無為ニシ、逍遙乎トシテ其ノ下ニ寝臥《シンガ》セザル。斤斧《キンプ》ニ夭《ヨウ》セラレズ、物ノ害スルナキ者ハ、用ウベキ所ナキモ、安《イズクン》ゾ困苦スル所アランヤ。

『荘子』「逍遙遊篇」

芒然トシテ塵垢之外ニ彷徨シ、無為之業ニ逍遙ス。

『荘子』「大宗師篇」

目次

凡例

一、本書におけるモンテーニュの引用表記は、すべて国書刊行会刊『モンテーニュ随想録』(二〇一四年)に拠り、巻・章・頁をII・14・499のように表記した。

一、『随想録』訳文中に含まれる(a)(b)(c)の符号は、原文テキストの時期を標示したものである。すなわち、

(a)は、一五八〇または八二年版のテキストを、

(b)は、一五八八年版のテキストを、

(c)は、それ以後に書き加えられたものを、示す。

序章　《それは彼であったから、それは私であったから》か

その〈クリュニー版〉と、いわゆる〈古文書版〉とによって、『パンセ』の原典研究に画期的な功績をのこしたザカリ・トゥルヌールに、『ブレーズ・パスカルとの一生』という一著がある。もう三十年近くも前（一九四五年）のことであるが、私はその本を前にして、自分も晩年にはこのような本が書けるようになりたいものだと思った。トゥルヌールはその中に、彼がソルボンヌに提出した学位論文が通らなかったことに失望することなく、いっそうの決意をもって『パンセ』の原典研究に立ち向かい、有名なブランシュヴィック版には三百か所以上の、またストロスキー版には四百七十の、誤読のあることを発見したいきさつを述べてから、つまびらかに人間パスカルについて語った末、《パスカルは思想家でも哲学者でもない。英雄でもなければ聖者でもなく、賢人ですらない。それは芸術家《アルティスト》、詩人《ポエト》、雄弁家《オラトウール》であった》と断言しているのである。一介の高校教師にすぎない彼が、あらゆる困難に打ち克って、堂々とこれだけのことを言ってのけた学者としての態度に、私は深い感動を覚えたからである。だが私には彼のような、押しも押されもせぬ立派な業績があるわけでもなく、また彼ほどに世間の中傷や妨害に対して敏感でもないから、あのような自信と気魄に満ちた著作が容易に書きあげられるはずもなく、ただ時折りその時の感慨を思い出すだけで荏苒《じんぜん》

今日に及んでいる次第なのであるが、つい二年前に、これが自分の最後の著作となるであろうと思いつつ『モンテーニュとその時代』をどうやら公刊し終わった時、はからずも、まったく図らずも、〈東京新聞〉から求められて、次のような履歴書めいたものを書くはめになった。まことにおこがましい次第だが、おそらく前記トゥルヌールの一著の想い出が、八十を越えた私の胸裏に、なおかすかながら生きていたせいであろう。

《交遊五十年――モンテーニュとの――

私が初めてモンテーニュの名を知ったのは、一九一六年大学一年生の時、エミール・エック先生のフランス文学史概説においてであった。先生が最後に、幾度も〈エピキュリアン・モデレ〉（節度ある享楽主義者）と繰り返し言われたことを、私は今でもはっきり覚えている。それから三年目すなわち一九一九年、同じ講義を聴いていた鈴木信太郎君は「モンテーニュの懐疑思想」という論文を書いて卒業した。私の方は、家にあった吉田東伍の『世阿弥十六部集』とボワローの『詩学』とを対比して、比較文学まがいのお粗末な論文を提出し、同様仏文三か年の課程を修了した。このことは、鈴木君がその後ヴィヨンやマラルメの方で有名になったので、そして幸か不幸か、二人の論文は関東大震災であの赤煉瓦の研究室もろとも燃えてしまったので、あまり人に知られていないが、『鈴木信太郎全集』を見れば、彼が学生時代にすでにボルドー市版『エッセー』を読んでいたことがわかる。だから鈴木君と私とは同期生だが、モンテーニュに関する限り彼の方が先輩である。

私がモンテーニュを読み出したのは一九二二年以前では確かにない。本気で『エッセー』と取り組む気になって、勉強のつもりでその翻訳に取りかかったのは、更におくれて一九二六年のことであった。だがそれから今日に至る五十四年の間、私はただモンテーニュばかり読みつづけ、途中わずかに、誰も人が手をつけないラ・ブリュイエールの『人さまざま《レ・カラクテール》』とブリヤ＝サヴァランの『美味礼讃』とを翻訳した以外には、何一つ仕事らしい仕事をしていない。どうしてそんなことになったのか、よく人から不思議がられるが、それは自分にもわからない。

　モンテーニュはそのラ・ボエシに対する有名な友愛の理由をたずねられると、《それは彼であったから、それは私であったから》と答えたらしいが、私も、何だかきざな気もするが、やはり同じように答えるほかはなさそうである。一方は史上第一級の人物、こっちは眇《びょう》たる退職教授にすぎないが、それでもどこかの点でお互いウマが合っているのではないかと思う。ただ一つはっきりと言えることは、モンテーニュはたんに私の研究主題であっただけではなく、いつとはなしに私の師父となり〈人生の伴侶〉となっていたということである。

　生まれつき病弱であり愚鈍であり闘志に乏しかったせいであろうか、家に比較的読み易い活字本の国文学書が豊富にあった（例えば有朋堂文庫）からであろうか。それとも中学時代にすぐれた国漢文の先生をもち（佐伯常麿、細田謙蔵、西脇玉峰）その感化を受けたせいであろうか、まだ実世間をのぞいても見ない少年時代から、早くも私は〈世事浮雲何ゾ問ウニ足ラン、如《シ》カズ高臥シテ且ツ餐《サン》ヲ加エンニハ〉とか、〈帰リナンイザ、田園マサニ蕪《ア》レナントス〉とかいうような中国の詩文に陶酔し、仏文科に入ってからも、ヴィニーやプリュドムやギュイヨー*などの哲学詩をめぐっていたずらに彷徨をつづけていたのであるが、フランス文学史を上へ上へと溯《さかのぼ》り尋ねながら、ばったりとこのモンテーニュに行き当たった時には、初めて、何となく、ただ何となく、そこに自分が無意識のうちに捜し求めているものが、哲学のような詩のような何かが、かくされているような予感がした。

＊『社会学の見地より見たる芸術』の著者には、『一哲学者の詩』という一冊の詩集がある。

そこでまず暗中を模索するような十六世紀フランス語の独習解読が始まり、やがてそれが『エッセー』の翻訳へとしぜんにつながっていった。そして少しずつ彼の文章がわかりかけてきた時には、彼が己れの怠惰無精無学無能を悪びれもせずに公開し、しかも逆にそれらを活用しつつ生きてゆくところに、すっかり魅了されていた。まったく『エッセー』がただ私の研究題目にすぎなかったなら、論文の完了と共に彼との交際は終わったであろう。ところが『エッセー』は、いつしか私にとって、クリスト者のバイブルみたいなものになっていたから、一九三五年に『随想録《レ・ゼッセー》』の翻訳を一応完成してからも、かえってますます、作者モンテーニュに関する一切の問題を詮索しつづけないではいられなかった。すなわち私は、アナトール・フランスを会長としてアルマンゴー博士が創始した〈モンテーニュ友の会〉の終身会員となり、爾来四十年その紀要を読みつづけている。そこからしぜんに、三つの『モンテーニュ伝』が生まれた（一九三五年、三九年、五〇年）。こんどの『モンテーニュとその時代』もまた、こういう彼との五十年に余る交遊親炙《しんしゃ》の間からしぜんに生まれ出たものであって、特に研究努力して成された論考でも考証でもない。それはむしろ私が楽しみながら書き綴った、気弱でまっ正直な一人のユマニストの、百鬼夜行の乱世を懸命に生き抜いた、その生涯の物語である。》（一九七六年五月十七日〈東京新聞夕刊〉）

私は以上の文章の中に、半世紀の長きにわたってなおこの人と交遊を続けているのは何に由来するのか、人に聞かれてもそのわけは自分にもわからないと言いながら、彼と自分とはどこかでウマが合っているのではないかと書いている。どこで、どう、ウマが合っているのかは書いていないが、それは与えられた紙数に限りがあったからであって、真実自分にそのわけがわかっていなかったのでは決してない。

これは今から七、八年も前のこと、すなわち私が『モンテーニュとその時代』の稿を起こすよりも三、四年前のことである。ふと私は〈巴里評論《ルヴュ・ド・パリ》〉誌の一九六九年七・八月号にジャン・ビエルメという人の「モンテーニュと老荘の知恵」と題する一文が出ているのを知り、早速ゼロックスに取って一読した。私はこの時、初めてはっきりと、自分が二十歳代の頃、ふと邂逅したモンテーニュに、わけもわからずに、ぐんぐんひかれていった理由が何であったかを、意識することができた。兼好法師とモンテーニュとの対比《パラレル》は一九三五年（私の『随想録』の初訳が公刊された年）の、当時九州大学の教授であった成瀬正一の「モンテーニュと極東の知恵」と題するパリ大学における講演をはじめとして、一九六四年の石上美智子夫人がパリ大学に提出した「モンテーニュのユマニスムと兼好のブディスム」と題する学位論文などによって、すでにしばしばなされていることを承知していたが、その兼好その人が、仏教思想《ブディスム》ばかりでなく老荘の哲学をも、内に深く蔵していることに、ビエルメの文章を読んで今更のように想い至ったからである。そう想うと、それは兼好ばかりではない。老荘の思想は、禅宗や浄土宗におけるインド思想と一つになって、我々日本人の血脈の中に流れ込んでいる。長明にも世阿弥にも芭蕉にも親鸞にも良寛にも宣長にも、更に下っては漱石*にも賢治にも、それは受け継がれている。モンテーニュの口真似をすれば、私自らも〈東洋人・日本人であるのと同じ資格において老荘のともがらである〉のだと思う。別に私はシナ思想やインド思想を、それぞれ本格的に研究したわけではないが、それらを、混沌たる状態において、意識の底に潜在させていたのだ。またそれと同じように、西欧人の中にも、ヴェーダンタの思想、インドの思想などが、ギリシア哲学や「伝道書」の思想などと、わかち難く溶け合うようにして在るのではないか。現時点においてはなお多くの学者たちによって実証せられるには至っていないにしても、それはあるのではなかろうか。とまで、私は空想をたくましくした。アンリ・ベルナールの『シナの知恵とキリスト教哲学』（訳名『東西思想交流史』松山厚三訳）の中には、《我々は聖トマスのカトリック哲学の中にヴェーダンタによって工夫された重要な教説をのこらず発見する》とか、《支那の叡智にヴェーダンタ教の忍びこんでいないものはない》とか、書かれているのを読むと、私のとりとめのない空想夢想も、いつか誰かによって確実な根拠が与えられる時が来ないものでもなかろう。ストラボンの『地誌』やプルタルコスの『対比列伝』やディオゲネス・ラエルティオスの『哲学者列伝』などによると、ピュロンはアレクサンドロス東征の軍に従いペルシアからインドに入り、〈裸行者《ジムノソフィスト》〉の宗教生活を眼のあたり見たということであるし、中村元博士によれば、その後バクトリアを統治したギリシア系の国王メナンドロスは、仏教僧と問答を重ねた末仏教に帰依したということであるから（後出三〇頁）、荘子とモンテーニュとがどこでどう結びつかないものでもあるまい。それに私は学者としてではなく、たんにモンテーニュの友として、ジャン・ビエルメによるモンテーニュと荘子とのパラレルには、大いに興味をそそられたのであった。

＊　岡崎義恵『漱石と則天去私』六三頁参照。

ジャン・ビエルメという人はシナ学者であろうか、それともいわゆる評論家と言われる人なのであろうか。とにかく彼は、しばしばヤソ会の布教師として中国に長く滞在したレオン・ヴィジェが一九一三年に完成した、荘子の『南華真経』の漢仏対訳本中の仏文テキストとモンテーニュのフランス語原文とを絶えず対比しつつ論を進めているのだが、ここでは荘子の原文が仏文になっているだけに、いっそうよく両者の近似性が感じ取られるのであった。もちろん私は、始めから厳密な意味での、比較文学者が言う、相互の影響関係までそこに教えられようとは期待していなかったから、ただそこに、東西の哲学者が、こんなにまで似ていたかと、思い知らされただけで十分満足した。その後私は上記レオン・ヴィジェ漢仏対訳本のほかに、ユネスコ版〈オリエント叢書〉中のリウ氏訳『荘子全集』の仏文テキストや、森三樹三郎、福永光司、大浜皓等の邦訳や評釈や研究によって、改めて『荘子』を勉強してみたが、それは私に従来のモンテーニュ解釈を改めさせることにはならず、かえってそれを固持させる結果になった。そこで一九七二年に拙訳『モンテーニュ随想録』全訳縮刷版の第四刷を出すに当たって、本文に対して少許の改訂を加えると共に、一九五七年に書いた巻頭の解説文の末尾に、次のような約二頁ほどの増補をしたのであった。

《……モンテーニュがいろいろな場合に詩人であることはすでに幾多の人々（モンテスキュー、ユゴー、ミシュレー、リュエル教授など）の強調しまた詳説するところであるが、ジャン・ピエルメの小論文もまた、十分我々の注意を喚起するに足りる。*この人は『随想録』と『荘子』とを、レオン・ヴィジェの漢仏対訳版によって読みくらべた上、国と時代とを異にするこの二人の思索者が、その発想においてもその表現においても、完全に詩人であることを発見し、その照応と酷似とを指摘している。これはただに我々東洋人の好奇心ないし自負心をよろこばすだけではなく、モンテーニュがそれほどまでに一般の西洋思想家とは別種の思考方式を持っており、正にその故にこそ従来西欧の哲学者たちの完全な理解が得られなかったのだという、重大な事実を暗示している。タヴェラがモンテーニュの文章を評して「それは思考する人の文体である」と言ったのも真実であるが、ビエルメが『随想録』の中には「通例西洋の人たちが考える意味での思想の執拗な拒否がある」と指摘しているのも正しい。この一種独特な思想の展開あるいは転回をこそ、あるいはその堆積あるいは累積をこそ、モンテーニュはしばしば〈夢《ソンジュ》〉とか〈夢想《レーヴリー》〉とか称し、また〈エッセー〉とも〈ためし〉とも呼んだのであろう。そういうモンテーニュの思想と文章の特質を正しく理解するためには、ギリシア・ローマの古典に溯《さかのぼ》るだけでなく、東洋中国の古典と較べ読むことも、特に我々日本人にとっては必要なのではあるまいか。モンテーニュの根本思想も、エッセー各個の構造も、その文体も、モンテーニュの詩人的特質と切り離しては、全く考えられないように思う。（一九七一年十一月十五日付記）》

＊〈モンテーニュ友の会紀要〉第三輯第二五―二六号に、ピエール・ミシェルおよびモーリス・ラによる二論文があることに注目せられたい。Pierre Michel, *Un «très beau vers» de Montaigne* (*Hugo*) ; Maurice Rat, *Montaigne versificateur*.（一九八四年八月五日付記）

以上の短い補足の中に、私の意は十分に尽くされていないが、とにかくそれは、デカルトや百科全書家やカントなどの思考方式をもってしては、モンテーニュが懐疑主義哲学者であると同時にローマ・カトリック教の忠誠な信者であり、フランス王国の忠臣でも愛国者でもあると共に徹底した個人主義者、時にはアナーキストでさえあることは、理解できないということである。彼をラディカルな懐疑論者と見る限り、彼のキリスト教は虚偽か韜晦かであらねばならない。だがここで、脱ヨーロッパ的思考の上に立って見れば、それは卑怯な詐欺瞞着どころか、至上の徳、至高の知恵となる。ではいったい誰に、脱ヨーロッパ的理解が、『随想録』の著者に対して、可能であろうか。パスカル学者のブランシュヴィックだとかストロスキーなどには不可能であろう。だがモンテーニュ学者のミカエル・バラスとかマルセル・コンシュとかいう人たちには可能であった。我々東洋の外国文学専門家には果たしてどうであろうか。

ジャン・ビエルメのモンテーニュと老荘との対比論《パラレル》は、私に久しく忘却していた東洋ないし日本の思想文化に対するさまざまな記憶をよびさまし、私が少年の頃に学び持っていた浅薄な知識や理解を幾らか豊富にし深化もさせてくれたけれども、私が最も確実にしたいと思う、モンテーニュが生きていた十六世紀時代の、東西文化交流の経路《ルート》については、ほとんど何も教えられるところがなかった。

十六世紀のフランスのシナに関する知識はきわめて僅少であった。モンテーニュのこの東洋の大国に関する記述もただの三回にすぎない。今それを年次的に列挙すると、その第一は、『旅日記』の一五八一年三月六日の記事、彼がヴァチカンの御文庫を拝観に出た時の記述である。

《三月六日、ヴァチカンの御文庫拝見に行った。広間が五つ六つぶっ通しになっていて、たくさんの書物が、数段の前さがりになった棚の上に並べられている。ほかに櫃におさめられているものもたくさんあり、一々開《あ》けて見せてくれた。手書きの書物もたくさんあり、特にセネカの一冊、それからプルタルコスの小品集が目を引いた〔関根注――この二つはモンテーニュの愛読書である。『随想録』II・10・499に自らそう特記している〕。ここで特にわたしの目についたのは、有名なアリスティデスの像……それから一冊のシナの書物である。異様な文字で、用紙は我々の紙よりずっと柔らかで透けて見える。だからインキが裏までしみないように、片面にだけしか刷られていない。各葉は二つに折りたたまれ、その外側の両端を揃えて綴じてある。それは或る樹木の皮だということである。》初めて見る漢籍について、彼は紙質や印刷や装幀について語っているが、書物の名も著者の名も明らかにしてはいない。モンテーニュにしてこの程度なのであるから、当時極東の文物がいかに西欧に知られていなかったか、推して知るべきであろう。かのマテオ・リッチ（利瑪竇）の先輩として南シナに入国したと言われるヤソ会士ルッジエーリ（羅明堅）が漢字の見本としてローマに送ったという漢籍が、果たしてモンテーニュが日記に記しているそれであったかどうかは、にわかに断定できないけれども、それに添えてヤソ会総会長宛に送られた書簡の日付が一五八〇年十一月十二日付になっているところを見ると、どうやら私の想像も、当たる可能性が皆無とも思われない。とにかくこれを契機として、モンテーニュのシナの文化に対する好奇心が一段と旺盛になったらしいことはほぼ確実である。

モンテーニュのシナに関する第二の記述は、一五八八年版『随想録』第三巻第六章〈馬車について〉の中の次の一節である。《(b)よし過去について我々に伝わっている事柄がすべて真実であって誰かにそれが知られているにしても、知られずにいる事柄に較べたら無も同然だろう。そして我々がそこに在る間じゅう同じように流転してやまない世界についても、最も詮索ずきの人々の知識の何とまた狭く小さいことよ。しばしば偶然のおかげで模範的だとか重大だとか言われる個々の事件についてばかりではなく、大きな国家や民族の興亡変遷についてさえ、我々の知っている事柄よりも百倍以上の事柄が、我々に知られずに終わるのだ。我々は我々の火砲や印刷術の発明*を奇跡のように囃《はや》し立てるが、そんなものは世界の向こうの端っこに在るシナにおいて、千年も前にほかの人々によって利用されていたのだ。》（Ⅲ・6・1051）

＊　モンテーニュははっきりとこのように書いているが、一般ヨーロッパ人はほとんど最近に至るまで印刷術の発明者はグーテンベルクだという考えを頑強に固執していた。ただひとりエティアンブルが、『我々はシナを認識しているか』と題する一著の中で、シナ、朝鮮、日本における印刷術発達の経過を略述し、〈グーテンベルクが印刷術を発明した〉とは、〈発明する《アンヴァンテ》〉という語の厳密な意味では、承服しかねると書いている。《西洋人の〈アムール・プロプル〉に対しては気の毒ながら……》と言い添えているが、モンテーニュが、遠い昔に、正直にシナ文明の優秀性を認めているのは、やはり達見と言うべきか。少なくとも彼が西洋人通有の〈自惚れ《アムール・プロプル》〉をもっていなかったことは認めるべきだろう。

この章は一五八六—七年頃に書かれたと推定されるが、ヴァチカン文庫拝観の時（一五八一年）にくらべて、モンテーニュのシナ知識が断然豊富になっていることに気がつく。彼は一五八三年にルッジエーリがヤソ会総会長に宛てた書簡、一五八四年にマテオ・リッチが書き送った書簡を、直接読んでいたとは思われないが、その内容はおそらく噂話として、生来好奇心が旺盛で早耳であった彼には伝わっていたに相違ない。マテオ・リッチがヤソ会総会長イグナチオ・ロヨラに書き送った書簡には、次のように書かれている。《あらゆる事柄に関して書物が部数も多く出版されています。その印刷は西洋の印刷よりもはるかに起源が古いものです》（一五八三年二月十三日）、《文字に記されたあらゆる学問を習っています。医学、自然哲学、数学、天文学などにも詳しく、我々西洋人とはちがったやり方で、日蝕月蝕も正確に計算で出しています》（一五八四年九月十三日）等（平川祐弘『マテオ・リッチ伝』、四五—四八頁）。モンテーニュはヤソ会士の中に幾人も友人を持っていた（例えばマルドナ師のような。拙訳『モンテーニュ全集』白水社刊、第Ⅳ巻『旅日記』注、二五五―二五六頁⑽参照）。それに一五八五年にはファン・ゴンサレス・デ・メンドーサの『シナ大王国誌』がスペインで発行されるやたちまちに全欧州に喧伝され、翌八六年には早速イタリア語訳が現われ、やがて八八年には仏訳も出た。モンテーニュがこの書を読んだことは確実である。彼はこの書を精読し、ここにシナに関する各種の情報を豊富に吸収した。それは『随想録』最終章における(c)の加筆（一五八八―九二年）を読めばわかる。これがモンテーニュのシナに関する記述の第三である。

《(c)シナにおいては（この王国の政治と学芸とは、我々とは何の交渉もなく何も我々から学びはしなかったのに、そのすぐれたいろいろな部門においては我々をはるかに凌駕している。またその歴史は、いかに世界が、古人や我々の測り知る以上に広大にして多様であるかをわたしに教えるが）、そのシナという国では、帝王がその統治する諸州の政情を視察させるために派遣する役人〔巡察使〕たちは、瀆職の事実ある者はこれを厳罰に処すると共に、普通の勤務以上に、その義務が命ずるところ以上の徳政を行った者には、〔給与以外に〕純然たる恩賞をもって報いた。だから地方官たちは、たんに保身のためばかりでなく得るところあらんがために、給与を支払われるためばかりでなく褒美を与えられんがために、彼ら〔巡察使〕の許に出頭した。》（Ⅲ・13・1233）

『シナ大王国誌』はヴィレーの言うところによれば《シナをフランスに知らしめた最初の重要な書物》であったが、その著者ファン・ゴンサレス・デ・メンドーサは、ヤソ会士ではないがアウグスチノ会の修道士で、やはりスペイン王フェリーペ二世から宣教のためにシナに派遣されていた人である。したがってこの本の中では宗教上の諸問題や回心に関するいろいろな逸話などが重要な部分を占めていた。まずシナの位置・地形などの描写に始まり、次に住民の間の諸宗教の説明が延々と続き、特に彼らの信仰とキリスト教の信仰との間の類似点を指摘強調している所は、当然モンテーニュの興味をそそったに相違ない。彼はすでにペルーやメキシコの民族信仰の中にキリスト教と共通する点があることを記述している（第三巻第六章および第八章において）くらいであるから。だがシナ事情の報告《ルポルタージュ》としては、モンテーニュの記述は、『シナ大王国誌』を読んだ後も、はなはだ簡略である。始めから彼は『随想録』によってもろもろの知識を読者に与えようとはしていないのである。ただ、ヨーロッパにだけすぐれた文明があり、キリスト教だけが宗教であると思いこんでいる西欧人に、シナ二千年の文化の歴史を語ることによって反省をさせさえすればよかったのである。一五八八年以後、メンドーサ以外にオソリオとかカスタニェーダとかバルビとかによって、彼はそのインドやシナに関する知識を増加してはいるが、それらの間に孔孟老荘らのシナ思想を学び取った形跡は全くない。要するに東洋に関する以上の史書の類は、モンテーニュの思想の源泉として見るべきではない。それらはむしろ、彼がその根本思想をよりよく人に理解させるのに格好な実例を、いっそう豊富に彼に提供したというだけである。モンテーニュの思想の東洋的傾向の源泉は、そんな手近な所にあろうとは思われない。もっともっと、はるかに遠い淵源にそれは由来しているように私には思われる。私にはもちろんモンテーニュにも意識されない何か遠い木魂のようなものが、相呼応しているかのように私には感じられるのである。

西欧と中国との交渉は、トラヤヌスおよびハドリアヌスの治下にあったローマの史家ユリウス・

フロルスによれば、漢の武将甘英が、西紀九八年に、班超の命をうけて大秦（バクトリア王朝）に使したのがその最初であるという。この人は中国側の記載によれば条支国を経て安息に至ったとあるが、条支国とはカルデアかペルシアを指すものらしく、安息とはパルティアのことである。特にフランスに初めて中国の事情を知らせたのは、アンリ・ベルナールの『シナの知恵とキリスト教哲学』によれば、ギヨーム・ド・リュブルック（あるいはリュブリュキス）である。この人は十三世紀に蒙古人が北欧に侵入した時に、時のフランス王ルイ九世（聖ルイ）から蒙古に派遣されたフランシスコ派の宣教師の一人であって、一二五三年コンスタンチノープルを出発し、キプチャク汗国を経てモンゴル帝国の首都カラコルム（和林）に至り、仏王の信書を大汗ムンゲ（憲宗）に奉呈し、九か月滞在ののち大汗よりの返書を携えて帰り、仏王に復命すると共に自分の見聞録を奉呈した。だがこのラテン語で書かれた報告書が世間に公表されたのは、一六二六年のことであって、その時モンテーニュはすでに死んでいる。だからヴィレーの言うとおり《シナをフランスに知らしめた最初の重要な書物》はやはりスペイン人メンドーサの『シナ大王国誌』であり、《西洋におけるシナ学はヤソ会士マテオ・リッチに始まる》（平川祐弘）と見るのが正しいであろう。それにそれまでのシナ関係の書物は、おおむね当時のシナの現状の概観と往復の旅行の記録であって、シナ古代の思想文化に言及し古典の仏訳をしたのは、マテオ・リッチよりも更におくれてシナに派遣された宣教師で、一七七四年に『書経』の仏訳を公刊したと言われるアントワーヌ・ゴービルが最初であろう。この人の『ペキンに在りし一フランス宣教師の書簡』は一八八四年に至って初めて公刊されたが、そこにはたしかに、春秋戦国の諸子百家のことが（おそらく初めて）言及されている。

しかしシナ思想の紹介者はマテオ・リッチにしてもアントワーヌ・ゴービルにしても、デュ・アルドにしても、皆キリスト教の宣教師であったから、〈無の思想〉とも言うべきシナの哲学思想を理解するにはおのずから限度があった。それでも孔子の方は、その哲学・政治・経済の各面にわたって相当理解もされ紹介もされ、十八世紀の一部の人々の間では一種の〈ブーム〉さえまき起こしたかにも見えたが、老聃・荘周に至っては俗化した道教の祈禱師・呪術師の元祖くらいにしか思われなかった。まれにデュ・アルドのように彼らを思想家として見た者も、せっかく『老子』第四十二章の《道ハ一ヲ生ズ。一ハ二ヲ生ジ、二ハ三ヲ生ジ、三ハ万物ヲ生ズ》という文を引きながら、それをキリスト教の三位一体説として理解するにとどまった。だから、十九世紀に至って西欧のシナ理解は格段の進歩をしたとはいえ、一方にポール・クローデルが〈道《タオ》〉を〈恩寵《グラース》〉と同一視するかと思うと、一方マルクス主義者の方は、例えばモスクワ大学のThalheimerというような人は、老子の道徳経《タオテーキン》をもってエンゲルスの自然弁証法の先駆をなすものと考えるという風に、現在といえども、きわめて少数のスペシャリストを除き、一般西欧知識人の老荘思想理解はなお混沌としていると言ってよいであろう。けれども二十世紀も七〇年代に及ぶと、老子・荘子に対する関心がようやく高まりつつあると、比較文学者のエティアンブルは書いている（『我々はシナを認識しているか』）。そしてその例証としてジャン・グルニエの業績を高く評価している。近年、老子以上に荘子に関心が集まっているのか、『荘子』の仏訳が何種か現われている。いわゆる〈西洋の没落〉の原因がデカルトの〈論理的理性論《ラシヨナリスム・ロジック》〉にあったとすれば、老荘的思考方式は、いつの日か行きづまった西欧に賦活剤として作用するかもしれない。

以上のように、シナとフランスとの交渉は遠く西暦九八年の昔に始まったというのに、真の文化的交流は十八世紀の百科全書家の時代に至ってやっと始まったのであったが、もう一方の、東洋思想の源流とも言うべきインドの思想と西洋思想の源流であるギリシア人の思想とは、驚くなかれ、早くも紀元前四世紀頃に、アレクサンドロス大王の東征を機縁として、パキスタンの奥インダス河上流の地域において、真っ向正面から《ぶつかり、たぎり、奔騰した》（中村元）のであった。まったくそれは、単なる人物の往来、物品の交易といった程度のことではなく、東西両洋の思想の深いかかわり合いであったのである。この閑却することの許されない、文化史上の重大な事実を、疑う余地なく我々に教えるのは、現にパーリ語において今日まで伝えられている『ミリンダ王の問い』という宗論の書である。現在平凡社の〈東洋文庫〉にそれは収められているが、訳者中村元博士は、いしくもそれに「インドとギリシアの対決」という副題を添えている。

ミリンダというのはそのインド名であって、ギリシア名で言えばメナンドロスである。ただしあの有名な、モンテーニュも幾度か引用している、喜劇詩人メナンドロスとはもちろん別人である。それは紀元前一六〇年頃から一四〇年にかけてインドの西北ギリシア系バクトリア王国、中国側では大夏と呼んだ地方に君臨した、有力な統治者であると共に、ヘラクレイトス以来プラトンに及ぶギリシア哲学の伝統に養われた哲学者であった。だから仏教徒の長老ナーガセーナを師と仰ぎつつ、これに鋭い突っこんだ質問をする。老師の方も慎重に、しかし力強く答える。その結果、王はついに仏教に帰依するに至る。『ミリンダ王の問い』は、正にこの二人の熱心な求道者の、時には火花を散らすような、問答、宗論の、潑剌たる記録である。それは仏教徒側の、自己宣伝用の虚構捏造にすぎないと考える向きもあるが、《やはりこれは或る程度歴史的事実であるようである》と中村元博士は言う。博士によれば、インドに来たギリシア人が仏教に帰依した事実はすでに阿育王《アショカ》時代からあったので、それは銘文とか文献とかによって立証されるということである。

なるほどアレクサンドロスがインドにやって来てここにギリシア人支配の基礎を作ったのは紀元前三二七年のことで、メナンドロス王の統治よりは二百年ばかりも前のことであるから、仏教の感化は、メナンドロス王ばかりでなく、征服者ギリシア人一般の間にも、その時すでに、相当浸透していたと見てもよいのではないか。ストラボンの『地誌』やディオゲネス・ラエルティオスの『哲学者列伝』やプルタルコスの『対比列伝』などを見ると、アレクサンドロスに従って来たピュロンとかアナクサルコスとかいうギリシアの哲学者は、その時ペルシアのマージ教徒やインドの裸行者《ジムノソフィスト》たちのきわめて厳しい宗教生活の実状や、彼ら僧侶たちの征服者・権力者たちにあえて媚びることなき不屈の精神に、深く心打たれたらしく察せられる。そして自分たちの〈アタラクシア〉と彼ら仏教徒の〈ニルヴァーナ〉が、互いにきわめて近いものであることを覚《さと》ったように見える。*　征服者が被征服者から文化的感化を受けることは古今東西にわたって珍しくない。我々がまごうことなきギリシア思想と思いこんでいるピュロンの〈アタラクシア〉やエピクロス説のなかに幾分かの東洋思想が浸透しているのではないかと思うのは果たして白日の夢にすぎないであろうか。アリストテレスの甥で哲学者であったカリステネスはピュロンと共にアレクサンドロスの陣中にあったが、思いあがった大王が自らを神格化して被征服者を屈服せしめようとするや断然これに反抗して処刑されたという話が、プルタルコスによって伝えられているが、おそらくこの人もまた、インドの民衆の間に徹底している仏教的平等観の現実を眼のあたり見てその感化を受けていたのではないか。モンテーニュはこの話を『随想録』の〈同じ意図からいろいろな結果が生まれる〉という章（第一巻第二十四章）の中にそっくり書きつけているが、それ以上に私が特に思い出すのは第二巻第二十九章〈徳について〉と題する一章である。

＊　これは話が逆かもしれない。ピュロンがその学説によって有名になったのは、彼が大王の死後故国に帰ってからのことであるから、彼の〈アタラクシア〉は彼がインド思想に接触したその結果であるのかもしれない。それにインド思想の感化を受けたのはピュロンひとりではなかったろう。大王の陣中にはほかにも幾人かの哲学者がいた。ピュロンの友人で彼を東征に誘ったアナクサルコスをはじめ、クセノクラテス、カリステネス、それにキニク派のオネシクラテスまでが数えられた。また大王自ら単なる征服欲ばかりの野心家専制者ではなく、胸中には東西両洋の文化的統合の夢もあったと言われる。だからそういう哲人王を中心に幾人もの哲学者が互いに自説を披瀝し討論する有様を目前に見て暮らしたればこそ、そして異質の文化にも接したればこそ、ピュロンの学説は醸成されたのかもしれない。〈モンテーニュ友の会〉会長ピエール・ミシェルも、コンシュ教授の所論（Marcel Conche, *Pyrrhon ou l'apparence*, 1973）を紹介する一文の中に、同じような推測をしている（Cf. *B. A. M.*, 5e série, n° 10–11, 1974, p. 106–108）。それに一般ギリシア軍士がインド民衆の宗教生活から受けた影響も看過すべきではないであろう。

〈徳〉は『随想録』のいたるところで取りあげられるモンテーニュの最大関心事であるが、彼はこの章の中で、〈徳とは理性と意志の力とがもろもろの情念や悪習と戦って勝つことであって、華々しく派手に行われる突発的な善行や、宗教的興奮にかられて無我夢中に達成される献身や殉教などは、本来徳とは呼べないものだ〉と言っていろいろな実例を挙げるのだが、その第一番に挙げたのは誰あろう、インドで裸行者《ジムノソフィスト》の日常生活を見て来たという、ピュロンその人であった。その次に彼の家から二里ばかりの所に住む百姓夫婦の何ともすさまじい壮挙（？）や、五里ばかり離れたドルドーニュの川上に住む人妻の御立派な自決の顚末なども物語ってはいるが、彼は腹の底で少しもそれらを徳の模範だなどとは、思っていない。その愚かしさに対比するかのように続いて語られるのは、インドの女たち一般の間に見られる感ずべき風習の話であって、彼はそれに続けてこう書きつけている。《ⓐこの同じ地方では、昔、同じようなことが裸行者の間に見られた。まったく他人から拘束されてでも、突発的な気分の興奮にかられてでもなく、ただ自分たちの信条を忠実に実行しようとして、彼らはいつも次のようにするのであった。すなわち彼らは一定の年齢に近づくに従い、あるいはまた何かの病気のきざしを感じ出すと、自分のために火焙り台を作らせ、その上にきれいに飾った寝床をしつらえさせるのであった。そして近親や友人たちとにぎやかに宴《うたげ》した後、自らその床の上に横たわる。それはきわめて堅い決心の上のことであるから、いよいよ床に火がかけられても、彼らは身動き一つするではなかった。まったくそのようにして、彼らの一人カラノスは、アレクサンドロス大王の全軍を前にして死んだのである。》（II・29・832-833）cf. M. Conche : *Pyrrhon ou l'apparence*, p. 20-21.

史家メガステネスが伝えるところによると、このカラノスという男は欲にころんで征服者アレクサンドロスの側近に仕えたというので、怒れるインド民衆のために焼き殺されたのだということになっているが、モンテーニュの方はプルタルコスの『対比列伝』の中に読んだとおりを、この〈徳〉の章の中に引用したわけだが、それはどちらでもよいことだ。とにかく当時インドの征服者が、野蛮人だとばかり思っていたインドの民衆の間に、徳の見本を見たことに変わりはない。されぱこそプルタルコスもメガステネスもカラノスの事蹟を後世に語り伝えたのである。

それはともかく、モンテーニュはこの話の後にも、なお幾つもの徳の模範を挙げているのであるが、不思議なことにそれらは皆、東方民族の中から採られている。聖王ルイ九世がサラセン人と戦いをまじえた時に、サラセン人にまじって戦っていたベドウィン人の信仰の堅さをほめて、〈これこそ我々のとは全くちがった信仰信心のしるしである〉と言う。次に若いトルコの貴族の初陣の功をたたえつつ、彼の勇気が運命随順の思想に基づいていることをほのめかした末、〈これに較べると我々の理性は何とも頼りないことだ〉とも言う。そして自分がトルコ史を読んで知った限りでは、一般にトルコ人の間には、〈自分たちの命数には枉《ま》げることのできない宿命的な予定があるのだ〉という考えがゆき渡っているから、それであのように危険をおそれないのだろうと述べ、フェニキアに属するアサシン人の堅い信仰もまたそれに由来すると言う。結局矢だろうが鉄砲玉だろうが、運命の許可がない限り当たるはずがないという確信が、彼らの勇気、彼らの徳の根源なのだという結論になるのであって、それは我々の〈人事を尽くして天命を待つ〉という思想、〈奈何《イカン》トモスベカラザルヲ知リテ之ニ安ンジ命《メイ》ニ若《シタガ》ウハ徳ノ至リナリ〉という老荘の知恵と合致する。この章の中にはオランダ共和国の創立者ギヨーム・ドランジュの話も、フランソワ・ド・ギュイズを暗殺したポルトロ・ド・メレの話も、アンリ・ド・ナヴァールが自己の〈不死身《アンヴュルネラーブル》〉を信じていた話などいろいろ出ては来るが、ひっきょうこの〈徳について〉という一章の基調は、モンテーニュの東洋的思想への憧憬であるかのように思われる。彼はまだ現実に東洋を知らないだけに、それだけ〈まだ見ぬ国〉へのあこがれに似た感情が、心中深くいだかれていたのではないか。そういう感情は詩人的傾向の濃厚であったモンテーニュには当然あったと思われる。彼はその友ラ・ボエシについて《彼はフランスのサルラに生まれるよりはヴェネチア共和国に生まれる方を喜んだであろう》と書いているが、彼自らはファナティックな宗教戦争の只中のフランス王国に生まれるよりは、むしろ裸行者の国に生まれた方がよかったのではあるまいか。公人としての彼はフランス王国のために尽《じん》瘁《すい》し、それ相応の栄誉も与えられたけれども、私人としては、ラ・ボエシと同様に、十六世紀フランスにおける一人の〈流謫の人《エグジレ》〉と自ら思っていたのではなかろうか。だからこそ四十そこそこの若さで公職を捨て田園に帰り、そこに〈無為ヲ為《オコナ》イ不学ヲ学ブ〉老荘流の生活を送ろうとしたのではなかったか。

とにかく私が二十五、六歳の頃、初めてモンテーニュにめぐり会い、未熟な語学力を傾倒して、難解な十六世紀フランス語の彼方にぼんやりと垣間みたのは、ギリシアのアタラクシアであるのかインドのニルヴァーナであるのか、ヘラクレイトスの〈万物流転《パンタ・レイ》〉なのか仏陀の〈諸行無常〉なのか、皆目見当がつかなかったが、それでもそこで、私の精神的彷徨放浪はやまって、いつの間にか腰がすわってきた。私は五歳にして母を失い、九歳にして祖母を失い、十二歳にして三つ年上の次姉を失った。私自身病弱であって、外語三年の時には、当時すでに嫁していた長姉と共に同じ医者から肺結核と診断された。姉は結局二児を遺して三十三で他界したが、私の方は大学時代の半分を湘南の地で療養生活を送ったおかげか、やがて公務に就き結婚もしたが、その妻がまた結核性カリエスのため療養十年にして世を去った。清書をしてもらうという名目で『随想録』の訳稿を読ませたりしたが、死期の遠くないことを常に意識しながら案外最後まで朗らかであった。そうかと思うと、私が大磯で療養中に、同じく平塚の病院にいた中学時代の親友は、クラス一番の秀才でありすでに東大医学部の卒業間際であったが、絶望して自ら命を断った。このように私の周囲には常に死の影がただよっていた。〈哲学するとはいかに死すべきかを学ぶことである〉という章（第一巻第二十章）は、ラドゥアンの詳しい評注のついた抜萃本《エクストレ》にも載っていたから、私は『随想録』を読み始めると比較的早い時期にこの章に邂逅したのだが、これは病める妻にもそれを見守る私にも、測り知れない安心感を与えた。だがこれはどうも私たちばかりに限らないようである。それから幾星霜、つい五、六年ばかり前のことであるが、或る日新聞の学芸欄に、「モンテーニュの救い（ガンと死について）」と題する次のような一文が掲載されているのを見た。

《私は昨年の秋、胃の切除手術をうけて退院したが、間もなく胃ガンであったことを知らされ、なんとも言いようのないショックを受けた。私はいくつかの創作の中で、かなり人の死を取り扱ったが、これほど「死」が深刻なものとは思いもよらなかった。

私のなくなった両親は熱心なクリスチャンであったから、しぜん私は宗教的心情につちかわれ、思想的にもキリスト教的ヒューマニズムの傾向が強かった。私の心の動揺をわずかに静めてくれたのは『聖書』だったが、「すべて空なり、日の下に人の労してなすところのもろもろの働きは、その身に何の益かあらん」とはいかにも虚無的である。

過日東大の岸本（英夫）教授が本欄に書かれたように、私もまた天国の存在を信ずることはできない。また教授は働き抜くことに救いを見つけられたと言うが、再度入院中の私は働くことも許されない。動けない患者はどうすればよいのか。

私は不安と恐怖との暗雲に閉ざされているが、最近『モンテーニュ随想録』を読み返し、「哲学する目的は死に方を学ぶにある」（第一巻第二十章）を見つけた。「この世をば、汝らここに来りし如く出てゆけ。汝らかつて感慨なく恐怖なく死より生へと渡り来れる如く、今再び死へと渡りゆけ……」しかつめらしい神学やむつかしい形而上学はないが、汲めどもつきぬ真理がある。私は暗いキリスト教の森を出て、明るいモンテーニュの野に、出かかっているように思います。》（千代田区飯田町二の二〇、日医大第一病院、庄司總一、投稿）

この人はどのような作品を残して逝かれた作家であるか、私は全く知らないが、とにかく拙訳『随想録』が、このような風にお役に立ったことを知って、私はうれしい。モンテーニュもまた満足であろう。今さら私は、『随想録』を『エッセー』などとカナ書きに改める気は毛頭ない。* 《エッセー・ド・モンテーニュ》とは、本来このような本なのである。後に再びふれるが、フロベールがド・シャントピー嬢に教えたように、この書は哲学や神学をそこに学ぶためにではなく、自分の一生を幸福のうちに生き抜く術をそこに体得するために、読む本なのである。私がこんどの著述の中に言いたいのもこのことのほかにはない。若い学生たちは、アランやカミュの話をきくと早速それに飛びつくが、モンテーニュの話をしても、文字どおり〈馬耳東風〉である。そして生涯の大損をしている。原書が十六世紀語であるからかもしれないが、彼らはいつも〈学識〉ばかり求めていて、知恵も幸福も得たいとは思わないらしい。モンテーニュ自ら、《梅毒になってから賢者の書を繙《ひもと》いても手おくれだ》と、先回りして言っているのはいかにも皮肉であるが、これこそ我々俗世間の現実である。

＊　だから私は本書の中でも、全三巻一〇七章を総括して呼ぶ時は『随想録』と言い、一〇七章の各個、更にそのパラグラフを指す時にはエッセーと言うことにする。

サント＝ブーヴは、《『随想録』という本は、私生活むきに生まれつきながら騒乱と革命の時代にめぐり合わせた紳士《オネトム》の利用すべき、有益な勧告と直接の慰安とを蔵している》と言っているが、全くそのとおりで、私は、陸海軍の学生にフランス語を教授することと、モンテーニュの研究に没頭することを、どうやらうまく調和させながら生きた三十年の間も*、つづいてマッカーサーの追放を受け病床に腹ばいながらラ・ファイエット夫人の恋愛小説やユージェヌ・シューの通俗小説などを翻訳しつつ生計を立てていた頃も、常にモンテーニュは〈有益な勧告と直接の慰安〉とを私に与えた。〈実利《ユティル》と誠実《オネト》〉の章（第三巻第一章）や、〈自己の意思を節約すること〉という章（第三巻第十章）などには、彼がいかに公人としての義務と一市民としての権利要求とを調和させて生きたかを具体的に物語っている。まことにこの模範**がなかったら、私の生命も私の仕事も今日に至るを得なかったであろう。私は現代が史上最悪の時代だとも日本が世界で最もなさけない国だとも思わないが、それにしても誠実な人間が幸福に生き、それ相応の寄与をのこして一生を終えるためには、学問技術と共に知恵《サジエス》〔叡智〕がいる。日本がスウェーデンのような福祉国家になろうと、仮に世界革命が成就しようと、《知恵なき人間は悲惨》（マルセル・コンシュ***）である。いつの時代にも人間は、神をあがめ学問知識を尊んで知恵を忘れる。では、知恵とは何か。それこそモンテーニュが、詩と哲学との間に我々に教えるところである。

* 私はこの三十年の間、例えばヴィニーの『軍の服従と偉大』というような本を教材として、フランス語を教えていた。それはいささかもモンテーニュの精神に悖《もと》ることなき、また良心に恥ずることなき、生活であったと今もなお思っている。なお当時、参謀本部直轄の学校には、ほかにも良識ある自由人が教授として幾人もいたという事実も、ここに書き加えてよいであろう。岡田哲蔵、米川正夫、篠田英雄、神吉三郎。

＊＊　モンテーニュは書いている。《市長とモンテーニュとは常に二つであって、きわめてはっきりと区別されていた。(Le maire et Montaigne ont toujours été deux, d'une séparation bien claire.)》(Ⅲ・10・1167) この言葉は、陸軍教授であると共にモンテーニュの弟子であろうとした私にとって、第一至上の箴言であった。次に、一方には立派に医師としての職責を果たしながら、あの専門家も及ばぬ大業績、『評注モンテーニュ全集』全十二巻を成しとげた、アルマンゴー博士の生き方も、私にとっては第二の、すぐ眼の前に見る模範であった(拙著『モンテーニュとその時代』第三部第三章注A(6)参照)。以上の二つの実例は、『随想録』第三巻第十章の所説と共に一般世間のあらゆる職業人・サラリーマンにとっても、貴重な指針となるであろう。

＊＊＊　パスカルが、《神なき人間の悲惨、神をもつ人間の至福》と書いたのは誰でも知っている。パリ大学教授コンシュは、逆に《知恵なき人間の悲惨》と書いている。(後出第七章参照)

第一章　《ゆく川の流れは絶えずしてしかももとの水にあらず》

宇宙における森羅万象は、それぞれに、我々の眼には相違したものとして映るけれども、元をただせば結局ただ一つのものに帰するという考えが、ルネサンス期にはいろいろな人たちによって、いろいろな形で述べられている。それは『荘子』の「斉物論篇」などに述べられている思想《天地ハ我ト並ビ生ジ万物ハ我ト一タリ》と同じもので、我々にはなじみの深い考え方であるが、西欧においては中世以来キリスト教的宇宙観が支配的であっただけに、それはやはりきわめて特異な場合、むしろ異端の説と見なされてきた。例えばシャルル・ド・ブーヴェルは、ルフェーヴル・デタープルと同郷でありまたその門下であったが、《宇宙と人間は一つものであり彼此互いに相含む》(...chacun d'entre eux contient l'autre) と述べているし、また『七日物語』の著者で、やはりルフェーヴル・デタープルと交遊のあったマルグリット・ダングレームに至っては、宇宙間の万物を神と同一視して、《神即ち万有》(Dieu est tout être) と言う。同じような傾向は『随想録』を通じていたるところに感じられる。

かつてギリシアの自然説は、神も人間も一つの自然の中に包みこむ、いわば汎自然主義《パンフィジスム》であったが、中世のキリスト教の世界では、神と人間と自然とは截然と区別される。そこでは自然も人間も神によって作られたものであり、神はこれらのものから全く超越している。そして三者はそれぞれ独自の役割と活動をもちながら、その上位のもののために存在する。人間は神のために存在し、自然は人間のために存在する。人間はこの神と自然との中間にあり、理性《ラテイオ》により自然を知り、知性《インテレクツス》によって神を認識する。ここで人間はもはや自然の一部ではなくなる。もともと自然は人間と同様に神によって造られたもの（「創世記」によれば）なのであるから、それは人間の全くあずかり知らない〈外なるもの〉となり、人間と自然とは同質のものではなくなり、人間は自然の外にはじき出される。というよりは自然を越えてその上に君臨し、これを支配するものとなる。

ルネサンス期の人文主義者《ユマニスト》たちは古代への回帰につれて、もろもろの中世風キリスト教神学説の奥の隠れた所に、従来の偉大な宗教説・哲学説に共通した一つの不動な真理を洞見した。それは古代の哲学説をも多神教をも一神教をも産み出したもので、しばしば幼稚な作り話や神話のかげに匿《かく》されていたが、いわゆる賢者にはその奥儀を見抜くことができた。例えばフィチーノ、ピコ・デルラ・ミランドラ、エラスムス、ジョルダーノ・ブルーノ、それにニコラウス・クサヌスというような人々が、そうであった。モンテーニュもこれらの人々の仲間に入る。彼はキリスト教の世界に生まれ、終生キリスト教神学から遠からぬところにいたはずだが、しかし、彼のクレドはひっきょう（彼自ら考える以上に）異教的信条《パガニスム》であった。それは彼が有名な〈レーモン・スボン弁護〉の章の終わりに、プルタルコスの言葉を借りて述べているその神観を見てもわかる。だがしかし、それは今言ったもろもろの学説・もろもろの神学を産み出した、究極の、根本の、不動の真理の敷衍であると言う方が、むしろ正しいかもしれない。何となれば、モンテーニュの言葉の中には、古代ギリシアの賢者の思想に共通するものがあるばかりでなく、東洋の聖賢の所説、ヴェーダンタ*哲学や仏教や老荘思想との、更にそれらの伝統をふまえた我々日本人の思想との、近似さえも認められるからである。こう考えると、いくらモンテーニュはカトリック教徒らしく生きたと言っても、今日の人の眼にはやはりキリスト教徒とは見えない。キリスト教が擬人的宇宙観神観《アントロポモルフィスム》の上に立っている限り、それを徹底的に否定したモンテーニュはやはりキリスト教徒とは言えない。だが〈自然法爾《じねんほうに》〉の説がなお親鸞を仏教徒と見ることを妨げないとすれば、一九三六年に教皇庁が『随想録』を長きにわたる〈禁書目録〉からはずしたこともおかしくはなかろう。それにアンリ・ベルナールの『シナの知恵とキリスト教哲学』によれば、《聖トマのカトリック哲学の中にはヴェーダンタによって工夫された重要な教説がのこらず発見される》ということであるから、レーモン・スボンの弁護者であるモンテーニュが、自ら最後までキリスト教徒をもって任じていたことにも、それなりの根拠も理由もあったにちがいない。フーゴー・フリードリヒは、そのモンテーニュ論の中で、聖トマス・アクイナスとモンテーニュとの関係は軽視することができないとしている。まったくレーモン・スボンの『自然神学』の訳者であるモンテーニュが、聖トマスの思想に触れたことがなかったとはとうてい考えられまい。それは彼がトゥルネブスの愛弟子であったことを想い出しただけでも(『随想録』II・12・682)十分に考えられることであり、ヴィレーもつとにモンテーニュが聖トマスの『神学大全』を読んだであろうことを認めている。

* ヴェーダンタ〈吠檀多〉ヒンズー教の最高原理即ち梵我一如の説。

従来モンテーニュは、単なる懐疑論者だとか、ただ諸子百家の説を読み較べてうち興ずる思想的ディレッタントだとか言われてきた。彼自らには独創的な思想体系というものがなく、その根本思想はとうてい捉え難いと言われてきた。サント＝ブーヴもアナトール・フランスもエドモン・ジャルーも、それぞれその言い方はちがっても、モンテーニュを〈捉えがたい人《アンセジサーブル》〉としている点ではいずれも共通しており、その九十二歳の一生をもっぱらモンテーニュの研究にささげ、批評版『モンテーニュ全集』を我々にのこしたアルマンゴー博士でさえ、それに賛同しているかに思われる。モンテーニュは『随想録』最後の章の中に、《世の学者先生は自分たちの諸思想を類別し分析していとも細かに記録なさるが、果たしてそんなことができるものだろうか》という疑いを提出し、マケドニア王ペルセウスを例にあげ、世間の人は《彼は不可解《メコネサーブル》なことをもって人に知られようとことさらに装いかつ努めた人であった》と結論しているが、なおこの人は《ほかの誰によりも、わたしが知っているもう一人の、同じ型の人物にこそいっそうぴったりあてはまると思う》と書いている(Ⅲ・13・1240)ところに、アルマンゴー博士はわざわざ注をつけて、〈私の知っているもう一人の同型人物〉というのは、ほかならぬモンテーニュ自らのことをほのめかしているのだと断じ、これは諸家の意見の一致するところだと書いているからである。だが私は、そのペルセウスと同型の人物とはモンテーニュではなく、むしろアンリ三世であるとする、ロジェ・トランケの方に賛同する。私はモンテーニュという人を、決して不可解な人でも捉えがたい人でもないと信ずるからである。その詳細は追い追いに明らかにしてゆかねばならぬことだとしても、私はここに少なくとも次の言葉、モンテーニュ自らはっきりと述べている言葉を、まず第一に読者に思い出してもらわなければならないと思う。《一般的な意見においては、わたしは少年時代から今日に至るまで、わたしのいるべき場所に定住している。》（Ⅲ・2・943）《わたしのもっている最も堅固な思想、わたしの一般思想〔根本思想〕は、わたしと共に生まれたものであって、それは生まれつき《ナテュレル》のもの、全く私のもの《トゥート・ミエンヌ》なのだ。》（Ⅱ・17・776）モンテーニュは、個々の問題に関しては、政治問題とか裁判問題とか、教育問題とか、社会参加とか引退生活とか、に関しては、その時折りのさまざまな意見を、時にはあべこべの意見をさえ述べているけれども、いずれも彼の根本思想に照らして考えると、決しててんでんばらばらでもなければ互いに矛盾撞着もせず、常に筋がとおっている。いずれも一つの根につながっている。物心ついてから最後の日に至るまで一貫して変わらなかったという、彼の根本思想とは、一体どのようなものであったのか。それは理解し難い《メコネサーブル》ものでも捕捉し難い《アンセジサーブル》ものでもない。ただそれは、〈脱ヨーロッパ的〉思想であり、抽象を排する詩的哲学であったというだけなのである。

モンテーニュの一生を通じて、彼の心の底を、いわば地下水のように、涸れることなくひたしていたと思われる〈真理〉が、少なくとも一つはある。それは宇宙間の万物は常に変化してやむことがないということであった。それはヘラクレイトスが言った〈万物流転《パンタ・レイ》〉ということであって、東洋風に〈諸行無常〉と言っても同じことである。『随想録』最後の章（Ⅲ・13・1230）に、モンテーニュは、その亡友ラ・ボエシがその妻となったマルグリット・ド・カルルという女性に宛てた、次のような八行の詩句を引用している。

あたかも　流るる小川のなかに

水絶ゆることなく　相つぎ
永遠の一路を　ゆくがごとし
来《きた》る水あれば　去りゆく水あり
これなる水は　あれなる水に
押されつつ　また越えつつ　ゆけども
常に水は　水のなかを　流れゆくなり
そは常に　同じ　川瀬にして
流るる水は　常に　新たなり（ラ・ボエシ）

これはモンテーニュの愛誦の句であったらしいが、かの『方丈記』書き出しの句を想い出させるではないか。*　モンテーニュの引用をラ・ボエシの原詩にくらべて見ると、小さな違いが見出されるが、それはかえってこの詩が全くモンテーニュのものになっていて、しばしば彼に反復愛唱せられたことを証しするものではあるまいか。この〈生成流転〉こそ宇宙の姿と見る考え方は、まず第一巻第一章から現われる。

＊《ゆく川の流れは絶えずしてしかももとの水にあらず、淀みにうかぶうたかたはかつ消えかつ結びて久しくとどまりたるためしなし。世の中にある人と栖《すみか》とまたかくの如し。》

『随想録』開巻第一に置かれている〈人はさまざまの方法によって同一の結果に到達すること〉という章は、必ずしもモンテーニュ最初期のエッセーではないであろう。中に出て来るドイツのコンラート皇帝の事蹟は、一五七八年にモンテーニュが読んだと言われるボダンの一著作に見出されるということであるから、この年より以前に書かれたものとは思われない。むしろここには、モンテーニュの思想の根底となっているもの、したがって『随想録』全三巻の中核となり、その随所に叙述せらる〈人間というものはいろいろまちまちで、変化してやむことなきものである〉という思想が述べられているので、特にトップの座を与えられたのだと思う。一五八〇年版の最後の章であった第二巻第三十七章の最後にも、第二巻第一章にも、同じ思想が強調されているのを見れば、この著者の意図は疑う余地がないであろう。

モンテーニュの隠棲における家庭生活については、前著『モンテーニュとその時代』の中でかなりの紙数をさいて物語ったから、重ねてここに絮説《じょせつ》しないが、とにかくわがミシェル・ド・モンテーニュは、逃避者であり隠遁者であるはずだが、決してミザントロープ（人間嫌い）ではなかった。機嫌がよい時は（彼はかなり循環性気質（『モンテーニュとその時代』終章六四四頁）であったから）、誰かれの差別なく世間ばなしの仲間に加わることが稀ではなかった。彼の家は、彼自ら言うとおり、〈来訪者を歓待・好遇する一家《メーゾン・オスピタリエール》〉であり、書斎からサロンにおりて来れば、年中おしゃべりの相手に事は欠かなかった。世は都鄙《とひ》を通じて物騒であったから、彼の家のサロンに集まる老若男女は、それぞれ大なり小なり、怖い目に遭ったことのない者はなかった。だからそういう皆の経験談の間から、どうしたらそのような危急の場合に己れの生命を完うすることができるかという話がもちあがったのは当然であろう。またそういう切実な問題は、塔の三階にもどり自分の机の前に坐ってからもモンテーニュの脳裏からそう簡単には消え去らなかったであろう。こうして第一巻第一章は生まれたのであろう。どんな事情の下にせよ、どんな相手であるにせよ、とにかく恐ろしい男の手のうちに落ち、まさに命を奪われようとする時、その身を完うするのに一体どのような方法手段があるであろうか。まず二つある。第一は降参して敵の同情憐憫に訴えることである。もう一つは豪毅の心を示して、敵ながら天晴《あっぱ》れな者よと思われてゆるされることである。

ウェールズ公エドワードは、リモージュ市民を、その豪毅の故に許した。

エペイロスの王スカンデルベルグも、始めは哀訴嘆願した部下の兵士が、いよいよとなるときわめて勇敢な態度を示したのを見てこれを許した。

ドイツ皇帝コンラートは長い間ゲルフ公を恨み憎んでいたが、公を守護する部下の男女の忠義と豪勇を見そなわし、長年の遺恨もわすれて公一族をゆるされた。

以上三つの例をあげた後、モンテーニュは簡単な意見を述べている。

《憐憫の情に負けてその意志を枉《ま》げるのは、とかく人の言いなりになりがちな、お人よしで柔弱な性格の人のおちいり易いことである。だから比較的弱い性質、女子供や俗衆などが、そのようなことになりがちである。ところが涙や嘆願などは軽蔑し、ただ勇気の聖なる姿を見せられてはじめておれて出るのは、雄々しく粘り強い力を愛し尊ぶ、不屈不撓の精神のなすところである。》(1・1・50)

こうモンテーニュは、一応一般普通の見解を述べてみたが、やがて必ずしもそうとばかりは言えないことに気がつく。それはおそらく、一五七二年に読んだプルタルコスの『道徳論叢』の中の話を思い出したからにちがいない。彼はこう書きつづける。

《けれどもそれほどに高邁でない人においても、驚嘆の心が同じ結果を招来することがある。例えばテーバイの民衆がそうであった。彼らは始め、その大将たちがその任期を越えて職権を行ったからとて彼らを裁判にかけ死刑にしようとしたのであるが、そのような無体な抗議におめおめと屈伏し、ひたすら哀訴嘆願のみを事としたペロピダスの方はなかなか許してはやらなかったのに、それとはあべこべに自分の行為を堂々と説明し、自信満々、威張って人民の非道を難詰したエパミノンダスに対しては、処刑の票を取りあげる気力さえもなくしてしまった。かくて群集は、大いにこの人の気宇高大なるをほめたたえながら四散した。》（I・1・50）

これだけ書いてから、モンテーニュはいよいよ最後の結論をする。

《実に人間というやつは、空虚で、まちまちで、かつ流動してやまないものである。そのようなものに対しては、一様にして不変の判断を下すことは容易でない。》こう言ってから更に《見たまえ、かのポンペイウスはマメルティニ人らに対してひどく憤っていたのに、一市民ゼノンが公衆の過ちを一身に引きうけ、己れひとり刑を受けようと願い出たその勇と義とに感激して、市民全体を赦した。ところがスルラの軍に虜となったマリウスは、プレネステ市においてやはり同じ徳を示したのに、自分のためにも残りの人々のためにも何の得るところもなかった。》（I・1・51）これが、一五八〇年版、すなわち『随想録』初版における、第一巻第一章の結論であった。モンテーニュはその後二回にわたって、更に初版原文とほぼ同量の実例を増加し、それぞれに五、六行そこそこの告白めいた感想を書き添えているが、初版の文章だけでも、モンテーニュの根本思想はかなりよく言いあらわされている。彼は自分のそれまでの見聞や読書の記憶などいろいろ思いめぐらした後、つくづくと、人間というものは何と捉えにくいものか、それは高尚な動物なのか、下等な動物なのか、高邁な人物かと思うと案外狭量であったり、そのあべこべであったりする。だから人間というものは、個々に見ても一般的に見ても、何とも判定のつけかねるものだと言うのであるが、その《実に》《まことに》という最初の一語と倒置語法には、モンテーニュがつくづくと、ほとんど呆れ果てている姿が、目に見えるような感じがする。これは《僨驕《ホンキョウ》シテ係《ツナ》グベカラザルモノハ其レ唯ダ人ノ心カ》（奔放気ままに動いて制御することのできないもの、それこそ人の心であろうか）（「在宥篇」）と嘆いた荘子の心に通じるものがある。また本居宣長が《事しあればうれしかなしと時々に動く心ぞ人の真心》（『玉鉾百首』）と詠んだのも、やはり動揺変化するのこそ人間の本性であると認めているのであろう。だがモンテーニュは、事しなくても、うれし悲しよりももっと微妙複雑に人間が動揺変化してやまないことを、すでに見とおしているはずである。

なおこの章は一五七六年以前のものではないにしても、きわめてよく初期のエッセーの特徴を示している。ここにはモンテーニュのモワ（自我、自己、私）は全く現われず、すなわち全く非個性的である。章の中央に、自分はどちらかというと偉人の高徳に感動するよりはむしろ弱い人間に対する憐れみの感情に動かされがちであるということを、ちょっぴり洩らしてはいるが、それは一五八八年版において初めて読まれる後年の加筆なのである。その構成の上から見ても、後年の自由豁達はその片鱗だに見られず、むしろ紋切り型、そのギュイエンヌ学校時代に親しんだ「言行分類整理帳《リーベル・ロコールム》」の手法をそのままに残している（『モンテーニュとその時代』一四八頁）。これらの点から、私はこの章をいわゆる歴史的随想なる名称のもとに一括される諸章よりもいっそう以前の作品ではなかったかと想像する。そしてその中に、早くもこの人間の浮動性、人間の不恒常性《アンコンスタンス》・

浮動性《オンドワイアンス》が取りあげられていることを知れば、モンテーニュの根本思想が、彼自ら《それはわたしと共に生まれた》と言っているとおり、きわめて若い頃にその端を発していることを認めざるを得ないのである。彼が〈子供の教育について〉の章の中で、自分の幼年時代、ギュイエンヌ学校時代を追想して、《この鈍い性質の底に大胆な思想と年に似合わぬませた考えをいだいていた》（I・26・236）ことを洩らしているのも、正にこのことを指しているのだと、私には思われる。

人間が空虚にして変幻極まりなきものであるという考えは、その後最後まで寸時もモンテーニュの胸奥から消えることはない。第二巻第一章は同じ問題のために献げられ、第三巻第四章にも、《君自身にきいて見たまえ。こんなに変化するものが一体どこにある。自然のうちに我々ほど虚無によって支えられ、その影響のもとにあるものが、ほかに果たしてあるだろうか》（III・4・974）と書かれている。そして〈レーモン・スボン弁護〉の章の結末や〈後悔について〉の冒頭においては、この人間の浮動性や虚しさがコスモスの広大無辺の景観を背景にしていよいよ鮮明に描き出される。

モンテーニュにとって、はかなく虚しく移り変わって少時《しばらく》もとどまることがないのは、人間ばかりではない。宇宙のあらゆる物事がそのようにあるのであるから、そこには悲観もなければ自棄もない。彼はきわめておおらかにこの必然を受けとめる。むしろ無限の運動と動揺が生み出す多様と変化こそ、ただ一つ恒常であり普遍であるのだと考える。《世界は永遠の動揺にすぎない》（III・2・935）とか、《実に相違と変化くらい物事の外観において普遍的に認められる特質はない》（III・

13・1226）とかいうことは、彼にとって厳たる事実なのであって、さしもの懐疑主義者も、これには一点の疑いもさしはさむ余地がなかった。むしろこれこそ彼のゆるぎない確信の源泉であって、彼の万般の思想意見はすべてここから出発するのである。この見地に立たない限り、人間は物事を正しく判断することはできないのだと、彼はその有名な教育論（第一巻第二十六章）の中に、次のように述べている。《あたかも一面の絵画の中に見るように、その心の中に、我々の母たる自然がその荘厳の相を完全に現わした偉大なお姿を、まざまざと想いうかべる人、そのお顔の上にかくも普遍的恒常的な変化を読みとる人、その変化のなかに、ただ自分だけでなく、王国全体をも、きわめて細い針の一突きほどに見て取る人、そういう人であってこそ、はじめて物事をその正しい大きさにおいて測り知るのである。》（I・26・216）こういう世界観、コスモスの思想の上に、モンテーニュの人間評価は立っている。彼の教育論も政治論も、革新思想も伝統主義も、すべてこの世界観から生まれて来る。モンテーニュは絶えず老いとか死とかいうものについて冥想するが、それも、光陰矢の如しとか無常迅速とかいうことを、ただはかなんでいるのではない。むしろそれを宇宙の必然として認め、それに己れの生活をかなわせようと思うのである。

《万物はお前たちと同様に動揺しないか。世にお前たちともろともに老いざるものがあるか。幾千の人幾千の動物、その他幾千の被造物が、お前たちが死ぬのと同じ瞬間に死ぬのである。》（I・20・147）つまり人間だけではなく、万物例外なしに動揺し変化するのであり、生を創造しようとすれば必ず死を生み出さねばならないのであるから、我々人間は、生を享けるからには、その時からすでに死をも覚悟しなければならないことになる。だから人間は、どのようなことが到来しようとも、いつも同じように落ちついた眼をもってそれらもろもろの変動変化を見ることができなければならないと、モンテーニュは第一巻第二十章でばかりでなく、第三巻に至ってまで（第十二、第十三両章で特に）、繰り返して教えるのである。これこそ我々が諸行無常とか生者必滅とかいう言葉を通じて教え込まれてきたいわゆる〈理《ことわり》〉なのであって、モンテーニュはこれをよく普遍的《レーゾン・》理性《ユニヴェルセル》と呼ぶ。そしてこのことを、ギリシア、ローマ、エジプト、新大陸の原住民の生活の中に一々例をとって我々に教えるのであるが、それらは仏典や『荘子』の中にも語られているところであり、我々は東南アジアの諸民族の風習の中にさえ、その生きた実例を見ることができるのである。今日の人類学・民族学の調査報告は、モンテーニュが挙げるたくさんの実例（例えば第一巻第二十三章〈習慣について〉の章におけるような）を、いっそう豊富にし、かつ彼の持論、彼の基本的な物の考え方、謂《い》うところの〈普遍的な考え方《オピニヨン・ユニヴェルセル》〉の妥当性を、いっそうよく我々現代人に理解させるのである。

人々が普通一般に考えているのとちがって、モンテーニュは我々の動揺変化を、個人個人の衝動によって生ずるものとは考えず、それを不可分な一つの全体の一部としてとらえる。そのいずれもが、宇宙全体の秩序と別にしては、彼には考えられなかったからである。正にこれが、第三巻第二章〈後悔について〉の中心思想であろうと思う。《どのような事柄においても、それがもうすんでしまった以上は、それがどのようにあろうとも、わたしはほとんど残念に思わない。まったくそれは始めからそうなるべきであったのだという考えは、わたしの苦痛を解消してくれる。見たまえ、物事はすべて宇宙の大きな流れの中にただよい、ストア派が言うところの諸原因の連鎖の中に巻き込まれているではないか。君の思想は、祈願によっても想像によっても、物事の秩序《オルドル・デ・ショーズ》の全体がひっくり返らぬ限り、過去と未来が逆さにならぬ限り、そのただの一点だに動かすことはできない》（Ⅲ・2・946）とすると、我々には後悔の余地は全くなくなるわけだ。後悔をする資格すら、我々無力な人間にはないのである。世界全体をこのように、もろもろの動揺が一つに繫がり合った全体として見る時、個々の動揺は他のすべての動揺に左右されるのだから、我々個々には何の責任もありようがない。せいぜい「残念でした」と言うよりほかはない。だからモンテーニュ自身、自分全体がもう少しましなものであったらなあと思うことはある。むしろ彼は自分の全体をくさし嫌悪して、神様に向かって、どうか私全体を造りかえて下さるように、私の生まれつきの拙《つた》なさを何とか大目に見て下さるようにと、お願いしてもよいくらいに考えている（Ⅲ・2・944）。まるで自分がへまをやるのは、自分の責任ではなくて、そう造り給える神様の責任だとでも言うかのようだ。だからこういうモンテーニュの感情は一般の、特にキリスト者の、〈後悔〉の念とは全くちがう。だから彼は、決して自分が天使のようでなくても、カトーのようでなくても、我々東洋人みたいに、天をも人をも恨まないし、また《俯仰天地ニ愧《ハ》ヂル》（孟子）こともないのである。彼は言う。《わたしの行為はわたしの現在わたしの分際《コンディション》に相応している》のだと。彼はせのびもしなければ申しわけもしない。ただ《残念だな》（Ⅲ・2・944）とわるびれずに言うだけにとどまる。もちろん彼は、こう言って道徳的完成への努力を拒むのでも捨てるのでもない。このことは改めて言うことがあろう。また苦痛をも死をも、同じく〈事物の秩序《オルドル・デ・ショーズ》〉〈宇宙の必然《ネセシテ・ナテュレル》〉として甘受することも、決して彼にその生活の喜びを増加しようとする意欲を捨てさせることにもならなかった。むしろ彼は、〈事物の秩序〉に乗じて生きること、自然の流れに棹さして生きることに、自然の喜びを感じ、秩序を破らぬ限り、徹底的にそれを拡充し深化しつつ生きることに、少しも遠慮することがなかった。こういう生活態度は荘子の至人の姿を思わせる。《奈何《イカン》トモスベカラザルヲ知リテ之ニ安ンジ命《メイ》ニ若《シタガ》ウハ徳ノ至リナリ》（「人間世篇」）と荘子は書いている。*

* 宣長は『鈴乃屋問答録』に《世の中は何事も皆神のしわざに候。是第一の安心に候》と言っている。彼はことさらに老荘と混同されることをきらって〈神のしわざ〉と言ったのだろうが、これを〈天地のおのずからなる道〉モンテーニュのいわゆる〈事物の秩序〉と同意にとれば、そこに人間の責任は全く解除されるから、これ以上の安心はないと思われてくる。すなわち〈奈何トモスベカラザル〉と知っても悲しむことはない。むしろ之ニ安ンジテ命ニシタガウことができるのである。宣長の〈せむかたなし〉にはそのような大らかさがある。彼もまたモンテーニュの友たりうるのではないか。

相良亨はその『本居宣長』論の中に《「せむかたなし」あるいは「いとも悲し」という感情と「安心」とを重ねて理解しなければならない》（二四六—二四七頁）と述べておられるが、それはモンテーニュにおいても重大な課題である。西欧の学者によって、モンテーニュと荘子とのみにとどまらず、宣長とのパラレルもなされる日を期待する。それは東西の二大思想家に対する解釈に資することが多大であろう。（一九七九年六月二十日付記）

人間ないし人生というものは流動変化してやむことがないもの、故にそこに何か確乎不動なもの堅固なものを求めようとするのは、いわばない物ねだりであって、それは賢者の道ではなく凡愚の迷いであると考え、むしろ我々人間を宇宙の一点、その一部として、万物をひとしく統《す》べる宇宙自然の一般的法則に随《したが》わせるところに、我々の活路もあるはずだというのが、モンテーニュの『随想録』全三巻を貫く根本思想であるが、彼は果たしてそれをいかなる書物から学びとったのであろうか。このような知恵は後に述べるように、時処を超越したいわば超時的哲学《フィロゾフィ・アタンポレル》とでも言うべきものであるから、書籍的源泉《スルス・リヴレスク》を溯及探索してゆくならば、それはむしろいたるところに容易に見出されることであろう。まったくモンテーニュにあっても、その知恵は書籍的知識によって構築されたのではなく、やはり実生活の体験の中に自然に感得されたものがその源泉となっているのであって、諸子百家の説のごときは、たまたま彼の若い頃からの思想を、随時随所に支持し立証したにすぎないと考える方がよかろう。彼が訳した『自然神学』の著者レーモン・スボンがモンテーニュに与えた最大のものは、人間の書いた書物である聖書よりも以前に自然から人間が与えられた書物、すなわち《万物の普遍的秩序すなわち自然》という書物に学べということであったろう（『モンテーニュとその時代』三三二頁）。これはさきに引用した彼の教育論（第一巻第二十六章）の一節が物語るとおりである。まったく、世界がうちに整然たる統一をもって存在し、自らはその流れの中に漂いつつ、《一般の動きと自分の動きをもって動いている》のだという考え（Ⅲ・2・935）は、彼にとっては、我々が日常五官によって感じとっている一々の事物とそれらの運動とを通して、いわば肌身に感じられる、きわめて現実的な感覚であったのだと思われる。だからモンテーニュはその思想を、抽象によらず、哲学の術語によらず、具象《フィギュール》や比喩《メタフォール》を通じて述べるのである。行く雲流れる水、山や河や海や、そこにある草木や禽獣虫魚ともろともに共通した生活をし、こぞって普遍の創造に参与することが、そのまま彼の根本思想を成すのであった。《我々の霊魂はそれ自ら風にゆり動かされなければ、風に全く見放された海のまん中の船のように、いつまでも動かないであろう》（Ⅱ・12・669）とか、《我々はどこからどこまでも風なのである。いや風の方が我々人間よりずっと賢明なのだ。ざわざわと鳴ったりあばれたりするのが好きだけれども、彼〔＝風〕は彼に特有な務めに満足して、あえて彼の持ち前ではないスタビリテ〔安定〕だとかソリディテ〔堅固〕だとかを持ちたがらない》（Ⅲ・13・1274）とか、更には、《ここに並べるのは、それに比べたら少しはきれいだが、やはり一人の老人の、ある時は軟らかく、ある時は硬い、だがいつも不消化な、精神的排泄物である》（Ⅲ・9・1090）などと平気で書くのである。読書も執筆も冥想も、消化や排泄と同様に、彼にとっては平凡普通な日常茶飯事なのである。*

* 荘子も同じような考えをもっている。東郭子が彼に向かって、《いわゆる〈道〉はどこにあるか》ときいたところ、荘子は《在ラザル所ナシ》と答えた。東郭子が更に詳しく教えてほしいと言うと、《稊稗《ティハイ》〔ひえ〕ニアリ》《瓦甓《ガヘキ》〔かわら〕ニアリ》、ついに《尿溺《シニョウ》〔大小便〕ニアリ》と答えたという。（「知北遊篇」）

だから〈存在《エートル》〉というものが現実にはないもの、少なくとも捉えることのできないものであって、すべて夢のようにはかなく頼りないものであるということも、彼にとっては日常の経験なのであって、さればこそ〈諸行無常《アンコンスタンス》〉こそかえって〈恒常《コンスタント》〉なのだと、モンテーニュは〈レーモン・スボン弁護〉の章の中に、はっきりと確信をもって書きつけるのである。

《我々の生涯を一睡の夢にたぐえた人々は、正しかった。おそらく当人が考えた以上に正しかった。我々が夢を見ている時、我々の霊魂は生きて働いている。その全性能を働かせている。目覚めている時と少しも変わらない。たとえそれはぼんやりとではあっても、決してそこには闇夜と真昼ほどの違いはない。せいぜい闇夜と物陰とくらいの違いしかないのである。一方では霊魂が眠っており、もう一方では霊魂がまどろんでいる。ただそれだけの違い、ただ程度の違いにすぎない。それはいずれにしても闇であり、常夜《とこよ》の闇である。我々は眠りつつ覚めている。覚めつつ眠っている。わたしは夢の中でそうはっきりとは見ていないけれども、覚めている時だってそう清らかに曇りなく見ているわけではない。眠りは深くなると夢までも眠らせてしまうけれども、我々は覚めている時だって、完全に夢想を吹き散ずるほどには覚めていない。夢想こそは覚めたる者の夢であり、それはただの夢よりもいっそう悪い夢である。》（II・12・703）

我々東洋人は、ここできわめてしぜんに、かの荘周が夢に胡蝶となったという有名な一節（『荘子』「斉物論篇」）を想いうかべる。あるいは能《のう》『邯鄲《かんたん》』のシテ盧生が黍一炊の間の午睡の夢を想いうかべる。そしてそれだけ、モンテーニュを我々の身近に感じとる。我々は今、思いきって脱ヨーロッパ的見地に立って、〈レーモン・スボン弁護〉という、モンテーニュのキリスト教、カトリック正教の弁護論を読み直すことが、モンテーニュの根本思想をつかむうえに、最も適切な方法ではないかとさえ、ひそかに思う時がある。

モンテーニュとキリスト教との関係は、アルベール・カミュの場合と対比してみると、かなりよくわかると思う。カミュは一九五一年に家族の者と共に休暇をたのしむために出発する時、たまたまジャン・グルニエと会い、ヘレニスムとキリスト教との得失について話し合い、次のように言ったという。《私個人としては、どちらかというとヘレニスムの方に近く、キリスト教徒としては、プロテスタンティスムよりカトリシスムの方に近い。その反自然性（アンティナテュラリスム）の故にバイブルからはかなり遠い》と。そして話がシモーヌ・ヴェーユの思想に及ぶと、《キリスト教はもっと広い真実の一分科（ブランシュ）にすぎない》と言い、更に《キリスト教、特にユダヤ教の中で、自分は予言や神秘や、終末論や人間死後についての説明には同調できないが、福音書の知恵はよくわかる。私はキリスト教の中でヘレニスムに近いものを愛する》と語ったそうである。カミュはベール Bayle と同じく、全知全能の神とか来世天国とかいうことは全く問題とせず、むしろ教会は神とか来世とかによって現在を毒していると考え〈生（vie）は二つあってはありすぎる。一つだけでたくさんだ〉（Deux vies, c'est trop. Il n'en fallait qu'une.）と言う。

なおカミュは、その名を言っていないが、某神父（R. P. X. とだけ言っている）を尊敬し親交があった。その信仰の堅さの故に敬服していた。彼がその神父さんに、「ではニーチェは地獄にゆくことになりますね」と言ったところ、神父さんは断然強く否定し、「ニーチェが天国にゆかないのだとしたら私は信仰をしないだろう」（Ah, non ! S'il n'était au Ciel, je ne croirais pas !）と答えた。おそらくこの返事は、親鸞の「善人なおもて往生す。況んや悪人をや」と言った言葉と同様に、カミュの心に迫ったのであろう。ジャン・グルニエはこれらの事実を想い出して、カミュは来世のことに関しては絶対否定をする人ではなかった。むしろ《l'homme qui s'interrogeait plutôt qu'il ne niait》と結論する（Jean Grenier, *Albert Camus* (*souvenirs*), nrf., 1965)。（一九八〇年一月十七日付記）

第二章　《天地ハ我ト並ビ生ジ万物ハ我ト一タリ》

――モンテーニュとキリスト教――

〈レーモン・スボン弁護〉の章が、スボンの『自然神学』の弁護であることは間違いない。モンテーニュはマルグリット・ド・ナヴァールをはじめ世間一般の人々が、宗教改革運動にまきこまれてフランスの国教カトリック教を捨てることがないようにと、為政者としての立場もあって、あえて弁護の筆をとったのである。それは『モンテーニュとその時代』において詳説したとおりである。だが、それと同時に、モンテーニュは、思想家としてレーモン・スボンの思想とは根本的にちがう思想を確信をもって披瀝する結果になっている。それははからざるに、レーモン・スボンの二つの根本概念を完全に論破《レフユテ》する結果になっている。

第一に、レーモン・スボンはキリスト教神学者であるから、当然天地創造説に立脚し、始めに神という造物主があり、自然およびそこに棲むあらゆる動植物を創造し、最後に、神にかわってそれらあらゆる被造物を管理する人間を造った、と教える。だがモンテーニュは、宇宙の機構・万物の序列について、そのような人間中心的な説明を受けいれず、人間は他のいかなる被造物の上位にもいなければ下位にもいない。人間は神から特別の天寵を与えられてはいないという。それはキリスト教よりも『荘子』の「斉物論篇」に述べられている思想、少なくとも郭象の「斉物論篇」の注に述べられている考えの方に近いように思われる。つまりモンテーニュは、造物主とか主宰者とかの存在を全く信じないのである。物の生成に原因を認めないのである。〈自然〉はその語義が端的に示すように、他者の力を借りずに、それ自体のうちに内在する働きによって〈そのようにある〉のだと考える。更にそれを徹底させると、自然は造られたのではなく、始めなく終わりなく存在するのだということになる。荘子の考えも、結局、宇宙には主宰者がなく、万物はそれぞれに存在の根拠をもち、絶対に他者の介入をゆるさないとするのである。この思想はインドにも〈第十六外道《げどう》〉とか、〈無因外道《げどう》〉とか呼ばれて存在するそうであるが、いずれもキリスト教とは根本的にちがった基礎の上に立っている。

したがって第二に、人間には神をも世界をも知る力がないのだということを、ルクレティウスやセクストゥス・エンピリクスを引用しつつ、モンテーニュは論証する。これこそモンテーニュのピュロン説としてパスカルをはじめポール＝ロワイヤルの人々を恐怖させたものである。だからこの長大な一章の真意は巧妙にヴェールをもって覆い匿《かく》されているが、これと共に第二巻第十九章〈信仰の自由について〉の中の〈背教者ユリアヌス〉の弁護を併せ読むと、当〈レーモン・スボン弁護〉の章の真意は俄然明瞭になる。要するに当章はアントロポモルフィスム（擬人的神観）の完全なる否定、キリスト教の痛烈な批判に帰する。だが一方、前にも述べたとおり、モンテーニュは為政者として、国民一般のためにはやはりキリスト教の弁護もしなければならないことを誰よりもよく心得ていたのであるから、結局この〈レーモン・スボン弁護〉の章は〈多価性《プリュリヴァランス》〉を持つと考えなければならなくなる。ミシェル・ビュトールなどは、これを四重のアポロジーであると言い、一にラ・ボエシの弁護、二にモンテーニュ自らの弁明、三に『自然神学』の弁護、四にカトリック正教の弁護という風に考える。いずれにせよ、汎《ひろ》く宇宙万物の多価性《プリュリヴァランス》を認めるのが、モンテーニュの根本思想の一つであると考えれば、彼のアポロジーが多価性を帯びているのもまた当然であるかもしれない。

〈レーモン・スボン弁護〉の章についてはいろいろ言わなければならないことがたくさんあるが、特にモンテーニュの根本思想をつかむためには、その結論を述べている最後の三頁ばかりをまず読むことが近道であろう。

《結局、我々の存在《エートル》にも物事の存在にも、何ら恒常的なものは実在しない。我々も我々の判断も、そしてすべての死すべきものは、いずれも皆流転してやむことがない。だから、どちらからも何一つ確実なものは立証されない。判断するものも判断されるものも、ともに不断の動揺変化のうちにあるのだから。

我々は存在と何の交渉ももたない。なぜなら、人間は皆つねに発生と死滅との中間に居て、自己に関してただぼんやりとした影のような印象と、不確実で脆弱な意見しか与えないからである。だからもし、君がふとしたことから、君の思考を、人間の本質を捉えたいということに集中するなら、それは水をつかもうとする者と少しも変わりはないであろう。まったく、本来流れてとどまることなきものをつかまえようとすればするほど、ますます、人はそのつかまえようとするものを、とりにがすばかりなのだ。そんな風に万物は一つの変化から他の変化へと推移するものなのだから、理性はそこに真の実在を求めようとすると、永久に存続するものは何一つつかまえられずに失望する。何故なら、すべては今ようやく存在に入ろうとしているところで未だ完全に存在していないか、あるいはまさに生まれようとしていながら早くもすでに死に始めつつあるか、そのいずれかであるからだ。プラトンは言った。「物体はいまだかつて存在をもたなかった」と。……ピュタゴラスは「すべての物質は流動してとどまることがない」と言った。ストア学者たちは「現在という時はない。我々が現在と呼ぶものは、未来と過去のつなぎ目にすぎない」と言った。……また「死滅する物質は二度と同じ状態にあることはできない」とも言った。まったくそれは、迅速な変化によって、或る時は集まり或る時は散らばり、来るかと見れば去るのである。したがって生まれ始めたものも、決して完全な存在にまで到達しない。つまりこの誕生は完成することがなく、究極にとどいたように停止することがなく、種子の時代から常にそれからそれへと変化を続けるのである。例えば人間の種子からは、まず第一に母の胎内に形のない果実ができ、次に胎児の形ができ、いよいよ胎外に出て乳飲み児となり、やがて幼児となり、少年となり、それから青年となり、大人となり、ついにはよぼよぼの老人になり果てるように。つまりあとから来る時代は常に前の年代を解きくずしてゆくのだ。……

それに我々人間は愚かしくも一種の死ばかり恐れているが、実は他のいろいろな死を、すでに通過したし、また現に通過しつつある。まったく、ただヘラクレイトスが言ったように火の死滅は水の発生となるばかりでなく、我々はそれと同じことを、もっと明白に我々自身のうちに見ることができるのである。華やかな壮年の時代がようやく移ろい始めると、老年が訪れる。青春時代は壮年期の花の盛りに終わりを告げ、少年時代が終わると青年時代が、幼年時代が終わると少年時代が到来する。そして昨日が死んで今日が生まれ、今日が死ぬと明日が来る。世には何一つとしてとどまるものなく、何一つとして常に一つなるものはない。まったくその証拠には、もし我々が常に同一であるとすれば、どうして今日はこの事をよろこび明日はまた別の事をよろこぶのであろうか。どうして我々は、相反する物事を、愛したり憎んだり、褒めたりけなしたりするのであろうか。どうして同じ思想の中に同じ感情を持ちつづけないで、相反する感情をいだくのであろうか。全く変化することがなくしてちがった感情をいだくということは、本当らしく思えないのである。そして、変化を蒙るものは同一でとどまらず、同一でないとすれば実在してもいないのである。いやむしろ、総体的な存在《レートル・トゥータン》ともろともに、それぞれの存在も、常に別のものに別のものにとなりながら、しぜんに変わってゆくのである。〔関根注——ここに総体的存在 l'être tout un というのは〈宇宙〉l'univers のこと、microcosme に対する macrocosme をさしている。モンテーニュは《le monde n'est qu'une branloire pérenne》と言って、宇宙を生成流転する全体としてとらえている。これに対しただ être とあるのは個々の存在、すなわち microcosme のことである。したがって文中〈存在〉という語は Etre と être とに区別されるが、一は他を含むから、現実的には同一の l'être tout un に帰することになる。〕だから感覚も物事の本性に関しては勘違いをする。〈在る〉とはどういうことなのかよく知らないために、〈見える〉ものを〈在る〉ものと混同するからである。だがそれでは、何が真に在るところのものであるか。それは、永遠なもの、すなわち、誕生もなく終末もないもの、時間がそこに何らの変化ももたらすことのないもの、である。まったく時間とは動くものである。それはあたかも影の形に添うがごとくに、流動してやまざる物質と共にあらわれ、しばらくも安定せず、恒久ならざるものである。前《まえ》とか後《あと》とか、あったとかあろうとかいう語は、時間に属するもので、いずれも見ただけですぐに、それが在るところのものでないことが明白である。まったく、いまだ存在に達しないもの、すでに存在をやめたものを在るというのは、ひどい愚かさ、あまりにも明白な嘘であろう。あの〈現在〉〈瞬間〉〈今〉というような、それによって我々が主として時間の理解を助け支えているらしい数語に至っては、理性に発見されるとたちどころに破壊されてしまう。まったく理性はすぐさまそれを、未来と過去とに分割するのだ。それは当然二つに分割してみないではいられぬからだ。測られる方の自然も、これを測るところの時間と、同じことである。まったく、自然の中にもまた、一つとして残るもの存続するものはないのである。そこでは、何もかもが、あるいは生まれたか、あるいは生まれかかりか、あるいは死にかかりかである。だから唯一の存在者である**神**について、〈**彼**はあった〉とか〈**彼**はあるだろう〉とか言うのは罪となろう。まったくそのような言葉は、永続することも存在の中にそのまま居ることもできないものの、変化・推移・変遷を示す言葉なのである。だからこう結論しなければならない。〈**神**ひとりが在る。決していかなる時間の尺度にもよることがなく、むしろ時間によっては測定もされずどんな変化も蒙らない、不易不動の永遠によってそれは存在する。その前に何ものもなく、その後にも何ものもないであろう。何ものもそれより新しくはなくそれより近くはないであろう。それは現実的に存在する〈一〉であって、ただ一つの〈今〉によって〈永遠《トウージュール》〉を満たしている。**彼**ひとりをおいて真に在るものは何もない。**彼**はあったとも、**彼**はあるであろうとも、言うことはできない。それは始めもなければ終わりもないのだ。》（II・12・708–711）

以上の、夫子自ら《或る異教徒〔プルタルコス〕のこんなにも宗教的な〔敬虔な〕結論》と呼んでいる当章最後の文章の中には、大文字で書かれた《神》という語が二回、明らかにその代名詞と考えられる《彼》が五回、そのうちの二回は特に《Il》と大文字で書かれているけれども、果たしてそれはキリスト者の神と受けとれようか。それはやはり〈運命〉とか〈母なる自然〉とか呼んでしかるべき異教の神であるにちがいない。では、このように、いかにもキリスト教徒らしく書いているのは、モンテーニュが特に意識して用意した避雷針・カムフラージュであったのだろうか。当時の社会情勢から言っても、彼のおかれている地位身分から考えても、またこの章がもともとレーモン・スボンの『自然神学』の弁護、カトリック正教の弁明《アポロジー》の書として書かれたその事情を考えてみても、相当程度、彼には世間の誤解を招きたくないという気持ちはあったであろう。けれども、私はこれを必ずしも彼の韜晦であったとは考えない。むしろこれは彼の宇宙観、少なくとも彼の日頃の信念の、しぜんの発露であったと思う。宇宙は彼にとって多種多様なるもの、時には全く相反するものの、集合なのであるし、《人間は何一つとして純粋に味わうことはない》(第二巻第二十章)と信ずる彼のことであるから、この程度の矛盾は矛盾ではなく、むしろ自然なのである。彼は政治的には常に両方が互いに侵さず侵されずに共存することを立て前としていたし、書く場合にも(ただこの〈弁護〉の章においてのみならず)常に二種の読者を意識していたのであるから、特に当章の最後にもう一つ書き加えられた文章と共に決して単なるカムフラージュではなかったと私は思う。すなわちそこにはこう書かれている。

《以上のような、一人の異教徒《パイアン》〔プルタルコス〕のこんなにも宗教的な結論に、ただ一つわたしは、同じく異教徒であるもう一人の証人〔セネカ〕の言葉を書き加えるだけで、わたしに際限なく材料を提供してやみそうもない、この長々しく退屈な一章を閉じようと思う。その人〔セネカ〕は言う。

「おお何というぃやしく浅ましい代物ぞ、人間というやつは！　彼が人間性を超越しない限り！」と。なるほどこれは名文句であり、そこには有益な願いもこめられてはいるが、同時にはなはだ不条理である。手のひらよりも大きなものをつかもうとしたり、腕に余る大きなものをかかえようとしたり、我々の両脚をひろげても及ばぬほどの幅を飛び越えようと望んだりするのは、不可能であるし自然に反している。人間が自己や人間性の上にあがろうとするのも同じことだ。まったく人間は、自分の眼で見、自分の手でつかまえるよりほかはないのである。ただ神が特別に手をおかし下さるならば、人間も高くあがれるであろう。自分の手段はさっぱりと思い捨てて、ただひたすらに、純乎たる天の手段によって引きあげられるに身をまかすならば、はじめて高くあがることもあろう。

(c)この神々しい奇蹟的な変身を達成できるのは、正に我々キリスト教徒の信仰であって、決して彼〔セネカ〕のストア的徳ではない。》（II・12・711）

ここにモンテーニュが、その名を明らかに記してはいないが、プルタルコスという一人の異教徒の思想をば、《かくも宗教的な結論》として、そのまま自分の長大な宗教論の結論としたことは、たまたまアミヨ訳によっていよいよプルタルコスに親炙《しんしゃ》傾倒していた矢先のことだったからにすぎないとしても、あえてここに《一人の異教徒の》と明言していることは、ただそれだけでも意味が十分にあると思う。彼はこうして、自分がカルヴァン派でも教皇派でもない、一介のモラリストにすぎないのだということを、ここにはっきり打ち出しているのだと私は思う。それはカムフラージュどころか、彼が第一巻第一章以来語りつづけてきている信念を、いっそう強調しているものとしか、私には思われない。そこには《人間性を超越しない限りは》という但し書きをつけてはいるものの、もう一人の異教徒を証人にたてて、人間くらい卑しいきたならしいものはないと言う。それに、もとより彼は、人間が人間性を超越することなど、できようとは毛頭思っていない。そんなことをすると、人間は天使になりそこなって、畜生におちる。普通の人間にはいくら背のびをしても及びもつかない徳を強制するストア学者や、内に最も下賤な欲を宿しながら自らキリスト教徒だと思いあがっている人たちを、叱咤しているもののように思われる。ただ、人間が浅はかな知識を(そこにはキリスト教神学者の教説までも含めて)、きれいさっぱりとすてて、虚心に、幼な児の心にかえって、〈母なる自然〉のふところに帰ろうとするなら、人間もいくらかまともになるだろうくらいのことは、モンテーニュも考えていたにちがいない。そのうえ、彼は信仰者としては事実信仰絶対論者《フィディスト》であったし、また大の読書家でもあったから、自分やプルタルコスなどの考え方が、初代キリスト教の教父たちのもとに見出されることも承知していたし、彼と同じようにレーモン・スボンに共鳴を感じていたシャルル・ド・ブーヴェルも、そのブーヴェルに敵意をよせていたニコラウス・クサヌスも、共にキリスト教徒であり、しかも後者は枢機官ですらあったのであるから、夫子自ら、キリスト教徒であるとの自信は、依然堅固であったにちがいない。少なくとも彼は、カムフラージュをしなければならないほどの、後ろめたさとかコンプレクスとかは、毛頭感じていなかったと思う。それは後にふれることもあろうが、彼と教皇庁との関係からも十分に察しえられることである。古来キリスト教にはいろいろな形態と流派とがあり、一方は他方に対して異端であったらしいが、外部から見ればいずれもキリスト教である場合が多く、問題なのはいずれが真に宗教の本質を失わずにいるかである。彼は〈祈りについて〉の章(第一巻第五十六章)の中で、自分は〈僧職者的《クレリカル》〉ではないが〈良心的・宗教的〉ではあると、きっぱり自信をもって世間に答えている。

彼が教皇庁の要望にのみ忠誠であるなら、もはやモンテーニュがモンテーニュでなくなり、彼もまた当時の宗教戦争の片棒をかついでいたにちがいない。そう考えると、ここに、〈レーモン・スボン弁護〉の章の最後に、すなわち一五八八年以後に書き加えられた(c)の文章が、決して単なるカムフラージュではなく、むしろ自己の信念の強調であったと読みとられる。

要するに、《結局《フィナルマン》》という語に始まりこの最後の加筆分に及ぶ〈レーモン・スボン弁護〉の章の結論には、哲学者・モラリスト・純粋思索者としての根本思想と、あくまでキリスト教を護ることによってフランス社会の秩序と平和を維持しなければならないという一愛国者としての態度とが、いずれもはっきりと読みとられると思う。このことをはっきり把握するためには、第一巻第五十六章〈祈りについて〉、第二巻第十九章〈信仰の自由について〉、第三巻第二章〈後悔について〉の諸章を併せ読むことが、どうしても必要になる。特にモンテーニュのキリスト教を把握するためには、キリスト教をただ一つの型にはめて考えないことが必要である。それはモンテーニュの懐疑思想《セプティシスム》についても同様である。それは後にふれるとおり、ピロニスムそのものでもなければセクストゥス・エンピリクスのピュロン解釈を鵜《う》呑《の》みにしたものでもなく、それはモンテーニュ式セプティシスムであるように、モンテーニュにはモンテーニュ独特なキリスト教理解があったのだということを、我々はいろいろな面から考えてみなければならないと思う。

モンテーニュは福音書の弟子ではなかったとよく言われるが、それでも聖パウロの精神はよくつかんでいたようであるし、「伝道書」は彼の枕頭の書であった。これは彼の書斎〈リブレーリー〉の天井に記された五十七の銘文について語る時にふれようと思うが、彼はキリスト教を、〈自然法《じねんほう》爾《に》〉*として理解し実践していたように思う。ということは、彼が平凡普通の型にはまったキリスト教徒ではなかったということであるが、彼が本質的に深く〈宗教的人間〉であったことは、疑うべくもない。ユニテリアンの信仰をもっていたエマスンは深くモンテーニュを愛していたが、この二人をかくまでに結びつけたのは、二人の信仰が根本において相接していたからではなかろうか。

＊ 親鸞は『末燈鈔』第五書簡に〈自然法爾〉について述べているが、その最後に《弥陀仏は自然《じねん》のやうを知らせんれうなり。この道理を心得つる後には、この自然のことはつねにさたすべきにあらざるなり》と言っている。〈やう〉は様態、〈れう〉は料すなわち手段方便の意。このことは後に再びふれることがあろう。

もちろんモンテーニュは〈深く宗教的《プロフォンデマン・ルリジュー》〉ではあったけれども、キリスト教徒《クレティアン》であったとは言えないというのが、今日の時点に立って考えれば哲学的に最も正確でありまた理解し易い意見であろうが、そうすると彼が一生を通じてカトリック教擁護の立場を貫いたという事実はどうなるのか。こすべてはモンテーニュの仮面でありペテンであったと言いきることが果たして正しいかどうか。ここでどこまでもモンテーニュのキリスト教信仰が真率なものであったと主張するためには、問題を当時一般の思想界・キリスト教界の実状の中において考えなければならないであろう。当時キリスト教にはいろいろな流派があり、聖書にしてもヴルガタ版以外にルフェーヴル・デタープルやカステリヨンやミュンスターなどいろいろな人のラテン訳があり、したがって解釈も多様であったこと、*キリスト教界にもユマニスト的嗜好が充満していたこと、なども併せ考えなければならないが、それと共にモンテーニュがローマへ行った時、『随想録』が教皇庁の検閲をうけたという事実とその顚末を、具体的に物語ることこそ、最も説得的で効果があるであろう。彼はローマにつくと早速、税関で行李の中の書籍は『随想録』を含めて全部押収され、それらはその日一五八〇年十一月二十九日から翌年三月二十日まで、すなわち四か月もの間、検閲官の手許にとめおかれたのであった。それは教皇庁の方から届けて来たのかモンテーニュの方から受け取りに行ったのか不明だが、とにかく彼自ら日記の中に書いている所によると、《その衝に当たった聖宮図書検閲官《マエストロ・デル・サクロ・パラッソロ》はフランス語が全くわからず、〈或る一人のフランス人僧《オーカン・フラテール・フランセ》〉の報告を得てはじめて裁定を下すことができた》のであった。モンテーニュはそのフランス人僧の書き出した一々の項について、検閲官の前で弁明をしたらしく、《検閲官はそれに十分満足されたので、「後で不穏当だと気がつかれたら直して下さればよい」と、一切をわたし〔＝モンテーニュ〕の良心に委ねられた》ということである。それに対してはモンテーニュの方がむしろ強気であったらしく、進んで、《運命という語をいたるところで用いたり、異端の詩人たちの名[**①]を掲げたり、背教者ユリアヌスの弁護[**②]をしたり、祈りをする者はその際不徳な思いを一切いだいてはならない[**③]とか、単純な死刑以上の仕置き〔拷問など〕は残酷行為[**④]だとか述べたりしていることは、実際御指摘のとおり、いずれも自分の意見であるが、それを誤謬だとは毛頭考えていないから、その点は再検討をお願いしたい。それに、懲戒者〔フランス僧〕は真に私の思想を理解しているとはとうてい思われない》とはっきり返答した（拙訳『モンテーニュ全集』第Ⅳ巻『旅日記』一三九―一四〇頁およびその注参照）。これに対し、検閲官の方ははなはだ物わかりのよい紳士であって、彼に対して大いに失礼を詫び、今お伝えした修正意見には自分もあまり賛成でないことを婉曲に語ったうえ、同じくイタリア人で彼に対して批判的であったもう一人の者に向かって、彼の目の前で、大いに弁護の労をとってくれたと言う。これは世間や読者などを全く念頭におかない、私的な旅行覚え書に記入したことであるから、そこには誇張も修飾もない、むしろ生地そのままの、モンテーニュの面目が正直に描き出されている。

＊《誰でも言うではないか。注釈は疑惑と無知とを増加すると。それに人間が書いたものでも、神の手になったものでも、人々がもてはやす書物で、解釈のためにその難解が取り除かれたものは、ただの一冊もないからである。第百の注解者がその次の人の手に渡したその書物を見たまえ。それは第一の注釈者の見たものより、ずっと取っつきにくく困難なものになっている。いったいいつになったら我々は一致するのであろうか。「この本の解義はもうこれでよい。もう一言も付け加えるものはない」と。このことは訴訟について見るといっそうよくわかる。》（Ⅲ・13・1228–1229）これは法文の注釈について述べているのだが、同時に神学者の聖書の解義の繁多なることをほのめかしている。

＊＊①テオドール・ド・ベーズやジョルジュ・ビュカナンのことを指す。前者は『随想録』第一巻第二十六章に、後者は第二巻第十七章に出て来る。②第二巻第十九章。③第一巻第五十六章。④第一巻第十一章。

それから約一か月後、いよいよローマを去るに当たって、聖宮図書検閲官の許に暇乞いに行ったことを、同じく『旅日記』の中に、次のように記している。

《四月十五日、聖宮図書検閲官とその同僚とに暇乞いに出向いたところ、その二人は、わたしに、貴著検閲のことは深く意に介しないよう、あれはほかのフランス人たちから、中にいろいろ愚劣なことが書いてあるという告げ口があったからであって、自分たちとしては、あなたの教会に対する意向や感情や、あなたの才能にはかねて敬意を払っているし、あなたの率直で良心的なことも十分に認めているのであるから、後日再版の場合に、御自身あまり大胆にすぎたと認められる箇所だけ、特に運命《フォルテューヌ》という語などを、自分から削除するように」と、一切をわたしに委ねられた。二人は依然わたしについてはきわめて満足しておられる御様子であった。そして、わたしの著書をあんなに入念に取り調べ、その幾つかの箇所を不可とされたことを弁解されるために、きわめて評判のよい枢機卿や聖職者の書かれた幾多の新刊書が、その幾か所かが同じように不完全なりとして削除を命ぜられたにもかかわらず、著者および作品全体の評判は少しも影響を蒙らなかったという実例をあげられた。そして今後もなおわたしの雄弁によって（これはお世辞であるが）教会を擁護してくれるよう、そしてなお永く自分たちと共に、この平和にして戦乱の外にある都市に滞留せられるよう、すすめられた。彼らは二人ともすこぶる権威ある枢機官級の人物である。》（拙訳『モンテーニュ全集』第Ⅳ巻『旅日記』一五二―一五三頁）

ここに特に注意しなければならないのは、教皇庁があまりに大胆な言説や運命という語などを、自分から削除するようにと表向き注意しながら、そういうことは高名な枢機官や聖職者たちの著書の中にも同様に見られることであるからそれほど気にしなくてもよいのだと、モンテーニュを慰撫していることである。事実、運命という語を用いただけで異端者扱いをされることは、少なくともモンテーニュの時代にはなかったのである。『随想録』が公式に〈禁制書目〉に入れられたのは、約百年の後、一六七六年のことであった。しかもその理由は、運命という語の使用であるよりは、むしろ背教者ユリアヌスの立場を支持擁護した〈信仰の自由について〉（第二巻第十九章）のためであったらしい。十六世紀という古代文学尊崇のユマニスト輩出の時代に、物事を文学的に詩的に表現しようとして異教徒の比喩やイメージを借り用いることが一般の非難を蒙るようなことはあろうはずがなかった。ただキリスト教の敵たるユリアヌスを賞讃するに至って、はじめて断乎異端の烙印を押されたのであった。だからモンテーニュは帰国後〈祈り〉の章の冒頭に自己の立場をいっそう鮮明にする一パラグラフを付加したものの、運命という語の使用に関しては何らの変更も加えなかった。その代わり、〈信仰の自由について〉の章の方では、一五八二年版においては重要なパラグラフを削除している。だがそれは、ボルドー本において復原されたから（拙訳『随想録』II・19・790-791Ⓒ）、現行諸版において見る限り、一五八二年版の削除は全く今日の読者には感知せられないが、とにかくモンテーニュもその時点においては、おとなしく教皇庁の希望に従って、僅かながら〈あまりに大胆と思われる〉部分を削除したのであった。だが要するにモンテーニュは、教皇から叱られて帰って来たのではなく、陳謝されたり褒められたりして帰って来たのである。むしろ彼は、自分のキリスト教に自信を与えられて帰って来たのだと言ってもよいくらいである。それに彼は、いつも口癖のように繰り返し言っているとおり、自ら聖職者でも何でもない、ただのジャンティヨム・ユマニストにすぎないのだと思えばこそ、やたらに〈神〉〈神〉と繰り返すことをむしろ畏れはばかって、その代替語として〈運命〉とか〈自然〉とかいう語を意識的に使ったのだという解釈も立派に成り立つ。当時一般に、詩人・著作家が〈神〉の代わりに〈運命〉という語を用いることは公認されていた。ただ聖書の訳とか注とかの中でだけその使用が禁止されていたのだという。その一例としては、ロンサールが歴としたフィデイストでありながら、その作品の中では運命の語をしばしば用いているし、セバスティアン・カステリヨンのごときは、〈プロテスタントの中のフェヌロン〉と言われる人だけにそのラテン訳聖書の中においてさえ、〈運命〉の語をしばしば用いているという。モンテーニュの〈リブレーリー〉の天井に記された「伝道書」の一句は、カステリヨン訳によるものと見え《日ノ下ナル凡テノモノハ同ジ運命同ジ法則ニシタガウ》とある。聖職者でさえが異教趣味《パガニスム》を免れなかったルネサンス時代に、ただのジャンティヨム（廷臣、貴族）たるモンテーニュがパガニスム好みであったからといって、少しも彼のキリスト教を疑うには及ばない。ついでに言えば、fortune《フォルテューヌ》という語は『随想録』全体を通じて四〇〇回以上出て来るのである。プレイヤッド版『随想録』本文は全三巻を通して一〇八六頁あるが、その二頁半に一回の割合でfortuneの語が出て来る。それが代名詞elleで反復される場合や、ラテン語やイタリア語で出て来る場合まで加算すると優に四五〇回にも達する。それは、モンテーニュにおいては、一種のhabitude、ユマニスト好みの口癖みたいなものであったとも言えるようである。*

＊　モンテーニュはキリスト者であったか無神論者であったか……というようなことは、私が彼と親交のある彼の同時代人であったとしても、明確に断言することはむつかしいだろう。それは正宗白鳥の場合をとって見てもわかる。この人と親交のあった山本健吉の『正宗白鳥』論を見てもそれはわかるであろう。また加藤周一編著『日本人の死生観』中〈正宗白鳥〉の部もまた同じことを教えている。リュシアン・フェーヴル『十六世紀における無信仰の問題――ラブレーの宗教――』もまた同様の見解を述べている。

このような『随想録』全体を通じての〈運命〉という語の頻出は、運命の思想がモンテーニュの思想の中でいかに重要な意味をもっているかを示して余りがあるが、しかしそれは彼の宗教思想の特質を示すだけであって、彼のカトリック教と矛盾するものでもそれを否定するものでもない。彼とローマの教皇庁との関係は終始円満で互いに理解し合っていた。これははっきりした歴史的事実である。こんにちの思想家や神学者の眼には矛盾背反と見えても、当のモンテーニュ自らは自分のキリスト教に毫末《ごうまつ》の疑念も後ろめたさも持ってはいなかった。これも事実である。三代にわたってボルドー大司教の所領内の城館に住み、自分の塔の鐘楼の鐘の音に目覚め、就寝時には主の祈りを唱えることを忘れず、寝室の階上には古代の典籍が充満していたとはいえ、階下はちゃんとした礼拝堂になっていて、家族こぞってミサに臨んだ。一族の内に幾人もの聖職者がいた。誰一人モンテーニュ家の当主ミシェルの信仰を疑う者はなかった。邸のすぐ前には彼と同じ名のサン＝ミシェル教会堂がたっていて、一族の一人がその司祭であった。これらもろもろの事実の前に眼をつぶってはなるまい。それに一六七六年に『随想録』が禁制書目にあげられたことにしても、それは必ずしも背教者ユリアヌスを弁護したためだとばかりは言いきれない。むしろ当時の社会情勢、ジャンセニストが巻きおこした波瀾渦巻にひきこまれたのだと見る方がむしろ正しいであろう。当時の禁令文書は秘密扱いになっているが、ベルヌーイが入手したそのコピーにもその理由は示されていないそうである。『随想録』の禁制処分はこの書の内容よりも、むしろ当時の宗教界の情勢不穏を危惧した、ルイ十四世の一般的な宗教政策の結果ではなかったろうか。デカルトも同じ時期に同じ処分にあっている。一九三九年教皇ピウス十二世は、モンテーニュがカトリック教会のために尽瘁《じんすい》した功を認め、『随想録』を禁制書目から削除した事実も忘れてはなるまい。

モンテーニュは、論理一点ばりのスコラ学流行の後を承《う》けて、ようやく純然たる抽象的思考には限界があると考え始めた時代に属する。自然を永遠の動揺変化、無限の創造であると考え出すと、それは抽象的な思索によってはとうてい近づくことができないと思われてくる。そこで皆、そのような複雑で豊富な自然をわからせるには、どうしても詩的なイメージに訴えるとか、前後矛盾するように見える論証の仕方とかを選ばねばならなくなる。〈レーモン・スボン弁護〉の章もその例に漏れない。だがこれは決して思想が幼稚未熟だからではない。そこには透徹した思索と容易にゆずらぬ確信があった。総じて物事はそれぞれ現実に内に相反するものを含みながら一つに統合されているのであるから、本来そう単純に論理だけで割り切れるはずはないのである。だからこそエラスムスは痴愚《フオリー》の概念により、ラブレーは酩酊《イヴレス》の概念によって、人生の不思議を説きあかそうとした。モンテーニュは自然とか素朴とか、空虚とか無知とかの概念によってそれをしようとする。

〈雄弁を無視するところに真の雄弁がある〉とはパスカルの説だが、キリスト教を茶化し愚弄し嘲笑するところにかえって真のキリスト教があるのではないか。少なくともそういうところに、ほんものの宗教的人格は見出されると言えそうである。モンテスキューは《四大詩人、プラトン、マルブランシュ、シャフツベリー、モンテーニュ……》と書いてモンテーニュの散文の中に詩を見出しているが、*モンテーニュ自らは、自分の流儀は《俗人的《ライック》であって僧職者的《クレリカル》ではないが、それでもきわめて宗教的《ルリジュー》》（Ⅰ・56・399）なのだと言う。なるほど少しも宗教的人間だとは思われない自称ないし公認キリスト教徒があるかと思うと、はなはだキリスト教徒らしくない宗教的人間もたしかにあるようである。人間は、（他の何事も同じことであるが）自らの裡《うち》に無限の多様性を蔵している。〈善玉〉〈悪玉〉というような純粋単一な人間は現実には存在しないのだ。《我々の行為はいろいろなものが継ぎはぎされたものにすぎない》（Ⅱ・1・415）、《我々は皆もろもろの断片から成り立っており、その構成はあまりにも不定かつ雑多であるから、各片は各瞬間にそれぞれ思いおもいのことをする》（Ⅱ・1・416）。だから理路整然と人生について述べることはむしろ自然に反することなのだと、ちゃんと意識してモンテーニュは形式を無視するのである。そのことを第三巻第九章ではっきりと告白している。《わたしはさまよう。だがそれはわざとそうしているのであって、うっかりさまよっているのではない。わたしの思想は続いているのだが、時として遠くの方でつながっている。それらは互いに見合っているのだが、斜めに〔よこ目で〕見合っているのだ》（Ⅲ・9・1147）と。そしてそれはプラトンもプルタルコスも行っていることであり、《古代の神学も最初の哲学も詩であった》（Ⅲ・9・1148）と言い、ついに《わたしの主題を見失うのは不注意な読者であってわたしではない》（Ⅲ・9・1147）と言いきる。〈レーモン・スボン弁護〉という一章も、他のもろもろの章との関連において読まねばならぬことを、モンテーニュはこうしてあまねく読者に訴えているのである。我々はこの叫びにも似たモンテーニュの訴えをおろそかにしてはならない。わかりきったことであるが、我々はモンテーニュという生身の人間と切り離して、『随想録』を解釈してはならない。〈自分と同質のもの《コンシュブスタンシエル》〉と自ら言うその『随想録』は、モンテーニュの生活全体の中に置いてこれを理解しなければならない。言いかえれば、モンテーニュの研究とはモンテーニュの生き方を共に生きることでなければならない。もともと彼は時流に棹《さお》さす著作家ではなくむしろ反逆児である。いわんや、時間的にこんなにもかけ離れた我々の時代の常識では簡単に割り切れない事情が、当時幾重にも彼を取り囲んでいたのである。このことを忘れたモンテーニュ研究は、ひっきょう抽象論であり架空の論である。

* J. de Feytaud : *l'Ame poétique de Montaigne*, in *B. A. M.*, 3e série, n° 1, 1957.

モンテーニュは第一巻第一章に、人間が流動してやまないものであること、すなわち人間の流動性を取りあげた。これは彼の思想展開の出発点であり、彼の根本思想を徐々に理解に導こうとするいわば伏線であり第一の布石であった。それは後年書き加えられた分を加えてもきわめて簡単な小さな一章であるが、彼はいつも〈げんなりさせるよりは物足りなさを感じさせる方が〉効果的であることを、誰よりもよく心得ていたからである。それはきわめてあっさりと語られていて、多分の余韻を残して終わる。第二巻第一章〈我々の行為の定めなさについて〉は、まさにこの第一巻第一章のはるかなる反響であった。それは著者が開巻第一に読者に語り示した事柄を、ここによりいっそう豊富な実例によって証拠だてると共に、更にそれらの事実を宇宙や自然の流動性に関連させミクロコスモスとマクロコスモスを重ね合わせることによって、いよいよモンテーニュの思想の深層へと読者を導いてゆく。第一巻第一章ではただ人間の定めなさだけが問題であったが、ここ第二巻第一章では、その人間と宇宙ないし世界との関連が明らかにされる。それに第一巻では人間一般についてであって、モンテーニュの自我《モワ》がまだ反省され叙述されるに至らなかったが、ここ第二巻では、その彼の〈わたし自ら〉が姿をあらわし、第二巻第十七章における自画像《オート・ポルトレ》への序説となっている。やがて第二巻第十二章〈レーモン・スボン弁護〉の章では万物流転・諸行無常の裡《うち》なる永遠、いわば宇宙論的〈流行と不易〉の問題が取りあげられるが、当第二巻第一章はそれへの序説ともなっている。また『随想録』全体を幾重かの弁明《アポロジー》の書として見る（ミシェル・ビュトール）ならば、当章は第一巻第一章を承《う》けた第二の布石として実に格好な位置を占めており、よく当巻最後の章〈子の父に似ることについて〉の章の結びのパラグラフに対していっそう効果的な前奏曲をなしているようにさえ見える。今でこそこの第二巻第三十七章は、第二巻の最終章にすぎないが、一五八〇年版においてはこの章こそ『随想録』全体の最後の締めくくりであったことを、我々はあまりにも忘れすぎているようである。まったくボルドー本の覆刻による決定版があらわれてからというもの、一五八〇年版の重要性を我々は忘れすぎている。『随想録』はこの原型において、すでに首尾一貫したコンポジションを持っていたことを、ここに改めて見直す必要があろう。第三巻を加えた一五八八年版『随想録』は、決して一五八〇年版のコンポジションの均整調和を破りはしないけれども、第三巻最後の章に引用されたホラティウスの句は、いっそう鮮やかに『モンテーニュ随想録』全三巻の構成をひきしめてはいるけれども、『随想録』の芸術性は、前二巻だけですでに完成していたことを我々は想い出す必要がある。*

* 一五八〇年版を原型のままに読むことは、一八七〇年のドゼームリとバルクハウゼンによる二冊本が稀覯本となって以来困難となったが、最近『モンテーニュと運命』の著者 Daniel Martin によって Yale University の所蔵本が Slatkine から覆刻公刊された。

〈レーモン・スボン弁護〉という雄大な一章を読み終えた時、二十世紀の学者たちは今更のようにモンテーニュの真意を捉えかねて苦心惨澹し、さまざまな議論を展開したのであるが、第二巻第一章の冒頭の文章は、あたかもそれら学者たちの迂遠を嗤《わら》うかのごとく、〈まず汝が脚下を見よ〉と彼らに訓《おし》えるがごとくである。

《(a)人間のもろもろの行為を記録することに専念する人々は〔関根注——これはもっぱら聖人伝・偉人伝などの作者たちを指している〕、それらを継ぎ合わせて一枚の布地に織りあげようとする時ほど当惑を感ずることはない。まったくそれらもろもろの行為は、通例妙に矛盾していて、同じお庫《くら》から出たものとはとうてい考えられないのである。若いマリウスは、或る時は軍神《マルス》の息子となり或る時は愛の神の子となった。教皇ボニファティウス八世は、狐のようにその位につき、獅子のように権勢をふるい、犬のように死んだという。また誰が信じようぞ、あの残酷の標本みたいな暴君ネロが、或る日、型どおりに或る死刑囚の宣告文に署名するよう請われると、「おお字など学び知らねばよかったに！」と答えたというほど、たった一人の男を死刑にするのにその心を痛ましめたということを。だがこういう例は世の中にみちあふれているのだ。それどころか、人はそれぞれ自分自身に、そのような実例を、いくらでも提供できるのであるから、わたしは時々、悟性あるかたがたまでが、無理にこれらの断片をつづくりあわせようと苦心しておられるのを見ると不審に思う。心定まらぬことこそ我々人間の本性の、最も普通かつ顕著な欠陥であると、わたしは思うからである。その証拠には狂言作者プブリウスに、次のような有名な一句がある。

変更ノキカザル意見ハ悪シキ意見。

(b)一人の人間をその日常の最も普通な言動によって判断するのには、いくらかもっともなところがある。だが我々人間の気分や思想は元来が不安定なものであるから、わたしはしばしば、いくらすぐれた著者だからと言って、我々を恒常にして不易なものに造りあげようと執心するのは間違いではないかと思った。彼らは何か一つ普遍的な風態を捉え、その姿をもとにして、一人の人物のすべての行為を整理解釈してゆく。そしてそれが思うようにゆかないと、それらを皆その人の隠蔽のせいにしてしまう。アウグストゥスは彼らの手におえなかった。まったくこの人においては、その全生涯を通じて、きわめて多様な行為が、はなはだ顕著に唐突にまた不断に交替したので、彼は最も大胆な審判者の独断をもまぬかれて、そのまま、断定を下されずに、助かったのであった。わたしにとっては、何にもまして人間の恒常性《コンスタンス》くらい信ずるに難いものはなく、その不恒常性《アンコンスタンス》くらい容易に信じられるものはない。人間を細分して、それぞれの部分を個々別々に判断する者こそ、最もしばしば真実を言いあてるであろう。》(II・1・409-410)

果たしてこれが後世のモンテーニュ学者に対する皮肉な教訓であるかどうかは別にして、これが遠く第一巻第一章から始められた〈人間性《コンディション・ド・ロム》〉論の続篇である第二巻のトップに置かれているということは、まことに心にくきばかりの構文上の配慮と思わねばならない。それは始めただの一般論のように見せかけながら、ふとアウグストゥスの肖像を瞥見させるあたり、すでに彼自らの自画像《オート・ポルトレ》の出現を予告しているかのようであり、更にこの第二巻全体がとりわけ彼の自己弁明の書となるべき、その第一の布石でもあるように思える。モンテーニュは構文の法を知らないなどと言うのはとんでもないうそである。ここには最も高度の〈文章構成の芸術〉があるのだ。

彼の自画像が現われるのはすぐにではない。三、四頁先になる。それまでの間に、人間はいわゆる十人十色で、それぞれに相異なり相反するばかりでなく、各人ひとりひとりも、毎時毎瞬、《彼らにふり注ぐ日の光のように》、あるいは《機会の風の運ぶ》にその身を委せ、あるいは《水に漂うもののごとく》に、それぞれその一生を通じて幾度となく変動するものであって、それは《或る人々にはあたかも我々に二つの霊魂があるかのごとくに思わせ、また別の人たちには、あたかも我々に二つの威力が伴っていて、それぞれ思い思いに、あるいは善に、あるいは悪にと、我々を運んでゆくかのごとくに思わせる》ということを、彼は例によって自然界のさまざまなイメージを通じて物語った末に、いよいよそれはほかならぬ自分の許にもあることなのだと、次のように語り出すのである。

《(b)ただ出来事の風がその時折りの方向にわたしを吹き送るだけではない。わたし自らがまた、自分の態度の不安定《アンスタビリテ》によって、自分を動かし自分を乱している。〔関根注――このことは第三巻第二章の冒頭にいっそう詳しく述べられる。〕誰でも眼をこらして己れを見つめるなら、二度とふたたび自分を同じ状態のうちに見出すことはない。わたしは自分の霊魂に、それをどちら向きに寝かせるかによって、或る時は一つの姿を、或る時はまた別の姿を与える。わたしが自分についていろいろに語るのは、自分をいろいろに眺めるからだ。ちょっと体をひねったり曲げたりするだけで、そこには〔わたしの霊魂の中には〕ありとあらゆる矛盾撞着が現われる。恥ずかしげで厚かましく、(c)清らかでまた猥らな、(b)おしゃべりでまたむっつりした、鈍感で過敏な、鋭敏で愚鈍な、気むずかしくてお目出たい、嘘つきで正直な(c)学者かと思うと無学な、気前がよくてけちんぼでまた浪費家の、(b)そのどの姿をも、この身をちょっとひねるにつれて、わたしは幾分かずつ、自分のうちに見出すのである。誰でも注意ぶかく自分を検討するならば、皆、自分のうちに、いや自分の判断の中にさえ、このような変化《ヴォリュビリテ》と矛盾《ディスコルダンス》とを見出すのだ。わたしは自分について、完全に〔洩れなく〕単一に、決定的に、混じり気なく、ただの一語では何一つ言えない。「わたしは区別して言う」〔Distinguo〕が、わたしの論理学の中では最もひろく適用される掟《おきて》である。》（II・1・413-414）

モンテーニュはここに、古今東西の他人の上に見た実例の上に、きびしい自己観察の結果である自分自らの実例を加えつつ、彼の根本思想を明らかにしている。宇宙のうちに何一つとして単一なるものはない。必ず一のうちに多を蔵している。宇宙全体が千変万化を内蔵してしかも調和と統一とをもっているように、人間も、そのひとりひとりが、ミシェル・ド・モンテーニュも、君もぼくも彼も、皆同様に雑多どころか全く相反するものをさえ内に含んで生きているのだという考え、宇宙（マクロコスモス）と人間（ミクロコスモス）とが一つであり、互いに一方が他を含み含まれているという考え（シャルル・ド・ブーヴェル）、〈万物同根〉とか〈万物ハ我ト一タリ〉とかいう考え方（荘子）の上に、[*]自分も（すなわちモンテーニュも）また、立っているのだということを物語っている。

＊ M. Baraz : *Le sentiment de l'unité cosmique chez Montaigne*, in *C. A. I. E. F.*, n° 14, 1962.

なお先に引用した第二巻第一章の中には、《身を機会の風の運ぶに委せて》[*①]とか、《出来事の風の吹く方向に》[*②]とか、《波が怒っているか穏やかであるかによって》[*③]とか、《そのようなやつは風のまにまに消え去るであろう》[*④]とか、風や波によるメタフォールが六回も現われる。ここにはモンテーニュが、〈神の摂理〉なるものを認めていないことがおのずから漏洩している。〈出来事《アクシダン》〉とか〈機会《オカジョン》〉とか言っているのはひっきょう〈運命《フォルテユーヌ》〉のことである。宇宙は〈事物の秩序《オルドル・デ・ショーズ》〉という、それ自体秩序ある動きをもっているのであって、我々とは別に我々より上にある何者かの意志命令によって動いているのではない。宇宙も万物も、そこに人間も含めて、それ自体の動きをもって動いているのだ。この全く〈ライック〉で、〈クレリカル〉ではない、むしろ異教風の〈運命の概念《ノション・ド・フォルテユーヌ》〉はひろく『随想録』全体にみなぎり、その基調をなしているが、後に〈レーモン・スボン〉の章や第三巻第十三章に最も鮮明にその姿を現わす前に、そこここにその片影をあらかじめ示すのである。これこそ彼と共に生まれ、少年時代から最後の日に至るまで、確信をもって想いいだかれ変わることのなかった、彼の《普遍的一般的思想《イマジナション・ユニヴェルセル・エ・ジエネラル》》すなわち彼の根本思想であったのだ。

＊①《selon que le vent des occasions nous emporte》
②《le vent des accidents me remue selon son inclination》
③《selon que l'eau est ireuse ou bonasse》
④《celui-là s'en va à vau le vent》

運命の概念は『随想録』全三巻、(a)(b)(c)各時期を通じて均等に配置されており、〈フォルテューヌ〉という語だけでも、前後四〇〇回以上現われる。だがこのことについては、彼の〈神〉〈運命〉〈母なる自然〉の概念と共に、後に改めて詳説する機会があるであろう。

それよりも特に当章において注目したいのは、モンテーニュが移り気や無定見を人間性の本質につながるものと認めていながらも、夫子自らは、必ずしも、《あやつり人形のように外なる糸にあやつられる》がままになることを、欲してはいなかったことである。これは浅薄な読者がとかく見落とすことであるが、彼ははっきりと次のように書いている。

《(a)古代史全体を通じて自分の生き方を確乎たる一定の方針に従わせた者十二人を選び出すとなると容易なことではないが、そのように生きるのこそ、知恵の主要な目的である。まったく古人の一人〔セネカ〕が言ったように、知恵とは何かを言葉で言おうとするなら、そして我々が生きるためのあらゆる規則をただの一箇条にまとめるならば、それは「いつも同一のことを欲し、同一のことを欲しない」ということになる。……デモステネスも言っているそうだ。「すべての徳の始まりは熟慮熟考であり、その極致は恒の心《コンスタンス》〔恒常心〕である」と。》（II・1・410）

《(a)その頭の中にしっかりした法則と、しっかりした方針とを確立しているらしい人々においては、その生涯のあらゆる場合に、常に一様にして変わらざる志操と、もろもろの所業を一貫してあやまらざる秩序と関連とが、燦然と輝いているのを我々は見るであろう。》（II・1・411）

この簡単な二つの叙述の中にも、優に我々は、モンテーニュが終始一貫して渝《かわ》らざる一つの信念を保持していたこと、を知ることができる。ただそれは外から与えられた教訓にも箴言《しんげん》にもよらない《全く彼自らのもの《トゥート・シェンヌ》》であった。それはむしろ一つの思想にこだわらずに、宇宙の秩序に従って推移するすべを知ることであった。それこそが知恵であると、彼は信じて変わらなかったのである。彼はこの章の中でも、《ちょっとこの身をひねる》だけで、自分はさまざまに変貌すると告白してはばからない。だがこれは、自分だけを一般民衆からかけ離れた存在として考えず、むしろそれと自分を同列において、自らも人間の無節操と無定見を負うことによって、いっそうよく人間一般の流動性を証拠だてたまでである。この程度の変貌は、彼の良心に重大なかげりを及ぼすほどの事柄とは思われず、むしろその置かれた環境に順応してその身の色を変えるという動物〔カメレオン〕に見られるような、一種の本能習慣あるいは条件反射と同様に見ることができたのであろう。だから一般の人々の最も重大視する経済生活に関しても、彼は三度もその方針を改め、三種の生活をしたことを至極しぜんに公表することができた（第一巻第十四章）。だが、その根本思想はもちろん変えなかった。結局、彼が変わったと思われることも、むしろ〈世界の法則《ラ・ロワ・ジェネラル・デュ・モーンド》〉とか〈自然の必然《ラ・ネセシテ・ナテュレル》〉

とかに従って生きようという一貫した姿勢を守りとおしただけのことだと解釈することができよう。だがここでも我々は、むしろ当章冒頭のパラグラフの教えるところに立ち帰って、無理に表面的な辻褄《つじつま》を合わせることは、やめておこう。モンテーニュの世界観に立てば、そういうことに腐心するのは、かえっておかしなことになる。うっかりと、盲目的に押し流されてゆくのではなしに、意識的に宇宙の大きな流れに逆らおうとせず、それに乗って生きるのであれば、それは自然に随《したが》って生きることであり、賢者の道であると、モンテーニュは終始一貫して確信するのである。

モンテーニュは、『随想録』（第二巻第一章）の中で、人間の生き方には二つのレヴェルがあると考えている。我々の一般普通の生き方は、《身を機会の風の運ぶに委せて》ただ本能の赴くがままに生きることである。自分がああしたい、こうしたいと望んでいるのも、それはただそう言っている瞬間だけのことであって、あとはかの《その置かれたる場所に従ってその身の色を変えるという》カメレオンと変わりはない。ひっきょう我々人間は、いずれも運命という傀儡師《かいらいし》の糸にあやつられる木偶《でく》にすぎないのだと認めている。だがしかし、彼は一方に、それよりも高い水準に立って、自分の生活を一貫した確実な方針に従って押し進めている人々が、それは全古代史を通じて十二人と選び出すことが容易でないと自ら認めながら、その数はいくら僅かであるにしても、あることはあるのだと確信し、及ばずながら自らはその群に伍したいと願いかつ努める。そう、当第二巻第一章の中に、我々ははっきりと読みとらねばならない。

第三章　《よろづの物の父母なる天地《あめつち》》と《我らの母なる自然《ノトル・メール・ナテユール》》
――モンテーニュの自然と老荘の自然――

モンテーニュは始め、世界は動揺であり反復運動であると定義した。それから、それは誰かによって引きずりまわされているのではなく、自分の動きをもって動いているのだと考えた。そしてついに、自然界の運動はすべて有機的な過程のもとに行われるのだと示唆する。例えば、病気までが有機体であり生きものであると考える。《(b)経験はなお、こう教えてくれた。我々は我慢が足りないから参ってしまうのだと。病苦にも、その寿命がありその限界があるのだ。(c)その病気がありその健康があるのだ。

病気の組織は、動物の組織にならって作られている。病気にも、その生まれた時から、その限られた運命があり、その日限がある。その進行に逆らって無理に力ずくで病気を短縮しようとすると、かえってそれを長びかせ倍増する。静めるどころか、それを高ぶらせる。……(b)人は病気に通り路をあけてやらねばならない。実際わたしは、そのしたいようにさせてさえおけば、病気もそう長いことわたしの許にとどまってはいないことを知った。そして世間でしつこいと言っている病気をも、ただその衰えるにまかせて、医術の力なんか借りずに、むしろその掟に違背しつつ、退治した。いくらか自然のしたいようにさせておこうではないか。自然の方が我々よりその仕事をわきまえている。「でも誰々は病気で死にましたよ」とおっしゃるか。さよう、君もまた死なれるだろう。この病気でなければ、また別の病気で。だがいかに多くの者が、三人の医者を侍らせながら、なおかつ病気で死んでいったか。……わたしは、熱や痛風の発作や下痢や動悸や頭痛やその他もろもろの故障が、わたしの内部でだんだんと老いてゆき、やがて自然死をもって死んでゆくのを待った。それらは皆、わたしがそれらと半分仲よしになった頃にはなくなっていた。……》（Ⅲ・13・1252–1253）

　ここには、モンテーニュの自然ないし運命への随順が遺憾なく読みとられる。それは世界の必然にいや応なしに引きずられてゆくことではない。それは〈悲しき諦念《モルヌ・レジニャシヨン》〉ではなく、〈晴れやかな受諾《スレーヌ・アクセプタシヨン》〉なのだと、ミカエル・バラスは言っている。まったく病気の只中に感得したモンテーニュの知恵は、何と朗らかで明るいのだろう。《全モンテーニュがここに在る》と、フリードリヒもこの第三巻第十三章の同じ頁を引用しつつ言っている。だがこの知恵は、すでに第二巻最後の章〈子の父に似ること〉の章の中にも述べられている。それはやはり闘病について述べている(a)および(b)のテキストであるが、いずれも人間の生活全般に及ぼしてしかるべきものである。《人は正面から抵抗することによって病気をますますかきまわしたかぶらせる。だからどうしても暮らし方によって、静かに病気を衰えさせ、それをその終わりへと導かねばならない。薬と病気との引っ掻き合いは必ず我々の損になる。なぜなら、喧嘩は我々の体内で行われるのであるし、薬というものは本来我々の健康の敵なのであって、混乱に乗じてでなければ我々の領内にはいりこめない、いっこう頼りにならぬ、助力だからである。少しそっとしておいてみよう。蚤《のみ》やもぐらの面倒も見る〔大自然の〕秩序は、人間の面倒も見て下さる。蚤やもぐらと同様にあせらないで、されるがままになっていればよいのだ。「はい！　どう！」と叫んだって、声がかれるばかりで馬〔自然の秩序〕は進まない。それは取りつきようもない無慈悲な一つの秩序なのだ。我々が恐怖したり絶望したりしては、かえって彼〔＝秩序・自然〕の機嫌を悪くする。そして彼の救助を促すことにはならないで、おくらせることになる。彼には健康をも病気をも、同様に進ませてやらねばならない義務があるのだ。一方に買収されて他方の権利をおかすようなことはなさるまい。なさったら、それこそ秩序が秩序でなくなってしまう。従おう。誓って従おう。秩序は従うものを導く。従わない者は引きずってでも連れてゆく。その狂気をもその医薬をももろともに。君の脳味噌に下剤をかけなさい。それは胃の腑にかけるより効き目がある。》（II・37・895-896）

これは第二巻の最終章の言葉、すなわち『随想録』一五八〇年版すなわち初版のいわば結論なのであるが、この時すでに一五八八年版の最終章（第三巻第十三章）と同じことを言っているのであるから、これこそモンテーニュの終始かわらざる中心思想の表明であると言えよう。事は単なる養生訓ではない。処生観・人生哲学である。自らの実体験を通じて、彼のいわゆる〈普遍的な考え方《オピニヨン・ユニヴェルセル》〉を語っているのである。彼の哲学が書籍的な知識からではなく自らの実生活から生まれていることの、これこそ顕著な実例なのである。

さて、生きとし生ける者は、皆それぞれに内部の法則に順《したが》って発育する。それぞれの種《しゅ》にとって、その形態、寿命、発育のリズムは始めからちゃんときまっている。そう考えるからモンテーニュは、自分の寿命が、《樫《かし》の木の寿命ほどに長く完全でなくてもあえてくやまない》（Ⅲ・13・1264）のだ。自然界の運動は必然に随《したが》っているのだが、その必然は器械的であるよりはむしろ有機的なのだ。少なくともこの第三巻第十三章においては、必然という言葉は、ルネサンス時代にたちこめていた半分詩的な全体論《ホーリズム》あるいは有機生態論《オルガニシズム》の傾向をおびている。この必然は限りなき変化に富んだ創造として現われるから、そういうものが存在することだけは誰にも容易に感じとられるが、その内部の詳しいこととなると、そう簡単にはわからない。モンテーニュもそのことは十分承知していて、《自然の機構《ルツソール》〔内部のからくり〕やその内部の進行工合《アンテルヌ・プログレ》などを説明しようとする人たちがいつもあやふやで何もわかってはいないこと、彼らの学術・予測がすこぶるでたらめであること》（Ⅲ・13・1260）を慨嘆している。だが、ほんとうは、知識なんかモンテーニュにとってはどうでもよいことなので、ただ有機的な・いわば秩序ある・必然が存在するということを、わきまえ承認するだけで実は十分なのである。少し先の所にこう書いている。《わたしは自分〔の容態〕を判断するのにただ実感《ヴレ・サンティマン》によるだけで、推理《ディスクール》には訴えない。推理なんかして何になろう。わたしは病気になると、ただ我慢して待つことよりほかには、何もしたくないのだから。》（Ⅲ・13・1260）もちろんこれは、病気についての感想だけれども、同時にそれは、前にも言ったとおり、彼の生活全体をおおうものである。《我慢して時を待つ》とは、恐れず悲しまず、朗らかに〈大きな必然《グランド・ネセシテ》〉に従うことを意味する。彼をとりまくさまざまな有機的な変貌が彼に啓示する宇宙の秩序《オルドル》の中に自分もまた組み込まれているのだと感じているからこそ、彼は平然としていられるのだ。決してそれは、遁《のが》れがたき運命の前に悲しくあきらめる心境とは全くちがう。それは自然というものをただ単なる外部の器械的な圧力としてではなく、整然としたある霊的な実在として感じ取っている人において、はじめてありうる〈晴れやかな受諾《スレーヌ・アクセプタシヨン》〉であろう。この心境を示すのに、モンテーニュは、〈宇宙的調和《アルモニー・ユニヴエルセル》〉とか〈世界の調和《アルモニー・デユ・モーンド》〉とかいうきわめて古い思想を持ち出す。これこそ彼の時代に最もふさわしい思想として、また心から詩人であった彼のような思想家にはきわめて自明な真理として、直観せられたからであろう。

《避けることのできない事柄は、これに堪えることを学ばねばならない。人生は、ちょうど世界の調和と同じに、相反する物事、いろいろな調子のもので、構成されている。やさしい調子のものもあれば烈しいのもあり、鋭いのもあればおだやかなのもあり、柔弱な調子もあれば荘重な調子もある。音楽家がその中の一つだけしか好まないならば、いったい何を表現できるだろう。それらをもろともにまぜ用いることができなければならない。我々も同じことだ。もろもろの善〔吉善事《ヨゴト》〔宣長〕〕と悪〔凶悪事《マガゴト》〕とを二つながら用いることができなければならない。二つながら〈善シトスル〉のでなければならない〔荘子が《吾ガ生ヲ善シトスル者ハ乃チ吾ガ死ヲ善シトスル所以ナリ》と言ったように〕。それらがまじり合って人生は構成されるのだから、我々の存在もこの混合なしにはありえない。どちらの組もまさり劣りなく我々の存在にとって必要なのだ。あえて自然の必然《ネセシテ・ナテユレル》に歯向かおうとするのは、自分の騾馬《らば》と蹴合《けあ》いをしたというクテシフォンの狂態を再演することにほかならない。》（Ⅲ・13・1254）

ひとたび高いレヴェルに立って世の中を眺めると、そこには善と悪と、美と醜と、賢と愚と、そして生と死とが、隣り合って共存共栄していることが肌身に感じられ、あらゆる差別が眼の前から消えてなくなる。これは東洋の哲学者が〈万物斉同〉の理《ことわり》と名づけるものであって、〈生者必滅〉の理と共に、我々日本人は、それを書籍的にではなしに長い間の生活の知恵として、しぜんに体得しているようであるが、とにかく世界を一篇の楽曲を聴くように感じ取る者こそ、この世界が一つの霊的統一体であることを何となく悟るのである。それは科学的分析的に説明することはできないが、我々は自分の内部に何となくそう感得するのである。そこにはあらゆる相反するものが混然として在り、しかも完全な調和を保って在る。調和というものは、本来必然なのであって、一楽曲の中でただ一つでも異《かわっ》た音がまじれば、調和はたちどころに破れ、誰の耳にもヘンだと感じられるのだ。殊に芸術家は、この調和を、自分のもの、自分の内部感覚として、持っているから、この必然に随《したが》うことに少しも拘束や不自由を感じない。必然ないし自然に随うということは、外部の拘束に服することでは決してない。むしろそうすることによって、人は自分の内部に霊的な調和を発見し獲得するのである。正にそれは〈アタラクシア〉の感情である。人間という小宇宙と大自然という大宇宙とか渾然一つになって、はじめて我々は自分の心の中に本当の平安を見出すのである。だからこの宇宙の法則に反抗抵抗するのは、かのクテシフォンの二の舞いを演ずることになると、モンテーニュは警告したのである。〈必然《ネセシテ》〉ということは、荘子の言葉で言えば〈奈何《イカン》トモスベカラザル〉である。この理《ことわり》を知って、安心して命《メイ》すなわち自然ニ若《シタガ》ウのは〈徳ノ至リナリ〉とか、〈有徳者ノミ之ヲ能《ヨ》クス〉とか、荘子は言っている。時間空間の隔たりを越えて、モンテーニュと荘子とは全く同じことを考えているようだ。なお荘子は「大宗師篇」の中で〈真人〉を定義して《古ノ真人ハ生ヲ説《ヨロコ》ブコトヲ知ラズ死ヲ悪《ニク》ムコトヲ知ラズ。……翛然《シュウゼン》トシテ往キ翛然トシテ来《キタ》ルノミ。其ノ始マル所ヲ忘レズ其ノ終ワル所ヲ求メズ、受ケテ之ヲ喜ビ忘レテ之ヲ復《カエ》ス。……是レヲ之《コレ》、真人ト謂《イ》ウ》と。一言で言えば、〈与えられた生は喜んで受けるが、これを返す時が来れば未練なく返す。そういう人を真人というのだ〉というのであって、これこそ、第二巻第三十七章、第三巻第十三章におけるモンテーニュその人の姿にほかならない。荘子がモンテーニュと時代と国とを同じくしたなら、おそらくラ・ボエシよりもトゥルネブスよりも、いっそう彼とウマが合ったことであろう。

こういうモンテーニュの自然に対する気持ち、自然の秩序に、いやいやではなく、欣《よろこ》んでまた謹しんで随《したが》おうとする気持ちは、彼がしばしば用いた〈我々の母なる自然《ノトル・メール・ナテュール》〉という表現の中に遺憾なく示されている。『モンテーニュと運命』の著者ダニエル・マルタンによると、運命《フォルテューヌ》という語は『随想録』全三巻を通じて、その代名詞〔elle〕まで加えると、総計四〇九回出て来るという。私は自ら、その〈運命〉という語の同意語のように頻出する〈自然〉という語の総数を計算してみたことはないが、それは決して前者の数に劣らないであろう。最近サマラス（Samaras, Mme Zoë）という人が『随想録』に現われる擬人的表現を数えたが、その索引によって調べてみたら、その総数一一六六回のうち、〈運命〉の擬人化が九〇回、〈自然〉のそれは一一〇回であった。これで見ると〈運命〉も〈自然〉も共に（擬人化されていない場合を含めて）、四〇〇回くらいずつ出てくる勘定になる。それは〈理性〉の擬人化が四〇回、〈哲学〉の擬人化が二三回なのに比べて断然多い。それは〈運命〉および〈自然〉の観念が、モンテーニュの思想の中心を占めていることを何よりも雄弁に物語るものであり、しかもこの両語が、こもごも〈神〉という語があるべき場所にあたかもそれの代替語のように現われるということは、モンテーニュの根本思想とキリスト教思想との関連をも併せて明らかにしてくれる。そしてこれらの擬人化は、いずれも単なる修辞上の手法であるにとどまらず、もっと本質的根源的な意味をもっていることを教えている。

《(b)だからわたしとしては、神様が我々におゆるし下さったとおりに人生を愛しかつ重んじる。……わたしは自然がわたしのために造ってくれたものを、心から喜びかつ感謝して頂戴する。そして、そうすることを喜びとも誇りともする。その賜物を拒んだり廃棄したり歪曲したりするのは、この偉大にして全能なる贈与者に対して、恩知らずである。(c)全善《トウー・ボン》なる彼が造り給えるものは完全に善《トウー・ボン》である。》（Ⅲ・13・1282）

この一節において見る限り、あるいはこの第三巻第十三章を通じて見る限り、モンテーニュの胸に思いいだかれている〈自然〉は、まごう方なく〈神〉である。少なくともそれは、自然科学者が定義するような物質的な自然ではない。『随想録』の中には自然の物質的具象的な姿が、さまざまなメタフォールを通じて無数に現われるけれども、自然は彼自身にとって決してただそれだけのものではないのだ。この頃のフランス詩の中には自然の風景が満ちあふれているが、『随想録』の中には、そういうものは全く現われない。『旅日記』の中にさえ、地形の素朴な描写がほんの僅か見られるにすぎない。彼の自然観・宇宙観に多大の影響を与えた古人の詩句は夥《おびただ》しく彼の書中に引用されているのに、それらの人々の星や海や山に関する詩的描写はほとんど引かれていない。自然は彼の眼底の網膜によりも更に奥深いところ、むしろ彼の脳裏のフィルムに、いっそう鮮明にうつったのである。自然は彼にとって、さまざまな、眼に見えない、特異な事象の一切を包含する全体であり、あらゆる不協和と変化と混乱との根源であった。そのような全体の概念は漠然としていればいるだけ、それだけ感情的な風趣情緒を豊かに湛えている。だからモンテーニュは自然について語る時、まるで人間の行動を語る時と同じような言葉を使っている。きわめてしぜんに擬人的表現が出てくるのである。例えば、自然が〈命ずる〉とか〈うながす〉とか〈示唆する〉とか、〈導く〉とか〈慰める〉とか〈手を貸す〉とか〈与える〉とか〈教える〉とか。このような表現は、人間と自然との間に信頼関係とか〈愛情〉関係とかがなければ、とうてい生まれ出ないはずである。モンテーニュはこうした形においてはじめて自分あるいは人間と〈自然〉との間の関係を語ることができたのであって、それは単なる詩的手法としての擬人化以上のものであったと思う。彼は自然が荘厳であり永遠であり広大無辺であって、人間はその中の眇《びょう》たる一点、針の先のひとつきほどのものにすぎないと言うが（既出Ⅰ・26・216）、しかし、肝心なことは、彼は自然がその眇たる針の先ほどの人間を、決して閑却してはいないこと、その眇たる一点も自然に保護されていることを、モンテーニュがよく承知しているということである。だから、《我々の母なる自然》とか《そのお膝の上に》とかいう、いささか陳腐幼稚な表現も、真実な響きをもってきかれるのである。《あの偉大にして全能なる贈与者〔＝自然〕に向かってその賜物を拒んだり廃棄したり歪曲したりするのは恩知らずと言うものだ。全善《トゥー・ボン》なる彼〔自然〕が造り給えるものは完全に善《トゥー・ボン》である》（Ⅲ・13・1282）という自然への全面的な随順・恭順も生まれるのである。もちろん全知全能全善とはただ〈神〉についてのみ言われる礼讃の言葉である。

　なおもう一つ肝心なことは、《我々の母なる自然》とモンテーニュは言うけれど、それは言いふるされた〈父なるおん神〉〈天にまします我らの神〉ではないということである。自然はただ我々の外部に在って我々の上に威力を及ぼすだけのものではなく、それは我々の裡《うち》にも在るのである。

我々の内部においてはじめて本当に、自然の把握不可能な本質が、我々の内部的経験として、触知されるのである。眼や耳では捉えられない自然の本質を、モンテーニュは心で、内部感覚で、捉えたのである。自然は彼にとって彼の個性を組織する力であり源泉である。《我々各自の習慣や暮らし方をも自然と呼ぼうではないか。そういう尺度で我々を評価し取り扱おうではないか。そこまで我々の所有物や勘定を押しひろげてもらおうではないか。まったくそこまで〔自然の範囲を〕ひろげてもらえれば、我々にもいくらか弁解ができそうに思われるのである。習慣《アクーテュマンス》は第二の自然《ユヌ・スゴンド・ナテュール》であり、第一の自然にくらべて決して力弱い《ノン・モワン・ピュイサント》ものではない。》（Ⅲ・10・1164–1165）個人の自治を完成することこそ、自然と接触する最良唯一の道である。自然が与えてくれるものを、各人がそれぞれの仕方でつかみ取る以外に我々にできることはない。《自然は我々に歩く脚をつけてくれたように、生きてゆくための知恵もつけてくれた。それは哲学者が考えついた知恵のように巧妙な、しっかりした、物々しい知恵ではないが、いかにも自然にふさわしい、楽で健康な知恵である。それは、幸いにして素朴に・適正に・換言すれば自然的に・生きることを知っている者においては、哲学者の知恵が約束する以上のことを立派にやってのける。最も単純にその身を自然に委せることこそ、これに最も賢明にその身を任せることである。おお無知と無好奇《アンキュリオジテ》こそは、よく作られた頭脳を休めるのに、何という楽な、柔らかい、健康な枕であろう！》（Ⅲ・13・1236）

このような自然との親密な関係は、キリスト教徒のものでないことはもちろんである。《我々の母なる自然》という言い方は〈父なるおん神〉という呼び方に似ているけれども、それはもともと中世的な神の思想から脱却しようとする努力の現われであったのであるから、それが似テ非ナルものであることはむしろ当然のことであろう。とにかくキリスト教では、自然は〈造られたもの《エーンス・クレアートウム》〉であって、創造主《つくりぬし》たる神（デウス）とは断然区別されねばならない。ところがモンテーニュはすでにそういう区別を無視している。我々はモンテーニュにおける運命・自然・神という三つの間の関連を考える時、〈レーモン・スボン弁護〉の章の次のパラグラフはきわめて意味深く感じられる。

《(a)こうした事柄をわたしがいろいろと述べたのは、人間的な事柄においてもこれと同じような事柄があることを認め、動物と人間とを同じ仲間に入れたいからである。我々は、我々以外のものの、上にも居なければ下にも居ない。天が下なるすべての者は「伝道書」にあるとおり、同じ法則と同じ運命に従うのだ。

(b)万物ハ運命ノ避ケ難キ糸ニ引カレル。（ルクレティウス）

(a)そこには若干の相違がある。序列があり段位がある。だがいずれも同一なる自然の姿を帯びている。

(b)万物ハソレゾレニ特有ナ法則ニ従ッテイルガ、
ナオ且ツ自然ガ之ニ課シタル序列ヲ堅ク守ル。（ルクレティウス）

(a)……………………………………（中　略）……………………………………

そこでわたしは、わたしの問題に立ち帰って、動物は我々人間が選択と工夫によって行うのと同じ業《こと》を、自然の傾向に強要されて行うと考えるのは、全然まことらしくないと言いたい。我々は、同じ所業からは同じ性能を結論しなければならない。したがって我々が働く時に用いるあの推理、あの道筋も、いろいろな動物が用いるそれと同じものだと認めなければならない。なぜ我々は、彼らにおいてだけ自然の強制があるように、想像するのか。我々の方は少しもそのような結果を感じることはないのに。それに、自然の避けることのできない性分に導かれて正しく行動する方が、気まぐれな偶発的な自由によって正しく行動するのより、ずっと名誉であるし、ずっと神性《ディヴィニテ》に近いのである。いや我々の進退の手綱は、我々に委ねるよりは自然に委ねる方がずっと確実である。我々の自惚れはたわいがなく、我々は自分の万能を、自然の賜物としないで、とかく自分の力のせいにしたがる。そして〈自然の諸善《ビヤン・ナテュレル》〉の方は他の動物の方に贈って自らはそれを辞退し、その代わりに〈後得の諸善《デ・ビヤン・ザッキ》〉によって己れを尊び高くしようとしている。ずいぶんばかな話だと思う。まったくわたしは、全然自分の・生まれながらの《トゥート・ミエンヌ・エ・ナイーヴ》・美質《めぐみ》をも、修業によってこれから乞い求めなければならない美質《グラース》と同様に、珍重するつもりでいる。我々の力では、神と自然とに寵愛せられる以上に立派な推薦をかち得ることは、とうていできっこないのである。》（II・12・550–551）

見られるとおり、最初に〈運命〉という語が出て来るが、やがてそれが〈自然〉という語に交代される。そしてそれと〈神〉という語とがこもごも出て来て、モンテーニュはその二つの語の間に逡巡するかのようであるが、やがて最後には至極あっさりと、〈神と自然〉という風に一つの接続詞によって両方を一つものにしてしまう。このことは『随想録』の最後の章（第三巻第十三章）に至っても認められる。〈神〉という語はますます少なくなるのみならず、それらの〈神〉は、〈自然〉

という語に置きかえてみても、そのパラグラフの意味を少しもそこなうことがない。だが自然に従うということは、キリスト教徒から見ると、決してよいことではないらしい。自然は神が造ったものであるからよき物でなければならぬはずだが、聖アウグスティヌス*も聖トマス**も、それをよくないと述べている。ただモンテーニュだけが、そのことを十分承知しながら、ソクラテスの知恵をたたえて言う。《彼は高い霊魂も豊かな霊魂も示してはいない。その示すところはただ健やかな霊魂にすぎないが、実にそれは潑溂とした完全な健康に輝いていた。彼はこういう平凡で自然な原動力《ルッソール》によって、こういう日常普通の思想によって、感動もせず興奮もせずに、たんに最も調整されているだけでなく最も高尚で力強い、信念《クレアンス》・行為《アクション》・道徳《ムールス》を作りあげたのである。……彼は人間の自然《ユメーヌ・ナテユール》が独力でどれほどのことを成し得るものかを示して、人間の天性《ユメーヌ・ナテユール》に大きな敬意を表したのである。》（Ⅲ・12・1195）これまでにモンテーニュは、全善なる〈母なる自然〉の造り給える〈ユメーヌ・ナテュール〉を全善なるものと信じ、更に人為人知を加えず、それをそのままに助成しつつ完成へと導くのである。

* 《よく創られたる者に従って生きることは善ではない》（Vivere secundum creatum bonum, non est bonum）。だから《全人間によって生きること》（vivere secundum totum hominem）もまた善ではない。（『神の国』XIV）

** 《人間は全人間性の罪の故に自分自身で自分を満足させることができない》（Homo per se satisfacere non potest pro pecato totius humanoe naturae）。（『神学大全』Ⅲ）

このようなモンテーニュの自然哲学は、モンテーニュ自らはキリスト教であると称しているが、全く正統《オルトドクス》のキリスト教思想ではない。だが、そうだからといって、全く彼のキリスト教を偽ものだと言うことはできない。このことはすでに一度述べたことであり、今後もまた繰り返すことであろうが、簡単に言ってしまえば、それは結局、彼自らあんなに強調している人間性の多様性《ディヴェルシテ》ということに帰することであり、また近代の心理学者などの言う〈アンビヴァランス〉（反対感情の両立）とか〈プリュリヴァランス〉（多義性）とか言われることであって、およそ複雑で豊富な人格においては少しも珍しくない、むしろ当然ありうる、事象であると言えよう。ただこのモンテーニュの自然観だけを取り上げてみれば、それはたしかにソクラテス的ではあるが、聖父たちの眼に明らかに異端邪説と見えたこともまた、きわめて当然である。

なおこの自然思想を、モンテーニュはどこの誰から学びとったのか。それを的確に指摘することはむつかしいと、フリードリヒは言っている。ただそれはラクタンティウス*によってはじめてキリスト教護教論の中に採り入れられ、更に十五・十六世紀にフランスでひとしきり流行したペラギウス**説にも採り入れられていることを、指摘するにとどめている。ラクタンティウスの名は『随想録』の中に両三度出て来るが、いずれも〈又引き〉であるらしく、直接この人のアポロジーを読んだという確証は得られない。むしろそれ以上にモンテーニュがしばしば引用したり援用したりしている名前によって考えると、ルクレティウス、キケロ、ホラティウス、セネカ等の、もろもろの古代思想家たちから、あまねく影響感化をうけた結果と考えてよいのではないか。あるいは、この自然思想は、いろいろな時代いろいろな人間に唱えられてきた、いわゆる〈超時的哲学《フィロゾフィー・アタンポレル》〉に属すると考えてもよいかもしれない。それは西欧から遠く離れたシナ古代の思想家たち、老荘のもとにも、ひとしく見出されるくらいであるから。

＊　ラクタンティウスはアフリカ人で紀元三一七年にキリスト教徒となり、美しいラテン語で幾つもの護教論を書いた。〈キリスト教界のキケロ〉と綽名されたくらい。『随想録』の中には、この人の名は三回、そしてその句は一回引用されているが、それらはジュスト・リプスその他の人々の著から援用されたものだと、ヴィレーは書いている。

＊＊　ペラギウスは三六〇年頃—四四〇年頃のイギリスの哲学者で五世紀初めローマおよび北アフリカで有名になったが、アウグスティヌスにきびしく批判され、異端として教界から排撃された。この学説の緩和されたものを半《セミ》ペラギウス説と言い、十五・十六世紀頃フランスで流行したのは、このセミ・ペラギウス説の方であったらしい。

『荘子』第五「徳充符篇」の中に、次のような魯の哀公と孔子との問答が出て来る。中国語原文で読むとむつかしいが、私は初めレオン・ヴィジェによる漢仏対訳本（一九五九）により、次にリウ・キア・フゥエ（Liou Kia-hway）の『荘子全集』（ガリマール版〈ユネスコ双書〉、一九六九）の仏語訳によって、楽に大意を理解することができたのみならず、『随想録』との近似をもいっそう明確に感じとることができた。次に掲げる文章は森三樹三郎の邦訳（中央公論社〈世界の名著〉）に福永光司の邦訳と大浜皓著『荘子の哲学』の解説とを参照して幾分かの私意を加えたものである。

《哀公が質問した。「あなたが才知の完全な人間というのは、一体どういう人のことですか。」孔子は答えて言った。「死生存亡、窮達貧富、賢と不肖と、毀誉・飢渇・寒暑、これらはすべて人間の世界を訪れる現象の変化であり運命のあらわれです。日夜かわるがわる我々の前に現われ出ながら、それがどこから生じて来るのか、人知ではその根源をはかり知ることができません。人知を越えたものである限り、このような運命の変化によって心の平和を乱す必要はありませんし、これを霊府《こころ》の中に侵入させてはなりません。それよりは運命を自分に調和させて快適なものとなし、常に喜びを覚えさせるものとし、日夜間断なく物と接しながら、一切の物を春のような暖かい心で包むべきでありましょう。このような心境にある者を、才知の完全な人というのです。」》

要するに現実の世界において絶えず我々にふりかかるさまざまな事象事件を、すべて自然の必然として晴れやかな心で受けいれることのできる者こそ、神に近い人、賢者であるとするのであって、それはモンテーニュが『随想録』を通じて教えるところと全く同じである。

『荘子』外篇第二十一「田子方篇」の終わりの方に、隠者の肩吾がある時楚の賢者孫叔敖に会って問答をした話が出て来る。これは『随想録』第三巻に現われた市長モンテーニュの俤《おもかげ》を髣髴《ほうふつ》せしめる（III・10・1157–1167）。例によってヴィジェの仏訳と福永光司の邦訳によって示すと、およそ次のようになる。

《あなたは三度楚の国の宰相になられたが一向えらがりもせず、三たび官を失われながら別に悲しそうな顔もされなかった。私ははじめ取りすましているのだろうくらいに思っていたが、今こうしてあなたの鼻のあたりをじっと眺めていると、呼吸は平静でいかにものんびりしておられる。どうしてそのような心境でいられるのか。孫叔敖は答うらく、――いや別に何ということもありませんよ。ただ私の考えるに、世間的な地位名声というものは、そのやって来るのを拒むこともできないし、その去りゆくのを引きとめることもできない。どっちにしても私の本質にはかかわりのないことです。ですから喜びも悲しみもしないのです。でも、別に人にすぐれて修業したわけではありませんむしろこれは自然なことなのです。私の職は私のモワではなかったし、私のモワが私の職であったわけでもありません。寵と失寵とは私の職につながったことで、私のモワに関係したことではありませんから、心配することもがっかりすることもありません。まして他人の尊重や閑却など気にしているひまはありませんよ。――》

ヴィジェの仏訳によって読むと、この孫叔敖の姿は、いっそうモンテーニュにそっくりである（拙著『モンテーニュとその時代』第六部、第一章ならびに第七章参看）。

つづけて『荘子』外篇第十七「秋水篇」における河伯と北海若との間に交わされた問答を見よう。そこには、宇宙、自然、運命に関して、荘子の考えるところが、いかにモンテーニュのそれに酷似しているかが読みとられる。河伯は北海若から「そなたには真実在の認識はとうてい不可能だ」ときめつけられて、「それでは日常的な実践倫理において、どのように現実の人生を生きたらよいのか」と、反問するのである。

《いったい私としては何を行い、何を行わないようにすればよろしいのか。私が否と答え然りとうなずき、進んでそれに従い、退いてそれから身を守る、そういうモラルとは要するにいかなるものなのでしょうか。》

これに対して北海若はさまざまに答えるが、最後にこう言う。

《古人も「道ハ通ジテ一トナス」と言っているように、〈道《タオ》〉すなわち真実在の世界において見れば、万物は斉一であって、そこではいずれが短いずれが長ということもないのだ。〈道《タオ》〉はあらゆる時間的な限定を越えているから始めもなく終わりもなく、無始から無終に至る果てしなき変化の流れであるが、その流れの中で生滅する万物は有限の存在であり、死しては生じ、生じてはまた死んでゆく。だから生まれて物となっても安心してはおられない。或る時は虚となり或る時は満となる、そういう盈虚《えいきょ》盛衰を自然の推移にまかせて、一定不変の形にとどまることができない。歳月の経過は防ぎとどめることができず、去りゆく時はこれをとどめるすべもない。こうして一切万物は消滅と生成、実在と空虚とを繰り返しつつ無限に循環する。このような実在世界の真相に刮目《かつもく》する時、人ははじめて大いなる秩序すなわち〈道《タオ》〉の正しい在りようを語り、万物にそなわる存在の理法を論ずることができるのだ。

いったい万物の生成変化は、その迅速なること馬の走り馳けるがごとく、一瞬一瞬の動きの中で不断に変化し、一刻一刻の時間と共に絶えず推移してゆく。この無常迅速なる推移変化の中で、そなたはいったい些々《ささ》たる己れの知見をたのんで何を行おうとするのか。何を行うまいとするのか。万物のおのずからにして生じおのずからにして変化する、その自生自化の姿こそ、実在世界の真相すなわち〈道《タオ》〉なのであるから、この〈道《タオ》〉に、己れをむなしくして従ってゆけば、ただそれだけでよいのだ。》（福永光司訳『荘子』による。）

以上『荘子』の中の三か所を現代日本語訳を通じて読んだ後に、再び同じく日本語になったモンテーニュの文章を読み直してみると、ジャン・ビエルメが仏訳『荘子』と『エッセー』の原文とを対比した時ほどに一目瞭然とはゆかないまでも、両者の文章の底を流れる根本思想、両者における世界観・コスモスの思想が、ほとんど全く同じであると気がつくのに、大した苦労はないように思う。〈道《タオ》〉*とは何か。それに完全にあてはまるフランス語はない。それは老荘に特有の用語であるけれども、老子や荘子がこの語を説明している文章を読むと、その概念はモンテーニュが『随想録』の随所に表明している思想と別物とは思われない。例えば〈レーモン・スボン〉の章の結末の一、二頁、第三巻第二章の冒頭の一、二節、第一巻第二十章、特にその終わりに読まれる〈自然〉の垂訓、同巻第二十六章の教育論の底流をなすもの、それから最後に第三巻第十三章の《自然はやさしき案内者である》に始まる一節など、数え上げると切りがない。それほど『随想録』中いたるところに老荘的思惟がある。〈神〉〈自然〉〈運命〉〈必然〉〈世界〉〈宇宙の秩序〉〈存在《エートル》〉（特に単数・大文字で書かれるべきEtre《エートル》）、〈時間〉〈永遠〉〈生・死〉等々について言及しているモンテーニュの文章を読んでいると、私の脳裏には絶えず老荘の章句が浮かびあがる。いや、メタフォール、イメージまでが共通している。夢だとか風だとか波だとか。それに雲や水、朝に生まれ夕に死する蜉蝣《かげろう》とか朝菌とか蟪蛄《けいこ》とか。……

＊〈道〉とはもともと通路のことであるが、人間は通路の上を歩み、万物は通路をとおって現われるというところから、人倫を意味したり万物を支配する根本原理を意味したりする。荘子においては、それは宇宙（人間を含めて）を支配する根本原理を意味しているから、ヴィジェはこの語をprincipeと訳している。始源・原理という意味である。モンテーニュはここに述べたように、〈神〉〈自然〉〈運命〉など、それをいろいろに表現している。後に述べる老子の定義によれば、〈道〉とは〈時空を越えた無際の実在〉ということになろうか（後出一〇八頁参照）。ジャン・グルニエやリウ・キア・フゥエはTaoと原語のまま用いている。

再び、〈道〉とは何か。森三樹三郎は『荘子』「知北遊篇」に注してこう言っている。《道《タオ》とは自然であり差別の人為を含まないものである。これに対して人間の知恵は差別を本質とするものであるから、道を〈知る〉ことによって、道は相対化され、差別に陥る。真に道を知るとは、道をわすれて、道に同化することである》と。これが荘子の精神であるとすれば、モンテーニュの精神と全く同じである。モンテーニュもまた、〈学問〉〈知識〉〈ただ知る〉ということを信用せず、それよりは〈空虚〉〈無知〉〈純朴〉の方を、〈ただ知る〉ことよりは〈ただ生きる〉ことの方を、よいとする。荘子は「知北遊篇」において無始をして語らしめた。無始はこういう。《道ハ言ウベカラズ。言エバ而《スナワ》チ非ナリ。形ヲ形ツクルモノ形セザルヲ知レルヤ》と。これをひらたく言えば「道は言葉に言い表わせぬものだ。言葉で言い表わせるものは道ではない。万物に形を与えるのは〈道〉なのだが、〈道〉そのものには形がないのだということを、お前さんは知っていなさるかね」ということになる。つまり形而上の問題は人間にはわからないのだから、無知に徹したただ自然に随《したが》って生きれば間違いはないのだというのである。これはモンテーニュの主張と全く同じことだ。私はここで、荘子から逆にモンテーニュの有名な句を想い出させられる。《最も単純にその身を自然にゆだねることこそ、これに最も賢明に身をゆだねることである。おお、無知《イニョランス》と無好奇《アンキュリオジテ》こそは、よく作られた頭脳を休めるのに、何と楽な、柔らかい、健康的な枕であるよ！》（III・13・1236）

モンテーニュの〈自然〉というのは、前にも述べたように、山川草木、鳥獣虫魚というような形ではなく、そういう形を与えた根源、老荘のいわゆる〈道《タオ》〉なのである。荘子はこれを〈造物主〉とか〈造化者〉とかいう名で呼んでいる場合もあるが、人格的な創造者は全く認めないのだから、それが〈天〉〈自然〉〈運命〉の同義語・代替語であることは、モンテーニュにおいて〈ナテュール〉や〈フォルテューヌ〉が結局〈神〉と同義語であったのと同様である。
〈道《タオ》〉については老子がすでに立派な定義をしている。それは、モンテーニュの〈自然《ナテュール》〉〈運命《フォルテューヌ》〉の定義としても、間然する所がなく、誠にぴったりとあてはまるから、ここに訳文と共に原文をカナ交じり文にして、お目にかけよう。

『老子』第二十五章

《形はないが、完全な何ものかが在って、天と地より先に生まれた。それは音もなく、がらんどうで、ただ独りで立ち、不変であり、あらゆる所をめぐり歩き、疲れることがない。それは天下(万物)の母だと言ってもよい。その真の名を我々は知らない。仮に〈道《タオ》〉という名にしておこう。真の名をつけるならば〈大《タイ》〉と言うべきであろう。〈大〉とは行ってしまうことであり、行くとは遠ざかることであり、遠ざかるとは反《かえ》って来ることである。だから〈道〉が大であるように、天も大、地も大、そして王もまた大である。こうして世界に四つの大があるが、王はその一つの位置を占める。人は地を規範とし、地は天を規範とし、天は道を規範とし、道は自然を規範とする。》(小川環樹訳)

原文は左のとおりである。

《物有リ混成シ天地ニ先ダッテ生ズ。寂兮《セツケイ》タリ寥兮《リヨウケイ》タリ。独リ立ッテ改《カワ》ラズ、周行《シユウコウ》シテ而《シカ》モ殆《ツカ》レズ、以テ天下ノ母タルベシ。吾《ワレ》其ノ名ヲ知ラズ。之ニ字《アザナ》シテ道ト曰《イ》ウ。強《シ》イテ之ガ名ヲ為《ナ》シテ大ト曰ウ。大ヲ逝《セイ》ト曰イ、逝ヲ遠ト曰イ、遠ヲ反ト曰ウ。故ニ道ハ大ナリ、天ハ大ナリ、地ハ大ナリ、王モ亦大ナリ。域中ニ四ツノ大アリ。而《シコ》ウシテ王ハ其ノ一《イッ》ニ居《オ》ル。人ハ地ニ法《ノット》リ、地ハ天ニ法リ、天ハ道ニ法リ、道ハ自然ニ法ル。》

以上『老子』第二十五章は、更にヴィジェの仏訳と並置して見るといっそう面白いのであるが、とにかくこの文章は、特に『随想録』第二巻第十二章の末尾および第三巻第二章冒頭の一節と対比してみると、老荘の世界観とモンテーニュのそれとが、かなり細部に至るまで酷似していることを知る。〈以テ天下ノ母タルベシ〉の句は〈母なる自然〉を想わせるし、〈逝ヲ遠ト曰イ、遠ヲ反ト曰ウ〉とあるのは、モンテーニュが自然の運動を特に反覆運動・振子運動の形で捉えていることに照応するし、〈道ハ自然ニ法ル〉とあることによって〈道《タオ》〉と〈ナテュール〉とが別のものでないこともわかるのである。

老子の〈道〉の定義は以上のように簡潔であったが、荘子はその第十二「天地篇」の中に、同じことをやや詳細に述べている。森三樹三郎の説明的邦訳に基づき、福永光司の注釈やリウ氏の仏訳を対比しつつその大意を語ると次のようになる。

《泰初〔天地の始め〕には無《ネアン》があった。その時一切の存在はなく、むろん物の名称というものもなかった。

やがてその無《ネアン》から一《アン》が生まれたが、その時にはただ一《アン》が存在するだけで、まだ物らしき形《フォルム・マテリエル》はなかった。

一切万物《レ・ゼートル》は、この一《アン》をその裡《うち》に得て生ずるのであるが、その一《アン》を得ていることを指して徳《ヴエルテユ》と名づけるのである〔関根注――万物がその本来的な在り方によって在ることを徳と名づける〕。まだ形をもたない一《アン》はやがて分かれるのであるが、その分かれ目はまだそれほどに大きくはない。こういう状態を命《めい》〔リウ氏仏訳によると運命《デスタン》〕という。〔一は分かれて種々様々になるが、もとはといえば一の分有なのであるから、それぞれの根源においては連続した一体をなしている。このように根源的には一でありながら、分有の仕方が千差万別であることを、運命または天分というのだ。〕

この一は、あるいはとどまりあるいは動き、やがて物を生ずる。物ができあがり、その物に特有な属性すなわち理《り》〔個物としての在り方、大小長短、粗密堅脆等の属性的特徴〕がそなわった時、これを〔こういう個物としての在り方を〕形《けい》と呼ぶ。

このような形体をもつものは、内に霊妙なはたらきをもつ神《しん》〔すなわち心《アーム》〕を宿し、それぞれに特有な一定の在り方を示すようになる。この心の特有な一定の在り方を指して性《せい》とよぶ。〔形・神・それぞれのいとなみに自然の法則がそなわっている状態を性という。性は生命の本質をなすもので生得的なものであるから自然の本性と呼んでもよい。だから仏訳者は性を nature innée と訳している。〕

したがって自分の身にそなわる性《ナテユール》を正しく治めるならば〔完成させるならば〕より根源的な徳《ヴエルテユ・プリユ・オリジネール》に復帰することができ、更にそういう徳《ヴエルテユ・プリミテイーヴ》をつきつめるならば、その泰初の状態《オリジーヌ・ド・リユニヴエール》である一《アン》や無《ヴイード》に同化するであろう。

このようにして性や徳が泰初の無に同化すれば、ちょうど野の鳥の囀《さえず》りのように無心のままに自然に同化するようになる。野の鳥の囀りと同化することは天地の自然に同化することである。こうして天地の自然に同化する者は、一切の差別の知を失い、ちょうど愚者《オプスキユール》のようになり、無知の人《イニヨラン》

のごとくになる。この境地こそ幽玄の徳とよばれるものであり、偉大な随順の道に合致するものである。》

荘子はかく、人間が無学無為に徹して、あたかも囀る野の鳥のごとく自然の中にすっぽりと溶け込み、宇宙と完全に合体することを《大順ニ同ズ》と謂《い》い、そのような境涯を人間が到達しうる最終最高の徳・すなわち玄徳・と呼びなしたのであるが、モンテーニュもまた、おそらく彼が最晩年に近く書いたのであろうと思われる、『随想録』第三巻第十二章の中に散見される、ソクラテスと彼の近隣にすむ百姓たちを賞讃する言葉の中に、全く同じことを述べている。ただ荘子の言葉は簡潔雄勁であると共に模糊として我々近代人には捕捉し難い趣があるが、モンテーニュの文章は、すでに四百年のさび、歳月の苔に掩《おお》われている部分はあるにしても、概して平明で近代的である。私はモンテーニュを読むことが久しくなるにつれて、ふしぎと荘子の〈無為自然〉〈万物斉同〉の説が、しばしばきわめて新鮮な色を帯びて、私の胸中によみがえって来るのであった。時には『随想録』全三巻が、何だか『荘子』内・外・雑三十三篇の随所に散存する、〈反省《レフレクション》〉や〈格言《マクシム》〉や〈問答《ディアログ》〉や〈逸話《アネクドート》〉などを寄せ集めたモザイックのようにさえ見えてくるのである。それほどに両者は内面的相似性を持っている。

《(b)我々は尖鋭なもの・技巧によって誇張されたもの・でなければ、優美とは認めない。単純素朴の底にひそむ優美は、我々の眼みたいなどんよりとした眼には、とかく見落とされがちである。それらはつつましい隠れた美であるからだ。そういう秘密な光を見出すには、明らかな、きわめて澄んだ眼がなければならない。それに純朴というと、我々の間では、暗愚の親類みたいな、むしろ非難される方の特質とされるではないか。ソクラテスはその霊魂を、自然で普通な動きをもって動かしている。百姓もあのように物を言うし、女もまたそんな風に言う。(c)ついぞ彼は、御者や指物師や靴屋や石屋のことでなければ口にしなかった。〔関根注――聖人君子や神学者・哲学者などの言行を引き合いに出すことは一遍もなかった。モンテーニュも荘子もその点同じだった。〕(b)それは最も平凡な誰でも知っている人間の行為からひき出された帰納と直喩ばかりで、誰にでもよくわかった。だが今の我々には、そのような卑俗な比喩のもとに、彼の高貴華麗な驚嘆すべき思想を、とうてい発見できなかったろう。我々は(c)学説がそれを持ち上げない限り、どんな思想も皆低俗なものときめてしまう。(b)我々は壮麗な外観のもとにでなければ豊富を認めないのである。我々の世界は、ただ見てくれのためにばかり造られている。人間どもはただ風でばかりふくらみ、皆風船みたいにふわふわしている。だがソクラテスに至っては、決して空虚な思想は抱かない。その目的は、現実に、もっとじかに、人生に役立つような事柄や教えを、我々に提供することにあった。

節度ヲ守リ限界ヲ越エズ自然ニ順《シタガ》ウ。(ルカヌス)

彼はまた常に一様であって、自分を、機知によってではなく資質によって、力の及ぶ限りの高さに押しあげた。いや正しく言うならば、彼は何も押しあげなかった。むしろ引きさげた。むしろ万事を、彼本来の、生まれつきの程度まで引きおろし、その頑張りをも困難な事情をも、それに服従させたのである。まったく人はカトーを見て、この人の行動が普通の人の行動をはるかに越えた緊張したものであることを、きわめてはっきりと認める。その一生の勇ましい勲功を見ても、その死に方を見ても、人は常に、悍馬にまたがった人を感ずる。だがソクラテスの方は地面すれすれに行く。おだやかな普通の調子で最も有用な問題を論じている。そして死に臨んでも、最も困難な障害に当面しても、いつも普通の人間にふさわしく振る舞っている。……彼が子供の思想のように純朴な思想にあのような秩序を与え、それを変えたりふくらませたりすることなく、それに我々人間の霊魂が示しうる最も美わしい結果を生み出させたのは、ほんとうにえらいことである。彼は高い霊魂をも豊かな霊魂をも示してはいない。その示すものはただ健康な霊魂にすぎないのだが、それはきわめて潑溂とした完全な健康に輝いていた。彼はこういう平凡で自然な動力により、こういう日常卑近な思想によって、感動もしなければ興奮もせずに、たんに最も調整されているだけでなく最も高尚で力強い、未曽有の信念・行為・道徳を作り上げたのである。(c)実に彼こそは人間の知恵を、それが空しく時間を浪費していた天上からひきおろし、それが最も正当な最も骨のおれる最も有用な働きをなすべき、人間界に返したのである。(b)見たまえ、彼が裁判官の前で弁じているところを。そもそもいかなる理由によって、彼は戦争の危険の前にその勇気をふるい立たせているかを。そもそもいかなる論拠が、彼の忍耐を、中傷や異教や死に対し、またその妻のかんしゃくに対して、強化したかを。そこには何一つ、技術や学問から借りてきたものはなかった。いかに単純な者といえども、そこに自分たちの手段と力とを認めざるはない。これほど後ろにさがることも、これほど低くおりることも、不可能である。彼は人間の自然《ユメーヌ・ナテュール》〔すなわち人間の天性〕が独力でどれほどのことをなしうるかを示すことによって、人間に大きな貢献をした。

我々は誰でも我々が考える以上に豊かであるのに、人々は我々に借りることを求めることばかり教え、自分のものより他人のものを使用するように仕込む。何事にかけても、人間は自分の必要を満たす程度でとどまることを知らない。快楽にかけても富にかけても権勢にかけても、自分がかかえうる以上にかかえこむ。その貪欲を節制することができない。わたしが見るところ、知ろうとする欲望においても全く同様である。自分に、その能力をはるかに越えた仕事、その必要をはるかに越えた仕事ばかり、あてがう。(c)知識の効能はその内容を拡げれば拡げるだけ拡がるものと心得ている。……まことにタキトゥスは正しい。彼はアグリコラの母が、息子の学問に対するあまりにも旺盛な欲望を抑えたことを、ほめている。学問はよいものであるが、これもしっかりした眼で眺めると、人間がもつそのほかの善いものと同じように、それ特有の本来のむなしさと弱さとをたくさんに持っている。いやそれはずいぶんと高くつく善いものである。

学問知識の摂取は、ほかのどんな食品飲料をとることよりもはるかに危険である。まったくほかの場合には、我々は買ったものを何かの容器《いれもの》に入れて持ち帰る。そしてそこでその良し悪しを調べることもできれば、それをどのくらい、またどんな時に、用いればよいかを、考えることもできる。ところが学問知識は、始めっから自分の霊魂以外の容器《いれもの》にいれることができない。我々はそれを買うと同時に飲み込むので、市場から出る時は、すでにそれに毒されているか改められているかである。中には我々の養いとはならず、ただ腹にもたれるばかりの学問もある。またある学問に至っては、かえって我々を毒する。

(b)わたしはかつて或る所で、人々が信心の上から童貞や清貧や悔悟の誓いを立てるのと同じように、無知の誓いを立てるのを見て、嬉しい思いをしたことがある。これもまた我々の度はずれの欲望を去勢することであり、書物の研究に対して我々を煽りたてるあの貪欲を抑制することであり、我々の心の中から、「おれたちには学があるんだぞ」という誤った考えによって我々をくすぐる、あのいい気な思いあがりを一掃することである。(c)だから、清貧の誓いに精神の清貧までも差し加えることは、ますます清貧の誓いを完遂することになる。(b)我々が安楽に暮らすのに学問なんかほとんど必要ない。ソクラテスは、学問はむしろ我々の内部にあることを教えている。どうやってそれを自分の裡《うち》に見出すべきか、どのようにそれを活用すべきかを教えている。我々に生まれながら備わっている能力以上の、あの〔後得の〕能力は、いずれも皆、ほとんど空な、なくもがなのもの、ばかりである。それが我々の役に立たず、重荷にも邪魔にもならないですめば、それこそもっけの幸いである。(c)《健康ナル霊魂ヲ作ルニハ多クノ学問ヲ必要トセズ。》（セネカ）(b)それ〔後得の能力すなわち学問〕は我々の精神の病的な過度であり、我々の精神は混乱と不安との器である。よく考えて見たまえ。君だって君自身の裡に、死に対抗する自然の論拠を見出すであろう。それこそ本当のいよいよの場合に最も君の役に立つ論拠なのだ。(c)『トゥスクラーヌム論叢』を読了する以前であったら、果たしてわたしは今のように喜んで死ねなかったであろうか。そんなことはないと思う。いや、今わたしはいよいよ事に臨んで、舌の方はいくらか豊かになったが、心の方は少しも豊かになっていないような気がする。わたしの心は、自然がそれを作って下さった時のままである。死との戦いに対しても、平凡普通な歩調でゆくのだと威張っている。書物はわたしの教育には役立たず、むしろただわたしの鍛錬にだけ役立った。(b)学問が自然の不幸に対して我々を守る新たな防具となるべく努めながら、かえって我々の心中にそうした不幸の大きさと重さとを深く印象づけたばかりか、それらに対して我々をかばい守る彼自らの理由《レーゾン》も詭説《シュブティリテ》も教えなかったとは、いったい何としたことであろう。(c)これこそ正しく詭弁詭説《へりくつ》というもので、学問はしばしばそれを用いて無益に我々を喚《よ》び覚ますのである。見たまえ、著者たちが、それも最も緊張した最も賢明な著者たちさえが、一つの正しい論拠の周囲に、いかに多くの軽薄な、よく見ると内容も何もない、論拠をまき散らしているかを。いずれも、我々を瞞着する口先だけの屁理屈《アルギユシ》にすぎない。……

(b)いったい何のために我々は、このように学問に精進することによって、わが身を武装しようとするのか。地上を見よう。そこにはあのとおり哀れな人たちがへばりついて、わき目もふらずにその業にいそしんでいる。アリストテレスもカトーも模範も教訓も知らないで。つまり自然はこういう人たちに、毎日、我々が学校で一所懸命に研究するそれらよりずっと純粋で堅固な、勇気や忍耐を実践させているのだ。わたしは日頃彼らの間に、貧乏を何とも思わぬ者を、いかに多く見ることか。死を冀《こいねが》うもの、恐れず悲しまずに死線を越える者を、いかに多く見ることか。そこにわたしの菜畑をたがやしている男は、つい今朝がた、その親父だか、伜《せがれ》だかを埋葬したばかりなのだ。彼らが病気を呼びなす名称そのものが、すでにその病気のはげしさを緩和している。癆咳《ろうがい》も彼らにとってはただの咳だし、赤痢も腹下しだし、肋膜炎も風ひきなのだ。そして彼らはそれをおだやかに名づけるだけ、それだけおだやかに病に堪えている。彼らが日常の仕事を休む時、病はすでに重篤なのだ。いよいよ死ぬ時でなければ、彼らは床につかない。(Ⅲ・12・1194–1198)

……………………(中　略)……………………

(b)ところでこの時、これらの単純〔無学〕な人々の間に、我々はいかに立派な覚悟の模範を見たことであろう。一般的にそれぞれが生命に執着する心を捨てた。この郷《さと》の重要な産物であるぶどうの房がいつまでも棚にぶらさがっていた。誰もが淡々として、今夜か明日かと、その死を待ちもうけていた。その顔色にもその声にも、ほとんど全く恐怖の気配はなく、あたかもこの必然に甘んずるかのごとく、これこそ万人がひとしく避けることのできない運命と達観しているかのごとくであった。死は常にそういうものなのだが、何と死に対する覚悟のできた者の少ないことか。わずか数時間のちがいでみんな一つところにゆくのだと考えるだけで、我々の死に関する観念は一変するのだ。あの人たちを見たまえ。幼なきも若きもまた老いたる者も、みな同じ月のうちに死んでゆくのだと思って、驚きもしなければ悲しみもしない。わたしは或る男が、かえって生き残ることの方を、恐ろしい孤独のうちに置き去りにされるかのように、恐れているのを見た。いや一般的に、お墓のこと以外には何の心配もしないのであった。彼らには、ただ死屍が野原に散乱し、たちまちにそこに群がり集まる野獣の食らうに委せられるのを、見るに堪えなかっただけである。(c)いかに人間の考え方はまちまちなのだろう。アレクサンドロスに征服されたあのネオリテス族の人たちは、わざと死者の体を森の最も奥深い所にすてて獣に食わせた。彼らの間では獣の腹の中が最も幸福な霊廟と考えられたからである。(b)或る者は健康なうちから早くもその墓穴を掘った。或る者はまだ生きているのにその中に横たわった。うちの小作人の一人は死に臨むや自分の手と足とで、土を自分の上に掻き寄せた。まるで、より安らかに眠ろうとして夜着でもひきかぶるかのようではないか。* (c)これはその気高さにおいて、かのローマの兵士がカンナエの戦争の後に自ら掘った墓穴に首を突っこみ、窒息して死んだのに較べられる行為である。(III・12・1208)

* これは全く東洋流の死生観である。ここにはモンテーニュの脱ヨーロッパ性、脱キリスト教的傾向が遺憾なく読みとられる。アンリ・ミショーはその随筆集『アジアにおける一野蛮人』の中に《シナ人はみんな生きているうちから自分の棺桶を作っている。彼らは何らの悲愴感なしに死を眺めており、死とは心安い間柄である》などと、ヨーロッパ人の知恵と東洋人の知恵との間に根本的な相違があることを認めている。モンテーニ

ュの知恵はソクラテス的であると共にまったく東洋人的である。（フランスの現代詩人アンリ・ミショーのことは、本書第十一章の終わりに再説する。）

…………………………………（中　略）…………………………………

(c)死がすぐそこにあるという感じは、時にそのまま「どうしても避けられないことだからあえて避けまい」という咄嗟《とっさ》の決心に変わって、我々を勇気づける。昔、多くの剣士たちは、始めは恐るおそる闘ったが、後には敵の刃の前に喉を差し出し、敵に挑みながら、勇ましく死を飲みくだしたではないか。死がじわじわとやって来るのを見つめるには、従容たる剛毅、すなわちはなはだ得がたい剛毅を必要とする。(b)君はいかに死すべきかを知らずとも、何も気にするには及ばない。自然はその場で、十分に遺憾なく、それを君に教えてくれる。自然はこの役目を間違いなく君のためにするであろう。気づかいは無用である。

人々ヨ、何日《イツ》、何処《イズク》ヨリ、死到ルカハ
イカントモ知ルニヨシナキコトナリ。（プロペルティウス）

突如トシテ不可避ノ死ニ会ウハ苦シカラズ。
長キ心配ノウチニ置カルルコトコソ、却ッテ苦シ。（マキシミアヌス）

我々は死の心配によって生を乱し、生の心配によって死を乱す。(c)生は我々を憂鬱にし、死は我々を恐怖させる。(b)我々が備えるのは死に対してではない。それはあまりにもあっけないことだ。(c)

あとのない・害のない・ただ十五分間の受難《くるしみ》のために、特別の教訓は無用である。(b)本当を言うと、我々は死の準備に対して準備するのである。哲学は我々に、「死を常に目の前に見よ。その時が来る前から、これを予見し考察せよ」と命ずる。そうしておいてから、この予見この思惟が我々の心を傷ましめないように、もろもろの規則や注意を与える。まるで医者たちがその術とその薬とを使ってみたいばかりに、まずもって我々を病気の中に投ずるのと変わりはない。(c)もし我々が生き方を知らなかったなら、我々によい死に方を教えるのは間違っている。その尻尾だけを全体とちがったものにしようというのは間違っている。もし我々が落ちついて物静かに生きることができたとすれば、我々は同じように死ぬこともできるであろう。学者どもは威張りたければ威張るがよい。《哲学者タチノ生涯ハ徹頭徹尾死ノ冥想ナリ》(キケロ)と。だがわたしの考えでは、なるほど死は生の末端にちがいないがその目標ではない。生の終末究極ではあるが、その目的ではない。生それ自らが生にとっての目標であり企図であらねばならない。生の正しい研究とは、生を整え生を導き生に堪えることである。この〈いかに生きるべきか〉という総括的な重要な一章は、他にいろいろな義務を含んでいるのであって、〈いかに死すべきか〉という一項はその中の一つにすぎない。いや我々の不安心配が特にそれを重視しない限り、中で最も軽微な項目なのである。》(Ⅲ・12・1210−1211)

以上の第三巻第十二章の中に読まれる文章は、一五八六年の初めから翌八七年三月末頃までの間に、(前年の九月カスティヨンの戦からペストの蔓延、——それを避けての流離流亡の旅をふくむ)約六か月の不在期間をさしはさんで、書かれたものであって、それは、同章のかなり前の部分に

《(b)わたしが以上の文章を書いたのは、我々の内乱の大きな重圧が、数か月にわたってずっしりと、わたしの真上にのしかかった頃のことである》と自ら記していることから、きわめて明確に推定できるのであるが（拙著『モンテーニュとその時代』第七部第一章および年表参照）、この一五八六年という数字は、モンテーニュが有名な銅牌に刻ませた一五七六年という数字と共に、彼の思想の推移を語る場合に忘れてはならない重要な時期を示すものである。たった今引用した文章によってもわかるとおり、彼はそこに彼の最近の経験を物語りながら、いよいよはっきりと、従来のストア主義の可能性・有効性を否定し棄却しているからである。ヴィレーは一五七六年を、モンテーニュがセクストゥス・エンピリクスによって懐疑主義の洗礼を受けた重要な転機として重要視するのだが、私はもしモンテーニュの思想にも変化があったとすれば、この一五八六年をこそ、彼がストア主義に対する信頼の残滓を、戦乱の只中に暮らした半年の実体験によって、未練なく払拭し去った年として、重視してよいのではないかと思う。アルマンゴー博士は《モンテーニュは未だかつてストア主義者であったことはない》と言ったが、そしてたしかにモンテーニュの生まれつきはストア的ではなくエピクロス的であったのだが、それにしてもその脳裏に、理性的に、ストア的な高踏的な人物に対する尊敬を宿していた時期も決してなくはなかった。特にラ・ボエシという生きた模範の中に、ストア哲学の可能性も、実感として一時は承認していたのであるが、今やラ・ボエシが死んでからもう二十年を経ている。その間に、世間はいよいよ険悪の度を増したし、モンテーニュもさまざまな見聞もし経験もした。往年の落馬事件（第二巻第六章）どころのものではない、もっと恐ろしくきわどい目にも遭ってきた今となっては、ストア学者の教訓などはもう本気にできなくなっている。それよりは、何も知らない彼の小作人たちが、自然に淡々と苦難に堪え死線を越える、その〈自然〉に、心から感動を禁じえないのだ。だから彼はいよいよはばかりなくストア学者の学問をこきおろす。そして〈おれたちは愚鈍学派《エコール・ド・ベティーズ》〉だとあえて豪語する。

《それが役に立ち、それが素朴な真実であることから判断するなら、単純が教える教訓は、学説がそれに反して〔しかつめらしく〕我々に教える教訓に、ほとんどひけはとらない。人間はその好みにおいても力量においてもまちまちである。彼らは、べつべつにそれぞれちがった道によって、彼らの幸福へと導いてやらねばならない。わたしは近所の百姓たちが、「どんな態度と確信とをもってこの最後の時間をすごしたものだろうか」などと思案しているところは見たことがない。自然は彼らに、いよいよ死に臨んでからではなくては死を思うなと教えている。〔これは第一巻第十四章や第二十章の全面的否定である。〕しかもいよいよの時には、彼らの方が、死それ自体により、また長い間の予想によって、二重に苦しめられたアリストテレスよりも〔関根注——後のパスカルよりも、——後出本書第十一章参看〕、ずっと立派である。だから、最も予想されなかった死が最も幸福で最も楽な死だというのが、カエサルの意見であった。(c)《ソノ必要ニナル以前ヨリ思イワズラウハ、必要以上ニ思イ悩ムニヒトシ。》(セネカ)この想像の苦しさは我々の好奇心から生じる。我々は自然の命令の先回りをしこれを牽制しようとして、いつもあのように自分を窮屈にする。丈夫なくせにわざとまずい食事をしたり、死の姿に眉をひそめたりするのは、ただ博士がたの遊ばされることだ。普通の人間は、いよいよとならなければ、薬も慰めもいらないのだ。死を、現に感ずるだけしか、考えないのだ。結局それは、よく言われるとおり、俗人の愚鈍と理解力の欠如とが、彼ら百姓に、現在の苦患に対するあのような我慢と、未来の不吉な出来事に対するあのように深い無頓着とを、与えるのではあるまいか。(c)彼らの霊魂は鈍重であるがために、それだけ動かされたり突き刺されたりすることが少ないのではあるまいか。(b)そうだとすれば、断然これからは、愚鈍学派《エコール・ド・ベティーズ》を護ってゆこうではないか。愚鈍《ベティーズ》こそ、学問が我々に約束する最後の果実であって、愚鈍学派こそはその塾生たちを、きわめて平穏にその目標まで導いてゆく。》（Ⅲ・12・1211–1212）

モンテーニュはここに、自然に随《したが》って単純に生きかつ死ぬよう教えてくれる先生方はたくさんあるが、その一人はソクラテスであると言って、彼が自分の生死を決定する裁判官に向かって語ったところをこまごまと物語る（Ⅲ・12・1212–1214）。そしていよいよ自分の死生観をはっきり述べる。

《(b)実にソクラテスが自分の死をこんなに事もなげにあっさりと考えたことこそ、後世の人々をして彼の死をそれだけ重んじさせるに役立ったのである。実際後世はその故にこそ、ますます彼をあがめたのである。……(c)彼は無作為の天真らんまんな《イナルティフィシエル・エ・ニエーズ》大胆さで、まるで子供のように平然として、(b)自然の純粋素朴な考え(c)と無知と(b)を表明しているのだ。まったく、「我々は自然的に苦痛を恐れるけれども、死をそれ自体の故に恐れはしない」と、容易に信ずることができる。死は生とひとしく我々の存在の本質的な一部分なのである。自然がいったい何のために、我々に死の憎悪・死の恐怖を産みつけよう。むしろ死は、自然がその事業を継続し変遷させるために〔あのとおり〕きわめて大きな役割を果たしているではないか。死は、この宇宙という国の中で、滅亡や破壊によりも、誕生と増殖の方に、より多く役立っているではないか。

カクノ如クニシテ事物ノ総体更新セラル。（ルクレティウス）

(c)タダ一ツノ死ヨリ、千ノ生命生マル。（オヴィディウス）

(b)一つの生命の消滅は千の他の生命への過渡《パッサージュ》である。……

それはともかく、ここでソクラテスが用いている論証の仕方は、単純さにおいても烈しさにおいても、同様に賞讃すべきではあるまいか。本当にアリストテレスのように語りカエサルのように生きることはむしろ容易で、ソクラテスのように語ったり生きたりすることこそ容易なことではない。ここには極度の完全と困難とが宿っている。それは学芸などのとうてい及ぶところではない。ところが我々の性能はそのように訓練されていない。我々は自分の性能を試してもみなければ認識すらしていない。いたずらに他人の性能を借りるばかりで、自分の性能はサボルにまかせている。》（Ⅲ・12・1214–1215）

このソクラテス的自然随順の思想こそ、モンテーニュの自然哲学の根本であり、彼のモラルの中心をなす。だから、第三巻第十三章に入っても、繰り返して強調することをやめない。《(b)世間の人々は間違っている。はじっこを歩くことはやさしいのだ。へりは支えともなれば手引きともなる。かえって大きな広い道の真ん中を行く方がむつかしいのだ。また学術に従ってゆくのは自然に従ってゆくのよりやさしいが、それだけ尊くもなく賞讃にも値しないのである。……いかにも人間らしく、それにふさわしく振る舞うことほど、美わしく正しいことはない。この人生をよく(c)そして自然に(b)生きてゆくことくらい、困難な学問はない。我々の病気のうちで最も恐ろしいのは、我々の存在《エートル》を蔑視することである。自分の霊魂を〔肉体から〕隔離したいと思う者は、肉体の調子が悪い時に、できるものなら、思いきってやってみるがよい。霊魂に肉体の不調を伝染させないために。だがそういう特別の場合をのぞき、霊魂は肉体を支え護ってやらねばならない。肉体の自然的快楽に参加することを拒んではならない。賢明な霊魂であるならば、過度によってその快楽に苦痛が混じり込まないように節制を加えながら、夫婦のようにそれを楽しむことを拒んではならない。》

(Ⅲ・13・1278–1279)

このような自然哲学は、我々東洋人の血肉の中にすっかり溶け込んでしまっており、それとは明瞭に意識されない老荘思想のうちに、ほとんど共通した表現によって述べられているように私には思われる。私は中国や日本の思想史にきわめてうといから、誰かこの方面の専門家が、モンテーニュの『随想録』を読まれて、本格的な老荘とのパラレルを試みられることを、ひそかに期待している。あるいはヨーロッパのモンテーニュ専門の誰かが、ジャン・グルニエが『荘子』と寂静主義《キエティスム》との対比をしているように、モンテーニュと老荘との、あるいは宣長との、対比研究をしてくれるように期待する。私はただ、おぼろげに私の意識に浮かびあがる老荘の片影を捉えて、きわめて不完全なパラレルを試み、以下わずかに、後から来る人々の参考に供するだけである。

第四章　《死を学びえたる者は完全な自由を得る》

——乱世の思想家と生死の問題——

洋の東西を問わず、かぎりなき戦乱の世界に生きた乱世の思想家たちにとって、究極の課題はいかに生き抜くかということであった。だからモンテーニュも荘子もその例外ではありえず、常に生死の問題にふれている。本書の第一章は、当然このことを明らかにすべく、『随想録』第一巻第一章の解説から始めたのであった。そしてここに至るまで、モンテーニュがその生死の問題についてどのように考え進めてきたかを、常に『随想録』そのものによって、明らかにすべく努めてきたつもりである。死は彼においてもはや観念ではなく、具体的な体験であった。《荘子において、死の彼岸性は此岸性に化した》と、荘子のスペシャリスト大浜皓は書いているが、モンテーニュの場合も全く同じことであった。そこにあるのは他人の死の対象的認識ではなく、自己の死そのものの体験であった。観念を展開するのではなく、自己の実体験を語るのだという態度を、モンテーニュは、《わたしは教えない。ただ物語るのだ》(第三巻第二章)と言ったのであって、これは、荘子とモンテーニュとの両方に共通する特質だと言ってもよかろうと思う。

大浜皓はその『荘子の哲学』の始めに、明晰な表現をもって次のように荘子の特質とそれに対して採るべき研究態度を教えている。

《荘子は難解である。それは深遠な内容、奔放な思考、破格な構想、怪異な表現によるが、またロゴスとパトスの織りなす美しい渾沌、分析をこばむ生きた芸術作品でもあるからである。しかもあえて分析し再構成しようとする。生動する思想を殺すことなく、〔読者を〕もっとも荘子そのものに近づけるにはどうすればよいか。荘子によって荘子を理解することである。……》

これはそのまま、モンテーニュの特質と、それを把握しようとして我々が採るべき研究態度とを、明確に教えている。ひっきょうモンテーニュとか荘子とかいう人の思想は、このようにしてでなければとうてい捕捉できないからである。本書においても解説者たる私の言葉より『荘子』や『随想録』からの引用の方が多いのはそのためである。

『荘子』の文章は難解である。それは返り点をつけても原文のままでは、とうてい我々素人には理解し難いので、私はいつも老荘思想研究のスペシャリスト森三樹三郎、福永光司、大浜晧のすぐれた邦訳と解説とに導かれつつ、あちらこちらと拾い読みをした。また時にはヴィジェその他の仏訳と対比しつつ読んだこともあったが、いつも私は、〈ああここでも荘子はモンテーニュと同じことを言っているな〉と感ずることがしばしばであった。そしてその都度、これという順序も計画もなく、そのような章節をノートに書きとめておいた。私はここに強いて牽強附会を行おうとは思わないが、ただ自分の経験では、荘子を熟読理解することが私のモンテーニュ理解をいっそう深めることに役立ったと思うので、あえて『荘子』の中のいかにもモンテーニュ的だと思われる幾つかの章節を、次に列挙してみようと思う。わが随筆体モンテーニュ論においては、この程度の道草はむしろあってもよいのではなかろうか。邦訳は大体森三樹三郎氏（中央公論社〈世界の名著〉4）により、時々福永光司氏の〈中国古典選〉中の解説や大浜晧氏の『荘子の哲学』を参酌補足した。短い解り易い格言風の句は、原文を片仮名交じり文に書きおろしてそのまま採録した。時には、少数ながら、我々日本人になじみ深い『老子』の句なども、原文のまま挿入してみた。読者もその間いたるところに、モンテーニュ好みの思想用語が潜在することを、容易に感じ取られることと思う。

《我々の人生には涯《かぎ》りがあり、しかも我々の知識欲には涯りがない。涯りある人生を涯りなき知識欲に従わせるのは自分の身をあやうくすることである。身をあやうくしながらなおも知の欲求に従うことはいよいよ危険千万である。》（「養生主篇」）

《人ノ知ル所ヲ計ルニ、ソノ知ラザル所ニ若《シ》カズ。》（「秋水篇」）

《至高の徳が行われていた時代には人間は禽獣と同居し万物と差別なしに集まり住んでいた。あらゆる差別がなかったのだから、もちろん君子と小人の差別も知りようがなかった。すべてについて分別がなく無知そのものであり、その心の働きは自然から離れることがなかった。すべてについて差別がなく無欲であるという状態に在ることを素朴と言う。素朴の状態にあってこそ、人間の本性は完全であることができる。ところが聖人〔注——ここでは特に孔子をさしている〕が現われるようになり、あくせくとして仁を行い、無理に背のびをして義を行うようになってから、天下の人心にはじめて疑惑が生まれるようになった。……荒木《あらき》の美しさをそこなって器を作ったのが工人の罪であるとするなら、自然の道徳を破壊して仁義を作ったのは聖人の過失であったと言わねばならない。》（「馬蹄篇」）

《大道廃《スタ》レテ仁義アリ。慧知《ケイチ》出デテ大偽アリ。六親《リクシン》和セズシテ孝子アリ。国家昏乱《コンラン》シテ忠臣アリ。》（『老子』第十八章）

《聖人〔ここでは荘子の理想とする至人・真人を指す〕は万物の根源的な在り方である無為自然の境地に安住する。だから古人も言うように、聖人は、この世に生きている限りは天すなわち無為自然の道のままに振る舞い、死が訪れれば万物の一つとして生滅変化の理法のままに身を委ねる。彼はひたすら天地陰陽の気のおのずからなる運行に己れを虚しくするから、じっとしている時には静と柔の原理である陰の気と在り方を同じうし、外に対してはたらきをもつ場合には動と剛の原理である陽の気と流れを同じくする。彼は禍福はあざなえる縄のごとく表裏をなすものであることを知っているから、禍福二つながら忘れた無心の境地に遊び、福の音頭とりとなったり、禍の張本人となったりしない。何事に対しても受け身の姿勢をとるから、外物に心を動かされてはじめて受けて立ち、のっぴきならぬようになってはじめて動き出し、やむをえない事態になってはじめて立ちあがる。彼は「知」と「故」すなわち人知と人為をすててひたすら天理の自然、あるがままの理法に順《したが》ってゆくのである。

無為の立場に立つ聖人の人生態度とはこのようなものである。だから彼は天の咎めをうけることなく、外物に心を乱されることもなく、人の誹《そし》りを受けることもなく、鬼神から責められることもない。生きてある間は流れのままに浮いているように何ものにもとらわれることなく、死が訪れれば永遠の休息につくかのようにただやすらかに死んでゆく。思慮分別に思い乱れず、あれこれ先ばしった計画をたてて取越し苦労をすることなく、己れの才知の輝きは内にひめて外にあらわさず、言行は誠実でありながら言葉にしばられることがない。彼はそのかみの真人のように、眠って夢を見ることなく、覚めていて憂いに悶えることもない。その精神は汚れなき純一さをたもち、その霊魂は疲れを知らず活発にはたらきつづける。彼はただ己れを虚しくして何物にもとらわれず、かくて「天徳ニ合ス」る。すなわち無為自然の根源的な在り方とぴったりと一つになる。》（「刻意篇」）

《老聃《ろうたん》は〔崔瞿《さいく》の問いに〕答えた。――そなたはくれぐれも用心して人民の心をかき乱すことがないようにするがよい。人間の心というものは、抑えつければ卑屈になり、もちあげればつけ上がり、卑屈になりつけ上がる情念の奔騰と頽落の中で、生命を病み衰えさせる厄介なしろものなのだ。それは水のごとく処女のように柔軟ではあるが、いかなる剛強なものをもたわめ軟弱にし、万物をあるいは鋭利にし、あるいは削りとり、あるいは彫りきざみ、あるいはみがいて、さまざまに修飾規制する。

その熱烈さは燃えさかる火のごとく、その冷たさは氷のごとく、その速さは束の間に全世界を二《ふた》まわりもする。じっとしている時には深くたたえて静まりかえり、ひとたび動けばはるか天空の彼方に馳せてゆく。かくも奔放気ままに動いて制御することのできないもの、それこそ人間の心というものであろうか。》（「在有篇」）

《天が営む自然のはたらきを知り、人間のいとなみの正しい在り方を知ることができれば、人知の最高の境地に達したものと言えよう。天が営む自然のはたらきを知るとは自然のままに生きることである。人間の営みの正しい在り方を知るとは、人知の及ぶ限界を守ることによって、人知の及ばない自然の大きなはたらきを養うということである。このような態度で人生を送れば、天から与えられた寿命を完全に終え、途中で若死にすることはないが、それはこのすぐれた知のはたらきによるのである。

とはいっても、このようにすぐれた知にもなお欠陥がある。何となれば知というものは、その対象となるものが存在してこそ、はじめて妥当するのであるが、その対象となる者は決して一定することがなく、絶えず変化してやまないからである。だから、自分ではこれこそ天だ自然だと思っていることが案外人為であったり、逆にこれが人為だと思っていることが自然であったりするのである。

とすると、やはり真人の境地に達した者だけが、真の知恵をもつことができるのだということになる。》（「大宗師篇」）

《どのような人間をさして真人と言うのか。上古の真人は不幸な運命に見舞われても逆らうことがなく、たとえ成功しても誇ることがなく、万事を自然のままに委ねて、はからいをすることがなかった。

このような境地に達した者は、たとえ失敗することがあっても後悔することがなく、成功することがあっても得意になることがない。……（中略）……

上古の真人は、生を喜ぶことを知らないし、死を憎むことも知らない。この世に生まれ出ることを喜ぶのでもなく、死の世界に入ることをこばむこともない。ただ悠然として行き、悠然として来るだけである。生の始めである無の世界を忘れることはないが、そうかといって生の終わりである無の世界だけをひたすらに求めることもない。与えられた生は喜んでうけるが、これを返すときも未練をのこすことがない。このような態度を、〈はからいの心をもって自然の道を捨てず〔心ヲ以テ道ヲ捐《ス》テズ〕、人為をもって自然のはたらきを助長しようともしない〔人ヲ以テ天ヲ助ケズ〕〉と言うので、このような境地にある人を真人とは呼ぶのである。

このような境地にある者は、その心は一切を忘れ、その姿は静寂に満ち、その額はひろく平らかである。秋の日ざしのきびしさがあるかと思えば、春の日ざしの温かさがあり、その喜怒の情はちょうど四季のように、自然のままに移り変わってゆく。その心は物と調和をたもち、無限の広さをもつのである。》（「大宗師篇」）

《死と生とは運命によって定められたものである。ちょうど夜と朝の規則正しい交替が自然によって決められているのと同様である〔死生ハ命ナリ、其ノ夜旦ノ常アルハ天ナリ〕。このように人力ではどうすることもできない天命によって支配されているということこそ、存在するすべてのものの真相なのである。》（「大宗師篇」）

《天地の自然は自分を載せるために身体を与え、自分を労働させるために生を与え、自分を楽しませるために老年を与え、自分を休息させるために死を与えているのである。もし自分の労役である生をよしとするならば、当然自分の休息である死をもよしとすることになるであろう。》

《だから聖人は、何ものも失うおそれのない境地、一切をそのままに受けいれる境地に遊び、すべてをそのままに肯定するのである。青春をよしとし、老年をよしとし、人生の始めをよしとし、人生の終わりをよしとする〔夭《ワカ》キヲ善シトシ老イヲ善シトシ、始メヲ善シトシ終ワリヲ善シトス〕。》（「大宗師篇」）

《古人が〈志を得る〉と言うのは高位高官に栄達することを言ったのではない。そうではなくて、自己の本来性に目覚めた真実なる生の愉楽を至上のものとして、これに人為的な付け加えをしないことを言ったのである。ところが今の人が言う〈志を得る〉とは高位高官を得ることにほかならない。しかし高位高官を得たとて、それは人間の天与の本性、自己の本来的な生にとっては無縁の存在である。というのは、すべて己れの外にある物がたまたま訪れて来ても、それは一時的な付属物にすぎないからである。一時的な付属物であるから、それは去来定めなき浮雲のようなものであり、その訪れを拒否することも、その立ち去るのを引き留めることもできない。だから真に志を得た者――本当の意味で人生を楽しむことのできる人間は、世間的な栄達のために有頂天にならず、貧窮の生活のために世俗に迎合することがない。その人は栄達と貧窮によって己れの楽しみを変えないから、いかなる境地にあっても憂悶をいだくことがないのである。

　ところが当世の人間は、一時的な付加物でしかない地位名声がその身から去ると、うつうつとして心楽しまない。この点から考えると、当世の人間は、定めなきものを定めあるものと錯覚して楽しんでいるのであって、彼らがいかに楽しんでいようとも、その楽しみは必ずいつか失われてしまうであろう。だから古人も言っているのだ。〈自己を外物の中に見失い、この本性を世俗的な欲望の中に埋没させている人を「倒置の民」〔逆だちをした人間＝本末を顚倒した人間〕と呼ぶ〉と。》（「繕性篇」）

《其ノ奈何《イカン》トモスベカラザルヲ知リテ之ニ安ンジ命《メイ》ニ若《シタガ》ウハ徳ノ至リナリ。》（「人間世篇」）

《性《セイ》ハ易《カ》ウベカラズ、命《メイ》ハ変《ヘン》ズベカラズ。時ハ止《トド》ムベカラズ、道〔自然の道〕ハ壅《フサ》グベカラズ。*》（「天運篇」）

＊《万物のそれぞれにそなわる自然の本性は、他と取りかえることのできない絶対のものであり、天から与えられた個々の者の在り方は後天的な努力では変更することのできない運命的なものである。また時の流れはそれを引きとめることができず、時間の流れの中で顕現する〈道〉の働きは、何人もそれをふさぎとめることができない》（福永光司訳）。仏訳を見ると、〈性〉は nature innée、〈命〉は destin、〈時〉は le temps とも les saisons とも。〈道〉は le Tao をそのままにしてあるのもあり、l'évolution ne peut être obstruée と訳しているのもある。仏文の方がほとんど直訳でありながら簡潔明瞭である。

《天地ハ我ト並ビ生ジ万物ハ我ト一タリ。》（「斉物論篇」）

《之ヲ為ス莫《ナ》クシテ常ニ自然ナリ。》（「繕性篇」）

《無為ニシテコレヲ為ス。コレヲ天〔＝自然〕トイウ。》（「天地篇」）
《無為ニシテ朴《ボク》〔＝自然〕ニ復ス。》（「天地篇」）
《一ニ返リ迹《アト》無シ。＊》（「繕性篇」）

＊　ここに〈自然〉〈天〉〈朴〉〈一〉とあるのはいずれも荘子においては〈道〉の別名であった。モンテーニュにおいて〈自然〉〈運命〉〈天〉〈神〉〈存在〉がそれぞれ同意語であるように。

こうやって、『荘子』をあちこち拾い読みしていると、この『荘子』の方が、シャロンの『知恵論』よりもずっと解り易くモンテーニュの思想を解説してくれているように思われてくる。仏訳によって『荘子』を読むと、いっそうその感を深くする。もし我々に古代の中国語がマスターされるならば、荘子の文章が、モンテーニュの文章がそうであったように、当時は潑溂たる〈現代語〉であったことが如実に感じとられるにちがいない。例えば荘子が妻を喪《うしな》った時盆をたたいて歌ったという物語など、モンテーニュの中のさまざまな逸話《イストワール》・挿話《レシ》と同様に、生彩まことに鮮明である。

《荘子の妻が死んだ。そこで恵子が弔問に出かけた。その時荘子は両脚を投げ出し盆をたたいて歌をうたっていた。そこで恵子は言った。「夫婦となってつれ添い、子を育て、共に老いた仲ではないか。その妻が死んで泣かないというだけならまだしも、盆をたたいて歌うとはちょっとひどすぎるではないか。」すると荘子は答えた。「いや、そうではないよ。妻が死んだばかりの時は、おれだって胸のつまる思いがしないではなかった。だがよく始めからのことを考えてみると、人間はもともと生のない所から生まれて来たのではないか。生がないだけではない。もともと形もなかったのだ。形ばかりではない。もともと形を構成する〈気〉というものもなかったのだ。その始め天地が混沌の状態にあった時、すべてのものがまじり合っている中に変化が生じ、そこに気が生まれた。その気が変化して形を構成し、その形が変化して生となったのである。ところがもう一度変化を繰り返して、形のある生から形のない気へ、気からまた気のなかった混沌の状態すなわち死に帰って行ったのだ。これは春夏秋冬四季の循環を繰り返すのと全く同じではないか。それにせっかく天地という巨大な室の中で、いい気持ちで寝ようとしている人間に向かって、おれが未練がましく大声で泣きわめくようなまねをするのは、我ながら天命を知らぬしわざのように思われる。だからもう泣くのはやめたんだよ。」》（「至楽篇」）

モンテーニュは、自分の書物は論説《ディスクール》の部と物語《イストワール》の部から成っていると言ったが、『荘子』も全く同様で、構成の上でも両方はふしぎに互いに似通っている。格言《マクシム》があり詩《ポエム》があり問答《ディアログ》があることまで両々相似ている。それらが深い哲学的思索の間に点在して、読者を緊張と疲労から救ってくれる。ところがシャロンにはそれがない。彼はモンテーニュ直系の弟子と世間からは思われているが、ひっきょう一介の神学者であって、その師の詩人的傾向は全く受け継いでいなかったのであろう。

モンテーニュは『随想録』第二巻第八章〈父親の子供に対する愛情について〉の冒頭に、自分の著作は内容外観ともに〈異風異様であること〉〈斬新奇抜であること〉をもって売り物としているので、我ながらまことに〈愚かしき企て〉よと卑下しながらも、〈この点では天下にただ一つの書物〉(le seul livre au monde en son espèce) であると、いささか得意でいるように見える。これは正にそのとおりであって、かのフリードリヒもそのモンテーニュ論の中で、わがモンテーニュを、彼以前においてはセネカ、ホラティウス、キケロ、聖アウグスティヌス、ペトラルカ等と、彼以後においてルソーの『告白』をはじめシャトーブリアンやユゴーやスタンダールと、それぞれ対比した上、改めてモンテーニュの独創性を強調している。だがフリードリヒの対比の範囲は、従前どおり、キリスト以後の西欧文化圏を、当然ながら一歩も踏み出してはいない。だが西欧の学者が、従来文化の果つるところ、未開野蛮の地方と考えていた東洋諸国の、民俗的宗教のみにとどまらず、その伝統的思想文化にまであえてその視野をひろげるならば、その思想においてもその文学様式においても、彼らのモンテーニュに酷似せる何人かの著者を、そこに発見するにちがいない。すでにジャン・グルニエは、フェヌロンやギュイヨン夫人のキエティスム（寂静主義）と、荘子の〈虚静恬淡・寂漠無為〉の思想との、精密なパラレルを行っている。同様の対比研究がモンテーニュについても、なされるべきだと思う。それは我々東洋人によってよりも、西欧のモンテーニュ学者によってなされることが望ましい。（一九七九年八月八日付記）

《すべて究極の真理について、これを言葉で表現し、心で推測することができると過信するようなことがあれば、言えば言うだけ真理から遠ざかるものだ。例えば生死について見よう。生まれる以前にあって、いくら生まれたくないと思っても拒否できるものではない。逆にいったん死んでしまえば、いくら死にたくないと思ってもものがれられるものではない。それは人知や人力を越えたものであるからだ。生死は人間から遠いところにあるわけではないが、それでさえ、それがもとづいている理を見きわめることは不可能である。

同様に、万物を動かしている主宰者が存在するかしないかという問題も、人知を越えたものであり、最も疑問が集中する問題である。もし私がその主宰者の根源をつきとめようとするならば、どこまで行っても果てしのないことであろう。またもし私が、その主宰者のはたらきの末端までとらえようとすれば、さまざまな事実が現われて来てとどまるところがないだろう。

このように果てしなくとどまることがない無限のものは、たとえこれを無と言ってみたところで、それは有限な言葉で表現するのであるから、やはり有限の物と原理的に同一のものになってしまう。主宰者が存在するとかしないとかいうことも、たとえそれが万物の根源になるものだと言ってみたところで、それは有限な言葉で表現するのであるから、やはり有限の物の世界に終始し、そこから離れるものではない。

このようにして、根源的な真理である〈道《タオ》〉は、人間の言葉を越えたものであるから、これをあると言うこともできないし、ないということもできない。およそ、〈道《タオ》〉という名称そのものも、便宜的に言葉をかりて表現したものにすぎず、〈道〉そのものの本質を表わすものではない。〔関根注――老子も《吾《ワレ》其ノ名ヲ知ラズ。之ニ字《アザナ》シテ道ト曰《イ》ウ》と言っている。あくまでそれは仮の名にすぎない。前出一〇八頁参照。〕

だから主宰者が存在するかしないかという議論も、有限の言葉をかりて行われる限り、相対の事物の一方を捉えているにすぎない。そうだとすると、どうして一方に限定されることのない絶対の真理を得たものと言えようか。

もし言葉というものが真理をすべて伝えることができるとすれば、一日じゅうしゃべっている言葉が、すべて絶対の真理を得ていることになろう。逆に、もし言葉というものが真理を伝えるに十分でないとすれば、たとえ一日じゅうしゃべったとしても、それは相対有限のものについて語るにすぎないであろう。

すべて〈道〉や物の究極の本質については、言葉も沈黙も、その真相を伝えることはできない。言葉にもよらず沈黙にもよることがなくて、はじめてその議論が道や物の本質を究めることができるのである。》（「則陽篇」）

《生は死の同伴者であり、死は生の始めである。いずれがそのもとでありその始めであると知ることができようか。人が生きているということは、生命を構成している〈気〉が集合しているということである。〈気〉が集合すれば生となるが、離散すれば死となる。もしこのように生と死が一気の集散にすぎず同類のものであるとするならば、生死について憂える必要がどこにあるであろうか。

このように、すべて万物は一気によって構成され、もともと一つのものなのである。その一つである万物のうちで人が美しいとして喜ぶものは、すぐれてめでたいものすなわち生である。人が醜いとして憎むものは、臭くて腐ったものすなわち死である。だがその臭くて腐った死も、やがてまた循環し変化して、すぐれてめでたい生となる。またそのすぐれてめでたい生も、やがては変化して臭くて腐った死に帰る。

このように見るならば、天下の万物はすべて一つの〈気〉に還元されると言うことができよう。だからこそ、聖人は万物が一つであること――万物斉同の理《ことわり》を尊ぶのである。》（「知北遊篇」）

《この世に、真に楽しいことが存在するであろうか。それとも存在しないのであろうか。我が身を安らかに生かす道はあるであろうか。それともないのであろうか。今、何をなし、何にもとづき、何を避け、何に身を置き、何に身を近づけ、何から身を遠ざけ、何を楽しみ何を憎めばよいのであろうか。

天下の人々が尊ぶものは、富貴、長寿、美名である。楽しいとするものは、身体の安楽さ、うまい食物、美しい衣服《きもの》、美しい色〔女色を含む〕、音楽《よいおと》である。卑しむものは貧・賤、若死《わかじに》、悪名である。苦しみとするものは、身に安楽を得ないこと、口にうまい食物を得ないこと、身に美しい衣服がきられないこと、目に美しい色が見られないこと、耳に音楽がきけないことである。もしこれらのものが得られない時は、人々はひどく心を憂えさせ恐れをいだく。だがすべてこれらは、我が身を測る道としては、愚かなものと言うほかはない。

富んだ者はその身を苦しめて働き、多くの産を積みながら、しかもそれらすべてを用いつくすことはできない。真に我が身のためをはかる道からは、やはりはずれたものである。また身分の貴い者は、夜を日についで自分の行いの善悪に絶えず心を配らなければならない。これもまた、真に我が身のためをはかる道からは遠いものである。

人がこの世に生きるのは、憂いと同居しながら生きているようなものである。だから長生きする者は耄碌《もうろく》の状態に陥りながら、いたずらに憂いばかりが長く続いて、なかなか死の安息が得られない〔惛々《コンコン》トシテ久シク憂エテ死セズ〕。何という苦しみであろうか。とすると、長生きということも、やはり我が身をはかる道からは遠いものである。》（「至楽篇」）

以上に私は、『荘子』を現代日本語訳やフランスのシナ学者の仏語訳によって拾い読みをした結果、我々素人のあやふやな漢字知識にあやまられることなく、かえってよく『荘子』の真髄にふれることができたと思う。そして勿論そこには若干の異同はあるにしても、モンテーニュと荘子とのへだたりは、そう大きなものではないと悟った。そして私に、宣長の老荘批判を思い出させた。彼はいつも漢意（からごころ）を排したが、それは儒学すなわちモンテーニュが最もきらったストア学を排したのであって、老荘哲学に対してはかなりの共感を持っているのではないか。しかも老荘一辺倒にならず、批判を加えている。それは我々外国文学研究者にいくらかの反省をうながしてもいる。『くず花』の中に、宣長は次のように書いている。

《かの老荘はおのづから神の道に似たること多し。これかのさかしらをいとひて自然を尊むが故なり。かの自然のものは、ここもかしこも大抵同じ事なるを思ひ合すべし。但しかれらが道は、もとさかしらを厭ふから、自然の道をしひて立てんとする物なる故に、その自然は真の自然にあらず。もし自然に任すをよしとせば、さかしらなる世はさかしらのままにてあらんこそ、真の自然には有べきに、そのさかしらを厭ひ悪むは、返りて自然にそむける強事《シヒゴト》也。さて神の道は、さかしらをいとひて自然を立てんとする道にはあらず、もとより神の道のままなる道也。これいかでかかの老荘と同じからん。されど後世に至りて説くところは、かの老荘とよく似たることあり。かれも自然を言ひ、これも神の道のままなる由を言へば也。そもそもかくの如く、末にて説くところの似たればとて、その本を同じといふべきにもあらず、又似たるをしひて厭ふべきにもあらず、云々。》（一九七九年六月二十三日付記）

わがモンテーニュに帰ろう。

〈レーモン・スボン弁護〉の章において、モンテーニュがその約五分の一にも当たるたくさんの頁をさいて（II・12・543–579）、詩的で壮麗な〈博物誌〉を展開していることは誰もよく知るところであるが、その目的とするところは、人間が他のいかなる被造物の、上位でもなければ下位でもないということを、明らかにすることであった。だがそれは単に人間と諸動物との間の差別を撤廃しようというだけではなく、文字どおりすべての被造物、すなわち無生物と言われる山や川や石ころや泥んこまでも、我々と同じ仲間に入れてしまおうというのであった。とすると、それは荘子のいわゆる〈万物斉同〉の思想と同じことになる。まったくこの境地に立ってはじめて人は、この世にありながら、貧窮と栄達、汚辱と名声、饑《うえ》と渇き、寒さ暑さ、賢と愚、そして生と死を、越えて生きることができるのである。こう考えると、モンテーニュの究極のねらいは、荘子の場合とまったく同じく、最後は生と死とをひとしく見ることにあったのではないかと考えられる。彼が《哲学するとはいかに死すべきかを学ぶことである》(第一巻第二十章)と書いたのは一五七二年のこととされるが、この考えは、彼の最晩年に至ってもなおかわらずに残っている。しかもしばしば(c)の加筆によって補強されている。例えば、《ところでこの徳がもたらす主要なる恵与〔御利益《ごりやく》〕は死の蔑視であって、これこそ我々の一生に快い静穏をもたらし、人生に清らかな快い味わいを与えるもので、実にこれなくしては、他のすべての快楽はたちまちに消えてなくなるのである》(I・20・131)という風に。

果たしてモンテーニュは、いわゆる無生物までも人間と同列に置いているのか、その点については〈レーモン・スボンの章〉も何ら具体的な説明を与えてはいないようであるが、総括的な直観の上に立って、〈自然はそのすべての顕現において、自然それ自体と同一なのだ〉、という風に彼が考えている限り、当然そうであらねばならない。第一巻第十四章に彼はこう書いている。《日の下なる生きとし生けるすべての者に見られる、あの苦痛にあえば震えるという自然の一般的習慣は、まげることができない。立ち木でさえ、人これを傷つければ、呻くように思われる》（I・14・103）と。それに彼が、大自然の大きな腕のうちにひとしく抱擁され、自己の生存保全に必要なあらゆる方便を自然から与えられている、もろもろの被造物の生態を丹念に描きすすめる間に、貴婦人が車に乗る時に踏み台の代わりをつとめる女の話や、夫の死に殉ずることに無上の喜びを感ずるように見える妻女の話、あるいは大将の命令一下、自分の命を惜しみなく捨てる男の話などが出て来るのを見ると、それらの人々はいったい自主的人間なのか、それとも単なる道具なのか、けじめがつかなくなる。それらのことを併せ考えると、いよいよ『随想録』の著者は、相当徹底した〈万物斉同〉論者になるのではないかと思われてくる。

第一巻第二十章、〈哲学するとはいかに死すべきかを学ぶことである〉という標題の意味を考えてみると、〈哲学する〉というのは、万物斉同とか生者必滅とかいう〈理《ことわり》〉（すなわち〈自然の一般的習慣〉）を悟ることであり、それを悟ってしまえば、我々は何ものにも脅かされない絶対自由の境地に立ち、アタラクシアを得ることができるのだということになる。

《(a)あらかじめ死を冥想することはあらかじめ自由を冥想することである。死を学びえた者は屈従することを忘れた。いかに死すべきかを学び知れば我々はあらゆる隷従と拘束とから解き放たれる。(c)生の剥奪は不幸にあらずと悟りえた者にとって、この世に不幸は何一つない。》（I・20・136）

《(a)……自然は言う。「この世をば、お前たちがここに入って来た時のように、出てゆけ。お前たちがかつて感動なく恐怖なく死から生へと飛び越えて来たその同じ渡りを、今また同じように生から死へと再び越えてゆけ。お前たちの死は宇宙の秩序を組み立てる諸部分の一つである。それは世界の生命の一片である。……わたしはお前たち〔人間〕だけのために、万物のこの美わしい組織を変えるわけにゆかない。死はお前たちの創造の条件であり、お前たちの一部なのである。……今お前たちが受けつつあるそのお前たちの存在は、等分に死と生とに分属している。お前たちの誕生の第一日は、お前たちを生に導く第一歩であると共に、また死に導く第一歩でもある。……

生マルルハ死ノ始メナリ。終末ハ誕生ノ結果ナリ。（マニリウス）》（Ⅰ・20・143）

『荘子』は私にとっていつも『随想録』の評釈であり、『随想録』はいつも荘子の言葉を私に想いおこさせるが、『荘子』「知北遊篇」の一節は、たった今抄録して示したばかりであるが、ここにもう一度、重複をいとわず、〈哲学するとはいかに死すべきかを学ぶことである〉（第一巻第二十章）の章と較べてみよう。

《生は死の同伴者であり、死は生の始めである。いずれがそのもとでありその始めであると知ることができようか。人が生きているということは、生命を構成している〈気〉が集合しているということである。〈気〉が集合すれば生となるが、離散すれば死となる。もしこのように生と死が一気の集散にすぎず同類のものであるとするならば、生死について憂える必要がどこにあるであろうか。

このように、万物は一つである。その中で人が美しいとして喜ぶものは、すぐれてめでたいもの、すなわち生である。人が醜いとして憎むものは臭くて腐ったものすなわち死である。だがその臭腐すなわち死も、やがて循環変化してすぐれてめでたい生となるし、そのすぐれてめでたい生も、やがてまた変化して臭腐となる。

このように見るならば、天下の万物は、すべて還元して一つの気となる。だから聖人は万物斉同の理を尊ぶ。》

この荘子やモンテーニュの万物斉同の理《ことわり》を理解することは、一般西欧人にとってはかなりむつかしいことであるらしいが、我々東洋人にはきわめて容易に、しぜんに理解されるように思われる。これはキリスト教徒によりも仏教徒の方に受容されやすいことだからであろう。とにかくモンテーニュや荘子の平等論は、このような哲学的思索の上に立っているだけに、社会的矛盾の被害者救済のために叫ばれる、あの社会主義者の民主主義的平等論や人権論よりははるかに底が深く、それはラディカルであるがためにかえって寛大広量であるように思われる。

モンテーニュの平等論が単なる人権擁護論にとどまらず、徹底した万物斉同論であることは、すでに引用した第一巻第十四章における、〈立ち木もその幹を傷つけたり枝や葉をむしり取ったりすると、哭《な》き呻くように思われる〉という言葉に十分うかがわれるが、第二巻第十一章〈残酷について〉においては、いっそう徹底的に、次のように述べている。

《……最も穏健な諸学説の間に、我々と動物との間には親密な類似があり、どの程度まで彼ら動物が、我々人間の最も大きな特権を分かち持っているか、またいかに彼らを我々に較べることがもっともであるか、を示そうと努めている論説に出会うと、ほんとうにわたしは、我々人間の自惚れを大々的に値引きし、いさぎよく、我々が他の被造物の上に与えられている、あの空想の王権を御辞退したくなる。

　かりにこのような考え方は間違っているとしても、そこには、我々をたんに生命と感情とをもつ動物にばかりでなく非情の草木にまでも結びつける、或る種の敬意《アン・セルタン・レスペ》があり、一切のものに対する一般的慈悲の義務《アン・ジエネラル・ドゥオワール・デュマニテ》がある。我々は人類同胞に対して正義の義務を負うのはもちろんだが、自余の被造物に対してもひとしく慈悲惻隠の情を注がねばならない。彼らにもそれらを受ける力があるのである。彼らと我々との間には、幾らかの交渉《つきあい》があると共に、また相互の義務もあるのである。》

（II・11・523–524）

　モンテーニュはここに明らかに、有情の生物だけではなく非情の草木までも含めて、〈彼ら〉と呼び、彼らも我々も全く無差別に同じ〈被造物《クレアテュール》〉と見なし、彼らにも人間に対すると同様の愛情と敬意を注ぐ義務があると説くのである。このような考えは、万物一如とか統一的宇宙とかの感覚がなくては懐《いだ》きえぬ感情であるが、それはかえって、〈草木国土悉皆成仏〉と言って山川草木のすべてに霊ありと感ずる東洋人には、無理なく、しぜんに、受けいれられる考えである。この点だけをとって考えれば、確かにモンテーニュは正統のキリスト教徒とは言えない。キリスト教徒であるとしても、それは異端の信徒と言わざるを得まい。むしろプロティノスの亜流であり、エマスンの先輩とでも言うべきところだろう。

私はモンテーニュとほぼ時代を同じくする日本人ヤソ会士ハビアン（巴鼻庵）著わすところの『妙貞問答』（一六〇五）を読んで、面白い発見をした。書中幽貞尼は一方の妙秀尼の問いに答えて言う。〈儒教はナトゥーラの教えと申して、生まれつき人にそなわっている仁義礼智信の五常を守るようなところは、キリシタンの方でも一段とほめておる〉と答えながら、その代わりに〈天地陰陽を太極《たいきょく》〔宇宙万物の根元〕と見て、その作者を言わず、人畜草木も気質だけが変わっており、その性には差がないというようなことは迷妄である〉と断じている。モンテーニュの方は荘子と共に一切万物の中に自然全体を見ないではいられなかったのであるから、彼の思想はハビアンに言わせれば正しく〈ナトゥーラの教え〉であり〈迷妄〉であろう。モンテーニュの言う〈母なる自然〉は、キリスト者の言う〈マテリア・プリマ〉と〈天地を造り玉うおん父でうす〉とを一緒くたにしたようなもので、〈父なるおん神〉とは似て非なるものと言わねばなるまい。

キリシタンの経書によれば、被造物は四つの階級にはっきりと区別されている。

㈠　セル ser の類、すなわち天地日月金石の類、形体だけあり生成する性のそなわらぬもの。

㈡　アニマ・ベゼタチイワ（生魂）　非情の草木。

㈢　アニマ・センシチイワ（覚魂）　鳥獣虫魚。

㈣　アニマ・ラショナル（霊魂・理性魂）　人間。

そしてもちろん人間が最上位にあって、他の被造物に対して神に代わって支配権をもつ。それをモンテーニュは、上掲の文章の中で人間の自惚れであり思い上がりだときめつけている。だがそれがキリスト教的でないことは彼自ら知っている。だから次のパラグラフの始めに《こういう考え方がまったく間違っているとしても》と一応弁解めいたことを書くのである。非情の草木〈アニマ・ベゼタチイワ〉にまで惻隠の情と慈悲の義務までも感ずるということは、王も乞食も賢愚も美醜も生も死も突きつめてゆくと一つに帰するという、万物同根・万物斉同の思想の上に立たない限り生まれて来ないのである。

モンテーニュは人間全体に共通する在り様《コンディション》を、人間ひとりひとりの裡《うち》に見出す。《各人はそれぞれのうちに完全に人間性の心髄《フォルム》を蔵している》（Ⅲ・2・935）のだから、そのひとりひとりは、外見上いかに平凡普通で、みすぼらしく取るに足らぬものに見えても、その究極においては、世界が例外的な価値を賦与するものと少しも変わりはなく、それぞれすばらしい存在なのであって、それは我々人間の日常生活の中に常に見られる平凡普通な事実なのである。《印刷された証拠でなければ受けいれず、書物の中に出て来る人物でなければ信用せず、真理も有難い時代〔古代〕のものでなければ信用しないという連中は、いったいどう扱ったらよいのだろう……我々が外国や書物の中に出て来る模範ばかり追っかけるのは、まったくばかげたことである。……なぜなら、わたしの意見では、最も普通な、ありふれた、知れわたった事柄でも、それらをふさわしい光に照らして見ることができるならば、それらはそのまま、自然の最も偉大な奇蹟とも、最も驚嘆すべき模範とも、なりうるからである。》（Ⅲ・13・1245）

これは人間社会のことであったが、もっと広い世界においてもモンテーニュは同じ立場をとる。

《(a)我々は普通の事柄より見なれない事柄の方を嘆賞し尊重する。いや、そうでなければ、わたしだって、こんなに長々しい記録*なんかしないですんだろう。まったくわたしの考えでは、人がもし、ふだん我々の間に生息する諸動物について見られることを、一々事こまかに観察するならば、同じように驚嘆すべき事柄は、いたるところで目につくのであって、何もわざわざ外国や他の時代にまで、捜しにゆくまでもないのである。(c)いつも同じ一つの自然がその道を歩いているのである。その現在の状態を十分に判断することができる者は、そこから確実にあらゆる未来とあらゆる過去とを、結論することができるであろう。》(Ⅱ・12・558)

＊〈レーモン・スボン弁護〉の章における、人間と動物との比較論。

モンテーニュの万物斉同論は、生死を一如とすることにおいて極まる。それは第一巻第二十章の末尾に、荘子と同じような表現によって述べられている。

《(a)……自然は言う。「この世をば、お前たちがここに入って来た時のように出てゆけ。お前たちがかつて感動も恐怖もなしに死から生へと飛び越えたその同じ渡りを、今また生から死へと再び越えてゆけ。お前たちの死は、宇宙の秩序を組み立てる諸部分の一つである。それは世界の生命の一片である。……

(c)平等は公平の第一の要素である。誰が、万物が斉《ひと》しく含まれる所に含まれるのを、嘆くことができよう。(a)だからお前たちは、長生きをしてもむだである。お前たちが死んでいなければならない間の時間を、そのために少しも短くすることはできない。それは何にもならないことだ。お前たちがこわがるあの状態の中に、ちょうど乳母の胸にいだかれて死んだ場合と同様に、長い期間いなければなるまい。……

　万物はお前たちが変動するように変動するではないか。お前たちと共に老いないものがあるか。幾千の人、幾千の動物、その他幾千の被造物が、お前たちが死ぬのと同じ瞬間に死んでゆく」……以上が母なる自然の有難き垂訓である。》（I・20・143–148）

　要するに以上の諸章を通じて、モンテーニュはいつも変わることなき自然観を述べている。彼にとって、自然はその変化してやまざる諸現象にもかかわらず、その各時期各瞬間において、その創造の一つ一つにおいて、いつも変わりなく一つなのである。自然界の諸生物の日常生活においても、人が異国異朝の、過ぎ去った偉大な世紀に捜し求める事件事蹟においても、自然は増減なく、過不足なく、常に〈完全に〉そこに在ると考えている。このように多を一に帰してしまえば、万物一如と達観してしまえば、万物の間に最後の差別も消え去って、ただ一つ、永遠の〈存在《エートル》〉、不変にして常に同一なるもの、すなわち古代ギリシアの思想家や、中国の老荘道家や、世界のあらゆる時代の偉大な宗教家や神学者たちが、そこにはモンテーニュも親鸞も宣長までも含めて、それぞれさまざまに呼びなしたカミ＊（例えば老子の〈道《タオ》〉または〈大《タイ》〉、荘子の〈一者〉〈渾沌〉〈自然〉、モンテーニュの〈母なる自然《メール・ナテュール》〉〈運命《フォルテューヌ》〉〈存在《エートル》〉、親鸞の〈弥陀仏〉〈じねん〉、宣長の〈伽微〉〈神ながらの道〉〈天地のおのづからなる道〉等々）だけが残ることになる。『随想録』中最も重要視され問題とされる〈レーモン・スボン弁護〉の章も、ひっきょう、そのような多より一への、生成より存在への、道案内にほかならなかったように、私には思われる。

＊　小林秀雄『本居宣長』三七二頁参照。

〈レーモン・スボン弁護〉の章は、かなり複雑であり微妙であって、簡単に割り切った梗概を示すことは困難であるが、特に我々の心をうつ第一のことは、諸生物間における類似ないし平等、ひいては万物斉同の説（Ⅱ・12・540–578）であるが、その次に我々の目をうばうのは〈擬人的神観《アントロポモルフィスム》〉に対する徹底的な批判（Ⅱ・12・592–594, 610–634）である。それはただキリスト教だけではなく、古今各地方のもろもろの宗教に共通する根本的誤謬を衝《つ》いている。《(c)要するに〔哲学者たちの言うところをきいていると〕すべて我々〔人間〕が在るようにあらざるものは、一文の価値もないのである。そこで神様までが、人々に崇《あが》められ尊まれるためには、まずもって人間に似なければならなくなる。》（Ⅱ・12・578）モンテーニュは世を挙げての宗教論争にまきこまれる以前に、独り退いてこういう根本問題を考えずにはいられなかったのである。世の神学者たちはいずれも思いあがった独断家と彼には見え、彼は物事をもっと掘り下げて考えないではいられなかったのである。それがいわゆる〈モンテーニュの懐疑主義〉の正体なのであって、それは彼の幼少時からのいわば彼の癖であり、彼の性分であった。《わたしの最も堅固な思想、そして一般的な思想は、わたしと共に生まれたもの、わたし固有のもの（toute mienne）である》（Ⅱ・17・776）と言ったのは、まさしくこの物事をとことんまで考えずにはいられない思想的傾向を指しているのだと思われる。アンリ・ビュッソンも、《モンテーニュの懐疑主義は一つの学説というよりは一つの精神状態であり、それはおそらくその少年時代からのものであろう》と言っている。擬人的神学説は、幼少時よりモンテーニュの不審の種であったので、〈レーモン・スボン弁護〉はその頃からのミシェルの懸案に対する結論解決であったと見てよいであろう。

だから、或る意味では、彼は僧職者よりもよく〈神〉を知っている。知っているなどとは自ら決して言わないが、彼が彼らよりずっと深味のある宗教的人間であったことは疑いない。〈スピノザの汎神論は一般に無神論と見なされているが、見ようによってはスピノザこそ最も神に酔える人だ〉と言った人があるが、（それはサント＝ブーヴだったかフロベールだったか、）モンテーニュもまた、同じように考えられる。サント＝ブーヴは〈レーモン・スボン弁護〉の章の結論をひっきょうスピノジスムだと言っているが、それはモンテーニュが世の宗教家たちよりもいっそう宗教的人格であったことを否定することにはならない。自ら〈祈りについて〉の章の中で、自分の態度は全くライックで少しもクレリカルなところはないが、《それにしてもはなはだ宗教的《ルリジュー》〔敬虔〕である》と言っているのは、さすがに最も的確に自己を定義したと言えるだろう。キリスト教だけが真の宗教であると考えたパスカルもいるけれども、荘子を最も深刻な宗教的人格であったと考える学者もいるとすれば（福永光司）、モンテーニュもまた立派に宗教的人間であったと言うのに、何の憚るところがあろう。〈弁護〉の章に晩年モンテーニュはこう記入している。《(c)「人ハ神ヲ知ルコトナクシテカエッテヨク神ヲ知ル」と聖アウグスティヌスは言っている。またタキトゥスは「神々ノ御業ハ、コレヲ詮索スルヨリモ、コレヲ信仰スルコソ、イッソウ神聖ニシテ敬虔ナリト言ウベシ」と言っている。またプラトンは「神や世界や万物の第一原因などをあまりに執念深く詮索することには、幾分不敬の罪が含まれている」と考えている。「マコトニコレナル宇宙ノ父ヲ知ルコトハ難事ナリ。ヨシコレヲ知ルニ至レリトモ、コレヲ俗人ニ啓示スルハ畏レ多シ」とキケロも言っている。

(a)よく我々は言う。力だとか正義だとか真理だとか。それは偉大なる何者かを意味する言葉であるが、その何者かは、見ることも想像することも、我々にはできない。(b)我々は「滅ビル者ノ言葉モテ不滅ナル物事ヲ言イ表ワシテ」（ルクレティウス）「神は恐れる。神は怒る。神は愛する」などと言う。だがそのような感動や興奮はすべて、我々におけるような形では神のうちに宿りえないし、我々の方もそれらを、神におけるような形では想像することができない。(a)神を知り神業を理解するのはただ神ひとりである。》（II・12・592）

フロベールの『書簡選』の中に次のような言葉がある。《罪を原罪によって説明することは何一つ全く説明しないことである。原因の探求は反哲学的なこと、反科学的なことである。もろもろの宗教は、その点でもろもろの哲学以上に、私の気に入らない。「宗教」は原因を知っていると断言するからである。宗教が「心」の欲求であることは私も認める。尊敬すべきは正にその欲求なので、はかない教義（ドグマ）ではない。》（大塚幸男訳）これは全くモンテーニュの精神、この人の宗教上の態度である。『随想録』第三巻第十一章〈びっこについて〉の始めのところに、人は何一つ知らないくせに、人間は何も知りえない存在であるのに、何かというと原因を詮索しないではいられないのを嗤《わら》い、《わらうべき原因屋さんよ！》（plaisants causeurs !）と言っている。原因の認識はただ物事を支配するものにのみ属するのだと考えるからである。この方がずっと宗教的である。（一九七九年六月二十日付記）

フロベールは五十八歳の時ロジェ・デ・ジュネット夫人M^{me} Roger des Genettes宛書簡の中に《私は生まれて三度目に全スピノザを読み返しました。この無神論者こそ、私の考えでは、人間の中で最も宗教的な人間であったと思います。彼は神だけしか正しいものと認めなかったのですから。このことを特に僧職者諸君とクーザンの弟子たちにわからせてやって下さい》と書いている（Cf. Henri Guillemin, *Flaubert devant la vie et devant Dieu*）。（一九八〇年一月十九日付記）

しかるに、人間は、世界のあっちでもこっちでも、神様を、しかも己れ自らの形に似せて、何ダースとなく、でっちあげる。《虫けら一匹造れもしないくせに》（II・12・626）とモンテーニュはあざ笑う。我が国では近頃オカルト・ブームとかいうものに便乗してか、〈ヘルメス・トリスメギストス文書〉まで邦訳され始めたが、モンテーニュはこの書についてただ一言、こう書いている。《トリスメギストスが我々人間の万能を讃めるところを聞きたまえ。こう言っている。「賞讃すべきもろもろのことのうち最も賞讃すべきは、人間が神性を見出して神を作り出すことができたということである」》（II・12・626）と。当時この〈トリスメギストス文書〉を仏訳したフランソワ・ド・フォワ＝カンダルという人はモンテーニュの友人であったのだけれど、モンテーニュはこの人の思想には内心賛同できなかったのである（『モンテーニュとその時代』注の部八六頁・⑵参照）。けれども〈レーモン・スボン弁護〉の章の中でもっぱら攻撃の標的としたのは、決してキリスト教そのものではなかった。むしろそれは世界各地に行われている擬人神論的《アントロポモルフイク》諸宗教、人に擬した神を拝跪《はいき》するもろもろの宗教の総体であった。彼が非難の鉾先を向けることがあったのは、僧職者の堕落であって、ローマ・カトリック教のドグマではなかった。彼はそこにいかなる不合理を認めてもフィデイストとしてキリスト教の信仰を持ちつづける。それは親鸞の〈自然法爾《じねんほうに》〉（『末燈鈔』第五書簡）の説にくらべて然るべきものであった。だから前にも幾度か述べたように、彼のきわめて敬虔なキリスト教徒らしい言葉づかいは、決して韜晦でも擬装でもなかったと言わねばならない。ただその擬人的神観の批判はきわめて辛辣かつ精緻であって広範囲に及んでいる（II・12・592–594, 610–634）。人間が下賤で浅ましい己れのさまざまな性癖や情念を神様に持たせているのは、自分が自然界で他の被造物にまさる特別の地位をもちたい下心からであって、ひっきょう、人間の自惚れ手前勝手以外の何ものでもないと言う。モンテーニュは最後に次のように皮肉っている。

《(c)そこから、次のような古人の結論も出て来るのである。「すべての姿形《すがたかたち》の中で最も美しいのは人間のそれである。だから神は人間の姿をしている。何人も徳なくしては幸福であることを得ないし、徳は理性なしには存在しえない。そしていかなる理性も、人間の形体以外の場所には宿りえない。だから神は人間の姿形《なり》をしている」と。

(b)だからこそ、クセノファネスは、「もしも動物どもが神々をこね上げるならば、きっと自分と同じように神々をこねあげ、我々人間同様に自讃するであろう」と言ったのである。まったく、どうして鵞鳥の子がこう言わないであろうか。「宇宙のすべての部分はみな俺のためを考えている。大地は俺が歩むためにあり、太陽は俺を照らすためにあり、星はその威力を俺に持たせるためにある。俺は風からこれこれの利益を受け、水からもこれこれの利益を受けている。俺くらいあの円天井からめぐみ深く見られているものはない。俺は自然の寵児である。人間までが俺を養い、俺に宿をかし、俺に奉仕しているではないか。彼が種子を蒔かせ粉をひかせるのもこの俺のためである。人間は俺をとって食うけれども、人間だってその同類を食っているではないか。それに俺だって蛆虫を食うし、その蛆虫は人間を殺しそれを食べているではないか」と。鶴だって同じように言うにちがいない。いや、もっとえらそうに言いたてるにちがいない。彼は自由に天《あま》かけることができるし、あの高い美しい天界を我がものにしているのだから。》（II・12・629）どうして我々の擬人的神観を嗤《わら》うべき、手前勝手な発想だと、言わずにいられようか、とモンテーニュは言うのである。

賀茂真淵『国意考』に《又人を鳥獣にことなりといふは、人の方にて、我ぼめにいひて外をあなどるものにて、又唐人のくせなり。四方の国をえびすといやしめて、其言の通らぬが如し。凡、天地の際《きわ》に生きとし生くるものは皆虫ならずや。それが中に、人のみいかで貴く、人のみいかなることあるにや。唐人にては万物の霊長とか言ひて、いと人を貴めるを、おのれがおもふに、人は万物のあしきものとか言ふべき。いかにとなれば天地日月のかはらぬままに、鳥も獣も魚も草木も、古の如くならざるはなきに、人ばかり形はもとの人にて、心のいにしへとことになれるはなし。是なまじひに知るてふことのありて、おのが用ゐはべるより、互の間にさまざまのあしきことの出で来て、つひに世をも乱しぬ。又治まれるがうちにも、かたみにあざむきをなすぞかし。もし天が下に、一人二人物知ることとあらん時は、よき事も有《あり》ぬべきを、人皆智あれば、いかなることも相打《あいう》ちと成《なり》て終《つひ》に用なきこととなり。今鳥獣の眼よりは、人こそわろけれ、かれに似ることなかれと、教へぬべきものなり。》（先考関根正直旧蔵本による。ただし傍点引用者）。文中〈唐人《からひと》〉とあるのを〈ストア学者〉とでも書きかえれば、そして大意を仏文に訳して読めば、モンテーニュの文章だと言ってもとおるのではないか。（一九七九年六月二十日付記）

第五章　《無能無芸にしてただこの一筋につながる》

――モンテーニュのゆるがぬ自信――

富士谷御杖《ふじたにみつえ》は本居宣長におくれること三十八年、平田篤胤に先んずること八年、すなわち明和五年（一七六八）に生まれ文政六年（一八二三）に死んだ人であるが、その神観は大体宣長・篤胤と同じである。そこには我々日本人の心のどこかに温められている神のイメージに通ずるものがあるようだと、ひとりの宗教哲学者（磯部忠正）は述べ、御杖の神観を、『古事記燈』の中の〈神祇弁〉によって次のように要約説明している。《まず人間を生かしている力、しかも人間のいかんとも動かし難い力がある。その力は人間の眼に見えないところにはたらいている。人間の個体を考えれば、身体の内にその力ははたらいている。それが私思欲情である。しかしこの力は、ただ人間の生を内側から動かし支えているだけではなく、社会や宇宙をも動かし支えている。これも人間の眼にふれないところにはたらく。それが天と地の間を昇り降りしている。これが御杖の人間観・宇宙論の根本前提である。……つまり「人力をもっては自在すべからざる」根源的な力が神であり、そのおのずからの動きが神道なのである》と。御杖の師宣長はその『古事記伝』巻一〈直毘霊《なおびのみたま》〉の中に、《そもそもその人欲という物は、いづくよりいかなる故にていできつるぞ。それも然るべき理《ことわり》にてこそは出で来るべければ、人欲もまた天理ならずや》と言っている。だが果たしてこれを、我々は純粋無雑な日本固有の思想と言いうるだろうか。

宣長は一七四一年十一歳の夏から、郷里松坂において『小学』『論語』『孟子』等を謡曲と共に学んでいるが、一七五二年（宝暦二年）二十三歳の時京都に出て堀景山の塾に内弟子として住み込み、五七年二十八歳に至るまで漢籍の研究に没頭したことは、彼自らの『在京日記』につまびらかである。それによると入塾の翌々日三月二十一日から『易経』の会読に加わり、同年十一月まで九か月の間に『易』『書』『詩』『礼記』『春秋』の素読を終わったというし、それらと並行して『史記』会読（二・七日、月に六回）、『晋書』《しんじょ》会読（四・九日、月計六回）に参加したとあるから、おどろくべき勉強であり速度である。『晋書』が四月九日から始めて翌年三月二十五日に終わったと思うと、五月にはもう次の『世説新語』の会読に移っている。特にここに注目したいのは、景山塾においては一般普通の四書五経の類よりも『史記』『晋書』『南史』『世説新語』等が会読用テキストとして特に選ばれていること、なかんずく『晋書』や『世説新語』は世の道学先生たちがよろこばない書物であるということである。吉川幸次郎の指摘するように景山先生が特に重視したのは、紀伝体の史書のうちの、帝王の伝記である「本紀」の部よりも、個人の伝記「列伝」と、特殊事項史としての「志」とであった。宣長はそこに人間記録としての歴史の面白さと価値とを学び知ったのではあるまいか。それはモンテーニュが歴史を愛読し、特にディオゲネス・ラエルティオスの『哲学者列伝』やプルタルコスの『対比列伝』の中にさまざまな人間の生き方生きざまを学びとったことと、対比することができよう。かくて宣長は儒学を偽善として排しながらシナ文学の中に風雅隠逸の士ないしは賢者の高風を、愛慕することができたにちがいない。『晋書』の「列伝」の中には阮籍《げんせき》とか嵇康《けいこう》とかいう、いわゆる竹林の七賢人の肖像がでてくる。阮籍については《群籍ヲ博覧シ尤モ荘老ヲ好ム》と記してある。もちろん宣長は荘子そのものをも会読している。在京日記宝暦五年（一七五五）九月十五日の条に《荘子会読始矣》とあり、翌年二月二十一日《荘子会読畢》と記されている。翌年十月五日には、《……列子の会読を始め侍る。けふより二、七の日を定めてし侍る也》とあり、同年十月十二日に《列子の会終りぬれば》云々と記している。宣長がこれだけその精神形成期とも言うべき二十歳代の大半を、漢籍の会読に費やし、老荘思想にも相当にふれていることは、『くず花下の巻』『玉勝間巻七』その他における宣長の老荘観を正しく理解する上に忘れてはならぬことであろう。彼はことさらに漢意《からごころ》を排してはいるが、それは儒学のストイシスムに対してであって、老荘に対してはむしろ共感をよせているようである。（一九七九年八月十日付記）秋成対宣長のこと、小林秀雄『本居宣長』四七七頁参照。

このほど改めて『世説新語』を読んでみたが、それはモンテーニュが少年時代に使用させられた *Cahiers des lieux communs* と、それが源となって現われた *Flores* とか *Sententiae* とか *Similitudines* とかいうような一群の編著に酷似しており、更にモンテーニュの初期のエッセーのいくつか（例えば第一巻第一章）をも連想させるのに一驚した（拙著『モンテーニュとその時代』一四八頁参照）。なお『世説』「任誕篇」第二十三には老荘風の自由思想が魏晋の人たちの貴族生活と結びつき、よくその時代の特色を示している。竹林七賢の逸話は十箇所に述べられており、それはディオゲネス・ラエルティオスの『哲学者列伝』の翻読がモンテーニュに及ぼしたような感化を宣長にものこしたのではないかと想像させる。（一九七九年十月付記）

このように天地万物の間に遍満してその運行・変化をつかさどる力を想定し、それを神とか天とか呼びなし、その同じ力が人間の生をも支配しているという考え方は、西洋にも東洋にもあり、決して珍しくないことで、それはロベール・ルノーブルなどもすでに認めているところであるの*だが、特にそれは我々日本人のもとでは、連綿として長明・兼好・西行より芭蕉・良寛を経て漱石・賢治にまで及び、我々の思想生活の底流として常に在るように感じられる。ところがそれと同じ考え方がわがモンテーニュの宇宙論的人生観の根底ともなっているように、私には思われてならない。よく『エッセー』という標題を『随想録』などと呼びかえるのは、兼好とモンテーニュとをごたまぜにするもので、それは後者の偉大と深邃《しんすい》とを矮小化・低俗化するものだと言って非難する者もいるようだが、それはむしろ『徒然草』や『方丈記』の読み方が浅いからではあるまいか。また西欧思想の専門家たちも、いかにモンテーニュが脱ヨーロッパ的思想家であったかということを、彼がパスカルとデカルトの直接の師であったとはいえ全然その後継者とは別様な思索家であったということを、案外見すごしているのではあるまいか。それに、もっぱら擬人的神観の上に立つキリスト教学者から異端者と見られながらも、なおかつ東洋流の宇宙論的神観を述べつづけた幾多の思想家が、フランスの中世にもルネサンス期にも、ほとんどあらゆる時期に実在したことも、忘れているのではあるまいか。我々日本人までが、この点でいささか昏迷の観ある西欧モンテーニュ学者の学説に、ひたすら従順である必要はないのではあるまいか。宇宙観・人生観・死生観に関してまでもその源流系統にこだわることは、史学者としては避け難い宿命ではあろうが、ひたすら人間実存の意味をさぐろうとする世間一般の求道者にとっては、それはむしろ二の次三の次の問題なのではあるまいか。

＊　則天去私。

〈レーモン・スボンの弁護〉の章の中に、モンテーニュはこう書いている。

《ⓐもしも自然がその日常の推移の過程内に、他のあらゆる物事と同様に人間の信仰や判断までも含めているとすれば、——もしもそれらの人間の信仰や判断もその周期をもち、その季節、その生と死とをもつこと、全くキャベツと異ならないとすれば、——もしも天こそその欲するがままに我々の判断や信仰をゆさぶり転がしているのだとすれば、——我々はいったいどんな厳然として不変なる権威を、それらに賦与することができようか。(b)もしも経験によって、我々の存在の様態が、ただに顔色や身の丈や体格や姿態だけでなく、霊魂の諸性能までが、空気や気候や地味に依存しているのだと知るならば、……つまり果実や動物などがその産地によっていろいろに生まれつくように、人間もまたその生まれた所によって好戦的であったり、公正であったり、節度があったり従順であったりする程度がちがうのだとすれば、……我々が由ってもって誇りとするあの堂々たるいろいろな特権は、いったいどうなるのか。……》(II・12・678–679)

モンテーニュがここに、何を、誰に向かって、言っているのかは言うまでもないが、彼が当時一般のフランス人、主としてキリスト教徒とちがった立場に立っているのでなかったら、すなわち、自然に対立する擬人化された神ではなしにむしろ大自然の命の流れに順《したが》って生きる我々東洋人の自然思想の側に立っているのでなかったら、滅多に、これほどの確信をもって、このような大胆なことは言えなかったはずだと、私は思うのである。

このように、キリスト教的、一神教的文化の国に、はからずもこぼれおちた、いわば異国からの流され人・〈流謫の人〉であったところに、モンテーニュのフランス文化における特殊の意味があり、モンテーニュとしてはまずその弁明をすることが必要であり、その必要から『随想録』という書物も生まれたのだと、言ってよいであろう。モンテーニュはラ・ボエシについて、《彼はサルラに生まれるよりはヴェネチア共和国に生まれたかったろう》と言ったが、それは他人《ひと》ごとではなかった。彼もまた凝り固まったキリスト教の宗規のもとに生まれるよりは、むしろ自然中心の、絶対者のない、褒めたり罰したりする神のいない、もっと気楽な別の世界に生まれたかったであろうと思う。彼が一五八〇年の序文に、《もしわたしも、今なお自然の原初の規則のもとに自由で楽しい生活を送っていると言われるあの民族の中にいるのであったら……》と書いているのは、かすかながらその意識下にある遂げがたき希望を洩らしているのだと、読みとってもよいのではあるまいか。

＊　なお、この章の生まれた政治的動機については、拙著『モンテーニュとその時代』三二二頁以下を参照されたい。

モンテーニュの自然観と老荘の自然観とは、その系統を異にするけれども、それらは本質的に同じものだと考えることができるなら、老荘の影響を直接多分に受けているわが兼好法師と西欧のモンテーニュとを同じ精神家族に容れることは、少しも無理ではないと私は思う。＊

＊　こんにち我々が〈自然〉と言う時、それは〈ナトゥーラ〉あるいは〈ナテュール〉の訳語であることが多い。だがこの〈自然〉という語は本来老子の造語であって、全く両者は原意を異にする。松本雅明『中国古代における自然思想の展開』によれば、〈自然〉という語は老子以前には全く見出されず、『荘子』においても内篇には全然見当たらず、外篇雑篇に至ってはじめて現われるところから、老子がこの語の創始者だと考えられるという。松本説によると、〈自然〉の自は自己であり、然はしかりとするという意味（漠然・歴然などの然の意、状態を示す副詞）で、〈おのずからしかある〉という一般説を特に斥けている。だがこの語は自己肯定をとおして根源性を自覚することにほかならないとすれば、それは語源を異にするけれども、モンテーニュの〈自然《ナテュール》〉と関連するところが深い。西欧の〈フュシス〉〈ナトゥーラ〉が産み出すとか繁殖するとかいう意味であることは周知のことで、それがルクレティウス、ラクタンティウスを経てモンテーニュの自然観を形成するに至ったことは勿論であるが、東洋語〈自然〉はモンテーニュの〈ナテュール〉の訳語として決して不適当とは言えない。要するに老荘の自然観とモンテーニュの自然観はそれぞれ源流を異にしながらも、本質的にその深いところで一致するからである。

モンテーニュがその著作の中では、あれほど手きびしく擬人神論的宗教《アントロポモルフィスム》をこきおろし、徹底した自然哲学を述べながら、その日常生活においては、公私両面にわたって、生涯かわることなくローマのカトリック教に忠誠であったということが、フランスの思想家たちにはどうにも理解しがたいことであるらしい。だが我々東洋人にとっては、それはモンテーニュの欠点であるどころか、高度の知恵、ソクラテス的知恵のあらわれとして、受けとられる。伊藤仁斎は、古学派の祖、〈一代の儒宗〉とも言われたほどの大学者であったが、節分の日には自ら麻裃《あさがみしも》をつけて豆を撒いたとか、お寺の前を通りすぎる時は必ず本尊に向かっていんぎんに礼をしたとか、言い伝えられている。伝記者はここに、仁斎の儒学が不徹底だとも擬装だとも言ってはいない。むしろ彼の儒学が通り一遍のものでないことに感じ入っているのである。思想家・一古道論者である本居宣長をその『うい山ぶみ』において見れば、実生活上は〈供仏施僧〉の家庭内の習慣をそのままに継承し実践していたという。長谷川如是閑によれば、いずれも〈日本的性格〉（岩波新書）ということになるが、そうだとすると、モンテーニュはその〈日本的性格〉の故に、本国フランスでは理解されず、異端ではないまでも変人の扱いを受けたのではなかろうか。モンテーニュの語るところによると、彼が私淑したトゥルネブスも、どうやら仁斎のような人物、すなわち〈日本的性格〉の人であったらしく思われる。

また、これは度々繰り返すようであるが、モンテーニュの思想には矛盾撞着が多いとか曖昧模糊としているとか、よく言われるが、決してそうではない。論旨《ライト・モティーフ》はいつもかなりはっきりしている。それは、あの長大な〈レーモン・スボン弁護〉という章についても言える。すでに引用したあの章末の五頁（Ⅱ・12・708–711）を見ると、一章の中心思想がそこにはっきりと締めくくられている。それまであちらこちらとフランスの読者がさんざん引きまわされてきた、サント＝ブーヴが言うところの、〈迷路〉の中にも、すっきりと一筋の白い道がとおっているのが、我々には見える。ただそれを古来の諸子百家の説を網羅し受け売りをしているだけなのだと思えば、たしかに幾多の矛盾が指摘されるが、そうではなくて、彼はそこにわざとさまざまな異説を並べたて、それら諸説に互いに論駁させ、そうやって彼自らの思索と体験とを、前からも後ろからも支持したり強調したりしながら見せているのだと思えば、この章はなかなか独創的であり味がある。宇宙の渾沌の中に一切無差別・万物同根・諸行無常・生者必滅の理《ことわり》を悟らせるために、彼はここにきわめて自然かつ合理的な道をとっているのだと、私には思える。彼は己れの神の概念を述べるのに、〈超自然〉や〈奇蹟〉やその他擬人論的説明を、わざと一切排除している。そして己れの信ずる〈神〉は、恩寵をもって報いることも刑罰をもって報いることもない、存在するあらゆるものの根源・本質であることを、最後に十分はっきりさせている。彼はおびただしい諸説の矛盾と混沌をすべてこの結論のために役立たせている。著者は第三巻に至ると《わたしの論旨を見そこなうのは、不注意な読者の方であって、わたしではない》（Ⅲ・9・1147）と、はっきり言う。〈弁護〉の章の中でも、〈原始の哲学は詩であった〉とプラトンも言ったではないかと、述べている。彼はわざとこういう迂《まわ》り道をする。彼は自説を体系化したくないからである。《学問は物事をあまりに微細に、あまりにも人為的で自然普通の方式とはちがう方式で、取り扱っている。わたしの小娃は、恋をしている。恋を知っている。だが彼にレオネ・ヘブレオやフィチーノを読んできかせてごらん。そこには彼のことが、彼の思いと行いとが、そっくり語られているのだが、彼にはてんでちんぷんかんである。わたしだって、アリストテレスの中にはわたしの日常の動作をほとんど見わけることができない。それらは学校用の制服をきせられているからだ。それも仕方のないことかもしれないが、もしもわたしが学者先生なら、彼らが自然を学芸化《アルシアリゼ》するだけ、わたしの方は学芸を自然化《ナテユラリゼ》して見せるであろう。》(III・5・1013) モンテーニュはしんから自分の思想に〈システム〉とか〈ドグマ〉とかの着物をきせたくないのだ。〈弁護〉という堂々たる一章も、むしろ〈自然〉と題する一篇の哲学詩として読んでやらねば、彼の意には適《かな》わないのである。

モンテーニュはその根本思想を、第一巻第一章以来絶えず随所にちらほらのぞかせているのだが、それらを一箇所に集約して論説風に述べることははなはだ稀であった。〈弁護〉の章の最終頁とか〈後悔〉の章の首部とかに見られるようなのはむしろ例外であって、普通はさまざまな引用句、挿話、逸話などの間にそれは潜在し、いわば埋没している。だから気の短い読者は、この書の序章とか結論とかの中に、あらかじめ、手っ取りばやく、著者のライト・モティーフを簡単につかみとることができない。それは『随想録』という本が、シャロンの『知恵論』のように構成された論《トレーテ》ではなく、むしろ著者日常の思索と体験そのものであるからである。それはモンテーニュに中核となる根本思想がなかったからではなく、*ことさらに哲学者然たる姿態をとることがきらいだったからである。それは彼のジャンティヨムとしての虚栄からではなく、当時一般の衒学者・ソフィストたち、いわば口先ばかりの文化人・評論家たちに対する、いわば〈あいそつかし〉と見る方が当たっているであろう。彼も哲学することは大好きで、しんからのモラリストであったはずだが、彼自ら洩らしているように、プラトン流の（私に言わせれば荘子風の）詩人哲学者である方を望んだからであろう。おかげで『随想録』は理路整然たる哲学書のように生硬でも無味乾燥でもなく、驚くべく乱雑でありながらそれだけ豊饒であり創造的である。我々はそのつもりで、往々にして引用文の陰にそっと述べられている彼の創見と確信とを、読みおとさないように心しなければならない。《わたしの主題を見失うのは不注意な読者であって、わたしではない》（Ⅲ・9・1111, 1147–1149）と彼は言った。世間の人たちはあまりにも因習にとらわれていて、彼の独自な〈モワ〉がなかなか理解できなかった。それはモンテーニュにとってこの上なく歯がゆいことであった。だからこそ彼は一五八八年に、前の版一五八〇年版の二巻に対して六〇〇項の増補をした上、新たに書きおろした第三巻を追加しないではいられなかったのである。まったく彼の根本思想をつかまないことには、例えばあれほどに懐疑的で反俗精神の旺盛であったモンテーニュが、しかもよろず革新の気運の只中にありながら、あえて革新の陣営に投ずることなく、習慣の偉力を認め、伝統を尊重し、生涯ローマのカトリック正教を奉じ、暗愚狭量の国王を守りとおした、そのわけはわからないのだ。だが、一切無差別・万物斉同・相反する事物の共存調和・の宇宙観に立ってみれば、筋はまことによくとおっている。殊に我々東洋人にとって、この人くらい、モンテーニュくらい、解り易くまた親しみ易い、筋のとおった思想家はないのである。

＊　A. Blinkenberg : *Le dernier Essai de Montaigne*, in *B. A. M.*, 4e série, n°7, 1966.

彼は第一巻第五十六章〈祈りについて〉の章の中に、最晩年に一頁に余る加筆をしているが、そこに彼は聖なる思いと野心や淫欲や金儲けなどを一身に同居させつつ平気で長い一生を送る、いわば二重人格者について次のように述べている。

《何たる不思議千万な良心であろう。罪人とこれを裁く人とを、あんなに親しくあんなに仲よく、同じ一つの家に同居させて平気でいられるとは。終始頭を淫欲に支配されていながら、それを神様のおん眼にははなはだいとわしきものと判断している男は、そのことを神様の前に懺悔する時、いったいどのように申し上げているのだろうか。彼も一時は本心に立ち帰るが、たちまちにまた逆もどりする。ほんとうに正義の神のお姿が立ち現われて、彼が言うとおり彼の霊魂を打ちこらすならば、その改悛はよし束の間であったにしても、畏怖の心が彼の思いをしばしば悔悛の中に押し返し、執拗な習性となりきっている不徳をさえ、たちまちのうちに征服しうるはずである。いったい何と言ったらよいのであろうか。自らそれを死に値する罪と十分に承知しながら、それがもたらす利得や果実が捨てきれず、一生その上にあぐらをかいて暮らす人たちがいることを。我々の間には、その本質が不徳であるとわかりきっている職業が、いかに多く行われていることか。まったく或る人が正直にわたしに次のように語られた。「わたしは自分の信用と名誉ある役職とを失いたくないばかりに、自分が考えると地獄におちるにちがいないような宗教を、自分が心の底にいだいているのとは全く正反対の宗教を、永年にわたって述べかつ行ってきた」と。いったいこの人は、そのような心の中を、どのように処理してこられたのであろうか。……》(I・56・396)と。ここに〈或る人〉と言うのは、モンテーニュの年長の友人アルノー・デュ・フェリエのことである(『モンテーニュとその時代』四六四頁参照)。この人は、ブールジュやトゥルーズの大学の教授をしてから、パリ高等法院の予審部長となり、トリエントの宗教会議特派使節、ヴェネチア駐在のフランス大使などを歴任した人であって、宰相ミシェル・ド・ロピタルとも親交があり、したがってきわめてリベラルな人物であったのだが、モンテーニュは年来この人を、寛容なカトリック教徒とばかり信じていた。だから、一五八二年、この人が七十七歳の時に、デュプレッシ＝モルネの勧誘に応じてプロテスタントに改宗し、ナヴァール王家の尚書《シャンスリエ》となった時には、びっくり仰天したのである。さすがにその名は伏せているものの、いささかここに不満と非難の感情を吐露しているのは、当然なことだと私は思う。しかし、なかにはモンテーニュにそんなことを言う資格はないと考える人たちもあるにちがいない。「お前はあんなに手きびしく神人同形同性論的諸宗教をこきおろしたではないか。天地創造も認めなければ創造主も認めないではないか。父なるおん神も〈母なる自然〉にすりかえてしまったではないか。それなのに、さも敬虔なカトリック教徒であるかのように言いかつ振る舞っているのはなにごとか。この歴然たる矛盾撞着を、お前自ら心の中でどのように協調させているのか。アルノー・デュ・フェリエを責める権利がどこにあるか」と。だがそれとこれとは話が全然別なのである。モンテーニュの方は学問知識を絶対なものとは信じていない。プロテスタントみたいに自己の信念を絶対とし、相手を否定するようなファナティスムに走ることはなかった。むしろ彼は無好奇と無知を宗《むね》とし、自ら〈愚鈍学派〉の塾頭になろうと望んでいた。自然があらゆる反対物を包容しているように、彼の自然哲学は、無知の誓いを立てる一宗派のような単純素朴なキリスト教ならば、喜んでこれを承認し自己に同化させることができた。彼の思想はプロテスタント神学とは反発するが、庶民の素朴なカトリック教とならば、（その僧侶の非行は断然糾弾するが）、十分提携融和することができた。彼の自然哲学は知を捨てて《無知ニ同ズル》（荘子）ことであったから、彼は少しの無理もなくキリスト教徒としてフィデイストの立場を貫くことができたのである。だから彼は、同じ頁に、続けて次のように抗議する権利があった。《彼らが我々の眼をごまかすためにあんなにも急激に意見を変動させるところを見ると、どうやらわたしには奇蹟のように思われる。彼らはそこに、どうにも消化しきれない内心の葛藤を如実に示している。〔関根注——だがこれは彼らのことで彼のことではない。彼の根本思想は若い頃から一貫して変動しない。ちゃんと内心に一つの秩序を保っている。だから彼は、同じように扱われては困ると、次のように抗議もしたくなるのである。〕近年、多少とも明晰な理知の輝きをもちながら、なおかつカトリック教を奉ずる者を見ると、すぐにあれは胡麻化《ごまか》しだと非難したがる人たちが少なくない。いやむしろその人をほめるつもりで、「彼は表面何を言うにしても、心の奥では自分たち〔プロテスタント〕と同じような革新的な信仰をいだいているに相違ない」とまで言う者もいるが、何というファナティックな想像であろう。あまりにも自己を信ずること強く、反対の信仰をもつことはありえないかのように思い込むとは、まことに困った病である。その上、「あのような明敏な人は、永生の希望や脅威よりも、何かしらもっと現世的な幸運〔出世〕の方に心ひかれるものだ」などと思い込むに至っては、いっそう困る。どうかわたしの言うことを信じてもらいたい。もし何かがわたしの若い心をかき立てたとすれば、この近頃の企てに伴う危険と困難に挺身しようとの野心こそ、その相当大きな部分であったかもしれないのだ。〔だが結局わたしは革新《ファナティック》の仲間には入らなかった。〕》(I・56・396)

モンテーニュはここに、自分はアルノー・デュ・フェリエのような、仮面せるプロテスタントであるかのごとく思われては迷惑千万であると、きっぱり言っているのだ。〈自分が今言ったことは本当なのだ。信じてほしい〉と言っているのだ。彼もごく若い頃は、一時革新気分に心をかりたてられ、父ピエールを心配させたこともあったらしいのであるが、やがてパリに出てトゥルネブスをはじめいろいろな人物に接触している間に、生来のセプティシスムが、彼にその運動のむなしさと、その陰にひそむ泥臭いものの存在に気付かせ、かえって彼を古来の伝統的宗教擁護の側に立たせることになったのであった。彼は、(すでに幾度か述べたとおり)第三巻第二章には《わたしの判断は、それが生まれた時から、ほとんど一様で変わらない。傾向も同じなら道筋も同じく、強さも同じである。そして一般的意見においては、わたしは少年時代からわたしの居るべき場所にじっとしている》(Ⅲ・2・943)〔同じ意見を持ちつづけている(ミショー注)〕と書いているし、彼の改革運動に関する観察や意見や感想は、第三巻第十二章〈人相について〉の章にきわめて詳細に述べられている。それは現在も世界の各地において見られるとおりの、正義の仮面の下に、平等とか民主とかいう大義名分の陰に、幾多の非法と暴虐と流血とが行われる、あの戦争状態に対する、温和で中正な、哲人の深き嘆きと諦観《あきらめ》にほかならない。

要するにモンテーニュは、その一生を通じて正真正銘のカトリック教徒であったので、彼のキリスト教は世界の眼をごまかすための〈かくれ蓑《みの》〉でもなかったし、彼の自然哲学と齟《そ》齬《ご》するものでも決してなかった。

《神ひとりが在る。決していかなる時間の尺度にもよることのない、むしろ時間によっては測定されず・どんな変化も蒙ることのない、不易不動の永遠によって、それは存在する。……彼〔神〕ひとりをおいて真に在るものはない。》(Ⅱ・12・711)これがモンテーニュの思想の究極であった。誰から教えられたのでも、何という本から学んだのでもなく、彼が考えに考えて行きついた思想がこれであった。この〈神〉、いわば大宇宙の生命とか精神とか言うべき〈永遠〉の流れ、この永遠をみたして〈存在〉する〈一〉以外には、何一つ不易なるものはない。裏返して言えば〈諸行無常〉である。果たして我々はその真意を捉えているかどうか知らないが、それは我々がしょっちゅう聞き倦きた言葉〈諸行無常〉のうちにひめられていると考えると、モンテーニュは案外我々の身近にいる。前著『モンテーニュとその時代』の最終章の最後に、〈ラブレーよりもルソーよりも我々に近くいる〉と書いたのもこの意味である。

モンテーニュが日常披瀝したもろもろの思想は、いずれも皆この中心思想から発している。信仰も、哲学も、その政治的判断も、その遵法主義も、その友愛や恋愛のあり方も、個人生活も、社会生活も、一切がここから発していて、常にそこに一本筋がとおっている。諸行無常なのであるから、思想も判断も、一塊の《キャベツと同じこと》で、やはり宇宙の大きな流れにしたがって変わるのであるから、モンテーニュの世に処するもろもろの意見もまた当然変わる。彼はそれでよいのだと信じている。その根本においては彼も変わっていないのだが、永遠不易の存在《エートル》と（それを彼は〈神〉とも〈自然〉とも〈運命〉ともいろいろに呼びなすのであるが）、全体的に流動してやまない生成流転との、その中間に彼は彷徨し逍遙する。きわめて謙虚に、両者の中間に生きることで自ら満足している。純粋の統一《ユニテ》性からも純粋の多様《ディヴェルシテ》性からも等距離にその身をおき、それで満足している。この態度は謙遜と言われても曖昧と言われても、それはモンテーニュにとってどうでもよかった。いずれにしてもそれは両極を、二つの極度《エクストレーム》を、引き離すよりも引き寄せ、融和協調させることになる。そういう中立の一つの態度と思えばよい。言うならば、それがモンテーニュの相対主義《ルラティヴィスム》なのである。我々が純粋な存在を把握できないのは、本来我々が低いからではなく、むしろ現実に、大きな自然の生命のリズムに乗せられているからである。彼の相対主義は、不徹底でも二股膏薬でもなく、哲学的根拠の上に立っている。いずれか一方のイデオロギーに膠着するのは、《ただ一つの生き方にいやおうなしに拘束されていることであって、それは〈在る〉のであって〈生きる〉のではない》（Ⅲ・3・950）と彼は言う。《最も奥床しい霊魂《ひとびと》とは最も変化性《ヴァリエテ》と柔軟性《スープレス》とに富む霊魂《ひとびと》のことである》とも言っているが、それは東洋人の言葉で言えば〈変通自在〉〈融通無礙〉ということであって、これは欠点であるどころか、まさしく至人の徳と見るべきものである。幾度も言うようであるが、〈奈何《イカン》トモスベカラザルヲ知リテ之ニ安ンジ命ニ若《シタガ》ウハ唯有徳者ノミ之ヲ能クス〉（「徳充府篇」）なのである。長明にしても兼好にしても、彼らが半俗半僧・僧俗混淆であるところに魅力がある。あれが苦行僧に徹底されてはもはや我々の文学ではなくなる。モンテーニュもそれに似ている。彼はカルヴァンでもなければパスカルでもない。デカルトやカント以降、截然と割り切れない思想、整然たる体系をとらざる思想は思想の名に値しなくなってから、彼は本格的な哲学史から除名除籍され、ニーチェと共に、文学と哲学の中間に辛うじてその席を保っているかに見える。だが、それだけかえって我々が近づきやすい場所にいるわけである。モンテーニュの方でも高遠な形而上学の世界から降りて来て、我々凡俗と語り合うことの方を喜んでいるにちがいない。

　プラトンが好きであったモンテーニュは、当然中世およびルネサンス期のプラトン学派・新プラトン学派の諸論説にふれていたことは言うまでもなく、その〈存在〉への憧憬には並々ならぬものがあったが、そのために地上の生活を拒否するには及ばないと考えていた。一つは永遠、もう一つは空にして無常なる、二つのはっきりとちがった現実が厳存するのであって、その一方を窺い知るためにはもう一方から解脱しなければならないなどとは少しも考えなかった。むしろあべこべに、〈超越的気分〉《ユムール・トランサンダント》は年をとるに従ってますますきらいになる。

《(b)ある種の行為を、それらがただ必然であるというだけで、低く見るのは誤りではなかろうか。だから、必然と快楽との結婚こそはなはだ似合いの結婚であるという考えを、誰もわたしの頭の中から追い出すことはできないであろう。(c)一人の古人〔プラトン〕が言ったように、神々はいつもこの必然と手を組んで事を行うのである。(b)いったい何のために、こんなに密接な・兄弟のような・結びつきをもって一つに組み合わされたものを、むざんにも引き離すのか。むしろそれを相互の奉仕によって結び固めようではないか。願わくは精神よ、鈍重な肉体はこれを目覚ましこれを生き生きとさせてほしい。肉体の方は、軽々しい精神を押しとどめ落ちつかせてほしい。《(c)霊魂ヲ至上ノ善トシテアガメ、肉体ヲ悪トシテ罰スル者ハ、ソノジツ霊ヲ肉的ニ愛シ、肉ヲ肉的ニ避ケル者ナリ。ソハ霊ヲモ肉ヲモ人間ノムナシサニヨリテ判断シ、神ノ真理ニヨリテ判断セザルガ故ナリ。》(聖アウグスティヌス)……まあためしに聞いてごらん。そういう人がしじゅう頭の中で思いめぐらしている事柄はいったい何なのか。わかってみれば何のことはない。彼の言う霊魂の貴い糧なるものは、けっきょく君たちの食卓の上の、いちばんまずいおかずにも及ばないのだ。……とかく人々は、自分を脱け出し、人間たることから遁《のが》れようとする。実に愚かな話である。けっきょく天使になりそこなって畜生になり、高くあがらないで、どしんと落っこちるだけのことだ。(c)こういう超越的な思想は、近づき難い絶壁のようにわたしを怖がらせる。……(b)我々の学問の中でも、一番高い所におかれる学問が、かえってわたしには最も下界的で下賎なもののように思われる。》（Ⅲ・13・1283–1284）

モンテーニュは年と共に平凡普通の人間生活に徹底し、そのいわゆる日常茶飯事その最も無意味と思われるような瑣事を興味深げに眺めながら、よくそこに永遠の存在の真意を捉えている。明哲なる彼は、もちろん俗世間の空にして無常なことを熟知しているのであるが、しかもなお光風霽《こうふうせい》月《げつ》・虚静恬淡《きょせいてんたん》の境地にあるのは、空虚もまた宇宙の調和の重要な一要素だと考えるからであって、そこには不満もなく無理もなく、ただ平安と充足とがあるだけである。

〈弁護〉の章の中で彼は《我々人間は存在とは何の交渉もない》（Ⅱ・12・709）と言ったが、それは《時間がそこに何らの変更をもたらすことがないもの、誕生もなく終末もないもの》と定義した、そういう超越的な純粋な形而上学的〈存在〉のことを言ったのであって、その裏に、この世は本来相違と背反とが共存する世界なのであり我々人間はものを何一つとして純粋には味得できないのだ（後出一七五頁・『随想録』第二巻第二十章）ということを言いたかったのである。いわばそれが人間すべての宿命なのだが、そこに安住するのがモンテーニュの悟りの境地であったと言えるだろう。だがその代わり純粋な〈非存在〉というものすなわち絶対の〈無〉なるものも、彼には感得できなかった。だから彼は、《恒常《コンスタンス》ほど信じ難く無常《アンコンスタンス》ほど会得し易いものはない》と言いながら、先にも述べたように、古代の賢者の中には、《その生活を一定の方針に従わせた者》が、稀ではあったが確かに存在したと信じないではいられず、それをもって《知恵の主要な目的》（第二巻第一章）としたのである。彼は〈父親の子供への愛情について〉の章の、マダム・デスティサック宛の献呈の詞の中に、こう書いている。《アリストテレス流に申すと、こういうことになります。「……有効《ユティル》な行為は誠実《オネート》な行為にくらべてずっと愛らしくない。誠実《オネート》な行為は安定的《スターブル》で恒久的《ペルマナン》だ。それは、それを行った者に、永く渝《かわ》らぬ満足を与えるから。」》（Ⅱ・8・470）と。だから日常平凡な生活に安んじるとは言っても、彼は決して徳への憧憬をもたないのではない。向上の念が全くないのではない。〈教育〉の章には、こんな風に書いている。〈有徳の人には世間一般の幸福《ラ・フォルテューヌ・コンミューヌ》が欠けているように見えても、必ずしもそうではない。ただ自らそれを避けているだけのことであって、彼は彼で、自分にふさわしい、そんな浮雲のような消えやすい幸福とはちがった幸福を、自ら作りあげるのだ。《徳は富むことも権力者であることも博識であることもできます。郁《かお》りよき布団《しとね》に横臥することもできます。それは人生を愛します。美をも名誉をも健康をも愛します。》（Ⅰ・26・221–222）だが徳というものは、以上のような諸善を適度に用いること、場合によってはそれらを捨て去ることもできることをもって、その独特な務めとしているのだ〉と。すなわちモンテーニュは、全く高雅な生活を志向しないわけではないが、いつも自分が人間であることを忘れないのである。《ふさわしく生きる《ヴィーヴル・ア・プロポ》》（Ⅲ・13・1276–1285）ことこそ、モンテーニュにとっては知恵の究極であると思われたからである。《ヴィーヴル・ア・プロポ》ふさわしく適正に生きるとは、人生の変化してやまざるその時々の局面に適応して、自分に、すなわち人間に、最もふさわしい生き方をすることであろう。東洋流に言えば《随所ニ主《シュ》ト作《ナ》ル》ことであろう。彼は『随想録』の最終章の中で、カエサルやアレクサンドロスやブルートゥスや、エパミノンダスやソクラテスなどの実例を、《ふさわしく生きる》ことの模範として挙げている（Ⅲ・13・1276–1278）。マルセル・コンシュ教授は『随想録』における〈時間〉」と題する講演（一九七七年十一月十九日）の中で《ふさわしく生きる》というのは未来のことを思いわずらわず〔取越し苦労せず〕、過去・すんでしまったことを後悔せず、現在という時点に立って現在を十分に享楽して生きることである〉と、敷衍し説明している。四六時中緊張してばかりいないで、時には緊張を解き平気で楽な気分になれるということは、むしろ《強力な気高い霊魂にふさわしく、それにいっそうの尊さを加えるもの》だとモンテーニュは信じているのである。ここにモンテーニュという哲学者・思想家のおおらかさ奥床しさがある。正にこういうところにギュスターヴ・フロベールは深く感動し、ルイーズ・コレに向かって心を鎮めるためにこの『随想録』を読むようにと奨めたのである。やはりモンテーニュは、思想家とか哲学者とか呼ぶよりは、むしろ賢者とか至人とか呼ぶ方がふさわしい。『随想録』は学問知識を得るために読む本ではなく、知恵《サジエス》〔叡智〕を与えられるために読む本であると、フロベールはド・シャントピー嬢にも教えている。

第二巻第二十章に〈我々は何一つ純粋には味わい取らない〉と題する一章がある。これはただ四頁そこそこの小さなエッセーであるが、第一巻第十四章〈幸不幸の味わいは我々がそれについて持つ考え方の如何による〉という比較的大きな章の根源として見ると、すこぶる意味深いものがある。《我々の本性《コンディション》はもともと微力であるから、物事を自然の純粋無雑な状態のままに用いることができない。諸元素〔地水火風〕も、我々がこれを享受する時は、すでに変わったものになっているし、金属類とても同じことである。黄金もこれを我々の用に供する時は、何かほかの物質でこれを悪質にしなければならない。》（Ⅱ・20・793）これが書き出しの一節である。《我々はいろいろな断片から成っており、それらは滅茶苦茶に組み合わされ、各片がそれぞれに勝手に動いている》（II・1・416）のだから、そして大きな自然の方も、人間も含めて種々雑多な諸分子を内蔵しながら、渾沌たる中にそれ相応の秩序と調和とを保っているのであるから、物事を純粋に受けとることがむつかしいのは、むしろ当然のことなのである。この大宇宙と小宇宙を通ずる必然をそのまま受けるというのがモンテーニュの根本思想なのであるから、この第二巻第二十章の標題は、そのままモンテーニュの信仰告白と考えてもよいくらいである。この小さな一章を重大な章だと言うのはこの故にである。プラトンのような偉大な哲学者でさえ、この自然の必然から完全に脱出することはできないのだと、モンテーニュは次のように述べている。

《(b)わたしは敬虔な気持ちで自分に向かって懺悔する時、* わたしの懐《いだ》く最高の善心も、いくらか不徳の色合いを帯びていることに気がつく。いや、その最も厳正な徳のうちにありしプラトンにしても、もしも思いをひそめて聴いたならば、いや彼こそは自ら思いをひそめて聴いたのであるから、何かそこに人間的な、まじり気のある、ゆがんだ音を、もちろんそれは彼にだけ聞きとれるほどのかすかな響きではあったろうけれども、感じたのではあるまいか。人間は徹頭徹尾、いろいろな色合いの布地のつぎはぎみたいなものにすぎない。**》（II・20・795）

* これは懺悔に向かってするのではなく、自分の心の中の法官に対してであることに、注目しなければならない。それは次の二つの箇所にはっきり言われている。《わたしは自分をさばくために、自分の法廷と自分の法律をもっている。わたしはよそに訴えるよりもまずそこに訴える。》（III・2・938）《わたし自らわたしに与える宣告こそ、裁判官のそれよりもずっと峻烈である。》（III・9・1115）

** L'homme, en tout et par tout, n'est que rapiessement et bigarrure.

この最後の句は、種々雑多の色糸の混織された布地を想像させる。とにかく人間というものは、鮮やかなただ一色で染めあげられたものではもともとないので、簡単に清いとか濁っているとか、善玉だとか悪玉だとかきめられない。それが人間本来の姿なのだと言うのである。この考えは、第一巻第二十章〈哲学するとはいかに死すべきかを学ぶことである〉という章の始めに後年書き加えられた文章の中に、いっそう明確に表明されている。それは〈徳行は困難な苦行であり、快楽は遊惰軟弱な暮らし方である〉という風に、簡単明瞭に区別できるものではないことを教えている。

《(a)ほんとうに、理性はからかっているのか、そうでなければ、ただ我々の満足だけを目指しているのにちがいない。理性の努力は、要するにみな、聖書に書いてあるとおり、*我々を楽しく暮らさせることを目指しているのにちがいない。世上のもろもろの学説は、それらが採る方法はさまざまだが、いずれもみなその一点に帰する。(c)快楽こそ我々の目的であるということに帰する。……彼ら学者たちは何と言うにしても、徳を行う場合でさえ、我々最後の目標は快楽なのである。わたしは彼らがあんなに忌みきらう〈快楽《けらく》〉という言葉をもって、彼らの耳を打ってやりたい。……「徳の探究は険しく困難であるがその享有は愉快である」などと教えるものは、「徳は常に不愉快なものだ」と教えるにひとしい。まったく、いかなる人間的方法が徳の享受にまで到達したか。だから最も完全な人々は、徳にあこがれそれに近づくことだけで満足し、あえてそれを所有しようとはしなかったのだ。だが、これらの人たちも間違っている。我々の知っている快楽は、すべて、それらを追求することそのことが愉快なのだから。企てはそれが目指す物事の性質を帯びる。まったくそれは結果の大きな部分であり、それと質を同じくするのである。徳のうちに輝く至幸至福は、それにつらなるあらゆる棟々、あらゆる小路小路に充満して、表門から裏門にまで及ぶ。ところでこの徳の主要な御利益《ごりやく》は死の蔑視であって、これこそ我々の人生に快い平穏をもたらし、そこに清らかな床しい味わいを添えるもので、正にこれなくしては、他のすべての快楽もたちどころに消えてなくなるのである。》（I・20・130–131）

＊「伝道書」に《我れ知る、人間にとりては其の世にある時快楽《たのしみ》をなし善を行うより外に善きことはあらず。また人は飲み食いをなしその労苦《ほねおり》によりて逸楽を得べきなり。是即ち神の賜なり》（三の十二）とある。

結局、モンテーニュは、一般普通の人間は、自分ひとりの力で純粋無雑な徳に至ることはとうていできないと言うのだが、しかし、彼はそれでよいと思っている。常日頃、徳に対するあこがれの心を失わない限り、その日常茶飯の間に、徳の性質はおのずから絶えず滲み出て来ると、考えているのである。何も特別に難行苦行をするまでもない。むしろ非人間的な、偽善者めいた、不自然な努力はてんで信用しないのである。盛んに古人の徳をたたえてはいるが、モンテーニュはいかにもルネサンス人らしい。不安も動揺も変化もこもごもいたる日常生活の中に、それは時に見失われたり時に現われたりするたまゆらの〈アタラクシア〉にすぎなかろうとも、モンテーニュはそれに満足することによって、ちゃんと〈アタラクシア〉をつかみ得ている。人間の生存には、不協和はつきものだと彼は悟っている。それはむしろ荘子の虚静恬淡に近いものなのではなかろうか。古代の哲学者のアタラクシアは、あまりにも紋切り型であり、気負っていて、我々にはどうも本物とは思われない。作り話のような気がしてならないのであるが、ルネサンス人モンテーニュが語る徳の様相は、読む者の心にきわめて清らかに澄んだ余韻を残し、それとなく我々を力づける。フロベールはそのルイーズ・コレ夫人宛の書簡＊の中に《これくらい穏《カルム》やかな、そしてあなたをこれ以上静朗《セレニテ》な気分にさせる書物を私は知りません》と書いている。この〈カルム〉とか〈セレニテ〉というフランス語には、何か〈虚静恬淡〉という東洋語に似たムードが感じとられるように思うのは、私だけであろうか。フロベールはまたド・シャントピー嬢**にはこう書いている。《モンテーニュをお読みなさい。……彼はあなたの気持ちを鎮め落ちつかせるでしょう（Il vous calmera.）。子供たちのように興味本位で読んではいけません。また学者になろうなどと大それた気持ちで読んではいけません。そうではなしに、生きてゆくためにお読みなさい（Lisez pour vivre.）。》メランコリーも、アンゴワス（苦悩）も、アンニュイ（倦怠）も、デゼスポワール（絶望感）も、近代人のいだいたあらゆる生活感情を知りつくし、それらを余すところなく描いて見せた、あのフロベールのこれらの平易な言葉は、見事に『随想録』の真髄を言い尽くしているように、私には思われる。

* à Louise Colet, 1853. 4. 26–27.

** à Mlle Leroyer de Chantepie, 1857. 5. 18.

では何故、この『随想録』という書物は、そんなにも不安と苦渋にみちた我々の心を落ちつかせ静めてくれるのだろうか。それは、ほんものの〈アタラクシア〉は、決して高遠な哲学や神学の許にのみあるのではなく、むしろ、外見上空しくも卑しくも見える平凡普通な人々の、嘘いつわりのない生活の中にあるのだと、教えてくれるからである。実際モンテーニュは、エラスムスが〈痴愚《フォリー》〉を礼讃したように、自らの動揺や変化に絶望するどころか、かえってそこに一筋の活路を見出し、〈空虚《ヴァニテ》〉を礼讃する。第三巻第九章の目的は、運命におとなしく随《したが》えということ、人間の限界をあえて越えるなということである。その限界を守るということは、〈世界の秩序〉の中にその身をおき、大自然のいのちのリズムに乗って生きよということである。その書き出しから〈まあぼくを見てごらん〉と言うかのようである。超越的でもなければ動物的でもない、その中間の層につつましく生きる、一般普通の人間のむなしき姿を描く前に、まず筆者自らのむなしさを告白して、こう書くのである。

《一切は空であるという題のもとに、こんなにも空なることを書きつらねるくらい、明白に空なることはおそらくないだろう。むしろ神様がこのことについてあんなにも神々しくおおせられた*ことこそ、悟性ある人々によって注意深くまた不断に冥想されねばなるまい。
だが御覧のとおり、わたしはこれなる一つの道を歩いて来た。これからも同じ道を、相変わらず、無理をしないで、世にインキと紙とがあらん限り、たどりゆくことであろう。わたしは行為によってわたしの一生を記録することができない。運命《フオルテユーヌ》はわたしの行為をあまりにも低きにおいた。だからわたしは、わたしの思想によって一生を記録するほかはない。》(Ⅲ・9・1090)

＊　旧約聖書「伝道書」一の二、《空の空、空の空なるかな、すべて空なり》。

ここに〈一つの道〉とあるのは何であろう。彼は気負ってストア主義だとかエピクロス主義だとか言わないが、彼は俗に抗して、彼一流の生き方を、そのささやかな信念を、かえることなく貫いて来たというのである。いわば平凡礼讃の道を歩いて来たというのである。そして今後もそれを貫きとおすつもりなのだ。ただし大声叱呼することなく、無用な摩擦をさけつつ、静かにそれを続行するというのである。もっと具体的に言うなら、このエッセーという書き物を通じて自分の生き方の説明をつづける、ということなのだ。

私はここで、ふと芭蕉の『笈《おい》の小文《こぶみ》』の冒頭の名文を想い出す。そこに《無能無芸にして只此一筋に繋《つなが》る》とあるのはいわゆる〈風雅の道〉を指しているのであろうが、《造化にしたがひ造化にかへれとなり》とあるところを見ると、それは明らかに荘子の虚静恬淡に通じ、そこには全く嘘いつわりのない、いささかのごまかしもない、人間存在の根源的自覚が横たわっているのだとすれば、それはやはりモンテーニュの〈一つの道《ユヌ・ルート》〉にも通ずるものがあるように思う。江戸元禄の俳人もフランス・ルネサンス期のジャンティヨム＝モラリストも、人間存在の根源に立てば一つになる。モンテーニュの告白は芭蕉のそれにくらべて、淡泊で壮麗を欠いているが、それにしても、確信する者の言葉、一個の生活信条を堅持して生きる者の言葉であることにおいて、彼此いささかも異なるところはない。

芭蕉の評釈者は、みな芭蕉のこの決心を、彼が荘子から得たものだという点で一致している。唐木順三はこう書いている。《荘子の中心思想の一つは人間の主観的知識や判断や感情感覚の相対性・非絶対性の主張であった。いな、人間そのものの相対性の主張であった。人間はそのような己れ、自己執着を捨て、功名心を捨て、利害得失、用不用をすてて、相対分裂を生み出した根本の一、天、造物者に随順することによってのみ、相対の不安を脱することができる。「天地ハ我ト並ビ生ジテ、万物ハ我ト一タリ」のところへ超出すれば、物はまたそれに応じて各絶対となる。無為自然、優遊自得、物皆自得というのは、そういう世界であろう。……芭蕉が造化にしたがい造化にかえれ……と言ったことは周知であるが……芭蕉の言う造化は、西洋の〈自然〉の原意と同じく、生成発展する創造的なものであった。……この創造的自然に随順し、自然の変化に応ずることが、彼の生と芸術のあり方であった》(『中世の文学』二七六頁)と。この学問知識の相対性・非絶対性・人間そのものの相対性の主張とか、功名心を捨て利害得失をすてて自然に随順するとかいうことは、いずれもモンテーニュが『随想録』を通じて始終繰り返してやめなかったことであることを想えば、芭蕉が言った《この一筋につながる》も、モンテーニュが、世に紙とインキのあらん限り辿《たど》りつづけるという〈一つの道《ユヌ・ルート》〉も、結局一つ所に帰するものと言える。

芭蕉『笈《おい》の小文《こぶみ》』冒頭の名文というのは次のとおりである。

《百骸九竅《ひやくがいきうけう》の中に物有《ものあり》、かりに名付けて風羅坊《ふうらぼう》といふ。誠にうすものの風に破れやすからむ事を言ふにやあらむ。かれ狂句を好むこと久し。終《つひ》に生涯のはかりごととなす。ある時は倦みて放擲《ほうてき》せんことをおもひ、ある時はすすんで人に勝たむことをほこり、是非胸中にたたかふて、是《これ》がために身安からず、しばらく身を立てん事をねがへども、これが為めにさへられ、暫《しばら》く学んで愚を暁《さと》らん事をおもへども、是がために破られ、つゐに無能無芸にして、只此一筋に繫《つなが》る。

西行の和歌における、宗祇の連歌における、雪舟の絵における、利休が茶における、その貫道する物は一《いっ》なり、しかも風雅におけるもの、造化にしたがひて四時を友とす。見るところ花にあらずといふことなし。おもふところ月にあらずと言ふ事なし。像《かたち》花にあらざる時は夷狄《いてき》にひとし。心花にあらざる時は鳥獣に類す。夷狄を出《いで》、鳥獣を離れて、造化にしたがひ造化にかへれとなり。》

これは我々には大へんむつかしい凝った文章のようであるが、よく咀嚼《かみくだ》いて読んでみると、モンテーニュの口語文と、決して異なった内容を述べてはいない。芭蕉が名づけて〈風羅坊〉と言うもの、それは、『随想録』第三巻第二章の冒頭にモンテーニュが自ら描いている〈自我《モワ》〉そのものの姿に似通っている。〈狂句〉とあるのは、ミシェルが暇さえあれば書かずにいられなかったその〈エッセー〉であろう。漂々として自ら捉えがたき〈自我《モワ》〉、その夢想の記録であろう。このモンテーニュの一心は、〈雪舟の絵における、利休の茶における〉執念、また芭蕉が言う風雅の誠と、〈その貫道するものは一つ〉であろう。これはまったくモンテーニュが〈一つの道《ユヌ・ルート》〉と言うものと一つことになろう。〈無能無芸〉は両人において決して欠陥ではない。《己レヲ物ニ喪《ウシナ》イ、性ヲ俗ニ失ウ者》（『荘子』）こそ、多芸多能のために《東西にかけり、南北にわしる》者（『徒然草』）こそ、かえって〈倒置ノ民〉（『荘子』「繕性篇」）であることを、彼ら二人はよくわきまえていたのである。

それはともかく、モンテーニュがいたるところで自分の無学《イニョランス》、根気《エッフォール》の続かぬこと、怠惰《パレッス》、無精《ノンシャランス》、柔弱《モレス》、記憶の欠如《マンク・ド・メモワール》等々、芭蕉が言うところの〈無能無芸、無能無方〉の一々を、臆面もなく公表して平気でいるのは万人周知のことであるが、この〈空虚について〉の章においても、始めにこんなことを書きつけている。

《わたしはただそのお腹《なか》加減によってその生活を人に知らせている一人の貴族《ジャンティヨム》に会ったことがあるが、彼の家に行くと、七、八日分の便器が一列に並べてあった。他の問題は、すべて彼にとっては鼻もちのならぬものであった。ここにわたしが陳《なら》べるのは、それに比べたら幾らかきれいだが、やはり或る時は固い、或る時は軟らかい、そしていつも不消化な、一人の老人の精神的排泄物である。》（Ⅲ・9・1090）

だが、こんなことを言いながら、彼の思想は段々と展開してゆくにつれ、はるかなる展望を見せ始める。始めにはきわめて空《くう》な、とりとめのない所業と見えたものが、あとになって見るといずれも知恵に至る道程であり楷梯であったことがわかる。ずっと先の方へ読み進むと、はっきりとこう書き加えている。《(c)わたしは自分の日常を公表することに思わぬ利益があることを感ずる。それは或る程度わたしのために規則となるからである。わたしは時々、わが自叙伝を裏切ってはならないぞ、と思うことがある。この公の告白は、いやでもわたしに、今までの道を踏みはずさないように、わたしが自分で描いたもろもろの性状を裏切らないように、してくれる。それらは概して、邪念にみち不健全である現代の判断が見るほどには、ゆがんでも曲がってもいないのだから。……》(Ⅲ・9・1130)と。ここまで来ると、モンテーニュの自信の程が十分にうかがわれる。〈悪口を言う世間の方が間違っているのだ。おれは断然わが道をゆくぞ〉と言わんばかりである。だから彼は更に書き加える。《わたしは自分について記述することから、先に述べたような得をしているが、そのほかになおもう一つの得を期待する。すなわち、もしかしてわたしの物の考え方が、まだわたしの生きているうちに、どこぞの君子人《オネトム》の御意にかなうようなことになるなら、きっとわたしを尋ねて来て下さるであろうと。*わたしはそのお方にずいぶんとお得《とく》をさせることであろう。まったくそのお方は、長い間の親交により、何年もかかってやっと得るであろうところのことを、この記録の中に、ただの三日で、全部、しかもより正確に確実に、ごらんになれるのであるから。(c)何という奇妙な思いつきだろう。わたしは誰にも語りたくないたくさんの事柄を、読者に向かって言うのである。そしてわたしの最も秘密な知識や思想に関しては、わたしに最も忠実な友人たちをさえ、本屋の店頭に追いやるのである。》(Ⅲ・9・1131)何たる自信であろう。しかもその希望は達せられたではないか。事実彼は、自ら空の空なる筆のすさびと言うその『随想録』のおかげで、当時全ヨーロッパ随一の学者といわれたジュスト・リプスを、その訪問を受けるには至らなかったものの、ペン・フレンドとしてはりっぱに獲《え》たのであった。一五八〇年の『随想録』の序文では、あらかじめ読者にわかれを告げてはいるが、それは無用のことであった。始めは〈弁明〉の書であった『随想録』も、ここではもう〈弁明〉を通りこして、堂々たる〈マニフェスト〉になっている。『笈《おい》の小文《こぶみ》』における〈ただこの一筋につながる〉ほどにモンテーニュの本章冒頭の一句は緊張していないように見えるが、実際には、モンテーニュは絶大な自信と決意とを、その穏やかな表現の中にひそめているのだ。ここに芭蕉と荘子とを想像することによって、我々はわが西欧のモラリストの心底を見抜くことができる。そして三者が同一の精神家族に属することをもはっきりと思い知るのである。それは大変な迂《まわ》り路だと人は言うかもしれないが、モンテーニュはキリスト教徒なのか異教徒なのか、無神論者ではなかったのか、というようなことが、西欧学者の間では永きにわたって議論されつづけていることを考えると、少なくとも我々東洋人にとっては、こうして自らの原点、東洋人の心に立ち帰って、西欧の思想を考えなおすということは、必ずしも迂り路どころではなく、むしろ迷う心配のない捷径なのではあるまいか。

＊　ここに我々はモンテーニュが、自分の近親や朋友などより、一般読者の方により多く話しかけていることに気がつくのである。『随想録』序文参照。

第六章　フランスの廷臣《ジャンティヨム・フランセ》から〈世界の市民《シトワイヤン・デュ・モーンド》〉へ

――無の思想家が諸国漫遊の間に体得したもの――

モンテーニュはその一生を通じてよく旅をした。その最も大きなのは南ドイツを経てイタリア各地をまわった十七か月にわたる旅であったが、そのほかにも遠近公私のいろいろな旅をした。幼少の頃父に伴われてパリの朝廷に赴いたというのは、どれほどの根拠によるものか知らないが、長じてパリに遊学した頃からは、パリとボルドーとの間を幾度も往復したことは確かであるし、高等法院に就職後は、公務を帯びてしばしばパリに出向いたことは記録に残っている。* 乗馬が好きで好奇心の旺盛な彼は、公用などでない気ままな旅の楽しさにもあこがれていたろうし、それは事実古今の典籍と全く同様に彼に多くの思索すなわち〈試み〉の機会を与えた。それに、〈蟻の如くあつまりて、東西にいそぎ南北にわしる〉（兼好）俗吏の世界にいや気がさし、三十八歳で公職を退いた後も、広大なぶどう園の主であってみれば、相当家事の管理にも心をわずらわしたであろうから、たまには知らない土地に旅して自分独りになり、〈自分対自分〉の対話をしてもみたかったに相違ない。彼の大旅行の記録は筆者の歿後二百年後にはじめて発見公刊されたが、これはまことにそっけない、全然後世の読者などは意識せずに書かれた、せいぜい『家事録』** の別冊程度の覚え書にすぎず、『奥の細道』や『笈《おい》の小文《こぶみ》』のような芸術作品では全くない。そこには『随想録』の著者の世界観・人世観・死生観も、ちらほら漏洩してはいるが、モンテーニュの旅の心は、何と言っても『随想録』第三巻第九章〈一切は空であること〉という章の中に集約して述べられている。

＊　確証できるのはモンテーニュが十五歳の時はじめてパリを見たこと。Ⅲ・9・1122およびその注、『モンテーニュとその時代』一八三頁等参照。

＊＊　『モンテーニュの家事録』*Livre de Raison de Montaigne*、拙著『モンテーニュとその時代』第二部第三章

(4)一九一―一九四頁、その他各所参照。

モンテーニュはこの章の始めに、我々が旅に出たがるのは、〈自分の持っているものよりとかく他人の持ちものをほしがり、変動と変化を愛する〉人間一般の本性に由来するもので、自分もまたその同じ仲間なのだと述べている。西行のように〈数奇をたてて此処《ここ》かしこうそぶき歩《あり》く〉というだけのでは決してなく、ただ人間本来の性癖を免れ難く、ただ珍しい風物に接して楽しもうというだけで、あてどもない旅に出るのだと言うのである。だが彼の旅のしっぷりをはたからじっと眺めてみると、やっぱり一般普通の人たちの旅の仕方とはちがっている。それはただ家事管理の煩わしさから少時《しばし》のがれたいからばかりでもなさそうだし、宗教戦争の渦中に巻きこまれたくないという、ただそれだけのことでもなさそうである。それとは別のところ、それよりももっと深いところに、モンテーニュの旅心は根ざしているように思われる。家事管理のむなしさや国内戦争の恐ろしさおぞましさなどについていろいろと感想を書きつらねた後に、家族や友人や一般世間から浴びせられる批評非難に答えるような形で、やっと彼は旅のほんとうの意味について語り始める（Ⅲ・9・1123以降）。彼はその独特な〈旅の哲学〉の序論として、旅は皆さんが御心配下さるほどに淋しいもの

でも辛いものでもありませんと言う。ドイツ人だってイタリア人だって、我々フランス人と少しもちがいはしない、みな同じ人間なのですよ、と言うことから始める。彼はソクラテスが〈私はアテネの市民ではなく世界の市民だ〉と言ったからその真似をするのではなく本当にこれがわたしの意見だから申すのだが、と断りながら言う。《わたしはすべての人々をわが同国人《コンパトリオット》だと思っている。だからポーランド人もフランス人と同様に抱擁する。つまり同国同郷の誼《よしみ》の方を、同じ世界に棲んでいるという誼よりも軽く見るのである。……我々が自分で選んだ新しい友人の方が、隣り同士の関係から偶然に与えられた同郷の友よりも、ずっと有難く思われる。……自然は我々を自由で束縛のない者としてこの世に産んだのに、とかく我々は一定の地域にたてこもる。》（Ⅲ・9・1122–1123）おろかな話だとモンテーニュは言う。そしていろいろこうした理由は別にしても、とにかく《旅はためになる修業である。霊魂はここで未知新奇な物事に出会い不断の鍛錬をうける。だから、しばしば言ったとおり、人に人生を学ばせるには、絶えずその人に多くの人々のさまざまな生活、思想習慣を見させ、我々人間の性質は不断にその形態を変化させてやまないものであるということを悟らせる以上に、よい教育法があろうとは断じて思わない。肉体は旅行をしていると、ひまでもなければせわしくもない。こういう程よい運動は肉体に活気を与える。わたしは疝気《せんき》もちであるけれども、八時間も十時間も、馬に乗りつづけて、べつに疲れることもない。》（Ⅲ・9・1123–1124）

こうしてモンテーニュの旅行礼讃は、そこに人生論をないまぜながら、当章のほぼ終わり近くまで続く。ところどころ拾い読みして見ると、

《(b)人はわたしに、「年よりのくせに」と言うけれど、それはあべこべで、若い者こそ一般の意見

に服従し、他人のために自分をおさえるべきである。……「でもそんなお年で、そんなに遠くから、とても生きてはお帰りになれますまい」って？　それがどうだというのだ。わたしが旅を企てるのは、帰って来るためでも、是非目的地まで行くためでもない。ただ動きまわるのが面白い間じゅう歩きまわろうというだけのことなのだ。(c)いや歩きまわらんがために歩きまわるのだ。利得を追い、兎を追って走る者は、走っているのではない。人取り遊びをするもの、駆けっこをする者こそ、ほんとうに走っているのだ。

(b)わたしの旅程はどこで切ってもよい。それは大きな希望の上に据えられてはいない。その日その日が旅の切れ目なのだ。いやわが人生の旅もまたそのようになされてきた。でもわたしは、かなり遠い所も見て来たし、中には長く足をとめたい所もないではなかった。当たりまえではないか。クリュシッポス、クレアンテス、ディオゲネス、ゼノン、アンティパトロス等、最もしかつめらしい学派の賢者たちですら、別に何の不足もないのに、ただかわった空気が吸いたいばかりに、その生国を捨てたではないか。実にわたしの遍歴で最も困ることは、気に入った所があったらそこに居を定めようという気構えで出かけられないこと、やっぱり世間一般の考え方に従って帰って来る気で出かけねばならないことである。

もしも生まれ故郷以外の所で死ぬのを恐れるなら、家族の者どもから遠く離れた所で死ぬのは辛かろうなどと考えるなら、わたしはフランスから一歩も外には踏み出さないであろう。わが教区の外に出るのすら、怖がらずにはいられまい。わたしは、死がわたしの咽《のど》やわたしの腰を、絶え間なく痛めつけているのを感じる。だがわたしは変わり者だ。死はどこで出会っても同じことだと思っている。だがしかし、もしどれか一つ［の場所］を選ばなければならないならば、床の中よりも馬の背を、わが家の外の、身うちの者から遠く離れた場所の方を、選ぶことであろう。* 親しい者たちに暇乞いをするのは、慰めであるよりは断腸の思いである。わたしはあえて、この社交上のお務めを無視する。まったく、友愛の義務の中で、これこそ唯一の不快である。だから、あのおごそかな永遠の別れを告げることも、思い切って忘れたい。みんなに取りかこまれて死ぬことには、幾らかよいこともあるが、そこには困ることがたくさんある。わたしはそういう一連の人たちに取りまかれた、きわめてみじめな瀕死の人をたくさん見てきた。ああいう一群は死にゆく人々を息づまらせる。……》(Ⅲ・9・1127–1128)

* 拙訳『モンテーニュ全集』第Ⅳ巻『旅日記』二二五頁、一五八一年八月二十四日の項を見よ。この時モンテーニュはルッカの温泉宿で瀕死の重態におちいった。それは彼にとって、かつて一五七三年頃に経験した落馬気絶事件(『随想録』第二巻第六章〈鍛錬実習について〉)よりも、いっそう深刻な死の〈実験〉であったに相違ない。

モンテーニュの『旅日記』と『奥の細道』や『笈の小文』とを対比することは本来無理であることとは先に述べたとおりだが、それはモンテーニュの旅姿と芭蕉のそれとをくらべて見ればすぐにわかる。元祿二年(一六八九)一月陸奥への旅立ちに先立つ一月下旬に、芭蕉が郷里の俳友窪田猿雖《えんすい》に宛てた書簡を見ると、《去年《こぞ》の旅より魚類肴味口に払い捨て、一鉢の境涯乞食《こつじき》の身こそ尊けれと、謡《うたい》に侘《わ》びし貴僧〔平安中期の聖僧増賀の故事〕の跡もなつかしく、なお今年の旅はやつしやつして、菰《こも》かぶるべき心がけにて御座候》という文言が読まれるが、モンテーニュの方は旅に出て病んで寝こむようなことがあっても侘びしい思いをしないですむくらいの、路銀をたっぷり用意している。〈恥ずかしくないだけの勢ぞろいをととのえて旅をするのは、なかなか金がかかってそう度々はできない〉とか、〈自分はどこへ行っても、家に居る時と同様の安楽を味わわぬことはない〉とか洩らしているところを見ても大体の察しはつくのであるが、始めは四人の貴族の若殿ばらを伴っての旅立ちであるから、主人側は五人、それぞれ逞ましい馬に打ちまたがり、それぞれ供の者幾人かを従え、荷物は駄馬にのせて行ったらしい。とにかくそれは堂々たる一団であって、芭蕉の旅姿とは断然ちがう。同行の若者とはやがてひとりひとり別れることになるが、それから後も、フランスのジャンティヨムとして異郷で人に卑しめられないだけの装いは保っていた。これらのことは『旅日記』の毎日の記載の中にもうかがわれるが、『随想録』の中の旅につながるさまざまな叙述を通じてもそれはよくわかる。だが、それにしても、旅はモンテーニュにとって、単なる観光旅行ではなかった。それはやはり、彼の〈自分対自分〉の対話に没入できるための、自分ひとりきりになるための、修業の旅でもあったことは十分に察せられる。彼は官庁や朝廷での生活のおぞましさむなしさに愛想をつかしたればこそ、三十八歳の若さで世を捨てたのであったが、故郷に隠棲してみても〈勅諚《ちよくじよう》〉や俗用は彼をあとから追いかけて来たし、一家の主、それも広大なぶどう畑を含む領地の主であってみれば、各種の俗用が家庭生活のいざこざと交じり合って、想像以上に彼を苦しめた。だから彼は、一五八〇年の外国旅行以前にも病気治療を口実にしてしばしば各地に中小の旅行をしたらしいのである。だからモンテーニュにも、《或る時は仕官懸命の地をうらやみ、ひとたびは仏籬祖室の扉に入らん》（『幻住庵記』）とした頃の芭蕉の懊悩が、必ずしもなかったわけではない（拙著『モンテーニュとその時代』五四六、六四五頁等参照）。漂泊の旅の裡《うち》にかえって失いがちになる自己を取り戻し、自己の本性に立ち帰ろうというのが、ひとしく両者の旅心の底流をなしていたことは、確かなようである。モンテーニュの旅に関する感想が、その第三巻に比較的まとまっているのは当然であるが、前二巻に対する(b)(c)の加筆の中にも断片的にそれはしばしば読まれる。たった今読んだように、彼は旅に出かける度に、このまま帰って来ないですむものなら、このまま旅の空で、誰にも邪魔されずに、たった一人で旅宿の一室で終わることができたら、その方がいくら幸福かわからないと思うのである。これもまたモンテーニュという人のまごう方なき姿《シルエット》なのである。これがジャンティヨムでも学者《エクリヴァン》でもない、一人の人間としての、ミシェルの一側面なのである。ただこの人は、ジャンティヨムの身なりをしているばかりでなく、〈やつしやつして、菰《こも》かぶるべき心がけ〉などは少しもなく、いつも、旅先でも、おだやかなエピキュリアンとして、微笑とユーモアにつつまれている。忠僕が一足先に走って行って、彼のためにかけ合ってくれた相当な旅館の快い寝台に眠り、自前である限り誰に遠慮もなく土地の名産を存分に味わったのである。土地の名家や弟子の家につつましく居候をする俳諧師とはだいぶ趣がちがう。

《(b)……それから旅の道中で不慮の死に見舞われることも、用務をおびて冬の最中にグリゾン地方を行く人たちにはよく起こるが、わたしは、多くの場合ただ楽しみのために旅をするのだから、そんな目には遭わない。右の道が面白くなければ、左の道をとる。そんな風にやっているから、わたしは本当に、どこへ行っても、家に居る時と同様の安楽を味わわないことはない。……あとに何かを見残したら、その時は早速後戻りする。それもまたわたしの旅程の一部なのだ。わたしは全く一定の線は引かない。直線も曲線もひかないのである。せっかく行ってみても、言われたようなものを一つも見出さなかったら？　他人の判断が自分のと一致しないことはよくあることだし、他人の判断が間違っていることもしばしばあるけれども、わたしは別に無駄足をしたとは思わない。人の言っていたようなものは、そこには全くないことを、知ったからそれでよいのである。(Ⅲ・9・1136–1137)

……国々の間でそれぞれに異なる風習は、わたしに変化の面白さを味わわせるだけで、障りとはならない。どこの習慣にもそれ相応の理由がある。皿は錫《すず》であろうと木であろうと土であろうと、肉は煮込んであろうと焼いてあろうと、バターであろうと胡桃《くるみ》油であろうとオリーヴ油であろうと、熱かろうと冷たかろうと、どうでもよい。いやそれが気にならなすぎて、老いたる今は、この好ききらいのないのをかえって恨めしく思う。むしろ、気むずかしさや好ききらいが、わたしの意地きたなさをおさえてくれたら、そして時にはわたしの胃の腑を軽くしてくれたらと、思うくらいである。(c)むかしわたしがフランスの外に在った時、そして人がわたしに対する礼儀から、フランス風に調理して進ぜようかとたずねられた時、わたしはそれを笑いとばして、いつも最も外国人の多くむらがる食卓についた。(b)わたしは我が国の人々があの愚かな感情におぼれて、自分たちのと異なる習慣に食ってかかるのを見ると恥ずかしくなる。……大部分の人たちは、出かけたかと思うともう帰って来る。彼らは無言の・心を外に現わさない・用心深さでその身をよろい、ひたすら外国の気風に感染しまいと旅をしている。

あべこべにわたしは、我々の習慣にあきあきしたればこそ遍歴をするので、決してシチリアでガスコーニュ人にめぐり会いたいからではないのだ。……わたしはむしろギリシア人をいやペルシア人を、求めているのだ。わたしは彼らに近寄り、彼らを考察する。そこに、わたしの肝心な目的があるのだ。* それに、我々が採用するに価しないような習慣には、ついぞ出会ったことがなかったような気がする。……》（Ⅲ・9・1137–1138）

＊ モンテーニュの寛容は、彼の哲学に負うよりも、旅の経験に負うている。スイスでもドイツでも、カトリック教とルーテル教とは仲よく共存共栄できていた。喧嘩をしているのはフランスばかりであった。

こんな哲学者めいた感想を書きつけながらも、彼は最後に、《でも自分などは大きな口はきけない。自分の家の風見鶏の見えない所まで旅をした経験はないのだから》と、洒脱に書き添えることも忘れなかった。彼は周囲の人々から、よい年をしてローマまで出かけるのはやめたがよいとしきりに諫められたのだが、彼にしてみれば世界はもっと広いのだった。事実、古今を通じてもっと壮大な征旅が企てられたことも記録にとどめられているし、現に近い過去においても新大陸が発見され、すでに幾多の旅行記が刊行されていたのである。モンテーニュの口授のもとに、彼の旅の前半を記録した男は、もちろん大した学のある男ではなかったが、秘書としてはなかなか気のきいた男であったらしく、こういう主人ミシェルの心をよく読んでいた。《もしも旦那様《ムッシュー》が同行《おつれ》の殿様がたなどのいない、身軽なお独りの旅であったなら、* ローマどころかクラコフまでものしてゆかれることであろう》などと書きこんでいる（拙訳『モンテーニュ全集』第Ⅳ巻『旅日記』八五頁）。それは『随想録』の中でミシェル自らによって次のように言われている。

《モシモ運命我《ワレ》ニ思イノママナル一生ヲ許スナラバ（ヴェルギリウス）

わたしはそれを鞍の上で送ることにしたい。

アルイハ熱キ日ノ灼キツケルトコロ
アルイハ雲多ク霜ツメタキトコロ
次々ニ訪レルコトヲ喜ビトシテ（ホラティウス）》（Ⅲ・9・1138–1139）と。

＊　旅の同伴者や旅の動機目的などに関する具体的な事実は、拙著『モンテーニュとその時代』第五部第三章、第六章などの諸頁に、読みとられたい。

だがこれは、ストア派の眼から見たら、それこそ空の空なるものの最たるもの、と見えたにちがいない。だから第三巻第九章は、このへんから、モンテーニュ対ストア派の問答の形になる。

《「君にはもっと楽な暇つぶしの法がありそうなものではないか。君はいったい何が不足なのか。君の家は空気のよい所にあって健康的だし、設備も十分だし、広さときたら十分以上にあるではないか。(c)畏れ多くも親王様さえ大勢のお供を引きつれて、一度ならずお泊まりになったくらいではないか。(b)君の家は家柄から言えば上にたくさんの家々をもつが、一族和合している点から見れば、むしろ下位にたくさんの家々をもつではないか。何か特別君を苛立たせる、何とも我慢のならない、地方的感情でもあるというのか。……いったいどこへ行ったら、君は邪魔がなく思い煩うことなく暮らせると思うのか。《運命ノ賜《タマモノ》ハ未ダ嘗テ純粋ナリシ例《タメシ》ナシ。》（クルティウス）つまり君を妨げているのは君自らだけなのだよ。君がいたるところ君についてゆく限り、君はいたるところで嘆息しなければならないのだ。まったくこの世では、満足はただけもののような心か神のような心かでなければ、得られないのだ。そんなにいい境遇にいながらなお満足が得られない者は、いったいどこに満足を見出そうと思っているのか。幾千という人々にとっては、君のいるような境遇こそ、実にその希望の究極ではないか。ただ君自らを改めなさいよ。まったく、君が自らを改めようとするなら、君は何でもできるが、運命に対しては、ただ忍耐をもって当たるよりほかはないのだよ。」》

(Ⅲ・9・1139)

モンテーニュはこの訓戒を正しいと思う。よく筋がとおっていると思う。だが〈賢明であれ〉と一言言ってくれた方が、いっそう手っ取り早く適切であったろうと思う。《……そのような決心は、賢者にしてはじめてできることなのだ。よく藪医者は病み衰えたあわれな病人に向かって「陽気になれ」と言うけれど、健康があればこそ元気も出るし陽気にも振る舞えるのだ。「お前のものをもって、すなわち理性をもって、満足せよ」とおっしゃるのは、わかり易い疑う余地のない有益な御教訓だとは思うが、それを実行することは、わたしのような低級な人間にはもちろんのこと、もっと賢明な御仁にだって、そう容易にできることではない。漠然とした概念的な教訓をきかされるのは迷惑千万。物事は万事仔細に調べ上げた上で批評なり批判なりしなければならない。……》

(Ⅲ・9・1139–1140)

大体こんな風に、それとなく世の道学先生に一矢を報いてから、モンテーニュは平気でその旅を続けるばかりでなく、開き直る。〈そんなら伺いますが、いったい人間の世の中に空《くう》でないものがありますか。あなたがたは、御自分の御説教・垂訓がいかに空なるものであるかを、御存知ないのですか〉と反問する。モンテーニュの旅は〈風雅〉の道ではなくて〈人生観照〉の旅である。宇宙を実感すること、むつかしく言えば《現象界における絶対者の把握》(中村元)をするための旅なのだった。

《(b)もちろんわたしはよく知っている。このような旅行の快楽《たのしみかた》は、文字どおり、わたしの落着きのなさと決断のなさとの証拠となっていることを。それにこの二つの性質こそ、〔わたしだけでなく〕我々人間〔一般〕の、根本的な最も重要な特性なのである。さよう、わたしは白状する。わたしは夢の中にも願望の中にも、何一つしっかりとつかまえられるものは見出さないのである。ただ変化がわたしを満足させるだけである。何一つわたしを満足させるものがなくても、せめて多様性を捕捉することができさえすればそれで満足する。旅に出ると、「わたしはどこに足をとめようと損はしないし、どこに道をそれようと楽しさに変わりはない」という考えが、わたしを満足させる。……「そのような閑《ひま》つぶしの中には空しさが在る」と言われるのか? ではいったい、どこに空でないものがあると言うのか? あの格調高き教訓も空なら、知恵全体もまた空である。《主ハ智者《チシャ》ラノ思イノ徒《イタズ》ラナルヲ知リ給ウ》〔「コリント」一の三の二十〕。あの微妙精緻な理屈もただお説教の役に立つだけである。それは我々にうんと重荷をしょわせたまま、あの世に送りこもうという演説である。人生は物質的肉体的運動で、もともとそれは不完全で不規則な行為なのだ。わたしはそのような人生にふさわしく人生に奉仕すべく力を尽くしているのだ。……どんな人間も永くはそこに坐っていられないような、そんな哲学の高峻《ボワント・ゼルヴェ》な嶺や、我々の使用や能力を絶したそれらの規則が、いったい何の役に立とう。わたしがしばしば見るところでは、人はよく我々に人生の模範を示すが、それを示す方も聞く方も、始めからそれらについてゆけるとは思っていないし、それどころかついてゆこうとさえ思ってはいない。たった今、一人の姦夫《アデュルテール》に対して宣告文を書いたばかりのその紙の一片をさいて、裁判官はその同僚の細君にあてて恋文を書いている。(c)君が今不義の交わりをしたばかりのその女も、すぐその後で、しかも君のいる前で、自分の仲よしの女が犯した同様の罪を、ポルキア〔小カトーの娘、ブルートゥスの妻〕よりも峻烈にとがめるであろう。(b)また或る裁判官は、自分では過失とさえ見なさない罪科のために、多くの人々を死刑にする。わたしは若かりし頃一人の紳士が*、片手できわめて美しく淫らな詩句を人々に示し、同時にもう一方の手で、人々が久しい以前からもうたっぷり御馳走に相成っておる、宗教改革論の最も戦闘的なものを、差し出すのを見た。

人間とはこうしたものなのである。……》(Ⅲ・9・1140–1141)

* テオドール・ド・ベーズだともマルク・アントワーヌ・ミュレだとも言われている。拙著『モンテーニュとその時代』人名索引により該当頁を参照されたい。

モンテーニュのしていることだけが空しいのではない。人間というものがこのとおりの存在なのだ。決してモンテーニュがストア学者にくらべて賢明でないからではない。むしろあべこべに、モンテーニュの方が、より正しく人生を見ているからである。あくまで本物の人間として言動するからであって、いわば単なる口頭禅に満足できないからである。人間世界は、もともと清・濁、美・醜、善・不善、正・不正が交錯し共存する浮世であり、これが自然本来の姿なのであるから、彼はおとなしく、わるびれず、平気でこの自然に随順するのである。彼に従えば、本当の知恵とは、必然的なるものすべてを受諾受容すること、我々人間の空虚をすら己れの糧とし、いわばそれを無用の用として役立てることでなければならない。

《わたしが今しがた言わずにいられなかったのは、あの人の娯《たの》しみを邪魔する理性、人生を台なしにする常規を逸した計画、またあの巧緻をきわめたもろもろの学説は、すべてわたしの気に食わないということである。もしあんなものにも幾分かの真理があるとするなら、真理というものはずいぶん高価で不都合なものだと思わざるを得ない。むしろわたしは、空なること愚かしいことでも、もしそれが何かの愉快をわたしにもたらすならば、大いにそれをほめたたえたい。そしてわたしの生まれつきの傾向をそんなにやかましく制限しないで、おとなしくそれに付き随《したが》いたいと思う。》

（Ⅲ・9・1149–1150）

ここにモンテーニュが、おとなしくそれに引かれてゆきたいという〈自然的傾向《アンクリナシヨン・ナテユレル》〉・生まれつきの傾向・というのは、我々が考えるように盲目的な衝動ではなくて、むしろ知恵に連接する行為なのである。自然は本来均衡のとれた一つの秩序・調和なのであるから、そういう自然に基づく傾向には、おとなしく順《したが》うのが知恵というものであって、むやみにこれを抑圧したり押し殺したりするのこそ、いわゆる〈暴虎憑河〉とも〈蟷螂《とうろう》の斧〉ともいわまほしき無分別・暴挙なのである。世にこれほど空の空なることはまたとあるまい。だから彼は動物や人食い人の方が我々文明人よりは〈ずっと規矩にかなっている《ブリユ・レグレ》〉、〈より賢明《プリユ・サージユ》〉であると断言するのである。自らそのために、世間の人たちから〈つんつんした《ファルーシユ》〉、〈つき合いにくい《アンソシアーブル》〉男だと言われていることをはっきりと意識しながら（Ⅲ・9・1143）、あえて時流に押し流されず、自分の真実を、すなわち〈自分が生まれながらに自然から賦与された傾向〉を押しとおそうとしている。〈弁明《アポロジー》〉の書も一山越えれば立派に〈自己主張《マニフェスト》〉となる。彼の生き方は、その底に哲学をもっているから、いわば〈宇宙〉をふまえているから、それだけ強い。モンテーニュもかつて、ラ・ボエシその人の生ける模範を眼のあたりに見て、ストア的徳に強い信頼を寄せた時期があった。けれどもやがて、ストア学者の教訓が、我々各人の天賦の傾向を完全に作りかえるほどに有効なものだとは、考えられなくなった。その時はラ・ボエシが死んでから二十何年か後に来る。一五八六年の秋から翌年の春にかけてペストがモンテーニュ村一帯に蔓延した時、彼の近隣の百姓たちが、ラ・ボエシやソクラテスと同じように、静かに死んでゆくところを、やはり同じようにその眼の前に見たからである（拙著『モンテーニュとその時代』三一九―三二〇頁参照）。第三巻第二章に彼ははっきりとこう書いている。《生まれつきの傾向は教育によって助成強化されることはあるけれども、抑えられたり変えられたりすることはほとんどない。こんにちたくさんの天性《ナテュール》は、それらを矯めなおそうとする訓育《ディシプリーヌ》を突きのけて、あるいは徳へ、あるいは不徳へと、それていった》（Ⅲ・2・941）と。そして道学先生の観念的な口頭禅にくらべたら、彼らが〈空の空なるもの〉とくさす漂泊の旅の方が、幾層倍有益であるかわからないと思うのである。《だからしばしば言うとおり、わたしは人に人生を学ばせるには、絶えず〈多くの人々のさまざまな生き方《ラ・ディヴェルシテ・ド・タン・ドートル・ヴィ》・思想・習慣《ファンタジー・エ・ユザンス》〉をまのあたり見させ、我々人間の本性《ナテュール》はその形態を不断に変化させてやまぬものだということを悟らせる以上に、よい教育があろうとは思わない》（Ⅲ・9・1123）と彼は言う。この人間そのものと、そして人生の無常《ヴァリエテ》ということこそ、『随想録』の第一巻第一章以来モンテーニュが繰り返してやまない彼の根本理念なのであって、それが《世界は永遠のブランコ《ブランロワール・ペレンヌ》にすぎない》（Ⅲ・2・935）という彼の宇宙観の上に立っているということは、この私が本書の中でしばしば繰り返さずにはいられないことなのである。この動かすべからざる人生の実相を、身をもって感じとるには、そして人間の根源にかかわる問題を己れ自らと語り合うには、できるだけ自分の家や近親や、郷土の習慣やその国の伝統から離れて、自分ひとりになることが、すなわち漂泊の旅に出ることが、何よりも有効なのである。サント＝ブーヴは、《旅中のモンテーニュはもっぱら見聞にこれつとめていて、その間ほとんど反省批評をしていない。これらはわざと後日のために残してある》と言ったが、まったく彼の『旅日記』はこれを『随想録』と打って一丸となす時、『奥の細道』を限りなくおし広めた、意味深き紀行文となる。モンテーニュは俳句という便利な短詩形を知らなかったし、また知っても、定形や押韻にかかずらってはいられない（彼自らに言わせれば）無精でわがままな怠け者であったから、彼の旅の手帳の中に風雅の痕跡はほとんど全く見出せないけれども、それでもアルプスの景観などに全く無感動であったとは思われない。インスブルックやフォリーニョあたりの簡単な風景描写にもそれは察せられる（拙著『モンテーニュとその時代』四五九、六二二頁、終章注(7)など参照）。特に『随想録』の中に横溢するイメージの奔流を見る時、モンテーニュにも詩があり、〈風雅〉もまた（これを単なる風流韻事とのみ限らないならば）、決してなくはなかったと私は思う。それにこれは〈レーモン・スボン〉の章においてもすでに見てきたことであるが、花鳥風月を眺めるばかりでなく、それらに伍して人間もまた自然であること、大きなコスモスの中に漂い生きていることを、モンテーニュは旅に出ていっそう痛切に考えることができ、自然の多様性を身をもって体験しつつ漂泊の旅を続けることは、彼になおいっそう宇宙が一つに帰すること、すなわち荘子の〈万物斉同〉の理《ことわり》を、実習・実体験させることになったのであった。ミカエル・バラスも言っている。《多様性の探索《ルシエルシュ・ド・ラ・ディヴェルシテ》はひっきょう彼にとって統一性を学びとる一つの修業《アン・アプランティサージュ・ド・リュニテ》となる》と。要するにモンテーニュは、この外国旅行を通じて、宇宙を実感し、《現象界における絶対者の把握》（中村元）を完遂したのである。彼は〈旅〉という追試を行ってはじめて自分の〈相対性理論〉に確信を持つことができたのである。

旅を往くこと遠くなればなるほど、我々はいやでも独りになる機会がふえ、それだけ一対一で死に直面する機会も多くなる。モンテーニュが〈空虚について〉の章の中に書いているところを見ると（Ⅲ・9・1128–1130）、彼は決して生命を軽視しているのでも世間の人の死に対してもつ感情を無視しているのでもない。ただ、一般に、古代の哲人傑士が我々に残した偉大な事蹟の中では、とりわけその死に面せる自若たる態度が賞揚されるのであるが、モンテーニュが自ら実演しようとしている死の場面は、彼ら古人の示した模範とは全く趣を異にしている。

《わたしは何ものの助けも借りず、何ものにも乱されないで、ひたすら自力で自分を固めている、あの剛毅な心境には、全く達していない。それよりわたしはずっと低い段階《ところ》にいる。わたしはこの〔死への〕通路《こみち》を、平気で、びくびくせずに、いとも巧みに〔兎みたいに〕くぐり抜けてやろうと努めている。この行為の中で自分の泰然自若《コンスタンス》を証拠だてたり誇示したりすることは、わたしの本意ではない。そんなことをしていったい誰のためになるか。その時には、評判を要求する権利もそれに伴う利益も、一切がおしまいである。わたしは静かに落ちついた、たった自分ひとりの、いかにも自分らしい、わたしの隠居生活にふさわしい、死に方ができさえすれば、それで満足だ。これは何も言わずに、近親の者に眼を閉じてもらうこともできないで死んでいく者は不幸だと考えたローマの迷信には反するが、わたしは他人を慰めるまでもなく、自分を慰めるので手一杯だ。その時になって新たな思いをいろいろと持ちこまれないでも、わたしの頭の中はいろいろな思いですでに相当一杯になっている。自分と語るべき材料は他人から借りて来るまでもなく、自分でいくらも持っている。この場面は皆して共演すべきものではない。それはたった一人で演ずべき一幕なのだ。家の人々に取りかこまれて生きかつ笑おう。だが見ず知らずの人々の間で死のう、顔をしかめよう。君の頭の向きを変え君の足をさすってくれる者、君が欲するだけしか君の邪魔をせず、常に冷静な顔つきで君に接し、君をして思うがままに思いかつ嘆かせてくれる者は、お金さえ払えばどこにでも見つかる。》（Ⅲ・9・1129）

これはモンテーニュが第一巻時代から変わらずに持ちつづけている考えであり（Ⅰ・20・148）、彼のもちまえの謙譲な気持ちでもあるが、同時に世の偽善者たちや道学先生に対する皮肉でも反論でもある。大切にすべき人間性をさげすみ、単純素朴な愛すべき一般庶民をはるか下の方に見おろしている、似而非哲学者や名僧智識などには始めからあえて求めず、むしろ謙遜に、自分のような凡俗下根の人間にもしようとすればできそうな、静かで安楽な死に方を、彼は考えている。

《皆に取り囲まれて逝くことには、いくらかいいこともあるだろうが、そこにはまたいやなことがたくさんある。わたしはこういう連中に取り囲まれた、何ともかわいそうな瀕死の人を数多く見てきた。ああいう群衆は彼らを息づまらせる。》（Ⅲ・9・1128）旅さきであればこのような心配は全くない。死んでいく者は、虚勢を張ることもいらないし、嘆き悲しむ家族に後髪をひかれることもない。ただしぜんに死にさえすればそれでいい。それは期せずして賢者の大往生と一つになる。〈あなたのような老人が、そんなに遠い旅に出て、万一重い病気にでもなられたら、いかがなされる?〉と言って心配してくれる善意の友人や隣人たちには、次のように答えている。〈いや有難う。だが御心配は無用。必要で欠くべからざる物〔すなわち往生の覚悟〕は皆身に添えて持っておりますよ。それに運命にねらわれたら最後、それを避ける術はありますまい。私は病気になっても、特別なものは何一ついりません。自然が私においてなし能《あた》はぬことを、丸薬にしてもらおうとは思っておりません。〉こういう覚悟を、彼は早くから、(一五七二年以前から) 持っていた。それは有名な第一巻第二十章〈哲学するとはいかに死すべきかを学ぶことである〉という一章に、すでに語られているとおりである。それは例の彼の宇宙観、〈物すべて流る〉《世界は永遠の運動(ブランコ)にすぎない》という考えから自然に生まれたものであって、モンテーニュの一生を通じて変わることのなかった根本思想である。この章の終わりの方に加筆せられた(c)の部分や、《(a)我々の宗教は、死の蔑視以上に確実で人間的な根拠をもったことがない》云々に始まり・特に〈自然〉が我々に与える教訓の形で述べられている・その死生観は(I・20・142–148)、我々東洋人には『荘子』「至楽篇」に《死生ハ昼夜ナリ》とか《……形変ジテ生アリ、今又変ジテ死ニユク。是レ相トモニ春秋冬夏ノ四時ノ行ヲ為《ナ》スナリ》とかある言葉を想い起こさせて、きわめて興味深い。《万物ノ終ワッテハ始マルトコロニ遊ビ》(「達生篇」)、《死生ヲ一条トシ、可不可ヲ一貫トス〉(「徳充符篇」)とか《生ヲ説《ヨロコ》ブコトヲ知ラズ、死ヲ悪《ニク》ムコトヲ知ラズ、ソノ出《ウマレイ》ズルヤ訴《ヨロコ》バズ。ソノ入《シニユ》クヤ距《コバマ》ズ。翛然《シユウゼン》トシテ〔囚われなく〕往キ、翛然トシテ来《キタ》ルノミ》(「大宗師篇」)とかいう言葉は、そのままモンテーニュが

〈自然〉をして言わしめた言葉の中にも見出される。このようにモンテーニュの中には、我々東洋人が何となく心の中に持っているものを喚《よ》びさますような言葉が、たくさんいたるところに、(現にこの第三巻第九章の中にも）ある。私が若い頃からモンテーニュに親近感をおぼえ、一生を通じて『随想録』を手離さずにいる理由も、あるいはこの辺にあるのではないかと、いま晩年に及んでふと思うことがある。それはたんに両者の思想の構造においてだけではない。その叙述の形式においても、すなわち理論と説話と詩藻とが渾然融和している点においても、両者の間には否定することのできない共通のものがある。少なくともモンテーニュの風貌は、ストア的哲人のそれではなく、むしろ老荘のいわゆる至人・真人の姿に近いように私には思われる。

以上のような、モンテーニュと荘子との近似性・親近性に関する私の年来の所信は、或る日偶然にひもといた福永光司著『荘子』（中公新書）を読むに及んで一段と強化された。特にその序章の中に読まれる次の一節は、あたかもわがミシェル・ド・モンテーニュの肖像であるかのように思われた。

《分析的抽象的な思考よりも全一的具体的な思考を重んじ、理論よりも生活を、認識よりも体験を、生命なき秩序よりも生命ある無秩序を愛する荘子は、哲人であると共に芸術家であり、詩人でさえある。非合理な歴史的現実の痛苦と悲哀のまっただ中に生きて、自己と世界を包む根本的な〈一〉を体認し、その体認の中で何ものにも束縛されない自由な自己を生きようとする彼の人生態度がすでに詩的であるばかりではない。また常識的な価値の世界の狭苦しさ小ささを哄笑し、世俗的な無用さを自己の有用さとし、豊かで創造的な充溢さを目ざして高く飛翔する、彼の超越の叡智がすでに芸術的であるばかりではない。奔放な比喩と寓言、辛辣な諷刺と逆説、軽妙なユーモアと警句に満ちた彼の著作の内容がまた芸術的であり、ドラマティックな構成と舞踊的なリズムをもつ彼の筆力がまた詩的である。》（二〇頁）

ところが世のフランス文学者たちは、モンテーニュにモラリストとか思想家とかいう肩書をもたせて、文学の世界から哲学の世界へと追いやる。そして彼のディアレクティック、彼のロジックは隙だらけだ矛盾だらけだと言って彼をそしる。彼はよく己れの分を知っていて、常に己れ自らであろうと心がけているのに、〈拙ヲ養イ愚ヲ守リワガ真ヲ全ウセン〉としているのに、世の人は彼の思想には体系がないとか、彼の著書は構文をもたないとか言う。本来が芸術家であり詩人である彼にとって、これほど迷惑な話はないであろう。彼はこの〈空虚について〉という長大な複雑で豊富な一章の最後を、次のように結んでいる。

《この自分の内部よりも外側の方を見たがる世間一般の思想と習慣とは、確かに我々の仕事には役に立った。なにしろ我々人間というのは不満不平に充満した者なのだ。我々は内部にただ悲惨と空虚しか見ないのだ。そういう我々をがっかりさせないために、自然が我々の眼の働きを外に向かわせたのはいかにももっともなことである。我々は流れに乗れば前へ前へと進むが、我々のコースを逆に自分の方へともどすのは、骨が折れる運動である。だから海も、自分の方に押し返される時は、波たちさわぐ。皆は言う。「天の動きを見よ。世間を見よ。誰それの喧嘩を見よ。この男の脈搏を見よ。あの男の遺言書を見よ。要するに上の方か下の方か、横か前か後ろかを見よ」と。ところが実に逆説的な命令を、昔、デルフォイの神は我々に与えた。「お前たちの内を見よ。お前たちを認識せよ。お前たち自身をつかまえておれ。外部に費やされるお前たちの精神思想を、それ自体の内部にかえらせよ。お前たちは自分を流出し分散させるが、それより自己を積み重ね自己を支えよ。人はお前たちを裏切り、追いちらし、お前たちをお前たちから奪いとる。お前たちは見ないのか。この世において、万物は皆、その眼を限って内部にむけ、その眼を自己自らを見るためにあけているということを。お前から見れば、内も外もひとしく空である。だが、その空も、広がりが少なければそれだけ空でなくなるのだ。おお人間よ、（とかの神は言う）お前を除けば、万物はみな自己を研究する。そして自己の必要に応じて、その勉強にも欲望にも限界を設ける。世に、宇宙をかきいだくお前のように、からっぽでがつがつした者は一つもない。お前は詮索家のくせに何も知らない。支配者のくせに権威がない。要するに道化芝居の役者みたいだ。」》（Ⅲ・9・1155）

《逆説的な命令》などと何食わん顔で書いているが、世間が逆説と見るものこそモンテーニュには真理なのだ。なにもこの一章には限らない。『随想録』全体が、俗人の眼には『逆説録』としか映らなかったにちがいない。

〈空虚について〉の章については、もう一つ忘れずに言っておきたいことがある。それは章の始めの所では、〈次のようなくだらぬことをべんべんと書きつらねることくらい、空の空なることはまたとあるまい〉というようなことを、すこぶる卑下したような謙遜したような口吻《くちぶり》で書いてはいるものの、モンテーニュの腹の底は、どうしてなかなかそれどころではないということである。章の終わりの方に近づくと、自著の構成や文章に関する世評に対して、ただただ弁明にこれつとめているかのように見えるけれども、実はかえってその機会を利用し、自分をプルタルコスやプラトンなどになぞらえ、謙遜どころか大層な自信の程を示すのである。

《(b)以上の詰めもの《ファルシシュール》〔〈ツメモノ〉farcissure というのは料理人の使う詞《ことば》で、『随想録』の各所に挿入された逸話とか脱線《デイグレション》とか受け売りとかを指すので、砕いて言えば〈埋め草〉でもよいであろう〕は、いささかわたしの本題《テーマ》からはずれている。わたしはうろつく。だがわざとうろついているのであって、うっかりとではないのである。わたしの思想はつながっているのだが、時には遠くの方でつながっている。互いに見合っているのだが、斜めに見合っているのだ。(c)わたしはかつて、気まぐれな二色のだんだらに染めわけられたプラトンの或る対話〔『パイドロス』〕に眼をとめたことがあるが、前部は恋愛を後半は文章を論じていた。古人はこのような変格変調を少しも恐れない。むしろこのように風のまにまにころがって行くことで、いや風そのものを真似ることで、一種不可思議な趣をかもし出している。(b)わたしの各章の標題は必ずしも内容全体を示していない。しばしばその一部分をそのいくらかの特徴によって示しているにすぎない。例えば(c)「アンドレアの妻」とか「宦官」とかいう標題や(b)スラ、キケロ、トルクアトゥスという人の名前みたいに〔拙訳『モンテーニュ随想録』Ⅲ・9・1148・注参照〕。わたしは詩の舞い踊るような行きかたが好きだ。(c)詩はプラトンが言うとおり軽やかな、飄々とした、天来《デモニカル》の妙技である。プルタルコスの中には、彼がその本題《テーマ》を忘れている諸篇、その論証しようとする当の問題がまったく他の題目のもとに押しつぶされて、たまにしか顔を出さないような諸篇がある。例えば「ソクラテスの精霊《デモン》」のゆき方を見たまえ。あの元気のよい跳躍、あの千変万化、おお何たる美しさぞ！　それは無頓着・偶然の趣を帯びていればいるほどいっそう美しい。わたしの主題《シュジェ》を見失うのは不注意な読者の方であって、わたしではない。十分であることを欠かない幾つかの語が、いかにちぢこまっているにしても、必ずどこかの一隅に見出されるはずである。(b)わたしは遠慮会釈なく、あれやこれやと変化を追う。(b)わたしの文章とわたしの精神とは、同じようにさまよいゆく。(b)いっそうのばかになりたくないなら、少しは狂いもしなければなるまい。(c)そのように、わが先生たちの掟《おきて》も、またそのお手本も、教えている。》（Ⅲ・9・1147–1148）

ここに《少しは狂い《アン・プー・ド・フォリー》もせねばなるまい》(Il faut avoir un peu de folie) とあるのははなはだ意味深長で、この乱世に在って物を書くには時として変調も破格も、逆説もばか話もやむをえないと言うのであろうが、全体としてこれは、もう俗世間に対する弁明でも弁解でもなくなっている。この章に述べていることは彼の確信であり〈クレド〉であり〈信仰告白《プロフェション・ド・フォワ》〉である。彼は常に〈存在《エートル》〉を、すなわち物のうわつらではなしにその真髄を、目指してゆくのだが、彼はその存在《エートル》を、我々人間の実際生活の混沌の底に、乱世の汚濁の中に、人間の深層にある空虚の中にこそ、把握しようとしているのである。世間には分析の迷路にわれから迷い込んで覚《さと》らない哲学者や宗教家があまりにも多い。その向こうを張ってわがモンテーニュは、書籍的知識をしりぞけ、詩人の直観によって物の核心に迫ろうとしているのだ。だから彼は当章の冒頭に、《次のようなくだらない事柄を書きつらねることほど、空の空なることはあるまい》と言いながらも、そのすぐ後に、きっぱりと宣言しているのだ。《だが御覧のとおり、わたしはあえてこれなる道をとった。この道をわたしは、世に紙とインキとがあらん限り、休むことなく、しかし無理をせずに、いつまでも辿《たど》りつづけるであろう》(Ⅲ・9・1090)と。彼にとって一切は空であってよいのである。その認識の上に彼の思想は立っているのだ。それは謂《い》うところの〈無の思想〉である。一切は空の空であっても、少しもかまわない。意気沮喪することも卑下することもいらない。ただ、東洋のストア派ならば〈千万人と雖《いえど》も我往かん!〉などと気負って言うであろうところを、いかにも彼はフランスのルネサンス人らしく、《たゆみなく、ただし気負うことなく、固くならずに、悠々と》(sans cesse et sans travail)と付け加えて言うだけである。《以上の詰めものは……》に始まる約一頁の文章は、モンテーニュが詩人肌の思想家であることを明らかにしているが、それをただ単なる文章論と見るだけではたりない。それは彼の根本思想に対する行き届いた注釈である。彼はつづけて次のように書いている。

《多くの詩人たちは散文風に力なくだらだらと書いているが、古代散文のすぐれたものは、……いたるところ詩的な生気に溌溂と輝き、詩のような興奮を帯びている。……(c)プラトンは言う。「詩人はミューズの三脚台に坐して、口をついて出るすべてのことを、勢いはげしく吐き出す。さながら噴泉の蛇口のように、少しも含みひかえることがない。だからそこからは、色さまざまな、質もまた相異なる、前後相関連しない、事柄がほとばしり出るのだ」と。そういうプラトン自ら、大いに詩人である。それに学者の言うところによると、古代の神学もまた詩であり、最初の哲学もまた詩である。……(b)わたしは主題《マティエール》がおのずから〔他の助けがなくとも〕分明であらんことを欲する。それはどこで〔別の問題に〕変わるか、どこで結論をしているのか、どこがその発端であり、どこにその続きが再び現われるかを、自ら十分に示している。弱い耳うっかりした耳のために挿入される接続のことばなど、わざわざ組み入れる必要はない。わたしがわたしの注釈をする必要もない。眠りながら、あるいはそそくさと読まれるくらいなら、むしろ読まれない方がましだと思わないでいられようか。》（Ⅲ・9・1148）ここにはモンテーニュが、西欧的な意味での〈思想〉をいかに執拗に拒んでいるか（ジャン・ビエルメ「モンテーニュと老荘の知恵」、一九六九）、そしてむしろプラトン風・老荘風の哲学に魅せられているかが、実に遺憾なく示されている。だがこのような哲学は、近代ではわずかにニーチェに継承されているくらいのもので、一般的にはかなり稀なのではあるまいか（アンドレール『ニーチェの先駆者たち』、一九三八）。

フランスでは人みな〈フランス的明晰性《クラルテ・フランセーズ》〉ということを誇りとし、〈明晰ならざるものはフランス語ではない〉と教師は教える。生まるるやキリスト教的生活環境におかれ、学校に行くようになると、みっちりと以上のような方針のもとに文章を学ぶ。或る教授は論文の書き方を懇切に指導する著書の中で、〈フランスの良き作家は、ラシーヌはもちろんモリエールも、ラ・フォンテーヌさえも、みな整然たる構文を持っているのに、モンテーニュとラ・ブリュイエールだけは全然構文を欠いている〉と書いている。このような雰囲気の中で教育をうけた、特にその優等生たちが、モンテーニュを〈把握できない人《アンセージッサーブル》〉だとして、その真価を理解しえないのも、あるいは当然であるかもしれない。一方にタヴェラのように、〈それは思想する人の文体である〉と評価する人もあったが、それは決してモンテーニュが、論理的構造の枠内に整理されうる〈思想〉の人だと言っているのではあるまい。むしろ生々流転してやむことなき創造の思想を表現するのに、モンテーニュの文体はきわめてふさわしいものだという意味であろう。モンテーニュにおいて、その思想とその文章とは〈一即不可離〉である。その〈詩的哲学〉を語るのに、おのずからあの型破りの文章が生まれたのだと、言うべきであろう。彼の根本思想を知ると、その文章文体の問題もおのずから解ける。彼の〈バロック風〉も、当時の流行に乗っているのではなく、むしろ彼の本質に基づくものと見るべきであろう。

モンテーニュは第三巻第九章の終わりの方に（Ⅲ・9・1134）、要約すると大体こんなことを述べている。〈「彼はこんな風に判断し生活した。こんな風に願っていた。おれこそ誰よりもよく彼を識っていた」なんて言ってもらいたくない。……わたしは失礼になるといけないから自分の感情や傾向をそっとほのめかす程度にしか述べていないのだが、それにしても少し注意してごらんになれば、この本の中にわたしがすべてを言っていることにお気がつかれよう。……だから、もしわたしのことを何とか語らなければならない場合には、是非とも公明正大にやってもらいたい。《よしそれがわたしをほめるためであっても、このわたしをそれが現に在るのとは別様に描く者があるなら、わたしはそれを訂正するために、住みにくい浮世にもう一度もどって来なければならない。……亡き友ラ・ボエシにしても、わたしが全力をつくして彼を擁護してやらなかったら、彼も散々に引きちぎられ、たくさんの矛盾した姿に造りかえられてしまったろう。*わたしは十分承知している。わたしは自分の死後に、わたしが彼「ラ・ボエシ」について知っている以上にわたしのことを知っているというような、そんなに親しい証人を、ひとりも残して逝《ゆ》きはしないであろうことを。わたしの描写を十分に委託できるような人間は一人もいない。ラ・ボエシだけがわたしの真の姿をとらえていたのだが、その彼は、それをもったままわたしより先に逝ってしまった。》以上の引用の最後の部分（*印以下）はボルドー本ではモンテーニュ自らによって抹消されたから、一般現行本では読まれないが、おそらくそれはグルネ嬢の気をわるくしないようにとの考慮から出たものだろうと、アルマンゴーの批評版は注している（『モンテーニュとその時代』第七部第四章参照）。だがそれはそれとして、以上の一節は、我々後世のモンテーニュ学徒にとって読みおとしてはならない重要な文章であると思う。これほどまでにモンテーニュは、軽佻な世間の誤解をおそれていたのだと知らねばならない。（一九八〇年一月二十三日付記）

第七章　《奈何《イカン》トモスベカラザルヲ知リテ之ニ安ンジ命《メイ》ニ若《シタガ》ウハ徳ノ至リナリ》

――神なき人間の至福――

モンテーニュの根本思想が集約的に読みとられるのは、例の〈レーモン・スボン〉の章の結論部と第三巻第二章〈後悔について〉の冒頭においてであるが、後者においては同時に、モンテーニュがその一生を通じて自己の研究と自画像の制作に没頭している理由を美しくかつ明晰に述べているところに、特に注意したい。実際自己の研究こそモンテーニュ一生の重大事業であったのだから、我々は何をおいても彼の言い分を十分に聴いてやらねばならない。

まったく彼以前においては、客観的に重要な事柄を語りうる者だけに、自己の一生を物語る資格と権利があるのだと、考えられていた。カエサルの『ガリア征討記《コンマンテール》』の中には、彼の私生活は全く現われない。十五・六世紀の日記類にしても、全然非個性的である。『巴里一市民の日記』も同様で、筆者はもっぱら政治上・軍事上重大であると判断する事柄だけを記録するために、全く自己を没却した。モンテーニュはあえてこの伝統に反対し、ただ人間としての自分のありのままを展示しようと、決意する。何一つ特別な功は立てていないけれども一向にわるびれる様子もなく、《わたしは低く輝きのない生活《ユヌ・ヴイ・バス・エ・サン・リュストル》をお目にかける》と言って、彼はその理由根拠を次のように説明する。〈功労者だって平凡な市井人だって、人間として見れば結局一つなんだ。〔《C'est tout un》*と彼は言う。〕《平凡な一私人の生涯も、それよりはるかに高邁な人物の生涯も、全くまさり劣りなく、道徳哲学の好題目である。人間はそれぞれ〔例外なく〕人間性《ユメーヌ・コンディション》の完全な形相《フォルム・アンティエール》**を具有〔内蔵〕している》のだから。〉こう書いてから数年の後に、彼は更にこう付け加えた。《世の著作者たちは何か自分の専門によって、自分を一般読者に知らせるのであるが、このわたしは、はじめて、自分の全存在によって、自分を人に知らせる。すなわちミシェル・ド・モンテーニュとして自己を知らせるので、文法家とか詩人とか法制学者としてではないのだ。もし世間の人たちが、わたしがあまりにも自己について語ると文句を言うなら、わたしは彼らが自分をさえ考えないことを遺憾に思う。》(Ⅲ・2・936)

＊　《C'est tout un》とはC'est égal の意味で、万物斉同の思想の表明である。『荘子』「知北遊篇」に《故ニ万物ハ一ナリ》と言ったのと全く同じ表現である。モンテーニュの個人主義〈キュルト・ド・モワ〉もこの思想より生まれる。

＊＊　〈フォルム〉とはアリストテレスの用語〈形相〉。〈本質〉〈本性〉〈心髄〉の意。モンテーニュは哲学用語を用いることがきらいで、普通語、好んで具体語、形象語を用いたが、このフォルムだけは珍しく数回使用されている。(後出二二二―二二四頁参照)見たところ少しも哲学用語らしくないからだろう。

こうまで言いきっているところを見ると、モンテーニュはなかなかの自信家である。懐疑論者《セプティック》どころか、独断家《ドグマティスト》でさえあるように見える。滔々《とうとう》たる世間の風潮に押し流されるには、あまりにも確固たる信念、独自の哲学を、モンテーニュは持っていた。自ら無能だとか怠け者だとか無精者だとか言いながら、決して〈名主の昼あんどん息子〉（良寛）どころではなく、その反俗精神はなかなかに旺盛であった。この第三巻第二章は、始めから世の道学先生の思索の浅さ甘さを向こうに回して、自分の不動の信念を披瀝しようと挑むかのようだ。冒頭のパラグラフ（Ⅲ・2・935）は、要するに次のような意味にうけとられる。

〈世の道学先生たち〔ストア学派の人々〕は人間を敲《たた》き直す気でいるらしい。わたしの方はそうではなく、人間をありのままに写生するのだ。しかもはなはだ出来のわるい一個人《アン・パルティキュリエ・ビヤン・マル・フォルメ》の姿を描くのだ。つまりミシェル・ド・モンテーニュという一個の変人の肖像を描くのだ。それを、新たに作りかえなければならないとしたら、わたしも現在のわたしとは全く別の像を作りあげるであろう。だが今からではもう手おくれだ。わたしがひく輪郭〔描線〕はさまざまに変わるが、決してごまかしているのではない。もともと我々を載せている世界が永遠のブランコで、しょっちゅう振り子みたいに揺れているのだから。万物はここで絶えず揺れ動いている。大地も、コーカサスの岩壁もエジプトのピラミッドも〔つまり自然も人間も〕、片時もじっとしてはいない。しかも、一般の動きにつれて動くばかりでなく、自分の動きでも動いているのだ。恒常《コンスタンス》と言ったって、結局幾らか緩慢な動き《アン・ブランル・ブリュ・ランギサン》にすぎないのだ。何もかもがこの世では変化してやまないのだから、わたしが今モデルにしているこの自分も、固定的には描きようがないのだ。わたしのモデルは、生まれつき酔っぱらいみたいな奴《やつ》であるから、いつもよろよろ・ふらふらと行く。わたしはふとそれに心をとめるその束の間に、それをそのあるがままに捉える〔ちょうど写真家が、ここぞと思う瞬間にシャッターを切るように〕。わたしは存在《エートル》〔すなわち変わらないもの〕を描かない。わたしは推移《パッサージュ》を描く。年ごとの移り変わり、人々の言う七年ごとの移り変わりではなくて、日ごとの、一分ごとの、推移《うつりかわり》を描くのだ。だからわたしの叙述を〔わたしの自叙伝を〕、それぞれその時期に合わせなければならない。わたしは間もなく変わるかもしれない。偶然に変わるばかりでなく、わざと、故意にも、変わるかもしれない。だからわたしの叙述は、いろいろ移り変わる出来事と、不確かな・時には相反する・思想との記録なのである。それとも、物事をちがった事情のもとに、ちがった観点から捉えるからであろうか。とにかくわたしは、うっかりずいぶん矛盾したことも言っているらしいが、でも真実に反することは決して言っていない。もしわたしの霊魂がちゃんと不動でいられるものなら、何もすき好んで自分をためしてみたりはしないであろう。断然自分を画面に固定するであろう。だが悲しいかな、わたしの霊魂は相変わらず修業中であり、試験の最中なのである。〉（Ⅲ・2・935）

なおこのほかにも、この章の中には、もう一つ、とかく見落とされがちな、そして見落とされてははなはだ困る、重要な一節がある。

《(b)不徳な人々も何か外部の刺激をうけて善い行いをすることがしばしばあるように、有徳な人々もまた悪い行いをすることがある。だから人々を判断するには、彼らの霊魂が落ちついた状態にある時に（たまにはそういう時もあるとすれば、その霊魂が自分の家《シエ・ゼル》、に在る時に）、判断しなければならない。少なくとも彼らの霊魂がもっとうちくつろいで、その生まれながらの様態《ナイーヴ・アシエット》に近くある時に、判断しなければならない。〔我々の〕生まれつきの傾向《アンクリナシヨン・ナテユレル》は、教育によって助けられたり強められたりはするけれども、変えられたり押さえつけられたりすることはほとんどない。こんにち幾千の天性《ミル・ナテユール》〔たくさんの人々〕は、それらを矯《た》めなおそうとする訓育を突きのけて、あるいは徳へあるいは不徳へとそれて行った。

……少し我々めいめいが経験するところを見てごらん。誰でも自分に耳を傾けるならば、自分のうちに、独自の本性《フォルム・シエンヌ》（forme sienne）、主導的な本性《フォルム・メートレス》（forme maîtresse）ががんばっていて、教育や自分に逆らうもろもろの情念のあらしに抵抗するのを、発見しないものはない。》（Ⅲ・2・941–942）

モンテーニュによれば、この我々の中の主導的本性《フォルム・メートレス》がそれを押しつぶそうと外部から迫ってくるさまざまな力に向かって抵抗する、我々の内部で行われる戦いには、消長盛衰がある。それによって我々は我々自身の許から遠ざかったり、またそこに立ち戻ったりする。絶対完全なモワの自治も望めないし、さればと言ってモワが完全に潰滅消失することもない。我々は絶えず両極の間を彷徨しているというわけである。だがモンテーニュは自分自身に関する限り、次のとおりだと明言する。《……だがわたしは、ほとんど揺すぶられている感じがしない。あたかもどっしりと重いもののように、ほとんど常に自分の席に坐っている。わたしの許《シェ・モワ》（chez moi）〔つまりわが本来の状態《ナイーヴ・アシエット》のうち〕に居ないまでも、常にそのごく近い所に居る。わたしの放縦もわたしをそう遠くまでは連れてゆかない。わたしのうちには極端で異様なものは一つもない。それにわたしはすぐに健全かつ元気なもとの心に立ちかえる。》（Ⅲ・2・942）

このように彼自ら言うのであるから、モンテーニュは案外安定した心理状態のうちにあった人と考えてよいだろう。世俗一般の状況をうちながめて、彼は人間の行為が不定であることをいろいろと述べている〔第二巻第一章〕が、それにしても〈自然〉を踏みはずさない限り、自分ばかりでなく人間というものは、そう不安定な生活をしてはいないのだと、彼は思っている。《ⓒ素朴な百姓たちも紳士《オネトム》であるし、哲学者も、すなわち当世風に言うならば有用な学識をゆたかに身につけた強力明晰な天性《ナテュール・フオルト・エ・クレール》もまた、紳士《オネトム》である。……ところでこのわたしは、できるだけ原始の自然な座席《ル・プルミエ・エ・ナテュレル・シエージュ》の方にたちもどる。かつてわたしは、そこから離れようと試みたが徒労に終わった。》（Ⅰ・54・389〈つまらぬ小細工《シュプティリテ》について〉）だからこの《原始の自然な座席》さえ踏みはずさない限り、その生まれつきの安定した状態（leur naïve assiette）から特に飛び離れないかぎり、百姓であれ学者であれ、人間はみなそれ相応の安定（constance）を保っていられるものと、モンテーニュは常に考えていた。すなわちこれが、彼の持論であった。確信であった。この程度の人間信頼はいつも失わなかった。この事実を最もよく裏書きするのは、第二巻第十七章における、モンテーニュその人の、次のような告白である。

《ⓐこの真《ヴレ》をえりわける能力と、……自分の信念《クレアンス》を容易にまげないというわがままな性分とを、わたしは主としてわたし自らに負っている。まったく、わたしが持っている最も堅固な〔=不動の〕思想、一般的な思想は、言うなればわたしと共に生まれたのである。それらは天賦《ナテュレル》のものであり、全くわたしのもの《トゥート・ミエンヌ》である。》（Ⅱ・17・776）

ここに《一般的な思想《ジェネラル》》と言っているその《ジェネラル》という語は、モンテーニュにおいては、よく《自然の《ナテュレル》、生来の《ナイーヴ》》という語や《共通の《コンミューヌ》》《普遍の《ユニヴェルセル》》という語と組み合わせて用いられている。

だから彼が《わたしの最も堅固不動の思想》と呼ぶものは、結局人間の最も根源的な思想を意味するものと思われる。第一巻第二十三章には、こう書いている。《……だから現に我々の周囲で信用を得ており、また我々の父祖の血を通して我々の魂の中にしみ込んでいる、あの共通〔普遍の〕思想こそ、一般的自然的思想であるように思われる。》(I・23・168–169)換言すれば《一般的自然的思想》というのは、人たる限り万人が内部にもっている《人間性》、彼が言うところの《人間の本性《ユメーヌ・コンディション》》を根底にふんまえた思想、哲学者や神学者の唱道する、非人間的なあるいは奇矯な・あるいは高尚なあるいは書籍的な・思想ではなく、人間の自然にもとることなき思想を指しているものと思われる。モンテーニュの世界観によれば万物は動いているので、人間もまた例外ではないはずだが、その個々のものは転変するがごとくでありながら、一貫した永遠の存在につながる創造的なユメーヌ・コンディションにつながると見れば、それはやはり古今を通じて不動不変なのである。こういう考え方を、彼は《わたしのもつ最も堅固な思想》と言ったのである。それは抽象的な学問や狭い世間の習俗《しきたり》などによって教えこまれ慣らされた後得の思想ではなく、本人の生命の深層に生まれた時から持ちつづけられている思想、先に言われたような、教育や躾《しつけ》などによって変更されない思想であるから、彼は《最も堅固な思想》と言うのであろう。このことと、第一巻第二十六章に彼が幼時を回想して、その《鈍い性分の中に、大胆な思想と年に似合わぬませた考えを抱いていた》と告白していることとを合わせ考えると、《真をえりわける能力》というのも、結局〈ほんもの〉と〈にせもの〉とを識別する一種の〈かん〉であって、最も素朴な、しかし抜くべからざる懐疑的傾向、批判の精神、反俗的気分を指しているのではあるまいか。だからこそ《自分の信念をまげないというわがままな性分》と言いそえているのではあるまいか。アンリ・ビュッソンが、《モンテーニュの懐疑主義は一つの学説ではなくて一種の精神状態《エタ・ダーム》である。いつモンテーニュがそれを身につけたかというと、おそらくその少年時代以来であろう》と書いたことの正しさが、ここに改めて認められる（拙著『モンテーニュとその時代』一一五頁、その他）。モンテーニュは、この根源的なヒューマニズム、自由検討の精神とその反俗魂とを、自分の最も堅固な根本思想と呼びなし、それが彼の幼年時代から老年時代に至るまで終始一貫して変わらなかったことを、彼は更に第三巻第二章でも、はっきりと次のように書くのである。《わたしの判断はその発生以来ほとんど一様にして変わらない。傾向も同じなら、道筋も同じく、強さも同じである。そして一般的意見《オピニヨン・ユニヴェルセル》にかけては、私は少年時代から、私の居るべきところに定住している》（Ⅲ・2・943）と。

ここに我々は、モンテーニュという人が、少年時代から老年に至るまで、終始一貫して一つの一般的基本的思想を堅持したことを、ほかならぬミシェル自らの口から聞いたのであるから、誰にもこれを疑う権利はない。これまでのように韜晦であるとか誇張であるとか言う余地はもはやなくなる。ただ問題になるのは、《一般的思想《イマジナシヨン・ジエネラル》》とか《一般的意見《オピニヨン・ユニヴェルセル》》＊とか言っているのは、具体的に言ってどのような内容をもっているのかということである。それは、私の考えでは、すでに一応の説明をしたとおり、モンテーニュが年少ギュイエンヌ学校の寮生であった頃から養われてきた〈懐疑〉の精神、自由検討の精神、何事も言われたままを信用せず、一々理性に照らして十分納得しなければ聴従しないという理性主義のことであろう。あるいは、第三巻第二章に《世界は永遠の動き《ブランロワール・ペレンヌ》にすぎない。万物はそこで絶えず動いているのだ》という、宇宙観ないし無常観のことであろう。言いかえれば、運命ないし自然への随順ということであろう。〈奈何《イカン》トモスベカラザルヲ知リテ之ニ安ンジ命《メイ》ニ若《シタガ》ウ〉ということであろう。あるいはまた〈良心の自治〉ということでもあろう。公的ないし社会的な生活から自己の内的生活を完全に隔離または遮断しようとする意思でもあったろう。あるいは、〈徳〉に対する生まれつきの傾向、利害損得を無視して誠実に徹しないではいられない道徳的習性でもあったろう。努力を伴わない徳はないと言ったかと思うと、徳はそれを行うこと自体楽しいことだとも言ったけれども、その徳を人間生活の中軸におこうとする点では、彼は全く変わらなかった。このように、考えるといろいろあるが、中で最も根本的なものというと、それは《世界は永遠のブランコにすぎない》という思想、運命ないし自然への随順ということに帰するであろうか。

＊《オピニヨン・ユニヴェルセル》とは、《オピニヨン・パルティキュリエール》に対する言葉である。後者は時と場合によって変わった。例えば、理財の方法については、三期を通じてその意見を変えている（第一巻第十四章）。読書についても、彼は①学を求めるため、②賢明になるため、③娯楽のためという風に、その読み方や、書物の選択に関して意見を変えている。こういう個々の意見が《オピニヨン・パルティキュリエール》であり、種々様々な問題に常に一般的に適用される意見が《オピニヨン・ユニヴェルセル》である。

さてここでもう一度、《人間はそれぞれ人間性の完全な形相《フォルム》〔本質・心髄〕(forme entière de l'humaine condition) を内に持っている》（第三巻第二章）というモンテーニュの有名な言葉を吟味してみよう。学者が教えるところによれば、ここの〈フォルム〉という語は、アリストテレス哲学の用語術語だそうである。そうするとそれは日常語の〈形〉〈形状〉〈姿〉とは意味がちがってくるから、正確を期するためにはやはり一般にはよくのみこめないが〈形相〉という生硬な訳語を当てなければなるまい。モンテーニュは一般に哲学用語、抽象的な言葉の使用がきらいであり、特にアリストテレスは好きでなかったことは前にも述べたが、*その彼が本章（第三巻第二章）においては三度もこの〈フォルム〉という語を（アリストテレス流の意味で）用いていることは、やはり注意すべきことであろう。

＊　前出二一五頁。――モンテーニュのアリストテレスぎらいはかなり顕著なものであるが（拙著『モンテーニュとその時代』一六四―一六五頁、その他諸所参照）、一五八八―九二年、すなわち晩年の隠棲時代には『ニコマコス倫理学』などを改めて読みなおした形跡がある。晩年にはおそらく若年の頃とはちがった眼でアリストテレスを見るようになったのであろう。

アリストテレスは〈質料〉という語に対してこの〈形相〉という語を用いた。〈第一形相〉と言えば〈全自然の最高目的、あらゆる運動の最後の原因で、自らは動かされることなき第一運動者、あらゆる者の愛と思想の対象となるが自らは自己以外にその対象をもたぬ絶対者〉という風に定義される（岩波『哲学事典』による）から、そこには恒常不易の観念が含まれている。グーゲネム Gougenheim とシュール Schuhl は当章の注の中で、〈フォルム〉について次のように定義している。《フォルム――ここでは哲学上の意味をもっている術語。各人は一般人間のエッサンス（本質ないし心髄）を担う主体である。変化するのは、アクシダン（偶然性）であるが、フォルムすなわちエッサンスは万人の許で同一である。人が個別化するのはマティエール（質料）によってである。ところが人間のフォルムはあらゆる人間に共通している。樫《かし》の木のフォルムがすべての樫の木に共通であるように。モンテーニュがこのフォルムという語を〈完全な〉という語で修飾しているのは、その〈フォルム〉は、それを構成するすべての特色を、すべての者の許に、顕然《ありあり》ともつからである》(*Trois Essais de Montaigne*, p. 67) と。だから砕いて平易に言いかえるなら、〈フォルム〉は〈心〉〈心髄〉〈本質〉となろう。そういう人間性の心髄は、万人のもとに、完全な形で、発見されるというのである。要するにこの《人間性の完全な形相……》云々の句は、《われ何をか知る《ク・セ・ジュ》》の句と同様に、否それ以上に、モンテーニュの標語みたいなものであった。彼はしばしばいたるところで、人間は変動常なきものであると繰り返してきただけに、〈人間を人間たらしめている根本義・心髄ともいうべき中核は、古今を通じて、あらゆる階層を通じて、いろいろな形をとりながらも、厳然として渝《かわ》らずにあるのだ〉ということを、特にはっきりと言っておきたかったのではあるまいか。そしてそういう人間の核心を、変幻きわまりなき各人の中に追求し発掘するのがモンテーニュの究極の目的であったので、だからこそ彼は、ミシェル・ド・モンテーニュという、聖人でも賢者でもない、〈きわめて出来のわるい風来坊〉(un particulier bien mal formé) の移り変わり、動静を、かくも執拗に追跡し描写しつづけるのである。

人間ひとりひとりは変化流動してとどまらず、千態万容であるけれども、その根底深処には《人間性の心髄本質《フォルム・アンティエール》》が宿っていて、それは各人において同一であるという考え方に立ってみると、宇宙はモンテーニュに一つの秩序として映る。そこで《事物の秩序《オルドル・デ・ショーズ》》という表現がしばしば現われる。そしてモンテーニュは、この万物の秩序に随順する。この秩序が我々人間の意思の前に変更されることは、きわめて稀な場合のほかは、全くないからである。だから外部の事件が彼の意欲期待に反して発生し展開しても、文句も言わないし後悔も弁解もしないのである。それは彼の責任の範囲を超えた、どうにもならないこと、〈仕方がない〉（〈せむかたなき〉――宣長）ことなのであるから、ただ、彼に言わせれば《宇宙の大きな流れ《グラン・クール・ド・リュニヴェール》》、ストア学者の口吻をまねれば《もろもろの原因の連鎖《アンシェニュール・デ・コーズ》》に乗っておし流されてゆくだけである。彼はこう書いている。《どんな事柄においても、それがすんでしまったらどのようなことになっても、わたしはあまりくよくよしない。まったく、それらは始めからそうなるべきものであったのだという考えは、わたしを苦悩から解放してくれる。見たまえ、物事はあのとおり、いずれも宇宙の大きな流れの中に、ストア派の言い方によればもろもろの原因の連鎖の中に在るのだ。君の思想は、願ってみても、想像してみても、ただの一点をも動かすことはできないのだ。物事の秩序全体が〔すなわち全宇宙が〕ひっくり返らない限り、過去と未来がさかさにならない限り、どうにもならないのだ。》（Ⅲ・2・946）

ここには後悔もなければ祈り〈主よ我を憐れみ給え〉もない。このような思想はカトリック正教にとって好ましいものでは決してあるまい。旧師エミール・エック先生は、神父であり布教師であったから、我々日本人が〈シカタガナイ！〉という一語のもとに万事簡単に〈アキラメ〉てしまうことを嘆かれ、〈祈らずとても神やまもらん〉という我々の国民性を、最後まで承認しようとはされなかった。これは彼我の宇宙観・世界観の相違から来ることであってむしろ当然であろう。当時私は、この〈後悔〉の章をもちろんまだ読んでいなかった。モンテーニュについては、ただ『エッセー』の決定版すなわち〈ボルドー市版〉がようやく完成に近くあることと、ヴィレーの〈エッセーの進化〉説が学界をまさに風靡せんとしつつあることを、きわめておぼろげに知っていたばかりであって、あとはエック先生がその〈フランス文学通史〉の中で、モンテーニュ解説の最後を、《彼はきわめてキリスト教徒らしく《フォール・クレティエンヌマン》その一生を終わった》と結ばれた、その〈fort chretiennement〉という言葉が、妙に長いことわたしの耳の底に残っていただけである。あの時分私がこの〈後悔〉の章を知っていたなら、そしてそれを演習の材料に取りあげていただいたら、さぞ有益な結果を得ただろうと、後年ひそかに思うことがしばしばであった。これも単なる空想にすぎないが、もしモンテーニュが日本の思想家を知っていたら、その〈レーモン・スボン〉の章とか〈祈りについて〉の章とか、あるいはこの〈後悔〉の章の中に、〈祈らずとも神やまもらん〉の歌詞を喜んで引用したのではあるまいか、などと妄想することすらある。それほどモンテーニュの根本思想は、キリスト教国民の心情によりも、むしろプロテスタンティスム渡来以前の日本の民衆の心の方に、抵抗なく受容されそうに、私には思われるのである。

それはともかく、人間の自主自律、〈良心の自治〉を生活上の信条とするモンテーニュにとっては、後悔くらい、無定見・無理想・無節操なものはないのであろう。それはオネトムたるものの潔しとしないことである。彼は言う。《後悔はけっきょく我々の意思を取り消し我々の思想に違背することにほかならず、時には我々をとんでもない方向に引きずってゆく。それは或る男にその過去の徳や純潔までも後悔させる。》こう書いてから彼は、ホラティウスの詩句を引用した。

《何故ニ我《ワレ》若カリシ時

今日思ウガ如ク思ワザリシヤ。
何故ゾ今日コノ如クニ思エドモ
モハヤ昨日ノ如クワガ頬ノ紅潮セザルハ。》（ホラティウス）

この或る男とは、リグリヌスという男のことである。彼は今初老にさしかかって、かつて少年であった時にあまりにも純潔であったために、あたら恋の機会をとり逃したことを後悔に及んでいるのだ。今や、いくら女を思っても、もうおそい。往年の紅顔はもはや取り戻すすべはないと嘆くのである。何という愚かな浅ましい男であろう。モンテーニュはだから《後悔は我々をとんでもない方向に連れてゆく》と言ったのである。それは己れの不徳を恥じ後悔するのではない。若かりし日に放蕩を思うがままにしなかったことを今更のように口惜しがっているのである。まったく後悔には切りがない。愚かな老人は若かりし日の品行方正までもくやむのである。これは最低最悪の特例ではあろうが、ここまで堕ちなくても、すべて《物事の秩序》に向かってあえて蟷螂《とうろう》の斧をふりあげるようなことは、それこそ愚挙と言おうか狂態と言おうか。モンテーニュは、そんなことはしたくないのである。我々の不完全、我々の力不足は、本来宇宙の必然《ネセシテ》の範囲内に含まれているので、これもユメーヌ・コンディションのうちなのであるから、我々日本人でなくとも、正に〈シカタガナイ〉こと〈奈何《イカン》トモスベカラザル〉こと〈せむかたなき〉ことなのである。モンテーニュも《Il n'y a remède》（これには付ける薬がない――方法がない）とちゃんと言っている。いかに医学が進んでも医者の数がふえても人間の間に病気は絶えず、時が来れば賢者も愚者も一様に死を免れないように、いくら哲学者や宗教家がこんなに栄えても、我々が没理性的であり軽佻であり不定《アンコンスタン》であることは何千年来変わりがない。だからモンテーニュは諸行無常、世界は永遠の振子運動だという現実を確認し、一切は空であると結論するのである。ただここに是非注意しなければならないのは、それをどんな調子で彼が語るかということである。悲愴深刻な語調をもって語るのでもなければ、冷淡嘲侮の調子で言いすてるのでもない。全く満足せる人の平静な態度をもって、彼は人間の空しさを語るのである。我々の空虚も、我々が世界の秩序に安んじて順《したが》った結果として見る限り、我々はすでにある程度空虚を克服しているからである。空虚を悲しみもせず悔いもせず、静かに落ちついて受けいれるのは宇宙の生命と合一することであって、エピクロスの〈アタラクシア〉、荘子の〈虚静恬淡〉、親鸞の〈自然法爾《じねんほうに》〉と同じ心境であるとは考えられないであろうか。〈奈何《イカン》トモスベカラザルヲ知リテ之ニ安ンジ命《メイ》ニ若《シタガ》ウハ唯有徳者ノミ之ヲ能《ヨ》クス〉（『荘子』）と認めるなら、モンテーニュは正に有徳者であり至人であろう。だがモンテーニュはもっと平易にこれをただ〈オネトム〉と呼ぶのである。《百姓もオネトムでありソクラテスもまたオネトムだ》と彼は言うのである。彼から見れば、形而上学者だけがオネトムではないのである。

宇宙の必然に対して無用の抵抗をしないからといって、彼は道徳的完成への努力を放棄したと考えてはならない。ストア派の教訓さえ、天然自然に対して決して暴虎憑河の勇をふるえとは奨《すす》めていない。《世の人々は、とモンテーニュは言う。むしろストア派の教訓の逆を行っている。なるほどそれは、我々が我々のうちに認める不完全や不徳を矯《た》め直すように命じてはいるが、そのことを悲しんだり悔やんだりすることはむしろ禁じている。これなる人々はその心中にさも大きな遺憾と悔恨の情をいだいているかのように思わせるが、改善や匡正《きょうせい》はおろか、中止中断すら、まったく見せてはくれない。》（Ⅲ・2・944）こんなのは後悔でも痛悔でも何でもない。それはいっそう罪深い偽善だと、モンテーニュは考える。では彼自身はどうなのか。彼は答える。《わたしはどうかというと、わたし全体が別様でありたいと願うことはできる。わたしの本質〔性根〕をひっくるめて断罪し、それを嫌悪し、神様に向かってわたし全体が改革されますよう、そしてわたしの生まれつきの弱さをおゆるし下さるよう、哀訴することもできる。だがそんなのは、後悔と呼んではならないと思う。自分が天使でもカトーでもないという口惜しさもまた、後悔とは言えまい。わたしの行為は、わたしの実存《ス・ク・ジュ・シュイ》わたしの本性《コンディション》〔分際〕に相応している。それ以上のことはわたしにはできないのである》（Ⅲ・2・944）と。つまりモンテーニュは、人間にはおのずから人間としての分際《コンディション》すなわち限界があることを知っているから、それ以上のことをあえてなし遂げようとしたり、それができなかったからとて自分を責めたりするような愚かな真似はしない。《後悔《ルパンティール》という語は、我々の力に及ばない事柄には、本当はあてはまらないのだ。むしろそれは残念《ルグレ》と言うべきなのだ。わたしは自分のよりもはるかに高くはるかに調った無数の天性を想像する。だがわたしの性能はそのために少しも改善されない。例えばわたしの腕や心は、他人の強い心や腕を心に思いいだいたからといってそれだけ強くはならないではないか。もし我々の働きよりも高貴な働きを想像したり希求したりすることが我々の働きを後悔させるなら、我々は我々の最も罪のない行為までも後悔しなければならないであろう。今わたしの若かった頃の行状を老いたる現在の行状と比較して考えてみるに、わたしはわたしなりに、概して秩序正しく行動したと思う。あれがわたしの精一杯の自制であった。自慢ではないが、同じ事情のもとにおかれれば、わたしは今でも同じように行動することであろう。》（Ⅲ・2・944–945）

モンテーニュ自ら白状している。仕事の上でやり方がまずかったためにあたら幸運を取り逃したことがしばしばあったことを。だがその時も、彼は自分の決断が間違っていたとは考えなかった。最も適当と考える行動に出たのだが、それが失敗に終わったのは、ただ運が悪かったのだと考えている。彼は晩年の加筆(c)の中で、そうはっきりと言明している。いくら敬虔なカトリック教徒であった恩師エック先生がお嗤《わら》いになっても、モンテーニュはそこで、我々東洋人と同じ言葉で《シカタガナイ》(Il n'y a remède) とはっきり言っているのである。

《(c)どんな決心も、それが効果をあげるかあげないかは、すべて時機次第である。情勢や事件は転変してやまないものである。わたしも今までに幾度か重大な失策をやったが、それはよき判断を欠いたからではなく、好き運を欠いたからである。我々が取り扱う事柄には、秘密の・予測できない・部分がある。特に人々の天性の中には黙っていて・外に現われない・時にはその所有主にさえ知られず・ただ思いもかけぬ機会に遭ってはじめて目を覚まし顔を出す・もろもろの性分がある。わたしの知恵《プリュダンス》にそれらが洞察予言できなかったからとて、わたしは自分の知恵に向かって不足は言わない。わたしの知恵の働きがその限界のうちにとどまり、〔不測の〕結果《エヴェヌマン》がわたしを打ち負かしたのだ。(b)結果がわたしが拒《しりぞ》けた方の決心に味方するなら、どうにもこれは仕方がない (Il n'y a remède)。〔関根注――ここにモンテーニュは、例の〈宇宙の大きな流れ〉、ストア派の〈諸原因の連鎖〉の中に押し流されている自分を実感しているのだ。〕わたしは自分に食ってはかからない。わたしは自分の運を責めはしても、わたしのしたことを責めはしない。こんなのは後悔とは呼ばれない。》(III・

2・945）

だからモンテーニュは、《自分は後悔することがきわめて稀だ》（Ⅲ・2・937）と言うのである。絶対に後悔しないのかというと、そうではあるまい。《稀だ》とは言うが絶無だとは言わない。ただ浅薄な後悔はしないというだけである。だから《(c)わたしの良心は自らに満足しているが、天使の・もしくは馬の・良心としてではなく、一人の人間の良心として自らに満足している》（Ⅲ・2・937）のだと、晩年に彼は重ねて弁明したのである。彼は人間なのであるから、天使の心になれなくてもよいのであるが、馬の心になってしまっては困る。だが人間としての良心を失わない限り、彼はそれで満足なのである。

だから彼は、その最も初期に書かれたと推定される〈幸・不幸の味わいは大部分我々がそれについて持つ考え方の如何によること〉という章（第一巻第十四章）にも、後年こう加筆している。《(c)各人はそれぞれどう思っているかによって幸福でもあり不幸でもあるのだ。人がそうと思うその人ではなしに、自分でそうと思っている人こそ、満足しているのだ。いやここでは、ただそうと思う心が、本質と真実〔幸あるいは不幸の〕とをもたらすのだ》（Ⅰ・14・115）と。

これがモンテーニュの第一巻時代から第三巻時代（すなわち(b)）を通じて晩年(c)の加筆時代に至る、一貫して変わることのなかった彼の根本思想であり、彼の信念、彼の知恵であったのである。《宇宙の大きな流れ《グラン・クール・ド・リュニヴェール》》の中に漂い、ストア派の《諸原因の連鎖《アンシエニュール・デ・コーズ》》の中にいるのだと自ら認めるモンテーニュにとっては、後悔ということは理の当然としてありようがないのだ。だから彼が、ごく稀にしか後悔しないと言明しても、それは決して不遜ではなく、むしろ謙遜なのである。本当の後悔というものは、決してなまやさしいものではないと誰よりもよく知っているから、彼は〈わたしは教えているのではない、ただありのままを語っているのだ〉と言った（III・2・937）のであり、それは彼自ら言うとおり、お座なりの儀礼的な謙遜ではないのである。しかしその代わり、その儀礼的な謙遜のうちには、世間のうわべだけの悔い改めや懺悔告解の習慣に対する、痛烈な批判糾弾が含まれていることも見すごすことはできない。要するにこの章の中に読みとられる厳正で清冽な道徳感情は、世のいかなる学説・教説によっても養われたのではなく、彼がもって生まれた天性であり、リュエル説（『モンテーニュのモラルにおける芸術感情について』）をまつまでもなく、彼の詩人的清純さからしぜんに生まれた〈道徳感情〉であった。だからこそ、有徳であることは彼にとって最も自然な喜びであり、徳と幸福とは一つものになる。彼が徳について語る時に常に〈愉悦《ヴオリユプテ》〉、とか〈至上の満足《シユプレム・コンタントマン》〉とか〈恒久的喜び《エジユイサンス・コンスタント》〉とかいう言葉がでてくるのは、だから決して単なる修辞ではなく、まったくそのとおりの実感が彼にあったからにちがいない（I・20・130, I・26・220–221, III・10・1160–1161 等参照）。そういう、モンテーニュのいわば根源的な思想感情が、この〈後悔について〉の章の中に遺憾なく読みとられるばかりでなく、彼の思想の中でいかにもてんでんばらばらに見えるさまざまな意見や感情が、〈宇宙は一つなり〉という彼の雄大な宇宙観の下に統合されていることも、おのずから首肯されるのである。

モンテーニュは、事がどのようになったにしても、すんでしまった以上は、あえて自分を責めないし、これから先どうなることであろうかなどと取越し苦労もしない。人間には過去を修正することも未来を構築することもできない。人間にはただ現在だけしかない。誕生以前も死んだ後も、人間にはわからない。わかろうとする方が無理であり不自然である。人間が不完全で、欠点だらけで、その思うところも為すところも、支離滅裂、空虚にして風を捉うるがごとくであるのは、人間の本質、人間の分際、人間本来の姿なのだ。永遠や神を知ろうとするのは、己れの分際をわきまえないこと、己れの本分を忘れた越権行為である。人間として当然持たされている欠点や不完全は、恥じることも弁解することもいらない。神を知らなくともそれは当然のことであり、責任を負うだけの資格すら本来人間にはないはずなのだ。それこそモンテーニュの言う〈ユメーヌ・コンディション〉なのである。山川草木・禽獣虫魚の間に人間はどのような存在であるのか、モンテーニュは、〈人間はそれらすべての被造物の上位にも居なければ、下位にも居ない。互いに平等である〉と考えている。このように宇宙万物における自らの位置をわきまえて、宇宙の秩序に従って生きることこそ、賢者の道であると、彼は考える。この賢者・至人の心境に立つことが人間至上の幸福なのだと考える。モンテーニュにとっては死の恐怖もなければ、天上の幸福もない。この宇宙の秩序を知りこれに随順して快活に生きる者を、彼は君子人《オネトム》と呼び、哲人《フィロソフ》と呼び、賢者《サージュ》と呼んだ。こういう考えを、モンテーニュは、その〈レーモン・スボン弁護〉の章（第二巻第十二章）の特に最後の三頁の中で明瞭に述べている（II・12・709–711）。このことは、すでに私が再三にわたって述べたとおりであるが、さてこの思想を彼はいったいどこに学んだのか。だが、その源泉を特定の典籍の中に求めようと努めることは、私にはあまり重要なこととは思われない。むしろ彼は、それを彼の訳したレーモン・スボンの『自然神学』の中に教えられたとおり、自ら直接に〈大自然という書物〉の中に読みとったのであろうと、わたしは至極おおまかに考えている。* これもすでに幾度か引用したことであるが、モンテーニュは有名なその教育論（第一巻第二十六章）の中にも、〈人間という存在は大自然の中では針の尖端でつついたほどの眇《びょう》たる一点にすぎないということを自覚して、はじめて人間は物事をその正しい大きさにおいて見ることができるのだ〉と言う意味のことを書いている。それにこの大自然こそ、人間の書いたもろもろの書物よりもはるかに偉大深遠な書物であるという考えは、キリスト出現以前の古代の多くの賢者たちに懐抱せられた思想であって、文芸復興期にはほとんど〈空中に遍満していた〉と言われるほどに、決して珍しいことではなかったようである。

* 私は『随想録』の源泉として書籍的源泉は最後列に置く。源泉のその㈠モンテーニュの天賦（懐疑的傾向）、その㈡時代の思想的雰囲気（アヴェロエス説、パドヴァ派、新プラトン派の影響）、その㈢郷土の影響（モンターニュ村の生活）、最後にその㈣広汎な読書、ただし思想書よりも歴史・旅行記等、という風に考える。

これからほぼ百年の後、パスカルはそのキリスト教弁護論の草稿の冒頭に、その全体の骨組を次のように書き示している（ラフュマ版六番、ブランシュヴィック版六十番）。

《第一部　神をもたざる人間の悲惨《ミゼール・ド・ロム・サン・ディユー》
第二部　神をもつ人間の至福《フェリシテ・ド・ロム・アヴェク・ディユー》》

モンテーニュの方は、その確信にかけてはパスカルに少しも劣らなかったように思うが、謙遜であったから、こんなにドギツイことは書かなかった。しかし彼の解説者としての立場から、わたしはことさらここに彼をパスカルに対置したい。そして彼の根本思想をはっきりと打ち出すために、

《神なき人間の至福《フェリシテ・ド・ロム・サン・ディユー》》とか《知恵（叡智）なき人間の悲惨《ミゼール・ド・ロム・サン・ラ・サジェス》》とかいう言葉を、《エッセー》というきわめて謙虚な標題の傍に、副題として書きそえてみたい気がする。ところが最近ふとした機会からマルセル・コンシュ教授がセゲルス書店から公にした『モンテーニュ――幸福の意識』と題する小冊子を見ていたら、まさしく〈知恵なき人間の悲惨〉と名づけられる一章に遭遇した。それはきわめて適切に抜粋配列され「随想録抄《ショワ・ド・テクスト》」に冠せられたモンテーニュ研究序説であるが、従来のモンテーニュ解釈の誤りを訂正する貴重なる卓説に満ちている。まったくモンテーニュはパスカルとは正反対の人物であったが、パスカルよりははるかに幸福な生涯を生きたと、少なくともこの私の眼には映る。アルマンゴー博士もその『モンテーニュ全集』の随所にこの事実を指摘している。結局パスカルは最後までキリスト教的思想を突き破って出ることができなかったがために、モンテーニュの〈幸福の意識〉を持ちえなかったのではあるまいか。モンテーニュはあくまでも絶対を追求してやまない人間を《無分別者《アンサンセ》》（insensé）と呼びなし、それを《知恵《サジェス》》を持たぬがために救われない気の毒な人と考えていた。だが一方、いわゆる〈炭焼きの信仰〉、素朴な一般庶民の信仰は、決して軽蔑していない。それどころか、彼自ら前に述べたとおり信仰絶対論者《フィディスト》たることに徹し、ローマのカトリック教が命ずる宗規に完全に服従して一生を終えた。その意味でならば、旧師エック先生の講義の結語は絶対に正しかった。モンテーニュが《無分別者《アンサンセ》》と呼んだのは、むしろプロテスタントやジャンセニストのような、自ら幸福を強く希求しながら〈無知ノ知〉に徹しきれず、かえって〈知恵〉に背をむけている一部の人たちのことであって、決して純朴な一般信仰者のことではなかった。《吾ガ生ハ涯《カギリ》アリテ知ハ涯ナシ。涯《カギリ》アルヲ以テ涯ナキヲ随《オ》エバ殆《アヤウ》キノミ。》（「養生主篇」）《人ノ知ル所ヲ計ルニ、ソノ知ラザル所ニ若《シ》カズ。》（「秋水篇」）この自覚が知恵というものなのであって、知恵なき者は絶対に幸福ではありえない。これが我々東洋人の心であって、不思議にもまたモンテーニュその人の心であった。

信じられないことのようだが、同時代人シャロン、同国人パスカルよりも、中国古代の哲人荘子の方が、ずっとモンテーニュの近くに居る。二人は同じ思想を持っていたと言ってもよいくらいに思う。おそらくそれはすでに言ったとおり、同じ宇宙・大自然を、共通してその思想の源泉として持ったからであろう。もしルノーブルなどが言うように、この自然哲学を、時処を越えた哲学〈フィロゾフィ・アタンポレル〉と見ることができるとすれば、我々はさほどモンテーニュの書籍的源泉にかかずらう必要もないであろうし、また両者の思想の交流の跡を強いて歴史の中に追及しなくてもよいのではなかろうか。もちろんそれがはっきりする時が来ればいっそう面白いことになるが。

第八章　《之ヲ倒置ノ民ト謂《イ》ウ》

――己レヲ物ニ喪《ウシナ》イ性ヲ俗ニ失ウ者――

モンテーニュと老荘思想家とはその思想構造においてもその生活態度においても互いに相通ずるものを持っているという私の意見を、一般の西欧文学専攻の人々に承認してもらうためには、今までにも幾多の実例を挙げてはきたが、なおいっそうここにそれらの実例を増加して、両者対比研究の根拠を示さねばなるまい。

モンテーニュは生来無精で無頓着で怠け者だったと、従来きまじめな読者からは叱られどおしである。夫子自らいたるところでそう告白しているのだから、いわばそれは自業自得である。だが我々は、何故彼がそのように自ら非難の種子を蒔いているのか。その意味を改めて考えてみる必要があると思う。実際彼はそのような欠点を、あえて悪びれもせず、恐縮もせず、それどころかむしろ平然と、時には大威張りで、披露している。どうやら彼は、そうした欠点をむしろ愛《め》でいつくしみ、あるいは守り育てているかのようだ。どっかとそこにあぐらをかき、時には恬《てん》として居直っているかのようだ。彼はそれが自分の本領であり天職であると確信しているのではあるまいか。そうやって彼は情念からも欲望からも、見栄外聞からも、あらゆるものから解放され、いわば心身ともに無の境に入り、それだけ彼の〈母なる自然〉の膝もと近くその身を置こうと願っているのではあるまいか。そのような考えが特に顕著に読みとられるのは、第一に有名な〈子供の教育について〉（第一巻第二十六章）の冒頭の頁、次に第二巻第十七章〈自惚れについて〉の章の、己れの無芸無能を細大洩らさず告白している二十数頁。第三に第三巻第十章〈自己の意思を節約すること〉における、市長在職中およびその前後の政治活動の実際を語りながら、自分の生活信条を述べている十幾頁かであるから、それらを抄録しながらそれらと照応する老荘の諸章節を対比してみようと思う。

《(a)私はこの書物が、その少年時代に僅かにもろもろの学芸のうわつらをなめただけで、……いろいろなことを少しずつ噛《かじ》ってはいるものの完全には何一つとして知らない、一人の男の夢想にすぎないことを、誰よりもよく承知しております。要するに私は、医学があり法律学があり、数学には四つの分科があることも、またあらましながらそれらが目指すところも、承知してはおりますが、その先を更に深く掘りさげようとか、アリストテレスの研究に打ち込もうとか……いうことは、ついぞ一ぺんもしたことがないのでございます。(c)私にはどの学科についても、その最も簡単な輪郭さえ描いて見せることができないのでございます。いえ、中学生ですら、「おじさんよりはぼくの方が物知りだよ」と言えない者は一人もなく、かえって私の方が、彼をその第一課においてすら試験してやるだけの力さえないのでございます。……

私の思想も判断も、ただ手探りしながら、よろめきつまずきながら、やっとのことで進むのでございます。ですから最も先に進み出た時ですら、少しも私は満足を覚えませんでした。……ですからふと心に浮かびあがるいろいろな事柄を語り出でようと企てましても、……その自分の論じようとしている事柄がよい著者によって論じられているのに出会いますと、それらの人々にくらべて自分がいかにも力なく弱々しく、鈍重にしてさながら眠れるがごとくなるを認め、自ら憐れみ自ら嘲るのでございます。……》（Ⅰ・26・202–203）

《古代の人々が一般人間に関して懐《いだ》いていたもろもろの意見のうち、わたしが最も喜んで懐抱し執着するのは、我々人間を最も軽蔑し見くだし棄却するところの意見である。哲学は、それが我々の自惚れと虚栄をやっつける時ほど、それが自分の不確実と無力無知を正直に認識する時ほど、わたしの眼に立派に見えることはない。……（Ⅱ・17・749）

(c)わたしは自分を平凡普通な人間の部にはいると思っている。そう思っていることだけがひとと違うところなのである。わたしは最も低級で平凡な欠点をもっているが、わたしはあえてそれを隠しもしなければ申し訳もしない。……（Ⅱ・17・750）

……(a)わたしは、(c)絶えず意見をかえる。そして(a)いたるところで、無力のために自分が動揺し挫折するのを感ずる。わたしは自分の判断を満足させるような自分のものを、何一つとして持っていない。わたしの眼ははっきりとかなり正しく物を見るが、さていよいよとなるとぼんやりする。……（Ⅱ・17・750）

わたしは気に入ることも悦《よろこ》ばすことも擽《くすぐ》ることも知らない。世界一おもしろい物語も、わたしの手にかかると、ひからびてつやをなくしてしまう。わたしはただきまじめに語ることができるだけである。わたしの友達の誰彼において見受けられるように、初めての人をも巧みにあやなし、一座全体に息もつがせず、またいろいろ変わったお話をまじえ王侯がたのお耳を疲らすことなく楽しませるというような、そういう才能はてんで持ち合わせていない。……

それにわたしの言葉には少しもやさしく滑らかなところがない。ぶっきらぼうで(c)聞きづらい。……（II・17・753）

……(a)することにおいても、言うことにおいても、わたしはただ単純に生まれつきの性分に従う。ラテン語はというと、それはわたしが母語として教えられたものだが、しばらく使わずにいる間に、すらすらと語ることができなくなってしまった。(c)そう、書く方もできなくなった。昔はその道の名人《メートル・ジャン》と言われたものだが。……(a)この方面においてもいかにわたしが大したものでないかは、これでおわかりになろう。……（II・17・754）

(a)ところでわたしの背丈は、中ぐらいより少し低目《ひくめ》である。この欠点は、たんに醜いというだけでなく損である。役職をもち人を司令する立場にある者には、特に損である。つまり押し出しの立派さ、堂々たる体軀の与える権威がそこには欠けているからである。……（II・17・755）

……背たけの美しさこそ、ただ一つ、男の美しさである。（ほかの美しさはみな女たちのものである。）背丈が小さくては、いかにその額が高く広くても、眼が澄んでいてやさしくても、鼻の形が程よく耳や口が可愛いらしくても、歯並びがよく真っ白でも、栗皮色の髯《ひげ》がやわらかくゆたかに生えていても、……とうてい美丈夫とは認められないのである。（II・17・756–757）

器用さも身軽さも、少しもわたしは見せたことがない。そのくせ大へん身軽な・しかも高齢に至るまですばしこさを失わなかった・人の子なのである。父はすべての力わざにおいて、自分に肩をならべうる同じ身分の者を、ほとんど見出さなかったが、このわたしは、わたしを凌《しの》がない者をただの一人も見出さないのだ。ただ駆けっこだけは例外で、そこではわたしもどうやら中くらいの部にはいれた。音楽となると、声の方でも楽器の方でも、人は何一つわたしに教え込むことができなかった。舞踊においてもテニスにおいても角力《すもう》においても、わたしはごくごく平凡な力しか養い得なかった。水泳・撃剣・跳躍ときては、まるでだめ。手先もはなはだ無器用で、ただ自分のためにすら書くことができない。……(c)読むことだってちっとも上手ではない。聞き手にとっていかに聞きづらいか、それはこの自分が一番よく承知している。……手紙をきちんと折りたたんで封をすることもできなければ、ついぞ鵞ぺんの先が削れたためしがないし、御馳走に招《よ》ばれても、何一つ目ぼしいやつを切って取ることもできない。(c)馬に鞍をおくことも、鷹をこぶしに載せて行って放つことも、犬や鳥に話しかけることも、できない。(II・17・757-758)

(a)わたしの身体の諸性質は、結局、霊魂の諸特質と、きわめてよく釣り合っているのだ。そこには何一つ敏捷なものがない。ただ張りきった・あとに引かぬ・精力《がんばり》があるだけなのだ。わたしはよく労苦に堪える。だがそれにしたところで、自分から進んでその気になる時に限る。わたしの欲望がそこにわたしを連れてゆく間だけのことだ。……そうでない場合、何かの快感にそそのかされない場合、つまりわたしの純粋で自由な意思とは別のものに誘われ導かれる場合には、てんでだめなのだ。まったくわたしは「健康と生命以外には(c)わたしがほんとに辛抱しようと思うほどのものは何一つない。(a)精神の苦痛や窮屈を支払ってまで買おうと思うほどのものは何一つない」くらいにわたしは思っているのだ。……(c)わたしはいたって無精《オワジフ》、いたって気まま《リーブル》である。それは性分でもあれば、わざとでもある。わたしは心づかいを求められるくらいならば、むしろ喜んで血を提供することであろう。

(a)わたしの霊魂は勝手気ままで、自分流儀に振る舞うことに慣れている。こんにちまでのところ、押しつけられた上役も主人ももったことがなかったから、わたしは好きなだけ先にすすみ、しかも好きな歩きかたで進んで来た。それはわたしを柔弱にし、わたしを宮仕えには役に立たない、ただわたしにだけしか役立たぬ者にしてしまった。それにわたしのためには、このぐずで怠け者で何一つしようとはしない性分（ce naturel poisant, paresseux et faynéant）も、強いて矯《た》め直す必要がなかった。まったくわたしは生まれた時から相当の資産をもっていたから、その程度にとどまっていればよいのだという理由をもっていたし、またそのようにするのがよいのだと感ずるだけの分別ももっていたから、(a)わたしは何ものも求めなかったし、また何ものをも得なかったのである。……（II・17・758–759）わたしは足ることを知るだけの器量しか必要としなかった。(c)だが、よく考えてみると、これこそどのような境遇にあっても同様に得がたい霊魂の調整であって、我々の経験によると、それはむしろ豊富の中によりも窮乏の中にかえって容易に見出されるのである。……わたしは(a)ただ神様が気前よくわたしの手のうちに委ね給える幸福《レ・ビヤン》を、静かに享受することだけで、十分であった。(c)いやな(a)いかなる種類の苦労《トラヴァイユ》も、わたしは味わったことがない。(c)わたしはほとんど自分の仕事だけしか処理したことがない。何かほかのことをしたことがあったとしても、それはただわたしの好きな時間に、わたしの欲する仕方において、処理するという条件においてであった。ただわたしを信用している人たち、わたしをよく知っていていてわたしをせきたてない人たちに、頼られただけであった。まったく眼きき《エクスペール》は、強情で息のつづかぬ馬をも何かの役に立てるものである。

(a)わたしは少年時代にさえ、甘やかされ自由気ままに育てられた。そこには厳格なしつけが全くなかった。そんなことでわたしの性格は、気弱な・あれこれと気をつかうことに堪えられない・ものになってしまった。わたしはわたしの損失やわたしに関係のある不始末までも、知らさずにおいてほしいと思うほどである。……（II・17・759-760）

(b)危険に面しては、「どうやってこれを免れようか」とは考えないで、「これを免れるということがいかにつまらないことであるか」と考える。……わたしにとって一番苦しい状態は、つめよるいろいろな事柄の間に中ぶらりんでいること、恐怖と希望との中間におろおろしていることである。思案するということは、最も軽微な事柄についてでさえ、わたしには面倒くさい。……(b)いよいよ事件が到来すれば、わたしは雄々しくそれに立ち向かうが、そこにゆくまではまるで子供みたいである。……（II・17・760）

(a)さてわたしは、おべっか使いや猫かぶりであるよりは、むしろ扱いにくいぶしつけなやつと思われる方がよい。

(b)……どうもわたしはおとなしくしているべき場所で少し勝手に振る舞いすぎるようである。恭々しくしているべき場合に、かえっていきり立つようである。また技巧を知らないために、つい自分の天性にひきずられるままになることもあるらしい。……あまり気転がきかないので、とっさの問いをかわすことも、うまくわき道にそれることも、また真実をまげることもできない。……記憶だってあまりよくないから、そのまげた真実を覚えていることもできないし、それを押しとおすだけの確信ももちろんないのである。……（II・17・766）

(a)記憶というものはすばらしく重宝な道具《もの》であって、それがないと、判断力すらその務めを果たすのにひどく骨がおれる。ところがそれがわたしには全く欠けているのだ。人が何かわたしに申し入れる時には、それをいくつかに分けて言わなければならない。まったくいろいろな条項を含む申し入れにお答えすることは、わたしの力に余るのだ。わたしは手帳がなくては御用を承ることができない。また何か重要な言葉を述べなければならない場合、それが長くて一息で言えない時は、いやな、なさけないことではあるが、どうしても、自分の言わねばならないことを、(c)一語一語(a)暗記してゆかなければならない。そうでもしなければ格好もつかないし、自分の記憶が何かいたずらをしはしないかと恐ろしくて、安心していられないのである。(c)ところがこの暗記ということがまた、わたしにとっては同様にむずかしいのだ。三行暗記するのに三時間もかかる。(II・17・766)……わたしは命令や義務や束縛をさける。わたしがふだん自然かつ容易に行うことも、それを是非ともするようにときびしく自分に命令すると、どうしてもそれができなくなってしまう。……(a)わたしは(c)三時間前に(a)与えたばかりの・また受けたばかりの・見張りの命令を、忘れたことが一度や二度ではない。(c)……財布をどこにしまったかさえ忘れてしまったことがある。わたしは物を、特に大切にしまい込んではかえってそれをなくしてしまう。(a)実に記憶こそ、学問知識の容れ物であり鞘《ケース》である。それが今申したように頼りないのであるから、あまりわたしがものを知らないからといって、ひどく文句も言えないのである。わたしは漠然ともろもろの学芸の名とそれらが何を論じているかは知っているが、それ以上のことは何も知らない。わたしは書物をめくる(feuilleter)だけで研究(étudier)はしない。……著者だの出所だの語句その他のこまごました事柄は、立ちどころに忘れてしまう。

(b)いやわたしはえらい物忘れの名人だから、自分が書いたり編集したりしたものまで、同様に忘れてしまう。人はしょっちゅうわたしの前でわたしの書いたことを引用するが、わたしの方はそれにちっとも気がつかない。もし人が、わたしがそこに積み重ねた詩句や逸話の出所《でどころ》を知りたがるならば、わたしは返答に困るであろう。……（Ⅱ・17・766-768）

(a)わたしは記憶の欠如以外にも、大いにわたしの無知を助長する欠点をまだたくさん持っている。わたしの機知《エスプリ》はのろくて鈍い。……どんなにやさしい謎を出されても、いまだかつて解けたためしがない。どんなに間の抜けた小細工も、わたしを当惑させないものはない。多少とも才知のあずかる遊戯は、カルタにしても碁将棋にしても、そのごくあらまししかわたしにはわからない。……理解ものろく、もたもたしている。……わたしの霊魂くらい無能で、知らないとは恥ずかしくて言えないような事柄さえ知らない霊魂は、どこを捜してもないのである。（Ⅱ・17・768-769）

(a)わたしは田園に生まれ野良仕事を見ながら育った。先祖から財産をゆずられてからは、家事万端を自らこの手で管理している。ところがわたしはそろばんも筆算もできない。我が国の貨幣も大部分が見分けられない。また穀物の区別もつかない。それが畑に実っている時も納屋に納まっている時も、よほどの区別がない限り見分けがつかない。自分の畑のキャベツとちしゃでさえ、ほとんど見分けがつかないのである。家内で一番有用な諸道具の名さえ知らないばかりか、農耕上のあらましの規則も、子供でさえ知っているようなことさえ、わかっていない。(b)機具の取り扱い方、商法や商品に関する知識、果物や酒や食品の名前およびその性質に至っては、なおさらのことだ。小鳥を飼うことも馬や犬の療治をすることも知らない。(a)いや、恥ずかしついでに何もかも隠さずに申し上げるが、つい一月《ひとつき》ばかり前のこと、パンを作る時にパン種がどんな役をするのか、(c)酒を醱酵させるとはいったいどんなことなのか、(a)一切知らずにいることがばれてしまった。……》

（II・17・769）

このように、当たり前ならむしろ伏せておきたいくらいの自分の欠点を、恥ずかしげもなく、悪びれもせず、堂々とは言えぬまでも、平気で淡々と述べているのは、いったい何故なのか。それはこれらの章だけに限ったことではない。捜せば『随想録』のいたるところに、まだまだいくらでも見出される。これはモンテーニュが、何でもありのままにしゃべらずにはいられない質の、真っ正直な人・天真爛漫な人であったから、というだけのことではない。むしろ人間一般のむなしさと共に、その一環として、自らの無能と欠陥とを公表することが、彼の公私にわたる生活全般を理解してもらうために必要であり、彼の『随想録』全体の目的もまたひっきょうそこに帰すると、確信するからであった。まだ三十八歳の若さで、同僚や先輩の引き止めるのもふりきって、法官の職をさっさと友人に譲り渡し、故郷に帰って悠々自適の生活に入ったことを、世間から認めてもらい許してもらうためには、これこそ最も有力な・根本的な・釈明になると思うからであった。自然が、彼のいわゆる〈母なる自然〉が、彼をこのようにひよわな子供に産みつけてくれたことを、自然がさながら慈母のように、そうやって普通一般の約束や義務から、その一歩手前のところで彼をかばい守ってくれていることを、平安と幸福の泉に最も近いところに、いわば自然の最も身近なところ、自然の膝の上に、特に彼の席をもうけてくれたことを、心から感謝しているからである。後年《わたしは目だたない・おとなしい・滑るような一生をたたえる》（III・10・1177–1178）と明言するとおり、彼は進んで、好んで、喧騒と波瀾との及ばない人生の窪地にその身を伏せ、そこで心ゆくまで〈母なる自然〉の声に心耳を傾けつつ、静かに幸福な一生を完了しようと、望んでいるからである。

晩年そこに書き加えた《卑屈からも傲慢からもひとしく遠い一生》というキケロの句は、最もよくモンテーニュの逃避隠棲の動機と目的とを明らかにしている。卑下も逃避もモンテーニュにおいてはただそれだけのものではなく、むしろ彼の理想の達成の唯一至上の道であった。それは自我が社会的連関から離れて孤独になること、自分自身になること、自分自身を〈自然〉の営為のうちにおいて見ることであるから、彼の隠棲はただの逃避にとどまるものではなく、積極的な重大な意味を持っていたので、その点老荘道家の人々と少しも変わるところはなかった。

老子の文章はモンテーニュの口語文にくらべてかなり荘重な響きをもって我々には感じとられるが、内容においては前掲のモンテーニュの言葉と全く同じことを述べている。多分老子の文章も古代中国人には、我々がモンテーニュに感じるくらいの平易で溌溂たる響きを与えたのではないか。それはその道の人に確かめなければならないが。……

《衆人ハ皆余リアリ。我独リ遺《ウシナ》エルガ若《ゴト》シ。我ハ愚人ノ心ナル哉《カナ》、沌々兮《トントンケイ》タリ。俗人ハ昭々、我独リ昏《クラ》キガ若《ゴト》シ。俗人ハ察々《サツサツ》、我独リ悶々《モンモン》タリ。澹兮《タンケイ》トシテ其《ソ》レ海ノ若《ゴト》ク、飂兮《リユウケイ》トシテ止《トド》マルコトナキガ若シ。衆人ハ皆以《モチイ》ルトコロ有リ。而シテ我独リ頑《ガン》ニシテ鄙《ヒ》ナルニ似タリ。我独リ人ニ異リテ、母ニ食《ヤシナ》ワルルヲ貴《ヨロコ》ブ。（『老子』第二十章）

この古い中国の名文を、一方に奥平卓・森三樹三郎・福永光司の邦訳を、他方にレオン・ヴィジェによって一九一三年に初めてなされた仏訳を、両々対比しつつ私流に翻訳してみると、おおよそ次のようなことになる。

〈世間の人はさまざまな知識を豊富に持っておられるが、この私は無益な知識はすべて捨て去って、全く愚者の心になりきっているようで、まさに混沌たる状態《ていたらく》である。世の人々は光り輝いているが、私の方は昏《くら》い無知の状態にとどまっている。世間の人々は明敏であるが、私だけはもたもたしている。あたかも海のように動揺してやまず、風のようにふわふわとして、一刻もじっとしていられない。世間の人々はみな何か取柄をもっているが、私だけは頑冥で田舎者のようである。このように私は世間の人とちがった変人である故、ただ母に養ってもらうだけで満足している。〉

このように卑下と自嘲の姿勢をとりながら道家の人々もまた、自分たちを〈万物の根源〉たる〈道《タオ》〉すなわち〈母なる自然〉から遠ざける一切のものに反抗していた。その点、モンテーニュと全く同じであった。それはヴィジェが〈母〉という字を〈万物の根源たる母〉（mère nourricière universelle, le Principe）という風に説明的に仏訳していることでもわかる。それは『老子』第二十五章の〈道〉の定義（既出第三章参照）を踏まえての意訳であって、正にモンテーニュの〈我々の母なる自然〉（notre mère nature）に通じるものがある。要するに同一の見地に立っているのであるから、モンテーニュの言葉と老子のそれとがあやしきまでに照応していても、それはむしろ理の当然と言うべきだろう。

第三巻第十章〈自己の意思を節約すること〉という章を読んでゆくと、全章が、前掲『老子』の簡勁な一文の詳細な敷衍ないし評釈ではないかとさえ怪しまれるほどである。モンテーニュは、その父の公人としての意識・覚悟には一応の敬意を表しながら、そのすぐあとでこんな風に述べている。

《世間の規則や教訓は、大部分がこんな〔滅私奉公というような〕ことを言っては、我々を我々の外に押し出し、広場に進出させ、公共社会の用に供しようとする。世間の人たちは、そのように我々に我々自身のことを忘れさせるのを、よい行いをすることだと考えているのであった。それは我々があまりにも我々《じぶん》のことにかまけすぎ、その執着はあまりにも野人《ナテュレル》〔＝無骨無礼〕であると、思いこんでいたからである。》（Ⅲ・10・1160）つまりモンテーニュは最も自然で純粋な人間を理想としているのに、それが世俗の眼には野人とも無骨者とも受けとられ、批難の対象となっていることをひそかに嘆いているのである。ところがこのようにモンテーニュが婉曲に洩らしている気持ちを、荘子は簡勁に、ずばりと言ってのけている。見事に俗人にしっぺ返しをくわしている。曰く、《己レヲ物ニ喪《ウシナ》イ性ヲ俗ニ失ウ者ハ之ヲ倒置ノ民ト謂《イ》ウ》（「繕性篇」）と。ヴィジェ流にこれを意訳すれば〈周囲の瑣事に気をとられ、因習のために自己本来の自然を抑圧して生きるのこそ、本末顛倒もいいところだ〉ということになろう。〈倒置ノ民〉を森三樹三郎は〈さかだちした人間〉と訳し、ヴィジェは〈〔自然に〕さからって生きる人間〉un homme qui vit à l'envers と訳している。要するに〈世はさかしま〉と感ずるのは、どこの国いつの時代においても〈オネトム〉とか〈賢者《サージュ》〉（モンテーニュ）とか〈至人・真人〉（荘子）とか言われる少数者に限るのであろう。自分の大切さを自覚しない、いわゆる〈倒置ノ民〉の方が、世間では評判がよく容易に成功者となるのである。

　ところが荘子にとっては、社会的に無用な人間こそ真の有用の世界に生きる人であり、そういう人だけが生きがいのある人生をもちうるのだと信ずるから、少しも遠慮することがない。積極的に、（これはモンテーニュも同様であるが、）無用無益と言われる人々、素朴な田夫野人の幸福を賞讃する。

《桂ハ食ウベシ。故ニ之ヲ伐《キ》ル。漆《ウルシ》ハ用ウベシ、故ニ之ヲ割《サ》ク。人皆有用ノ用ヲ知ルモ、無用ノ用ヲ知ル莫《ナ》キナリ。》（「人間世篇」）

桂はその樹皮が薬用になるから伐り倒される。漆の樹は塗料になるから、樹皮を切られ樹液をしぼりとられる。大多数の人間は、有用の人物として引っ張りだこになるのをおろかしくも己れの幸福とも名誉とも心得ているが、実は無用無益とそしられる人間の方が、かえって人間らしい生活ができて百倍も幸福なのだと謂《い》っているのである。そして世の毀誉褒貶を意に介しない者こそ真の人間だとしてこれを讃える。荘子は別のところで《物ヲ以テ志ヲ挫カザルヲ完ト謂《イ》ウ》（「天地篇」）と言っているが、完とは完全な人間、老荘家のいわゆる至人・真人のことである。モンテーニュが『随想録』最後の章で《自然こそやさしい案内者である。我々は学芸の跡ばかり追っかけていないで自然に従って生きねばならぬ。《万物ノ自然ニ徹シテ、正確ニソレガ要求スルトコロヲ知ラザルベカラズ。》（キケロ）……自分の存在を正しく享楽することこそ絶対の完全であり、神に近い完全である》*（Ⅲ・13・1282–1285）と言っているのと、まことに符節を合するがごとくではないか。

＊《C'est une absolue perfection, et comme divine, de savoir jouir loyalement de son être.》

実際にモンテーニュには、荘子の理想とした至人の面影が感じられる。彼はボルドー市長という顕職（それは今日の民選市長より数等重大な地位である）についた時ですら、日頃の生活態度を全く変えなかった。うっかり〈滅私奉公〉などというような、体《てい》のよい格言などにたぶらかされて〈己レヲ物ニ喪《ウシナ》ウ〉ようなことにならないように、自分の信念覚悟を市民たちの前に公言し、自他に対してあらかじめ一本釘をさしている。それは俗事俗人を撃退するための予防線を張ったという

だけのことではなく、日頃の心構えを失わないための自分に対する自戒自粛の言葉・誓言であったと考えなければならない。曰く、

《着任早々、わたしは率直に、自ら思うところを申し述べて、自分が元来どのような男であるかを明らかにした。すなわち記憶力もなければ警戒心もなく、経験もなければ根気もなく、それに怨恨もなければ野心もなく、強欲でもなければ乱暴もしないことを告白して、人々がわたしの勤務からいったい何を期待すべきかを、あらかじめ告げ知らせたのである。》（Ⅲ・10・1160）

この〈自己の意思を節約すること〉という全一章（第三巻第十章）は、《光栄や学問や富やその他これに類すものごとをまるで自分の身体のように最高無限の愛情をもって抱擁する》（Ⅲ・10・1161）一般世間の人々に、荘子のいわゆる〈倒置ノ民〉に成りさがることなきよう、その人々の覚醒をうながす懇切周到な教訓であったと思う。だから更につづけて言う。

《わたしは人が、その引き受けた職務のために、注意《こころづかい》と犬馬の労と話し合いと、いや必要ならば血と汗とをさえ、拒むべきではないと思う。

吾《ワレ》自ラ親友ノタメ祖国ノタメニ
イツニテモ死ナン覚悟アリ。（ホラティウス）

だがそれは、あくまでも一時的な貸付けとしてであって、精神はいつも平静に健康に保っていなければならない。精神を活動《はたら》かせるなと言うのではないが、それをいら立たせたり激情にまかせたりはするなと言うのである。……わたしは爪の幅ほども自分から離れることなしに公職にたずさわる

ことができた。(c)わたしをわたしから引き離すことなしに、わたしを人に与えることができた。……（Ⅲ・10・1161–1162）

市長とモンテーニュとは常に二つにはっきりと区別されていた。（Le maire et Montaigne ont toujours été deux, d'une séparation bien claire.）……（Ⅲ・10・1167）

(b)わたしはそんなに深くそんなに完全に自分を入質することはできない。わたしの意思がわたしをある一派に与える時も、それは決して無理な拘束を受けてのことではないから、そのためにわたしの悟性が毒せられることはない。……我が国の現在の混乱の中でも……〔信仰の問題を別にすれば〕始終わたしは不偏不党・厳正中立をまもった。》（Ⅲ・10・1167）

モンテーニュは、このように、たんに市庁の会議室における市長就任の挨拶においてばかりでなく、もっと広い多くの読者を前にした『随想録』という公開の広場においても、堂々と所信を披瀝し、自分の怠惰、無為無策は、深謀熟慮、深い哲学的思索の結果であることを知らせている。同じ章の末尾にモンテーニュは自ら次のように公言している。

《わたしは先にくどいほどに、わたしがそのような公職にたずさわる能力のないことを、世間に向かって公表した。だがわたしは、その無能以上に悪い癖をもっている。というのは、その無能《アンシュフィザンス》がちっとも恥ずかしくないということ、そしてあくまで自分の考え出した生き方を堅持して、あえてその無能を治そうとは努めないということである。》（Ⅲ・10・1180）モンテーニュは自分の無能無策を恥じるどころか、むしろそれに満足しているようだ。誰かが、「彼は市長としてこれといった業績を残さずに終わった」と批難したのを聞くと、こう言った。《これは有難い《イ・レ・ボン》！ほとんど皆の人がやりすぎたと言って咎められる時代に、わたしの無為《セサション》〔中途半端〕が咎められるとは！》(Ⅲ・10・1177) モンテーニュはよく優柔不断だと言われるが、よく〈無用ノ用アルヲ知ッテ〉無為《ノン・フェール》の徳を尊重する点では絶対の確信を持っていた。その確信は老子の記しているところと全く異なるところがないように思われる。老子は言う。《聖人ハ為《ナ》スコト無シ。故ニ敗ルルコトナシ。執スルコトナシ、故ニ失ウコトナシ。……是ヲ以テ聖人ハ不欲ヲ欲シ……不学ヲ学ビ……以テ万物ノ自然ヲ輔《タス》ケテ、而《シカ》モ敢エテ為サズ。》(『老子』第六十四章) ここに〈聖人〉というのは〈よき統治者〉という意味であるから、この文章を、市長職に就いた時のモンテーニュの心境そのものと考えても、決して間違ってはいないであろう。

それにこのような信念を地で行ったような人物の話が『荘子』「田子方篇」の中に出て来る。《肩吾、孫叔敖ニ問ウテ曰ク、「子三タビ令尹《レイイン》ト為《ナ》リテ栄華《エイガ》トセズ、三タビ之ヲ去リテ憂色ナシ。吾《ワレ》始メヤ子ヲ疑エリ。今子ノ鼻間ヲ視ルニ栩々《クク》然タリ。子ノ心ヲ用ウルコト独リ奈何《イカン》」ト。孫叔敖曰ク、「吾《ワレ》何ヲ以テカ人ニ過ギン哉《ヤ》。吾以《オモエ》ラク、其ノ来ルヲ以テ卻《シリゾ》クベカラズ、其ノ去ルヤ止ムベカラザルナリト。吾《ワレ》得失ノ我ニ非ザルヲ以為《オモイ》テ憂色ナキノミ。吾《ワレ》何ヲ以テカ人ニ過ギン哉《ヤ》。且ツ、其レ彼ニ在ルヤ其レ我ニアルヤヲ知ラズ。其レ彼ニ在ラン邪《カ》、我ニ亡《ナ》シ。我ニ在ランカ彼ニ亡シ。方《マサ》ニ将《マサ》ニ躊躇セントシ方ニ将ニ四顧セントス。何ノ暇アリテカ人ノ貴ビ人ノ賤シムニ至ランヤ」。》

この文をヴィジェの仏語訳を頼りに邦訳してみると、私はそこにモンテーニュの肖像を見るような気がする。〈肩吾が孫叔敖に問うて言った。「貴下は三度高職についたが傲《おご》り高ぶることなく、三度官職を失ったが憂える色がなかった。私は始め貴下の本心を疑ったが、今こうして面と向かって見ると、いかにも平然としておいでになる。どうして貴下はそのような境地に到達されたのか。」するとと敖はこう答えた。「いや別に私がえらいわけではありません。職に就けられたのも職を解かれたのも、全く私に関係なく為されたのですし、どっちの場合も、この私にとっては損でも得でもありませんでしたから、私は勇み立ちもせずしょげ返りもしなかったのです。別に私がえらかったわけではありません。むしろこれくらい自然なことはないのではないでしょうか。それに私の職が私のモワであったわけでもなし、私のモワが私の職であったわけでもありません。高位高職を得ることもそれを失うことも、ただ私の職に関することで、私のモワには関係のないことでした。どうしてそのようなことに心配などするわけがありましょう。私には、人の尊重や軽蔑などを、一々気にしているひまなどありませんよ」。〉

この中国献県の宣教師であった一ヤソ会士による仏訳はかなり自由濶達のようであるが、福永光司の評釈（中国古典選『荘子』外篇、六二三頁（朝日新聞社））と対比してみても、その肝要な部分においては少しも齟齬するところがないようである。とにかく私は、荘子によって描き出された孫叔敖の言葉の中に、〈モンテーニュと市長とは二人であって、相互にきわめてはっきりと区別されていた〉と書いた『随想録』の著者の気魄を感ずる。この挿話はそのまま『随想録』第三巻第十章の余白に書き込まれてあったとしても、いささかもモンテーニュの読者を驚かしはしないであろう。

老荘のともがらにとってもモンテーニュにとっても、本当の行為というのは、ただいたずらに心身を酷使して働くことではない。それは創造であり詩なのである。詩が詩人内面の統一と均衡とを反映していなければ値打ちがないのと同様に、人の行為は、その精神の根源において判断されなければならない。それが統一のない霊魂から生まれ出たのであれば、それは時として有効そうに見えることがあっても、本物でなくいんちきなのであるから結局無効に終わる。これに反して矛盾のない統一のとれた霊魂から発する行為は、一見無効のようであっても、優れた行為であって、必ず効を奏する。要するに詩においても一般行為においても、形状外観は二の次なのである。或る詩篇は押韻においてすぐれているために一時好い印象を与えはしても、真に心を打つものがない。行為もその人の心の充実を伝えるところがなければ、真の行為ではなく、したがって功業とはなり得ない。行為はすべて、実務においても芸術においても、行為者、著作者の真実、すなわち徳によってはじめて生きる。

こう考えてくると、いかなる種類の行為も、外観上の大小・高下・貴賤・美醜の区別なく、すべてが一つになる。万物斉同の説はここに生まれる。そしてカエサルよりもソクラテスの方が人に仰がれる。《まことにアリストテレスのごとく語りカエサルのごとく生きることはむしろ容易で、ソクラテスのごとく語りかつ生きる方がはるかにむずかしい。ソクラテスにおいてこそ、極度の完全と困難とが宿っている。それは学芸などのとうてい及ぶところではない》（Ⅲ・12・1215）と言って断然モンテーニュはソクラテスを人間の最上位につける。《(b)彼は(c)作為のない生まれつきの大胆さで、子供のような平気さで、(b)自然の純粋素朴な考えを、(c)無知を、(b)表現している》（Ⅲ・12・1214）からである。カトーは常に悍馬《かんば》に打ちまたがって雄壮に立ち働くが、ソクラテスの方は普通一般の人々と共に静かに地上を歩みながら、いかなる障害に出会っても従容として少しも日常の態度をくずすことがない。これでこそ本物なのだと、モンテーニュは言うのである。ソクラテスにおいては何一つ借り物はない。その思想も行動も全部彼自らのもの、彼のモワそのものである。

このソクラテスの日常を、モンテーニュは地上をすれすれにかすめて飛ぶ、親しみ易い燕の姿にたぐえているが、老子はそれを〈天下ノ谷トナル〉という語で表現し、聖人の徳をたたえる。

《其ノ雄ヲ知リテ其ノ雌ヲ守レバ天下ノ谿《ケイ》ト為《ナ》ル。天下ノ谿トナレバ常ノ徳ハ離レズ嬰児ニ復帰ス。……其ノ栄ヲ知リテ其ノ辱ヲ守レバ天下ノ谷トナル。天下ノ谷トナレバ常ノ徳ハ乃《スナワ》チ足リ樸《ハク》ニ復帰ス。……》（『老子』第二十八章）

《雄《かた》さ（の力）を知りつつ雌《よわ》さ（のまま）にとどまるものは天下の（何ものをも受け入れる）谿《たにま》のようなものとなる。天下の谿であれば、変わることのない徳は（その人を）離れることがない。そして嬰児《あかご》（の状態）にもう一度もどれるであろう。……栄誉（の貴さ）を知りつつ汚辱にとどまる者は天下の谷《おおかわ》のようなものとなる。天下の谷となれば変わることのない徳は充ち足りて、（その人は）まだ削られる前の樸《あらき》（の状態）にもう一度帰れるであろう。……》（小川環樹訳）

いかなる異常事態に対しても決して自己を圧殺したり犠牲にしたりしないというモンテーニュの信念は、ボルドー市長のような行政長官であった時ばかりではなく、その一生を通じて、いわば在野の廷臣《ジャンティヨム》として政治的折衝ないし外交官的調停に当たらねばならなかった、いかなる場合にも、同様に完全に遂行実践された。その時の彼は、政治家としての慧眼と練達とによって成功したのではなく、むしろ詩人らしい純粋さ（老子の謂《い》う〈樸《はく》〉）によって関係者の疑心を除き心服されたのであった。彼は自ら次のように告白している。

《(b)わたしは、こんにちわれわれを引き裂いている幾つもの分派党派の間に立って、いくらか王侯がたの調停に当たらなければならないこともあったが、その時わたしは彼らに勘違いをされたり買いかぶられたりしないように、極力用心した。その道の専門家は、できるだけ猫をかぶって、さも最も中立であるかのような、最も似通った意見をもってでもいるかのような、顔をして罷り出る。だがわたしは、自分の意見をできるだけ鮮明にし、できるだけわたしらしい態度で進み出る。何と甘っちょろい素人じみた調停者であろう。自己に不忠であるくらいなら、むしろ交渉を決裂させる方がよいというのだから！　ところが何と、今日までのところ、万事はなはだ運がよく、（まったくここでは運《フォルテューヌ》が最も主要な役を勤めるのだ。）わたしほど疑いをかけられず、わたしほど可愛がられ親しまれながら、橋渡しをした者は、ちょっとほかにないくらいなのだ。わたしのやり方は開けっ放しで、初対面の時から相手に気に入られ、容易にその信をかちえてしまう。素樸《ナイヴテ》と純粋な真実《ヴェリテ・ピュール》とは、どんな時世においても時宜にかなったものとして採用される。それに少しも自分の利益を考えずに働く人々の場合は、自由率直《リベルテ》も疑われたり嫌われたりするようなことはほとんどない。そういう無私の人たちは、あのヒッペリデスがその言葉の辛辣をアテネ人から咎められた時にした答えを、そっくりそのまま用いることができるのである。すなわち、「諸君よ、ただ私が無遠慮だということだけを考えずに、むしろ私が何らの報酬も求めず少しも己れを利しようなどと考えないからこそ無遠慮なのだと、考えられたい」と言えばよいのだ。わたしの無遠慮《リベルテ》もまたその臆面のなさによって、そこに隠し立てがありはしないかという嫌疑を容易に一掃した。（わたしはどんな言いづらいことでも容赦なく言ってのけたから、わたしは「当人の居ない所でもこれ以上の悪口を言うことはあるまい」と見られたからであろう。）いやそれは見るからに二心《ふたごころ》なく、いかにもざっくばらんに見えたからである。わたしは行動する時、行動以外に何の果実も要求しない。そこに遠大な計画や後日の成果などを結びつけない。各行為がそれぞれにその役を行うだけである。あとは成るようになればよい！

それにわたしは、おえらい方々に対し愛憎いずれの感情にも駆られないし、わたしの意思は個人的な恩にも恨みにも縛られない。(c)わたしは我々の王様がたを、たんに法的な市民としての愛をもって見る。それは私的利害によって盛んにもならなければ衰えもしない。この点わたしは自分に満足している。(b)一般的な公正な動機にも、適度にでなければ、熱狂せずにでなければ、拘束されない。わたしはあの心の奥までも束縛する抵当や契約には引ずり込まれない。怒りや憎悪は、正義が要求する義務を越えている。それはただ理性によるだけでは十分にその義務を果たしえない人々にだけ役立つ感情である。すべて適法公平な意図はもともと穏和中正なものであるはずだ。そうでなければ、やがて謀反的不法的な意図に変質する。だからわたしは、どこに行っても常に頭を高くし、顔も心もおっ開いて、濶歩するのである。》（Ⅲ・1・920–921）

以上の文章は、いずれもモンテーニュの市長職以後の政治的活動、特に〈サン＝ブリス会談〉以後の調停者としての働きの実際を、きわめて正直に伝えている（『モンテーニュとその時代』参照）が、私はこれを読むたびに、奇しくもそこに、ソクラテスの面影を思い見ると共に、はるかなる中国古代の至人の、政治上の格言がそっくり翻訳され実践されているかのように感じる。例えば『老子』第三十七章には次のように示されているからである。

《道ハ常ニ為《ナ》ス無クシテ而《シカ》モ為サザルハナシ。侯王若《モ》シ能ク之ヲ守ラバ、万物将《マサ》ニ自ラ化セントス。化シテ而モ作《オコ》ラント欲スレバ、吾《ワレ》ハ将ニ之ヲ鎮《チン》スルニ無名ノ樸《ハク》ヲ以テセントス。無名ノ樸ハ、夫《ソ》レ亦《マタ》将ニ欲無カラントス。欲アラズシテ以テ静カナラバ、天下将ニ自ラ定マラントス。》

〈無名ノ樸〉とは名前のない自然樹のことらしいが、おそらく利欲なき純粋な心境の象徴であろう。モンテーニュは正にこのように純乎たる詩人の心をもって、行政長官としても王侯間の調停者としても、参加し行動したのであろう。このほか『老子』の《聖人ハ無為ノ事ニ処《オ》リ不言ノ教エヲ行ウ》（第二章）とか、《聖人ノ治《チ》ハソノ心ヲ虚シクシソノ腹ヲ実《ミ》タサシメ、ソノ志ヲ弱クシテソノ骨ヲ強クス。……無為ヲ為セバ則チ治マラザルコト無シ》（第三章）とか、前にも一度引用したが、《聖人ハ為スコト無シ。故ニ敗ルルコトナシ。執スルコトナシ、故ニ失ウコトナシ。……是ヲ以テ聖人ハ不欲ヲ欲シ、……不学ヲ学ビ……以テ万物ノ自然ヲ輔《タス》ケテ、而《シカ》モ敢エテ為サズ》（第六十四章）とかいう言葉の意味は、モンテーニュその人の政治上の実践とその真率にして詐《いつわ》らざる告白とによって、最も具体的に説明される。

モンテーニュはその一生の各時期を通じて、政治に関する豊富な経験をもったけれども、いかなる政治学説にも捉われたことがなく、また世の多くの政治家の弄したがるいかなる権謀術数にも加わらず、むしろその逆をゆくことが常であった。彼自ら、自分はほんとうに〈甘っちょろい素人くさい《タンドル・エ・ノヴィス》〉政治家だと言っていることに詐《いつわ》りはない。むしろきわめて純粋な詩人の心を宗《むね》として政治問題の処理に当たったのであった。彼の政治的工策は、工芸家の創作に類するものであったと理解してよいであろう。彼が〈二種類の雄弁の得失〉に関して述べた感想の中に、我々は彼の政治の要諦まで読みとることができるように思う。第一巻第十章〈遅弁速弁について〉にこう書いている。

《ⓐわたしは経験によって、世には生まれつき辛抱強い熱心な腹案工夫をするのに堪えない性分があるのを知っている。そういう質《たち》の人は、愉快自由にやらない限り、何をしてもだめなのである。我々はよく或る種の著作について「油と燈心の匂いがする」と言う。努力がその大部分になっている著作には、どことなくごつごつしたわかりにくいところがあるからである。いやそれだけではない。ひたすら立派に成功しようとの心づかい、その企てに対するあまりにも緊張した霊魂の努力は、かえってその企てを窮屈にし阻止し妨害する。それは水があまりにも激しく豊かに集中すると、ほそい一つの出口から流れ出ることができないのと同じことである。》（I・10・85）モンテーニュは自分がそのような性分に生まれついていることを十分に自覚しているから、論文とか定型詩とかいう種類をとらず、特にエッセーという自由気ままのゆるされるジャンルを選んだのであって、《いやそれだけではない》と言っているところを見れば、雄弁とか著作とかいう問題に限らず、他の方面の事に関しても（例えば政治外交の問題に関しても）同様の結果が生ずることを見聞し経験しているのではあるまいか。ここではまるで他人《ひと》ごとのように書きつけているが、第二巻第十章〈書物について〉の章では、はっきりと自分の性分についてこう述べている。

《(a)読んでいてふとむつかしい問題にぶつかっても、わたしはそのためにいつまでも爪を噛んではいない。一ぺんか二へん攻めてみてわからなければ、あとはそのままほったらかす。(b)いつまでそこに突っ立っていても、途方にくれるばかり、時間を空費するばかりだから。まったくわたしは、ぴちぴちした精神をもっているのだ。第一の攻撃でわからないことは、噛りつけばつくほどわけがわからなくなる。愉快な気持ちでなければ、わたしは何一つできない。長びけば、(c)そして過度に緊張すれば、それはわたしの判断を暗くし、悲しませ、疲らせる。(c)わたしの眼識はそのためにますます混乱し狼狽する。(b)わたしは自分の判断を呼び戻さねばならぬ。それをゆさぶってもとに帰

らせねばならぬ。……》（II・10・495–496）

これは確かに、アリストテレスか何かのむつかしい、晦渋な書物に出会った時の話であろうが、それはただ書物研究に臨んでの彼の態度とは限らない。困難な政治問題に当たっても、彼は同じく悠々たる態度をとったであろう。最後の(b)のテキストに特に注意をむけなければならない。〈迷いうろたえるその判断をゆさぶってもとに立ち戻らせなければならぬ〉（Il faut que je l'y remette à secousse）と言うが、〈もと〉とはいったい何であろう。《y》（そこに）とあるのはいったいどこなのか。言うまでもない。それは判断が危うく踏みはずしそうになった〈自然〉のことであり、判断が本来居るべき場所であり、老荘が〈道《タオ》〉と字《あざな》する天地自然の原理に立ち帰らなければならないと言うのである。ここで私は、『荘子』「天道篇」にある〈虚静恬淡寂漠無為〉の説や、「田子方篇」に読まれる宋の元君が大勢の画工を募って画を描かせようとした時、集まった画工の中で最もうすのろで無能のように見えた男を認めて、はじめて〈可ナリ。是レ真ノ画者ナリ〉（こういう奴こそほんものの画家だ）と言った話などと対比してみたくなる。*そうして見ると、たんにモンテーニュの政治上、あるいは哲学上の態度だけでなく、『随想録』そのものの成立過程や、その創作上の手法から構成までが、期せざるに白光のもとに照らし出される思いがするのである。

＊『随想録』第一巻第二十四章一八二頁参照。

モンテーニュは自分の作品について、それはお話《イストワール》の部と論考《ディスクール》の部とから成っていると述べたが、『荘子』もまた、お話の部（宋の元君の画工の逸話、孫叔敖の話など）と理論の部（虚静無為の説、天下の谷の説など）とから構成されており、しかもその根本に〈母なる自然〉とか〈天地ニ先立ッテ在リ〉〈天下ノ母〉と呼ぶにふさわしい〈道〉とかをふまえている。このように見てくると、モンテーニュと荘子とは、その思想構造においてもその生活態度においても、驚くべき類似暗合を示していることに気がつく。

まず荘子における〈論〉の部の見本としては、次の文のごときは格好であろう。

《夫《ソ》レ虚静恬淡、寂漠無為ハ、天地ノ平《ヘイ》ニシテ道徳ノ至リナリ。故ニ帝王聖人ハ焉《ココ》ニ休《イコ》ウ。休エバ則チ虚《ムナシ》ク、虚ケレバ則チ実《ミ》チ、実《ミツ》レバ倫《ソナワ》〔備〕ル。虚《ムナシ》ケレバ則チ静カニ、静カナレバ則チ動キ、動ケバ則チ得《ウ》。静カナレバ則チ無為《ナスナク》、無為《ナスナケ》レバ則チ事ニ任ズル者、責《セ》メアリ。無為ナレバ則チ兪々《ユユ》〔たのしい〕、兪々ナレバ憂患モ処《オ》ル能ワズ、年寿長シ。

夫《ソ》レ虚静恬淡、寂漠無為ハ、万物ノ本ナリ。此レヲ明ラカニシテ以テ南郷〔嚮〕スル者ハ堯《ギョウ》ノ君タルナリ。此レヲ明ラカニシテ以テ北面スル者ハ舜《シュン》ノ臣タルナリ。此レヲ以テ上ニ処《オ》ルハ、帝王天子ノ徳ナリ。此レヲ以テ下ニ処《オ》ルハ、玄聖素王ノ道ナリ。此レヲ以テ退居シテ閑遊スレバ、江海山林ノ士服ス。此レヲ以テ進為《シンイ》シテ世ヲ撫《ブ》スレバ、則チ功大ニシテ名顕ワレ、天下一《イッ》トナラン。

静ナレバ而チ聖、動ケバ而チ王、無為ナレバ而チ尊ク、樸素《ボクソ》ナレバ而チ天下能ク之ト美ヲ争ウナシ。》（「天道篇」）

《およそ虚静恬淡寂漠無為ということは、天地の最も安定した姿を示すものであり、自然のままの道徳の極致をあらわすものである。だから帝王も聖人もこの境地に安住するので、ここに安住すればしぜんに虚心にふるまうことができるし、虚心となれば一切をうけ入れて充実するし、充実すれば一切が兼ね備わることになる。虚心になれば心は自《おのずか》ら静かになり、静かであれば一切の動きに対応することができるし、自由に動くことができれば、万事に目的を達することができる。心静かなれば作為を弄することがなく、作為することがなければ人それぞれの能力のままに働けるから、必ず自分に責任がもてる。このように無為にしておれば心は常に楽しく、常に楽しければ憂患の入り込むすきもなく、しぜんに長寿を完うすることができる。》（福永光司訳による。）

《虚心で静かなこと、無欲で心安らかであること、静けさのうちに無為であることは、万物のあり方の根本となる道である。この道を明らかに知ることによって、南面して天子となったのは堯であり、この道を明らかにすることによって北面して臣下となったのは舜である。

この道に従って支配者の地位にあることが、帝王や天子としての徳であり、この道によって野に在ることが玄聖や素王としての道である。あるいはこの道に従って世を退き悠々自適するならば、江海や山林にすむ隠者たちの心服を得ることができよう。あるいはまたこの道に従って積極的に世を治めたならば、その功は大きく、その名はあらわれ、天下は一に帰するであろう。

静けさを守る時は聖人となり、積極的に活動すれば王者となり、無為であれば自然に尊くなり、素朴のままでいれば、天下その美を競うものがなくなるであろう。》（森三樹三郎訳）

虚静恬淡・寂漠無為の八字は、まことによくモンテーニュの生活態度を表現している。この生活原理に立てば、治者も被治者も、公人も私人も、ひとしくその志を完うし幸福であろうと言うのである。

次の逸話は、優れたる帝王のもとにある芸術家の自由と幸福を平易素朴な文章のうちに示している。〈お話の部〉の見本としてきわめて格好である。

《宋ノ元君、将《マサ》ニ画図《ガト》セントス。衆史皆《ミナ》至ル。揖《チョウ》〔牒＝画板〕ヲ受ケテ立チ、筆ヲ舐《ネブ》リ、墨ヲ和《トトノ》エ、外ニアル者半《ナカバ》ナリ。一史ノ後《オク》レテ至ル者アリ。儃々然《タンタン》トシテ趨《ハシ》ラズ。揖《チョウ》ヲ受ケテ立タズ。因リテ舎《シャ》ニ之《ユ》ク。公、人ヲシテ之ヲ視シムレバ、則チ衣ヲ解キ、槃礴《ハンパク》シテ〔両脚を投げ出してすわり〕、羸《ハダカ》〔裸〕ナリ。君曰ク「可ナリ。是レ真ノ画者ナリ」ト。》（「田子方篇」）

〈多勢の画工が元君の招集をきいて走せ参じた。画工たちは係の役人から画板を受けとると定められた位置につき、早速筆をなめたり墨をすったり、我こそは傑作をと大張り切り、半数の者は室外にあふれていた。ところが一人の画工が、おくれてやって来たのに、あえて急ごうともせず悠然と現われた。画板を受け取ったが、そのまま定められた位置につかず控室の方に行ってしまった。元君はあとから人をやって様子を見させたところ、くだんの男は着物を脱ぎ両足を投げ出し真っ裸になっていた。元君はそれをきいて、これこそ芸術の何たるかを知る真の画工というものだと申された。〉

この逸話はこのまま『随想録』の中に転載しても、少しも不自然に思われないであろう。ここで私が想い出すのは第一巻第二十六〈教育〉の章の中に出て来る、喜劇詩人メナンドロスの話である。この人は、約束の月が来ているというのにまだ一行も書いていないとて咎められたところ〈いやそれはもう出来上がっているよ。これからそれに韻脚の衣裳を着せさえすればいいのだよ〉と答えたという。荘子に出て来る上記の画工の話と好一対ではないか。

要するに、真の行為は、政治においても学問芸術においても、無頓着《ノンシヤランス》・無為《ノン・アジール》・休息平安・精神の統一から生まれるのだと考える点において、老荘道家とモンテーニュとは全く一致しているように思われる。ここにもう一つ、モンテーニュ好みの論説と逸話を老荘の中に捜すならば、前者は『老子』第二十八章に読まれる〈天下ノ谷トナル〉の思想〔前出・二五六頁〕であり、後者は『荘子』「達生篇」における木彫家梓慶《しけい》の話であろう。この二つの文章を改めて読み返してみると、モンテーニュの思想がいかに我々東洋人に理解し易く、かえって西欧の合理主義思想によってはいかに捕捉し難く理解され難かったかが、首肯されそうである。

老子第二十八章の〈天下ノ谷トナル〉はすでに読んだから、次にはただ、『荘子』「達生篇」に語られている彫刻家梓慶の話を読んで終わりとしよう。そこにモンテーニュの無為無学は意識的なものであって、一種の精進潔斎にも似ていることがうかがわれて面白い。

《梓慶、木ヲ削リテ鐻《キョ》〔鐘・太鼓をかける台座〕ヲ為《ツク》ル。鐻成ル。見ル者驚キ、猶オ鬼神ノゴトシトナス。魯侯《ロコウ》見テ焉《コレ》ニ問ウ。曰ク「子ハ何ノ術ヲ以テ焉《コレ》ヲ為《ツク》ルヤ。」対《コタ》エテ曰ク「臣ハ工人〔職人〕ナリ。何ノ術カ之《コレ》有ラン。然リト雖《イエド》モ一《イツ》アリ。臣ノ将《マサ》ニ鐻ヲ為《ツク》ラントスルヤ、未ダ嘗テ、敢エテ以テ気ヲ耗《モウ》セザルナリ。必ズ斎《サイ》シテ以テ心ヲ静カニス。斎スルコト三日ニシテ、敢エテ慶賞爵禄ヲ懐《オモ》ワズ。斎スルコト五日、敢エテ非誉巧拙ヲ懐《オモ》ハズ。斎スルコト七日、輒然《チョウゼン》トシテ吾《ワレ》ニ四枝形体有ルヲ忘ルルナリ。是ノ時ニ当タリテヤ、公朝ナシ。ソノ巧専ラニシテ、外滑《ガイコツ》消ユ。然ル後ニ山林ニ入リテ、天性ヲ観、形軀至ル矣。然ル後ニ成ル。鐻ヲ見テ然ル後ニ手ヲ加ウ。然ラザレバ則チ已《ヤ》ム。則チ天ヲ以テ天ニ合ス。器ノ神《シン》カト疑《マゴ》ウ所以ノ者ハ、其レ是レカ」ト。》

例のヴィジェや福永氏の注によって現代語訳を試みると、次のようになる。〈木彫家の梓慶が鐘や太鼓をかける台座鐻《きょ》というものを造ったが、見る者その精巧に驚き、その技鬼神のごとしと言った。魯侯これをきいて梓慶《しけい》を召したずねた。梓慶答えて言うには、「私はただの職人ですから、特別のすぐれた技術をもっているわけではありません。ただ強いて申せば一つだけあります。私は御用命をうけますと、あえて余事に気をうばわれぬように心を静め、精神の統一をいたします。そういう斎《ものいみ》を始めて三日たちますと、殿様から頂く御褒美や爵禄のことなどは念頭から消えてしまいます。五日たちますと、他人の毀誉褒貶、出来ばえの巧拙なども念頭からなくなります。七日目には、自分に四肢や形体があることも忘れて無我の境地に達します。こういう境地に立ちますと、公朝《おかみ》の事などは眼中になくなりただ目ざす目的に全性能を集中しますから、外部から私の心を乱すものは全くなくなります。そこではじめて山林にわけ入り、樹木のあるがままの性質を観察します。その性質格好の最も適したものを捜し得てこそ、立派な鐻《きょ》が出来上がります。いよいよそれが見付かりますと、はじめて仕事にとりかかります。そのように参らなければ始めから手を下しません。要するに自然の心で自然のものを取り扱うのです。ここで〔ヴィジェによれば、〈私ノ自然ガ樹木ノ自然ト全ク融合スルコトニ依ッテコソ〉〕はじめて神の作れるものと見ちがえられるような作品が出来上がるのではないでしょうか。」〉

　まったく創造創作というものは、絵画にしても彫刻にしても、音楽にしてもまたモンテーニュの〈エッセー〉にしても、このようにしてはじめて傑作となるのである。〈慶賞爵禄ヲ懐《オモ》ワズ〉〈非誉巧拙ヲ懐ワズ〉、心中に〈公朝ナク〉、ただ自己の自然に徹することに終始しなければならない。モンテーニュがアルティストであったということ、彼が詩人であったということの意味は、彼が全く梓慶が鐻を作った時と同じ心境態度で、『随想録』に着手しまたそれを遂行したのだということである。彼の政治的活動もまた彼の芸術と同様に、眼中国王も王臣もなく、あらゆる情念から解き放たれ完全な無私に徹することによって、すなわち〈天ヲ以テ天ニ合スル〉ことによって、成就したのであった。この〈天〉とはまさしく〈自然〉のこと、モンテーニュの〈母なる自然〉のことであって、これが彼を無為と倦退の深淵から救出したのであった。《自然はやさしい案内者であるが、ただやさしいだけではなく慎重公正である》（Ⅲ・13・1282）という彼の言葉には、彼の、彼ならではなしえぬ偉大な業をなしえた満足と、母なる自然への感謝とが、読みとられる。彼は至純な霊魂の中には天の加護が降下してその力を倍加するということを、ソクラテスのデモンの場合をあげて、語っている。そこには〈神来の霊感〉という言葉さえ用いられている。

《(b)ソクラテスのデモン〔精霊〕というのは、おそらく彼の理性の勧告をまたずに彼に現われた一種の意思の衝動であったろう。彼の霊魂のように非常に清められた霊魂、徳と知恵との不断の練磨によって鍛えられた霊魂においては、この種の傾向も、それは唐突で練れていなかったにせよ、とにかく服従するに足りる重大なものであったことは本当らしい。人はそれぞれその心のうちに、何かそのように立ちさわぐ影のようなものを感じる。(c)それは偶然・迅速・猛烈に浮かびあがる一想念《オピニヨン》の余響である。だがわたしはむしろこの方に若干の権威を認め、我々の知恵の方にはあまり信用をおかないのである。(b)わたし自身も、たまにはそういう霊感をもったこともあったが、(c)いつもそれは理由においては薄弱であり説得あるいは抑止において強力であった。ただソクラテスにおいては、そういうことがずっと日常的に起こったのであった。(b)わたしもそれらに従ってきわめて得るところもあったし幸運でもあったから、やはりそれも一種神来の霊感のごときものであったと、判断してよかろうかと思う。》（Ⅰ・11・90-91）

モンテーニュはここに、きわめて慎ましくではあるが、そしてソクラテスにおけるほど日常的ではなく、すこぶる稀ではあったが、時に同様の霊感を持ちえたことを、告白している。いや、世間では彼の文章を雅俗混淆しているとか、構成を欠いているとか、乱雑であるとかくさしているが、〈自分は無味乾燥な散文を書いているのではないこと、自分は押韻の末梢にとらわれてはいないが、詩的感興に乗じて書いているのだ〉ということを、ここに宣言しているものととってもよいのではあるまいか。学者や評論家は、こういう所を読み落としているのではあるまいか。これもまた、老荘と同じ自然観に立つモンテーニュの思想の本質が漏洩している重要な箇所であると、私は思う。

唐の白居易〔白楽天〕はその〈隠逸論〉の中で、朝市〔町なか〕に住む大隠と丘樊《きゆうはん》にかくれる小隠との中間に〈中隠の士〉があることを指摘し、自らもその一人であるといささか自嘲するかのごとくに言っているが、モンテーニュは官職に在ることを必ずしも卑しとせず、俸禄を受けて淫せず、人生を適当に娯《たの》しみながら、社会人としての義務もおろそかにせず、しかも立派に隠逸の志をとげているのだから、この人こそ真の〈中隠の士〉の模範とすべきであろう。こうなると隠棲も遁世も立派な生活態度であり、反体制者の温和で賢明な生き方と言えるであろう。

（竹内実、『中国の思想』第四章〈隠逸の思想〉参照——一九八〇年三月十二日付記）

第九章　《両脚を座位よりは少し高く》

――モンテーニュ城館のいまむかし――

ピエール・ヴィレーの『〈エッセー〉の源泉と進化』と題する堂々たる大著（全二冊、通算九五八頁、初版一九〇八・再版一九三三）は、博士論文としてまことに間然するところのない立派な実証的研究であり、特にその〈源泉〉に関する調査研究の結果は、その後のすべてのモンテーニュ学者に無視することのできない貴重な基礎的資料を大量に提供したのであるが、一方その〈進化〉に関する部分に至っては、その発表された当初からアルマンゴー博士などの強く反駁するところであったのみならず、こんにちではかえって複雑微妙なモンテーニュの思想の正しい理解の妨げとなっていることは、ようやく識者の認めるところとなってきたようである。まったく著者が、モンテーニュのきわめて天才的独創的な思想を、〈ストア主義時代から懐疑主義の転機を経てエピクロス主義ないし自然哲学へと進化した〉と簡単明瞭な図式で割り切ったことは、一方学生や教師にとっては至極便利で有難い学説であるに相違ないが、それがいつしか教育界・学界において定説の観を呈するに及んでは、さすがにモンテーニュの専門家たちは、改めてその訂正否定につとめざるを得なくなってきた。* 実際モンテーニュの思想を截然と三つの時期に分けて説明するヴィレーの方式は、専門家の絶えざる否定的努力にもかかわらず、依然として学生用参考書・教科書の中に命脈を保っているどころか、しっかりとその根をおろしている。フランスで演習用読本として最も普及している〈新クラシック・ラルース〉の中の『モンテーニュのエッセー』（一九六五）全三冊は、高等師範学校卒、アグレジェ・デ・レットル〔文学教授資格〕の肩書をもったダニエル・メナジェの編纂・解説したものであるが、やはりヴィレー説をそのままに採用しているし、比較的新たに書かれたアンリ・クルゥアールの著『フランス文学小史』（一九六八）も同様であるという。それほどヴィレー説の影響は広範囲に及んでいる。

＊ モーリス・ラ、一九六六。マルセル・フランソン、一九六七。ピエール・ミシェル、一九七三。いずれも〈モンテーニュ友の会紀要〉において。巻末文献参照。

『〈エッセー〉の源泉と進化』は不朽の名著である。私も四十年来この書から数え切れないほどたくさんの有益な資料を与えられているが、モンテーニュ自ら『随想録』の中にこうはっきりと述べている。

《わたしは自分を少しも曖昧にしてはいない。余すところなく示している。だからもしわたしのことを語らねばならない場合には、是非とも正直公平にやってもらいたい。よしそれがわたしを尊ぶためであろうとも、このわたしを、わたしが現にあるのと別様に描く者があるなら、わたしはそれを打ち消すために、よろこんで〔棲みにくい〕この世にもどって来たい》（Ⅲ・9・1134）と。こんなにまでミシェルが自ら言うのであるから、私も、えらそうな口はききたくないが、やはりヴィレー説は、ここではっきり訂正しておかねばなるまい。簡単に要約して言うならば、結局モンテーニュはその心底において少しも変わりはしなかったし、一書籍との偶然の邂逅から影響なんか受けはしなかった、ということである。このことを私は、モンテーニュに関する学者の論著によってではなく、本書の始めに約束したとおり、ミシェル自ら告白する所によって証明しなければならない。

ギュスターヴ・ランソンと言えば、最も手堅い実証主義の文学史家として信用のある人だが、こんなことを書いている。《スタンダールが毎日幸福の狩猟に出かけたように、モンテーニュも毎日その〈書斎《リブレーリー》〉の中に思想の狩猟に出かけ、偉大な宇宙の真理のかわりに有用かつ穏当なまことしさを、そこからもって帰ることに努めた》と。だがこれでは、モンテーニュの読書室はまるで哲学史か文学史の講義か編著かを義務づけられた、至極きまじめで勤勉な大学教授か評論家の研究室のように受けとられる。ミシェル自らの記述に準拠する限り、彼のリブレーリーは、ラ・ボエシ遺愛の蔵書を含めて優に一千冊の書籍によってその壁のほとんどすべてを覆いつくされてはいたけれども、それは大学の研究室とはちがって、それよりはずっと安楽《コンフォルターブル》な、いかにも悠々たる自由人の魂の休息所たるにふさわしい、ただの読書室であった。そしてそこに坐ったモンテーニュの読書の姿勢もまた、至極うちくつろいだのんびりしたものであったように、私には想像される。それはかつて（『モンテーニュとその時代』三八二―三八四頁にも）書いたとおり、正にご領主さま殿さまの読書、いや地主さまの読書ぶりであって、学者先生の系統だった読書ではなかった。むしろそれは気散じの読書であった。彼は第三巻第三章〈三つの交わりについて〉の章の中に、自らその書斎における生活ぶりを語っているが、その終わりのところに、こんな風に書いている。

《(b)もしも誰かが、「ミューズの女神たちをただの暇つぶしやなぐさみものとして扱うのはこの女神たちの品位をおとすものだ」と言うなら、それは快楽や遊びや暇つぶしがどれほど価値があるものであるかを知らないからだ。わたしはほかの目的こそ、かえってわらうべきものだと言いたいくらいだ。……まことに申し訳ないが、わたしはただわたしのためにだけ生きている。それ以上に何も目ざしてはいないのである。わたしは若い頃、見せびらかしに勉強をした。その後は、賢明になろうといささか勉強した。今はただ道楽に勉強をしている。決して何かを獲《え》ようとしているのではない。わたしも昔は、(c)ただ自分の必要をみたすためばかりでなく、それ以上に、(b)壁の飾りにもしようとしてこの種の道具〔＝書物〕をかき集めたがる、あの虚栄と浪費の癖を持っていたが、そんなものはとうの昔に捨ててしまった。》（Ⅲ・3・962）

ところでここに、彼が見せびらかしのために〔すなわち学があることを人に示さんがために〕読書をした若い頃と言うのは、さて何年頃のことであろうか。彼はギュイエンヌ学校時代に早くもオヴィディウスの『変形譚』をはじめヴェルギリウス、テレンティウス、プラウトゥスなどに読み耽った早熟な子であったが、最も知識欲の旺盛であったのはボルドーの人文学部の学生時代からパリに出て欽定講師《レクトウール・ロワイヨ》の講義をきいた時代にかけての、十三歳から二十三歳くらいまでの間（一五四六―五六）と推定してよいのではあるまいか。ギュイエンヌ学校時代から早くも胸に《年に似合わぬ大胆な思想をいだいていた》と自ら告白する彼は、パリ遊学中に早くも学者間の空理空論にそろそろ愛想をつかし始めていたのではあるまいか。そして『自然神学』の仏訳にたずさわったり、トゥルネブスの影響を受けたり、ややおくれてラ・ボエシと邂逅する頃には、ようやく賢明になるための読書の方向に転じていたのではあるまいか。そして法官時代の終わり頃、公職を捨てて引退を決意した頃には、すでに自分の融通無礙な思考法について十分の確信を持っていたのではあるまいか。モンテーニュには、その隠棲の当初何を書くべきかについて逡巡模索の一時期があったかのように言われるが、私はそうは思わない。第一巻第八章〈無為《オワジヴテ》について〉の章の告白はあるにしても、引退翌年の春、すなわち一五七二年三月には、早くも有名な〈哲学するとはいかに死すべきかを学ぶことである〉という章を書き始めている。すなわち彼の胸中にはもっと早くから言いたいこと書きたいことが鬱積しており、むしろそのために、断然彼は引退にふみ切ることができたのではあるまいか。*

* M. Conche : *Montaigne et l'ardeur de la vie*, in *B. A. M.*, 5e série, n° 13, 1975.

モンテーニュの根本思想、彼の終生かわらなかった堅固な思想は、彼の言葉によれば、〈彼と共に生まれた〉のであり、読書を通して他人から教えられたり学びとったりしたものではなかった。まさにその逆である。始めに彼の懐疑主義的傾向嗜好があり、次にそれにかなう思想家が彼の気に入り、それがしぜんにしばしば引用されたのである。彼自身誰よりもよくその間の事情を明らかにしている。

《(a)わたしのもつ最も堅固な思想、根本思想はいわばわたしと共に生まれたので、まったくわたしの生まれつきのもの、まったくわたし自身のものである。わたしは始め、それらを生地《きじ》のまんま、少しも手を加えずに、提示した。その示し方は大胆で力づよかったが、いささか不明瞭・不完全であった。それで後から、他人の権威により、また古人の健全な論説によって、それらを支持し補強した。わたしは偶然判断の上で彼らと一致したからである。》（II・17・776）

《(b)哲学はあれほど多くの顔かたちを持ち、またあれほどにたくさんのことを言っているから、我々の夢幻夢想は、ことごとくそこに見出される。人間の思想は、よくにせよ悪くにせよ、哲学の中に出てこない何事をも思いいだくことはできない。(c)《人はどんな哲学者にも言われたことがないほどの、不条理なことを口走ることはできない。》（キケロ）(b)そこでわたしは、ますますいい気になって、自分の幻想を、人々の前に駆けまわらせるのである。なぜなら、それはわたしの内部に祖師《パトロン》なしに生まれ出たものではあるけれど、きっとどこかに、何とかいう古人の思想と似たところを、持っているにちがいないと思うからである。きっと誰かが「なるほどあの本から取ったのだな！」（Voilà d'où il le print!）と言ってくれるにちがいないからである。

(c)わたしの性行は生まれつきである。わたしはそれらを作り上げるのにいかなる学派の助けをも求めなかった。だが、何ともそれらは力弱いものであったが、ふとそれらを皆に話してやりたいと思った時、そしてそれらをいくらか格好よく人前に示すために理論や実例でそれらを支持しなければならなくなった時、わたしは偶然にもそれらがいろいろな哲学上の理論や実例にあまりにもよく似ているのに出あって、われながらびっくりした。わたしがどんな流派に属するかは、それを実践躬行してしまってから後に、はじめて知ったのである。

これぞ新型の哲学者！　ついぞ瞑想したことのない急ごしらえの哲学者！》（II・12・644-645）

いかにも自嘲するがごとき口ぶりながら、はるかに後世の博士論文の広引傍証をあざわらっているかのようではないか。くどいようだが、もう一つモンテーニュ自身の証言をあげておこう。今なお私の周囲には、〈エッセー進化〉説を学界の通説定説であるかのごとくに信じ込んでいる人たちが残っているように見えるから。

《(c)わたしは本を書くためには少しも勉強をしなかった。だが本を書いたおかげで、ある程度勉強をした。もしも或る時はこの著者の、或る時はあの著者の、頭だか脚だかを、ひねくり返すことが、或る程度の勉強だとしたら。自分の意見〔思想〕を作りあげるためには全く勉学をしなかったが、さよう、すでに出来上がっている自分の意見を支持し支援するためには、いくらか勉強をした。》(II・18・785)

モンテーニュはそれぞれの時期にずいぶんたくさん読んだらしいが、若い時ほどよく読んだのである。生来の遠視眼に老眼のきざしが加わる年頃には、本人はそうと意識しなかったのだが、一方に学問研究が人間を幸福にも賢明にもしないという考え方がいよいよ高じてくるにつれ、段々と読まなくなっていたらしいのである。眼科医でモンテーニュのことをよく調べているベルヌーイ*という人が、そういうことを書いている。そのことは後に詳述したいと思うが、『随想録』の中にも、後世の学者たちが考えたがるような姿勢で哲学書と取り組むようなことは、年と共になくなっていったように思わせる、彼自らの告白がしばしば発見される。

＊　スイス・バーゼル大学医学部教授、哲学博士。

特に〈書物について〉の章（第二巻第十章）の始めのところで、自分はこの『随想録』を、自分の学びえた学問知識を自慢するために書いているのではなく、自分が常日頃いだいている自分本来の思想を知ってもらいたいために書くのだということを述べ、かつその場合にどういう目的で、どんな風に、他人の書いたものを借用し引用しているかを説明している。それによると、彼は自分のように先生がたをはじめ世の読者たちが信用するラテン語で書こうとはせず、あえて〈俗語〉すなわちフランス語で、しかもガスコーニュの訛《なまり》さえ交じえた口語体で書く者は、容易に世間から信用してもらえないから、あらかじめ読者の早計な批判をあびる時のために備えて、こうして古代の有名な著者たちの〈理由と創意と〉を、自分の〈理由創意〉に混ぜ合わせておくのだと言う。ただそうした偉大な名前を一々書きこまないのは、〈それは誰と言うまでもなくかなり明らかに推察されるから〉であると言う。すなわち、始めに彼生来の意見思想があり、古人の思想意見はあくまでも二の次なのである。それらはモンテーニュの理由と創意に箔をつけるためにすぎず、そこに幾らか危険な思想と思われそうなものがある場合には、責任の回避にも役立つ、いわば、避雷針の役目もしてもらうためにすぎない、というわけである。《(a)わたしは運命以外に、わたしの諸部隊〔諸問題・諸項目〕を配置してくれるような幕僚を全くもたない。夢想が浮かび出るにしたがって、わたしはそれらをただ積み上げてゆく。それらは一ぺんに群がり出てくることもあれば、またずるずると続いて出てくることもある。わたしは皆さんに、わたしのもって生まれたふだんの足どりを、御覧のようにもたもたしてはいるけれども、ありのままに御覧に入れたいと思っている。》（II・10・495）モンテーニュはこの章の始めから、もって生まれた天賦の性能《ファキュルテ・ナテュレル》と後得の性能《ファキュルテ・アッキーズ》とをはっきり区別し、後者は自分の最も不得意とするところであるとし、この本はもっぱら自分の思想を伝えるためのものだと明言する。ヴィレーの〈源泉〉に関する研究は後学の人々に多くの成果を残したが、彼が突きとめた諸書は〈十六世紀思潮の源泉〉ではあっても、直接モンテーニュの思想の源泉とはなっていない。それを逆に考えることは、少なくともミシェル当人にとっては不本意であろう。

モンテーニュはいろいろな時期にいろいろな書物を読んだのであるが、彼が一生を通じて、最晩年に至るまで繰り返し読んだ本というのは、『ピュロン主義概説』（セクストゥス・エンピリクス）でも、『新アカデミー派の人々を駁する問答』（ギー・ド・ブリュエス）でも『何事も知られざること』（フランシスコ・サンチェス）でも『道徳論叢』（プルタルコス）でもなく、それはむしろ彼の円形の、書斎の、天井の梁に記された五十七の格言であろう。私は拙著『モンテーニュ伝』（一九三九）にも拙訳『モンテーニュ全集』第Ⅲ巻（一九五八）にもそれらの句を邦訳・付録したが、それは単なる〈刺身のツマ〉としてではない。これこそモンテーニュの思想のほんとうの源泉として重要視すべきものと信じたからである。

モンテーニュの城館は今もなお、ほぼ昔のままに残っている。所はフランスの西南部、今ではドルドーニュ県に入るが、昔のボルドレ州とペリゴール州の境に近い所に当たる。詳しく言えばベルジュラックからドルドーニュ川に沿って、カスティヨン経由リブルヌへ、更にボルドーへと向かう街道筋から、北へ四キロばかり入った所である〔カスティヨンからは東へ八キロ、ベルジュラックからは西へ二十キロ〕。始めはサン＝ミシェル教区に属していたが、フランス革命の時隣接するボヌファール教区と合併され、サン＝ミシェル＝エ＝ボヌファール村と呼ばれることになり、更に十九世紀の終わり頃、『随想録』の著者を忘れないようにとのお役所の配慮によりサン＝ミシェル＝モンテーニュ村と改名されて、今日に至っている。城館をめぐる自然の風景は、ミシェル・ド・モンテーニュがここに毎日を送った頃とほとんど変わっていないのではないか。モンテーニュの塔の三階の三つの窓から眺めるとそれは緑一色のさわやかな田園風景である。あちこちに森の木立ちが見え、それが広々した牧場や耕地をふちどり、城館の東北側はリドワールの小川に向かうゆるやかな斜面をなし、一面ぶどう畑におおわれている。ぶどうはモンテーニュ自ら言うとおりこの地方の重要な資源で、今なお〈シャトー・ディケム〉とか〈クリュ・デーケム〉とかいう銘柄は、酒好きの人々にはよく知られている。なお、リドワールの流れに近く、ところどころに、特徴のある風車をいただいた、おそらく中世以来のものと思われる、古い石造りの粉挽き小屋も残っている。あるいはこれは水汲み上げ用の風車かもしれない。

モンテーニュの屋敷は従来シャトー・ド・モンテーニュと呼ばれているが、本式の防備をもったシャトーではない。むしろマノワールと呼ぶ方がふさわしい〈メーゾン・フォルト〉〔防備ある屋敷〕にすぎない。モンテーニュ自らもシャトーと言ったことはなく、マノワールと書いている。そのように籠城防戦の設備がないことを、彼はむしろ誇りに思っていた（II・15・727–728）。ただ当時はあのとおりの乱世であったから、絶えず周辺に横行出没する兵匪《へいひ》や押入り強盗のたぐいから自己の生命財産を守るだけの必要はあった。北側の庭先はリドワールの流れに向かって自然の険しい崖になっていたから、まずこの方は安心であった。現在見られる石造りの立派なバリュストラード〔欄干〕はモンテーニュの父時代にはまだなく、それは十七世紀に建造されたものだと専門家は言っている。ただし残る三側面はさすがに頑丈な防壁がすき間なくめぐらされ、その南隅に後に述べる〈モンテーニュの塔〉が立っている。これは父ピエールが築いたと記録にある（後述）。古図で見ると、今はない木造の鐘楼が塔の屋根にのっかっている。そこでは毎朝毎晩〈お告げの祈り《アンジェリュス》〉が打ち鳴らされたとモンテーニュ自ら書いているが、それは有事の際には望楼ともなり、周辺の小作人たちに急を知らせる警鐘の役もしたのであろう。塔の下の門もさすがに厳重で二重になっており、多人数が一挙に押し入ることができないようになっている（Ⅲ・12・1220）。だがこれくらいのことは戦国時代としては至極あたり前のことであって、結局それはただの〈マノワール〉、庄屋さまの広大なお屋敷くらいに思えばよいであろう。

ところが第一の門を通ってから第二の門を通り抜けようとして前を見ると、俄然近代的なきわめて豪奢な建物が眼にはいる。それは屋敷の他の部分とは全く趣を異にするいわば〈ルネサンスまがい《ブスード・ルネサンス》〉の新建造物であって、過去幾人かの訪問者によって伝えられたスケッチや石版画に見られるような、古雅で素朴な趣は全くもっていない。特にこの地方には他に中世以来の住宅などなおあちこちに残っているだけに、ひどく場ちがいな感じを与え、いたく我々を失望させる。それに周囲は広々とした農村地帯で、午前午後各一回くらいしかバスが通らぬ、ふだんはほとんど人影を見ないような場所であるから、この建物はひときわ異様で不調和に見える。それはこのモンテーニュ屋敷が一八八五年に塔と外郭とを残して全部火災のために烏有《うゆう》に帰したからであって、現在我々が眼前に見るものは、時の所有者、第二帝政時代の大蔵大臣マーニュ（Magne）が、同じ基礎の上に新築したものなのである。この時マーニュがモンテーニュの遺跡の保存再現ということよりも、自分の別荘ないし住宅としての快適と優雅の方を優先させたのはやむをえなかった。我々はモンテーニュが読みかつ書いた塔の部分とそれを取りまく自然とが、往時のままに残っていることだけで満足しなければなるまい。

さて遠く溯《さかのぼ》って一四七七年にモンテーニュの曽祖父ラモンが手に入れた時の城館はきわめて小さなものであった。それは本書の巻頭に入れた、レオ・ドルアン（Léo Drouyn）が一八四六年に描いた火災にかかる前のスケッチにもとづいて言うと、その左の端のほぼ正四角形をなす部分、中央に描かれている円塔が寄り添っているところまでであったらしく、モンテーニュの寝室、ナヴァール王がお泊まりになったというその寝室は、その四角形の内部にあったものと思われる。スケッチに描かれた残りの部分は、たぶん祖父グリモンや父ピエールによって増築されたものであるらしい。*特に父のピエールはイタリア戦役に参加したり、王朝の信頼をうけてボルドー市長の顕職についたり、堂々たる帯剣貴族となっていたし、一方ギュイエンヌ地方の宗教戦争は烈しくなる一方であったから、一五五八年に宗主に当たるボルドー司教の許可を得て、屋敷に相当な防御の施設をした。すなわち東・南・西の三側面に堅固な郭壁を造り、その入口を制して、我々が〈モンテーニュの塔〉と呼びなす（当時の小作人たちが〈殿様の塔《トウール・ド・ムッシュー》〉と呼んだ）塔と、それに対峙して東南隅に側防の役をするトラシェール塔（奥方の塔《トウール・ド・マダム》）とを建てさせたのであった。その子ミシェル・ド・モンテーニュが『随想録』の中に《父はモンターニュの地に建築をすることを好んだ》と書いているのはこのことである。

＊　現在はドルアンの絵の左右両端がいつの時代からか更に延長されて外壁に連結され、手前すなわち南庭と北面の（すなわち図の裏側にあたる）北庭とを、完全に遮断してしまっている。

このドルアンに描かれた城館は、十八世紀の終わり頃までは『随想録』の著者の子孫によって継承維持されてきたのであるが、その後一般的に貴族階級は没落の道をたどり、特にフランス大革命の波がフランス全土に及ぶようになると、その時までここを所有居住していたジャン・ド・セギュール＝モンテーニュも、遂にこの広大な屋敷を持ちこたえていくことができなくなり、一八一一年にすでに荒廃しきった先祖代々の城館を、デュ・ビュク・ド・マルキュシー（M. du Buc de Marcussy）という者に売り渡した。一八二二—二四年頃にそこを訪れた神父オーディエルヌ師（l'abbé Audierne）によると、円塔の部分は百姓・小作人たちに住み荒らされたままになっており、二階のモンテーニュが寝たと思われる寝台は鶏の糞で一杯になっていたということである。その後一八五三年に、こんどは相当な修理がなされた上で、時の大蔵大臣マーニュの手に渡った。この人はさすがに由緒あるこの城館を別荘として大切に使用していたのであるが、不幸にも一八八五年に下婢の不注意がもとで火災にかかり、外郭と塔部を残して全部灰燼に帰した。今日我々が見る〈ルネサンスまがい〉の奇麗な建物は翌年マーニュが同じ基礎の上に再築した新建造物であって、現在はそこにマーニュの曽孫に当たる婦人でオランダの総領事と結婚したメレール＝ベス夫人（Mälher-Besse）が居住し、モンテーニュ邸全体のよき管理者になっている。（ジャン・スクレ「一八八五年の火災以前のモンテーニュ屋敷」〈モンテーニュ友の会紀要〉第四輯第六号所載）に拠る。）

以上のようにモンテーニュが生まれかつ生活した本屋《おもや》の部分は全く往時の形体を残していないが、屋敷の全容とそれを取り巻く自然が今なお近代文明の諸施設によってほとんどけがされずにあることは嬉しい。北庭のテラスに立って正面を見ると彼の所領であったブレトノールの森が見える。前夜彼の寝台に眠ったナヴァール王のために特に鹿を放って狩猟を催したというのはそこである。その森の一隅にはミシェルが里子時代を過ごしたパプシュの爺さん婆さんの住む茅葺《かやぶき》屋根が見えたはずだ。その向こうにはマトクロンの館《やかた》が見え、そこには彼の愛する弟ベルトランが住んでいる。その更に向こうにはモンテーニュのパトロンであり、公私にわたって親交のあったギュルソン伯の居城の天守が見える。眼を東に転ずると、そこには同じく弟の住むラ・ブルッスの屋敷が見えたはずである。今モンテーニュの塔の三階の三つの窓から四方を眺めると、見わたす限り煙るような緑であってほとんど眼をさえぎるものもない。* モンテーニュはこうした自然の只中で、近隣の友人貴族や幼な友達であった農夫や肉親の誰彼と共に暮らしたのである。彼自ら言うところによれば、彼の随想はこの屋敷のそとで書かれたものは一つもなかったのであるから、この郷土とこの屋敷と、そこでのさまざまな交遊と、特に塔の三階リブレーリーにおける日常、その天井に記された格言に関するさまざまな資料こそ、従来明らかにされたいわゆる〈書籍的源泉〉以上に、モンテーニュの思想の直接的現実的な源泉であったと見てよいであろう。

＊ アルマンゴーは一九〇一年ここを訪れ、塔の窓から見渡される景観を当地方随一の美景なりとし、従来その美しさに言及した人の少ないのを歎いている。ぼくがここを訪れたのも正に一九六八年八月末であった。

ところで、このモンテーニュ屋敷の入口を制して立ついわゆるモンテーニュの塔、土地の農民たちが〈殿様の塔《トゥール・ド・ムッシュー》〉と呼びなしていた有名な彼の〈書斎《リブレーリー》〉のおかれていた部分は、本屋《おもや》の部分とちがって、十七・八・九世紀を通じて各時期の所有者からほとんど全く無視されとおしで、ある時期には農産物の貯蔵所に使われるくらい粗末に取り扱われてきた。だがかえってそのおかげで、モンテーニュの父ピエールが建設した時そのままの状態で我々の時代まで残された。少なくともその外観は、三世紀にわたる風雨にさらされながらも著しく毀損されることもなく、どっしりとその物《もの》寂《さ》びた姿を見せている。だが一歩塔の内部に足をふみ入れてみると、一階の礼拝堂《シャペル》内陣を除き、二階の寝室にしても三階の書斎《リブレーリー》にしても、『随想録』の著者の俤《おもかげ》をしのばせるようなものは何一つなく、まことに索漠として空虚な、きびしく冷たい表情を示している。一階のシャペルも、一八一七年にここを訪れた人の文章によると、礼拝用の器具はむざんに剝ぎとられ、宗教画らしき額が床の上に落ちて横たわり、その上に馬鈴薯が山と積まれていたということであるが、現在では本屋の部分とひとしなみに、むしろ美しすぎるくらいに飾りたてられている。ところが二階三階の部分は質素をとおり越して、裸でさむざむとして、はなはだ殺風景である。とてもモンテーニュが〈一生の大部分の日と一日のうちの大部分の時間を〉過ごした場所とは思われない。そこは、『随想録』の中に読まれるミシェル自らの叙述によれば、きわめて安楽で閑静で快適な、温か味のあるくつろぎの場所であったはずなのに。言うまでもなく、それは売文業者・プロの著述家の仕事場でもなければ、大学教授の厳《いか》めしく冷たい研究室でもなかったのだ。それはむしろ彼があらゆる浮世の繋縛から解き放たれる憩いの一室、彼が完全に自分独りになりきれる〈自楽〉の一室、彼のいわゆる〈裏座敷《アリエール・ブティク》〉（拙訳『随想録』I・39・310およびその注参照）であったのだ。モンテーニュはこう書いている。

《(b)わたしはほんとうに、書物をあまり使わない。全然その有難味を知らない人たちとほとんど変わらない。わたしは守銭奴がそのお財《たから》を楽しむように、読む気になればいつでも読めると思うだけで満足している。わたしの霊魂は、この所有権だけで十分満足しているのだ。わたしは戦争の時も平和な時も、書物をもたずに旅することはない。けれどもこれを用いないで、幾日も、いや幾月も、たつことがあろう。「そのうち読もう」「明日は読もう」、いや「いつか気がむいたら」とわたしは思う。その間に時は走りすぎる。でも別に気にならない。まったく、「書物はいつもわたしの傍に居る。欲する時はいつでもわたしを楽しませてくれる」と思うと、またいかに書物がわたしの人生に助けとなっているかを思うと、わたしは言葉では言えない安心安堵を覚えるのである。それこそ人生行路のためにわたしが見出しえた最良の糧である。だからわたしは、悟性ある人々で書物をもたないものを見るとひどく気の毒に思う。わたしは〔旅に出ると〕むしろ全くちがった〔書物以外の〕娯楽の方を、どんなに些細なものでも、受けいれる。読書の楽しみは〔家に帰れば〕いつでも得られることを知っているからである。》(Ⅲ・3・960)

以上の一般読書論は、次のモンテーニュの書斎の叙述への導入部をなしているが、いずれも彼の思想ないし『随想録』の心髄を理解する上に重要な鍵となるはずである。彼は続ける。——

《家に居る時は〔旅に在る時にくらべれば〕いくらかしばしば〔というのは、家にいる時もしょっちゅう書斎に入りびたりではないことをほのめかしている〕書斎の方に足をむけ〔というのは家事その他一切の俗事からのがれて、図書室の方に避難するという意味であろう〕、そこからわたしはらくらくと家事の指図をする。〔書斎に逃げこんでも完全に家事管理を忘れてはいない。ここの所を読み落としてはいけない。〕わたしは入口の真上にいて、眼の前に菜畑も鶏小屋も中庭も、また我が家の大部分の部屋の中までも見おろしている。ここでわたしは、ある時はこの本を、或る時はまた別の本を、これという順序も計画もなく、断片的に、あちこち頁をめくる。或る時は夢想し、また或る時は歩きまわりながら〔もちろん室《へや》の中を〕、ここにあるようなわたしの夢(mes songes que voi-ci)を記録したり口授したりする。〔モンテーニュは中年の頃、彼の口授のもとに筆記の役をつとめる書生をひとりもっていたらしい。第二巻第三十七章の冒頭のみならず、それを思わせる記述があちこちに見られる。これも『随想録』という書物が哲学者や批評家の論著ではなく、詩人ないし随筆家の芸術作品・感想録であったことを教える。〕

(c)図書室《リブレーリー》は塔の三階にある。一階はわたしの礼拝堂《シャペル》〔モンテーニュは欠伸《あくび》をしながらも〈天にましま す我らが父よ〉を唱えることを忘れなかった〕、二階は寝室とその次の間で、わたしは、独りでいたくなると、しばしばここに泊まる〔一年じゅうというわけではなかったらしい〕。上には広い衣裳部屋〔納戸〕がある。それは昔家じゅうで一番無用の場所であった。そこでわたしは、わが一生の大部分の日と、一日のうちの大部分の時間をすごしている。夜は決してそこに居ない。〔彼は夜更けの勉強などしないのである。プロではないからそんな必要はないのである。〕隣りにちょっと気持ちのよい小部屋《キャビネ》があって、冬は火を入れることができるし、窓の眺めもなかなか趣がある。〔冬はこの部屋で読みあるいは書いたのであろう。ここには彼が幼少時に読み耽った『変形譚』にちなんだ壁画が描かれていた。〕だから費用も面倒もいとわないならば、……わたしはそこの両方に、同じ平面上に長さ百歩幅十二歩の歩廊を、継ぎ足すこともできるだろう。ほかの目的のために〔思索散歩のためにではなく防備のために〕築かれた石の郭壁がちょうどよい高さに立っているから。隠居の場には必ず散歩場がいる。わたしの思想は坐らせておくと眠ってしまう。わたしの精神は脚にゆさぶられない限り進まない。書物なしで勉強する人たちは皆そんな風である。〔夫子自らその部類に入るのだとほのめかしている。広引傍証・博覧強記の学者先生とは彼は肌が合わないのである。このことは後に改めて触れることにしよう。〕室《へや》は円形で、〔壁面が〕平らなのは机と椅子がおかれるところだけで、あとはぐるりとわたしを取り囲んでいて、それに沿うて五段にならべられた書物がすべて一目に見渡せるようになっている。窓が三つあり豊かな景色が広々と見わたされ、室の真ん中には直径十六歩の空間がある。〔この空間こそ、彼に散歩道の代わりをしたので、老視と白内障になやんだ彼は、しばらく書き記すとじきに眼が疲れてくるから、そういう時、彼は半円形に自分を取り囲むようにしつらえられた書棚の前をよく往きつ戻りつしたのである。このことは後に眼科医の診断に拠って改めて説明することにする。〕冬になると継続的にここに居ることが少なくなる。まったくわたしの家はその名が示すとおり丘の上にあって、中でもここが一番風当たりがひどいのである。この部屋が好きなのもいささか登って来るのに骨が折れ、また〔家族と〕かけ離れてあるからであって、それはわたしのためには運動になってよいし、有象無象を遠ざけるにもまた都合がよいのである。ここそわたしの居城《おしろ》である（C'est là mon siège）。わたしはここをわが絶対支配のもとにおき、この一角だけは是非とも夫婦や親子や世間との共同生活から隔離しようと、努めている。ほかへ行ったら、どこに行こうと、わたしの権威はただ言葉の上だけであって、実力の程はきわめてあやふやなものなのだ。だがひそかに惟《おもんみ》るに、我が家のうちに自分になりきれる所、ひたすら自分に仕えうる所、自分のかくれていられる所を持たない者こそ、哀れな者よ。野心はその礼讃者にいみじくも報いた。彼らを市場の中の立像のように皆の前にさらしものにした。《大イナル運命ハ大イナル隷従ナリ。》（セネカ）はばかり〔廁《かわや》〕すら彼らにとっては隠れ場所ではないのだ。》（Ⅲ・3・960–962）

〔第一巻第四十二章に、王様が二十人ばかりの家来に見守られながら便器にまたがっている態を嘲笑していることや、アンリ三世の最後などを想いあわせてみると、勤王家のモンテーニュが〈哀れな者よ！〉と言ったのはほかならぬ国王とその取り巻きを言ったのであって、この図書室は王者をも羨ましがらせるほどの、神聖不可侵、独立自尊の安全かつ快適な一室であったに相違ない。〕

《(b)もしも誰かが「ミューズの神々をただの暇つぶし・おもちゃに使うのは、この女神たちの品位をおとす者だ」と言うなら、それは快楽や遊びや暇つぶしがいかに価値あるものであるかを知らないからだ。わたしはほかの目的〔政治・経済・社交・学問等々〕こそわらうべきものだと言ってやりたい。わたしはただその日その日を送り迎えする。そしてまことに申し訳ないが、ただ自分のためにだけ生きている。これがわたしの企画の究極である。わたしは若いころ見せびらかしに勉強した。それからいささか賢明になろうと勉強した。今はただ〔これはヴィレーによれば一五八六年頃モンテーニュ五十三歳の〈今〉である〕気ばらしのために本を読む。決して何かを獲《え》ようとしてではない。わたしも昔は(c)ただわたしの必要に応えるためばかりでなく、更にそれ以上に、(b)いささか壁の飾りともしようとて、この種の道具を買い蒐《あつ》める、あの虚栄と浪費の癖をもっていたが、そんなものはもうとうの昔に捨ててしまった。〔この告白を見ても、モンテーニュは一五七〇年にここに念願の書斎を作った頃すなわち三十歳代の終わり頃は、まだそういう趣味ももっていて、図書室の壁一杯に、五段の書架を設備し、ラ・ボエシの遺愛の書を含む千冊の書をもって部屋の飾りとしたのであろう。だがやがて目が覚めて、単なる知識のむなしさを知ったのであろう。それがおのずから当章（第三巻第三章）の結末となっている。〕

書物はこれを選択することを知る人々のためにいろいろと愉快な特質をもっている。だが苦労のない楽しみはない。読書の楽しみもまたご多分にもれず純粋無雑ではない。それ相応の・いやかなり大きな・不都合をもっている。霊魂はそこで鍛えられるけれども、肉体の方は（わたしはこれをも同様に大切にすることを忘れなかった）、その間活動をやめ、やがて弱り衰える。わたしの知る限り、これくらいわたしにとって有害な、特に現在のような老衰に向かう時代にとって、避けなけ

ればならぬ過度はないと思う。》（Ⅲ・3・962–963）

今モンテーニュ屋敷のミシェルの図書室《リブレーリー》というよりは安息所の跡に立っても、彼の在世時にここにただよっていた閑雅な雰囲気は、もはや全く感じられない。だから天井の梁に書き記されたラテン語およびギリシア語の格言を仰ぎ見ると共に『随想録』の中に豊富に書き込まれているたくさんの古書からの引用句を思い浮かべると、うっかり我々はこの書斎の主人公ミシェルを、彼が最もきらいかついささか嘲笑している大博学者の姿に想像してしまう。だがそれは間違っている。それは彼の真の姿ではない。私がモンテーニュの根本思想に関する話の途中で、急に読者をこのペリゴールの田園の只中に案内したのも、彼の屋敷、彼の〈リブレーリー〉の叙述にのめり込んでゆくのも、我々の究極の目的とするモンテーニュの思想の根本を、端的に、肌で感じてもらいたいと思ったからである。それにには、私は更にもう少し、彼の図書室の中に停滞しなければならない。そして肝心な、天井および壁面の銘文格言についても触れなければならない。

往時、モンテーニュの親しい友人が〈リブレーリー〉の入口の閾《しきい》ぎわに立った時、まず第一に見たものは正面の湾曲した壁面にしつらえた五段の本棚一杯に美しく並べられた、約一千冊の書籍であったろう。それこそこの部屋の唯一主要な装飾であった。モンテーニュが、〈わが壁の飾りとして〉(pour m'en tapisser et parer) と言った言葉のとおり、それは彼のくつろぎの部屋のしっとりと落ちついた壁掛けの役をなしていた。書物は棚の上に平らに重ねて並べられ、今日のようにその背文字ではなしに、まだ真新しい真っ白な仔牛皮の装幀本の、その線条までが金色に輝く、色さまざまな表紙を見せていたにちがいない。私は一九三三年モンテーニュの生誕四百年の記念に、ボルドー市が刊行した美しいアルバムをひろげ、そこに収められたモンテーニュの蔵書の扉や表紙のカラー刷りを眺めては、いつもそう想像するのである。だが一般の旅人にはこのようなことは想像もつかないであろう。ただラテン語やギリシア語の格言の記された天井の梁を見上げて、一人の厭世的な遁世者が精進潔斎した僧院の一室を想像するほかはないであろう。それほど現在見るモンテーニュの〈リブレーリー〉は、『随想録』の著者のほんとうの俤《おもかげ》を想像させるにはあまりにも索然として無粋で冷ややかである。

モンテーニュの蔵書は、ラ・ボエシ遺愛の書を含めて約一千冊あったという。そのうちモンテーニュ自ら蒐《あつ》めた蔵書がどのくらいあったか、むしろラ・ボエシ遺愛の書の方が多かったのではあるまいか。モンテーニュの引退時に、あるいはその死去の時に、彼自らの蒐蔵がいったい何冊あったかは審《つまび》らかにできないが、とにかくモンテーニュの所蔵本は、彼の死後いくばくもなく、散佚《さんいつ》の道をたどった。娘レオノールが、全部か一部か知らないが、早くもオーク（Auch）の助任司祭ゴドフロワ・ド・ロッシュフォールに渡したという記録がある。レオノールは一六二七年に死んでいるが、一六八三年以後、モンテーニュの遺品は何もかも〈リブレーリー〉から姿を消した。十八世紀の終わり頃、一七七四年にプリュニスが『旅日記』の稿を発見した時は、それががらくたと共に入っていた櫃《コッフル》一個よりほかにはもう何一つなかった。一七七八年にラタピーは、家の中に本はただの一冊もなかったと言い、なお、その時モンテーニュの司祭は、「かれこれ三十年も前に、何やらモンテーニュが、いついつアンリ四世が屋敷を訪れたとか、ギュルソンの城の北のクールの森で王様を喜ばすために狩りを催したとかいうようなことを書きつけた、暦みたいなものを見たことがあるだけだ」と言いわけがましいことを彼に言ったと記している。これは言うまでもなく〈ブーテルの歴史暦〉のことであるが（拙著『モンテーニュとその時代』一九二―一九三頁・〈モンテーニュの家事録〉の項参照）、このモンテーニュ研究上の重大資料をこのように事もなげに坊さんが言っていることでも、郷士の人々の無教養・無関心の程がおよそ推測できるであろう。

このようにしてモンテーニュの蔵書は我々の前から姿を消したが、彼は若い頃からその読んだ書物に読了の日付と姓名を示す習慣をもっていたので、それをよりどころとして、有名なパイアン博士が、まず一八四七―五五年の間にモンテーニュの自署入り書籍三十四冊を発見蒐集した。これは現在パリ国立図書館に〈パイアン蒐集〉として残されている。ヴィレーは『随想録』の原文と対比することによって実証あるいは推定した、モンテーニュが読んだ書籍を二五〇冊ばかり列挙しているが、現実にモンテーニュの自署によってその所蔵と確定しうるものは、ボルドー市立図書館、ボルドー大学図書館、リブルヌ市立図書館に分散しながら現存するものを加えて、計一〇七冊にすぎない。すなわち〈千冊〉(mille volumes de livres) の一割にすぎない。あとは私人の蒐蔵、外国図書館のカタログの上でのみ知られるものが四三冊あるだけである。（〈モンテーニュ友の会紀要〉第二輯第八号にこの一〇七冊のリストがある。）

さて、やわらかい落ちついた色合いの壁紙のように、モンテーニュの書斎の壁面全体を覆っていた千冊の書物が、書架もろとも消えうせてみると、我々はただ、まるく切り取られた格言集の一頁のような天井を仰ぎ見て、不本意ながらいささか衒学者の仲間入りをするほかはない。太い二本の梁が天井を縦に三欄に仕切り、その各々の欄にはそれぞれ十五本の小梁が、あたかも頁面に印刷された十五行の文字の列のように横に走っている。大梁の下に向かった面には、巻いたリボンが縦に引きのばされたような格好に線描きされ、そこにそれぞれ、四つの短い格言が、青黒いペンキで書き込まれている。いずれも古人の懐疑説ないしエピクロス説の要約であって、他の四十五本の小梁に横書きされた「伝道書」やエピクテトスやプリニウスなどの格言に対する小見出しのように見られなくもない。このように格言や文章を建物に書き込むことは十六世紀の流行であった。ロンサールの生まれたポッソニエールの館もその前面に紋章や銘文があったし、パリのラザール・ド・バイフの家もギリシア語で飾られていたという。モンテーニュ屋敷では、塔の内面、特に〈リブレーリー〉の中には、たくさんの格言が書き記されていた。この種の例はほかにも相当あったらしいが、モンテーニュの書斎天井におけるように、あたかも書物の頁を開いて見せたかのように、計四十五行の格言が、三本の大梁によって区切られた三欄に、びっしり横書きされているようなのは、おそらくここにだけに見られる特例であろう。或る梁を見ると、前に書かれた語句に倦きたのか、それを塗りつぶして、その上に新たに書き込まれたようなものもある。それは有名なボルドー本における著者の抹消や添加の習性を思わせる。それは中国や日本における聯《れん》や扁額のような、建物に加えられた単なる装飾ではなくて、もっと密接にモンテーニュの精神生活につながっているように思われる。それこそ『随想録』の源泉であったとさえ思われる。ひまな時モンテーニュは書斎の椅子にほとんど仰臥するような格好で横たわり、天井を仰ぎ見ながらそこに限りなき冥想の泉を汲んだのではないか。少なくともそれは『随想録』の腹案の略書、ないしはその目次、予定表のように見立ててもよいのではなかろうか。とにかくここに見られる大小五十七の格言は、すべてモンテーニュの根本思想を語る重要な資料である。（本書巻頭の口絵写真を参照。）

梁以外の所にあった章句はほとんど全く消えてしまって今は読めない。革命直後国民公会議員ブーキエがここを訪れた時はまだ書架が残っていて、その棚板の前面にも《ギリシア・ラテンの銘文の半分消えかけているのが辛うじて読みえた》と書いている。一七七四年にプリュニスが不完全にしか読めなかったというラ・ボエシとの友愛を記念する銘文も、それはラタピーの言うように書架上部の壁面にあったのか、それとも次室の奥の暖炉の横にあったのか、それすら今は確かめるよすがもない。

だが幸いなことに、この室《へや》には我々の想像をそそる重要な資料が置かれている。それは本物かどうか我々にはわからないが、とにかくモンテーニュが坐ったというその場所に置かれている机と肘掛け椅子《フォートイユ》である。卓子の方は十八世紀にすでにその重たそうな四本の脚だけしか残っていなかったと伝えられているから、今見るものは明らかに後年の作り物であろうが、フォートイユの方はガリー博士が一八六五年に確認したそれに似ている。ガリーによると、材は樫《かし》で、四本の脚とそれをつなぐ横桟はいずれも十六世紀好みにロクロで螺旋状に削ってあり、当時（一八六五年）座床部は馬の毛か何かが堅く詰めてあり、おそらく羽根入りの大形のクッションを上に置いて坐ったのだろうとのことである。腕部はまっすぐで後脚に接する所まで延び同様詰めものがしてあったが、背部の方はぐっと後方にそったまま枠だけになっていた。おそらく昔は座床部や腕部と同様の布地で張られていたのだろうという。座床部はルイ十四世風の黄色い綾織りの布張りの下に、以前の皮張りがすけて見え、それは《十六世紀の菱型を押した赤味のある革》であったと報告している。現在置いてある椅子は形は似ているが革は平滑であるし、脚も螺旋状にくられていない。世紀末に写された写真に見るものともちがう。おそらくにせものであろう。だがそれにしても、我々は次のような想像を抱かせられる。我々はここで、モンテーニュがこの椅子に背をもたせ、座席の上の座布団のように大きな羽根入りクッションに深く腰をしずめ、《両脚を座席よりは少し高くして》（Ⅲ・13・1261）、のけぞってほとんど仰臥の姿勢で、真上の天井の格言に見入っている姿が、あざやかにまぶたに浮かんで来るからである。ああ、そうだ！　こんな風にしてモンテーニュは夢想したのだ。聖句格言の下で、受験生や教授たちのように、机に貼りついて、一心不乱に読みかつ書いたのではない。《からっぽの革ぶくろをふくらませるのは風、分別のない人間をふくらませるのは自惚れ》（ストバイオス）、《太陽の下にあるすべてのものは、同じ運命同じ法則にしたがう》（「伝道書」）、《それはこうでもなければ、ああでもない。すなわち二つのうちのどちらでもない》（セクストゥス・エンピリクス）、《世に不確実ほど確実なものはなく、人間ほど悲惨でしかも不遜なものはない》（プリニウス）、《神のもろもろの御業のうち、人間に知られるものは一つもない。あたかも風の道の捉えられざるに似ている》（「伝道書」）等々。これら五十七句に及ぶ格言のいずれかが眼にとまると、彼の夢想はそれからそれへと伸びていったにちがいない。そのままの姿勢で口授し書き取らせることもあったろうし、つと立ちあがって机に凭《よ》り自ら書きとめることももちろんあったであろう。あるいは室《へや》の中央の《直径十六歩の空間》を、タイルの床をこつこつと鳴らしながら《歩きまわる》こともあったであろう。とにかくこうして、一五七〇年に塔の三階を自らの憩いの部屋と定めてから二十年、その最後の書き入れを終わるまで、絶えず彼の『随想録』の源泉となったのは、まず第一にこの天井の銘文であったとは言えないであろうか。それらの格言は、モンテーニュが幼少ギュイエンヌ学院でオヴィディウスの『変形譚』によって読書の楽しみを知ってからパリ遊学時代に至るまで、あれこれと読んだ書物の中で最も彼の生まれつきの性向にかなった文句、すなわち懐疑主義的あるいはエピクロス的傾向をもった、いずれも気に入りの文言ばかりであったと言ってよかろう。それらは諸子百家の思想の抜粋ではなく、むしろモンテーニュと共に生まれた彼本来の夢想《ソンジュ》と思想《イマジナション》の、要約ないし精髄であったと言ってもよいであろう。目前の書架の中から古人の名著をとりあげて、それらに読みふけることもそれらを引用することもあったであろうが、それらはみな彼の思想の源泉と言うよりはむしろ彼の生まれつきの思想感情を支持し補強する古人の堅実な論証か、でなければ彼の夢想の挿絵に役立つような歴史や航海記の物語の類にすぎなかった。このことは、『随想録』のあちこちに彼自らによっても十分語られているが、今〈リブレーリー〉に残された、このこわれた一脚の椅子と天井の銘文とを見ても、彼がプロの著作家ではなかったことがよくわかる。それに書架と反対の壁面、すなわちモンテーニュが座を占めた背後の壁には、今は色薄れてほとんど見えないが、モンテーニュ家の紋章が、大きなサン＝ミシェル勲章の首飾りにかこまれて、かつては色鮮やかに描かれていて、彼が売文業者でないことをはっきりと誇らかに訪客に向かって宣言していたのである。それから階下寝室の一隅には、一九〇一年アルマンゴーがここを訪れた時、モンテーニュの鞍のコレクションの残りがあったそうである。彼は一日中書斎に閉じこもるようなことはなく、むしろ野外の生活を楽しんだ人だった。彼は厳かな儀式の席などでも、少し長く坐っていると脚がむずむずしてきたと告白している。書斎にいても、よく三つの窓の一つから首を出して、けっこう家事の世話をやいたようだし、本屋《おもや》のサロンにも降りてきて小作人相手に話しこむこともあったし、馬に乗って近隣の貴族を訪問することもあったし、時にはまた諸侯の間の調停に、剣を佩《は》き馬にまたがって、遠出することもあった。（それは拙著『モンテーニュとその時代』の方に詳しく述べたとおりである。）要するに『随想録』という本は《野外と上流社会の生んだ書物《リーヴル・ド・プレネール・エ・ド・ボンヌ・コンパニー》(livre de plein air et de bonne compagnie) で、灯油の匂いよりはジャンティヨムの匂いがする》と言った人（ジャック・ド・フェトー）さえある。だから、この本を贈られたアンリ三世が、「お前の本はたいそう気に入ったぞ」と言われた話は、あながち作り話ではないであろう。事実当時プロテスタントやカトリック派の戦士の中にも、この本を陣中に携えてゆき、宗教戦争の合間合間にそれを読んだ者がたくさんあったというし、彼自身《貴夫人たちの私室》で愛玩されることを望んだがやがてそのとおりになって、次の世紀にはセヴィニェ夫人とかラ・ファイエット夫人とかいう上流夫人にも愛読されることになった。堅いむつかしい哲学思想だけの本であったら、とてもこういうことになるはずがない。

現在すでに荒廃したこのモンテーニュの塔には、モンテーニュの日常生活を思い浮かばせるような遺品はほとんど残ってはいないが、色薄れて判断し難くはなっているが天井の格言だけはとにかく残っていて、学者の研究にたよればほとんど完全に読みとることができる。それはモンテーニュにとってその尽きざる夢想の第一の源泉根源なのであり、我々にとってはあまりにも多様豊富な『随想録』の中に彼の根本思想を端的に把握することを許す、その要約ないし索引の用をもつとめてくれる。それにこの、シャペル・寝室・書斎という三層の塔そのものも、まことに象徴的ではないか。彼は一生この塔で、書斎（三階）とシャペル（一階）との間を昇ったり降りたりしながら暮らしたのである。そしてしばしばこの中間の寝室（二階）で独り安らかな眠りを得たのだと考えると、彼が明哲な哲学的人間であると共にまた〈宗教的人間〉でもあったことを事実として理解できる。《わたしは数階建ての霊魂をほめたたえたい（Je louerais une âme à divers étages.）》（Ⅲ・3・953）すなわち〈運命にどこへ連れてゆかれようとそこに安んじていられる霊魂〉であることを理想としたモンテーニュが、三階建ての塔を上下しながら一生の大半を過ごしたということは、何という偶然であろう。《おお、無知と無好奇とは、出来のよい頭脳を休ませるのに、何とらくな、柔らかい、そして健康的な枕であるよ！》（Ⅲ・13・1236）という有名な言葉も、いかにもこの塔の生活者にふさわしく思われるではないか。

第十章　〈リブレーリー〉の天井に記された五十七の格言

――『随想録』の尽きざる真の源泉――

モンテーニュがその一生を通じてどのような書物を読んだか。その目録を作ることは有名なヴィレー教授によって完全に果たされたが、それらがどのように読まれたか。そしてそれが『随想録』を書きあげる上にどのように利用されたか。このことは、彼のように自分の生活をありのままに記録している場合には、その叙述を一々拾いあげてゆけばおのずから判明するわけであるが、学者というものはただそれだけでは満足できないらしい。殊にモンテーニュのような大思想家の場合には、ただ本人の言葉を素直にそのまま受けとるだけでは学者の沽券にかかわるかのごとく、韜晦であるとか謙遜であるとか言って、博引傍証、何かもっと厳粛な深刻な人間像を造りあげないことには満足できないらしい。そうでなくても、我々が自分の好みに合わせてその愛読する作家を理想化したくなるのはいわば人情の常であり、そういう私も、逆にわがモンテーニュをかなり卑小化して捉えているかもしれない。こういうことは芸術家の描いた〈某氏像〉とカラー写真によるその人の肖像を較べてもわかることで、あるいは当然のこと、或る程度やむをえないことであるかもしれない。こういう場合にもっとも我々が参考にすべきは、冷厳な第三者の眼、例えば科学者の病理学的観察などではなかろうか。私は前著『モンテーニュとその時代』の終章において、『モンテーニュの青春時代』の著者ロジェ・トランケの例にならい*、〈モンテーニュの矛盾〉という問題に関して、精神病学者ムーニエの『性格概論』の解説に訴えたことがある。今ここでは、バーゼルの眼科医でモンテーニュに関しても造詣の深いルネ・ベルヌーイの所見を読者の参考に供したいと思う。

* Roger Trinquet, *Le vrai triomphe de Montaigne*, in *Mémorial du Ier Congrès international des Etudes montaignistes*, 1963.

モンテーニュは『随想録』の中で幾度か自分の眼について語っている。

《(b)夏のきびしさの方が冬のきびしさよりわたしにはつらい。まったく暑さがつらいからばかりではない。それは寒さより避けようがなく、日光の直射が頭をくらくらさせるからばかりではない。わたしの眼がそのかっとした明るい光に堪えられないからである。わたしは今では、燃えるまぶしい火に向かいあって食事をすることができない。今よりもっと物を読むのになれていた頃でも、わたしは紙の白さを弱めるために、書物の上に一枚のガラス板をおいた。そうすると余程らくであった。わたしは〔五十四歳の〕今日に至るまで眼鏡の使用を知らない。昔と同じように、また誰にも負けないくらいに、遠くが見える。だが正直のところ、この頃は日暮れがたになると目さきがぼんやりして、ものが読みづらくなった。この読む仕事は〔今までも〕常にわたしの眼を疲らせたが、特に夜がひどかった。》(Ⅲ・13・1272)

この文章は、ボルドー本では削られているが、一五八八年版には《à 54 ans》と明記されているところから、一五八七年三月から八八年三月までの間に書かれたものと推定される。眼科医ベルヌーイはこれを根拠として、モンテーニュの眼について、大体次のような診断が下せるという。〈上掲の文章の中で、《五十四歳の今日》と書いているところを見ると、モンテーニュ自ら、自分の視力の衰えに驚いているものと推定される。ボルドー本で《五十四歳》を抹削して《今日でも》としているところを見ると、五十九歳に至ってもなお眼鏡を必要としなかったのであって、これは眼科専門家に言わせるとノーマルではない。我々は大体四十歳を越す頃になると少しずつ老視の傾向をおびてくる。五十歳くらいになると、それまで近視でなかった人は、たいてい読書用に老眼鏡を必要とする。ところがモンテーニュは《眼鏡の使用を知らない》と威張っている。これは不思議である。それではこの時期にはもう知的作業を一切終わっていたのかというと、そうでもない。ボルドー本の写真版を見ると、一五八八年版の余白にびっしり細字で書入れをしている。そこでベルヌーイは、モンテーニュは初老の頃から、すなわち白内障の始まる頃から、近視の傾向を深めてきたのにちがいないと診断する。そして一方、夏の日のまぶしさ、ストーヴの燃える火のまぶしさを訴えたり、〈今よりもっと読書をした頃も、書物の頁の白さがまぶしくて眼が疲れた〉と言ったり、それでいて五十四歳の今でも遠くがよく見えると言ったりしているところから、モンテーニュは生来遠視の眼をもっており、白内障の進むにつれて近視眼になったのだろうと判断する。五十歳を越えた頃、そろそろ日暮れ時に文字を読むのに困難を覚えると告白しながら、〈読書作業は昔から骨が折れた、夜は特につらかった、それは今始まったことではない〉、とも言いそえる。そうだとすると、むしろ遠視のために、彼は若い頃も近くのものを見るのには骨が折れたのであろうと、想像される。〉

このことをいっそう確実に断定するには、一五八〇年のテキストの中に然るべき証拠を見出さねばならない。それは〈自惚れについて〉の章（第二巻第十七章）の中に二つ、少なくとも一つは確かに見出される。《わたしの眼は健全で遠見がきく（J'ai la vue longue, saine et entière.）。だがそれは仕事をしているとじきに疲れてぼんやりしてくる。そういう場合は、他人の奉仕にたよらないことには長く書物とのつきあいを続けることができない。小プリニウスはこういう経験をもたない人に、この種のもどかしさが読書にたずさわる者にとっていかに不快《アンポルタン》＊なことであるかを、教えるであろう。》（II・17・769）諸版本の注によるとプリニウスは読書係と秘書とをもっていたが、読書係がしばしば読みちがえをするのをもどかしがったということである。おそらくモンテーニュの読書係も読み方があまり流暢ではなく、主人をいらいらさせたのであろう。

＊ ボルドー市版に important となっているのはおそらく importun の誤りであろう。そうしないと意味が通じない。重大な問題というより不愉快千万という意味であろう。

この文章は一五七八—八〇年頃に書かれたものとすると、モンテーニュはほぼ四十五歳である。彼が老眼の不便を訴えるだけなら少しも不思議はないけれども、読書係の世話にならなければ読書が続けられなかったとなると、これは異常である。だからこの時期以前からモンテーニュは先天性遠視であって、遠見はきいたけれども、近いものを見ること、文字をつづけて読むことには、かなり前から不便を感じていたものと考えてよいであろう。だから彼の読書は、《ある時はこの本を、ある時はあの本をと、順序も計画もなく》（第三巻第三章）行われたのであろうし、その感想も、自ら書くこともあったが、秘書に書きとらすこともしばしばあったのであろう。《(b)ここにあるような夢想を書き付けたり口授したりする》（Ⅲ・3・961）と書いているのは本当のことであろう。ドレアノという学者は、〈ここに dicter するとあるのは口授の意味ではない。十六世紀には composer, écrire の意味でこの語は使われたのだ〉と称し、ミシェルがこの円塔内の聖所に他人を坐らせるはずがないとまで言っているが、果たしてそうであろうか。〈子の父に似ることについて〉の章（第二巻第三十七章）の始めに《(a)わたしの口授のもとに筆記の役をつとめていた一人の下僕》が、彼からエッセーの幾断片かを盗んで消えたことを記しているところを見ると、まだ四十六歳の若い頃に、すでに読書係だか筆記係だかをもっていたと言っているのは、衒《てら》いでも見栄でもなく正直な話であったろう。前に掲げた文章の中に、《この読む仕事は今までも常にわたしの眼を疲らせた》とはっきり言っているのを思いあわせると、彼は若い時から、あまりに遠見がききすぎて、つまり老眼になる前から遠視眼であったために、読んだり書いたりすることは、かなり苦手であったのだろうと考えてよいのではないか。

こう言うと、体質的に遠視眼であって、しかも老境に達したモンテーニュが、どうしてあのような細字の書入れ（ボルドー本）ができたのかという疑問が当然起こってくる。しかし眼科医の説明によると、老人になって白内障になると、最初の徴候として水晶体の混濁がひどくなる前に、屈折の変化が生ずる、すなわち近視眼になることもあるということである。また水晶体の曇りの程度に応じて患者は明るい場所を求める。光が強ければそれだけ不透明な水晶体をよく通すからである。だがまた場合によっては暗い所が好きになる。何故かというとその場合自然に瞳孔が広がるので、水晶体の混濁があまり感じられないからである。だから白内障の患者は光を求めたり暗がりを求めたり、両者の間を彷徨することになる。こう聞かされると、モンテーニュの眼・視力に関する記述は矛盾なく説明ができる。〈夏の日の光はまぶしくてやりきれない。燃える暖炉に向かいあって食事をとることができない。紙の白さを和らげるためにガラス板をのせる。今よりもっとよく本を読んだ時代からそうであった。だがどうして五十五歳の今になってなお眼鏡なしですませるのであろう。不思議である。だが夕暮れ時になると、近頃は目がかすんで字が見にくくなったことは確かだ。もっとも眼を使う仕事はいつの時代もわたしの眼には苦労であった。〉これだけはっきりした患者の訴えがあれば、医者は当然老人性白内障患者と診断するであろう。だがこれが一五八七年五十四歳の時の訴えだとすると、普通なら老眼鏡をかけなければ読めなかったであろうに、彼はそれを必要としなかった。したがってこの時期に彼は近視眼になっていたのである。我々素人は、上掲のモンテーニュの自叙を読むと、ただ彼は特別視力の鋭い人であったのだと思い込んでしまうが、専門家が読むと、彼は若い時から視力に異常があったものと考える。つまり決して彼の眼はよくなかったのである。

ただモンテーニュが白内障になり近視になったのだとすれば、当然遠くが見えなくなったはずであるのに、少しもそのようなことは書いていない。依然として《皆と変わりなく、誰にも負けないくらい遠くが見える》と書いているのは何故であろうか。だがそれはモンテーニュが自分の想像に欺かれているのだとベルヌーイは結論する。なるほど〈想像の力について〉（第一巻第二十一章）の章の冒頭に、モンテーニュは自ら、《想像の影響を特に蒙りがちな人間の一人である》ことを認めているし、〈一般的にも人間は、自分のこととなると、肉体に関しても精神に関しても、十分に認識することはできない〉（第二巻第十二章）から、とかく自分を買いかぶりがちであり、特に自分の老化は容易に認めたがらないものであるとも書いている。だが、前掲の告白につづけてボルドー本の余白に記入された文章を読むと、さすがにモンテーニュである。彼はこう書いている。《(c)これこそ、ほとんど感じられないほどのものだが、一歩の後退である。わたしは更に一歩、そして二歩より三歩、三歩より四歩と、後退してゆくことであろう。だがそれはきわめて静かにであるから、いよいよ自分の視力の老い衰えをはっきりと感ずる頃には、もうほんとの盲目になっていることであろう。それほどに運命の女神パルカは巧みに我々の生命の糸をほぐしてゆくのである。同様にわたしの聴力の方も段々と鈍くなるのではあるまいか。諸君はわたしが話し相手の声の小さいのを咎めている間に、いつの間にかその半分を失っていることにお気が付かれよう。霊魂に、その少しずつ溶けてゆくのを自覚させるには、日頃よほど霊魂を引きしめていなければならない。》(Ⅲ・12・1272)

モンテーニュがはっきりとは遠視・老視から近視へと移行したことを意識しなかったにしても、老年に至ってかえって読書が以前よりいくらか容易になったことを、その読んだクイントゥス・クルティウスの最後の頁に、次のように認めている。《読み始めて三日で読了。十年以前には一冊の本を一時間とつづけて読むことはなかったわたしが。一五八七年七月二日読了。》

ルネ・ベルヌーイは自分の診断の誤りなき最後の証拠《きめて》としてこの《読了》の記をあげているのであるが、私はこれを、モンテーニュが一五七七年頃には一時間と継続して読書することがなかったのだという事実を自ら告白しているものとして、モンテーニュ学者にとってきわめて重要な意味をもっていることに注意したい。モンテーニュ所蔵のカエサルの『ガリア征討記』の巻末には、こう記されている。《一五七八年二月二十五日読み始める。(四四)》《一五七八年七月二十一日読み終わる。(四五)》つまり五か月かかって読んでいる。* しかるに十年後の一五八七年には老いたるモンテーニュがクイントゥス・クルティウスをただの三日間で読了している。

* (四四)(四五)とあるのはモンテーニュの年齢である。彼は二月末日生まれであるから、読み始めた時は四十四歳で、五か月後は四十五歳になっている。

以上の一連の事実は、モンテーニュの思想ないし著作の源泉として書物を過重視してはならないことを教える。前にも言ったとおり、『随想録』はむしろ〈戸外の生活と社交が生み出したもの〉(œuvre de plein air, de bonne compagnie)(ジャック・ド・フェトー)である。《我々の精神を鍛練する最も有効で自然な方法は、わたしの考えでは対話である。わたしは対談することが人生の他のどんな行為よりも楽しいことだと思う。だからもし、そのどちらかを選ばなければならないなら、わたしは耳や舌よりもむしろ眼を失うことの方に賛成するであろう。〔注――モンテーニュは読書人・著作家であるくせに、従来あまり自分の視力に自信がないのである。〕……書物の研究は活気のない行為であって少しも人を興奮させることがないが、対話対談の方は教えると共に鍛える》(Ⅲ・8・1066)とモンテーニュ自ら言っている。これは彼の体験の結果である。源泉をただ書物にだけ求め、書物を源泉として百パーセント活用するということは、彼の体質が、特に彼の視力が、それを許さなかったはずである。学者が実証を云々するなら、このような事実こそ第一の実証である。それに彼は子供の時分から、片時もじっとしていられない性分であった。女中たちは、〈うちの坊チャンはまるで水銀球みたいだ〉と言ったという。大きくなっても厳かな儀式の場などに臨むことは苦手であった。《脚の中に蟻をもった》とは脚がむずむずして長く坐っていられなかったということである。長く机にはり付いて、読書を続けられなかったのも、こうした性分と特にその遠視のせいであった。それでじきに大きくのびをして椅子の背にもたれかかり、脚を座席より少しばかり高くして天井を眺める。頁の上にぎっしり詰まった細字を見るよりは、大小の梁の上にペンキで書きこまれた金言格言を眺める方が楽であったし、それらは交わるがわる際限のない夢想を誘い出してくれたのである。その代わり、こまめに外に出て歩くことは苦にならなかった。塔を降りて本屋《おもや》のサロンに入れば誰彼を相手によく語りよく聴いた。モンテーニュ家はお客あしらいが上手であったらしく、父ピエールの代からそのサロンにはいろいろな人が出入りした。ジャック・ペルティエ・デュ・マンとかピエール・ビュネルとか、ミシェルの代になるとド・ブラクとかシャロンとか、そういう学者たちもしばしば訪ねて来て、ミシェルはよくその相手をして歓談のつきることがなかった。その間に、彼はさまざまな観察をし経験をした。いわば〈耳学問〉をした。それが『随想録』の尽きざる豊富な源泉となった。一歩門を出れば、話相手に事は欠かなかった。彼自ら《数階建ての霊魂》であるから、近隣の大貴族を訪れて語ることもあれば、大工や植木屋や、また野良仕事をしている村嬢野翁をつかまえて話しこむこともあった。彼は乗馬が好きで上手であったから、ミュシダンとかボルドーとかまで出かけるのは何でもない。ボルドーのピュイ・ポーランの城には立派な文学サロンが随時ひらかれて、才色兼備の令嬢夫人も来れば、ユマニスト・詩人・考古学者・言語学者・数学者などにも会うことができた（『モンテーニュとその時代』四〇二頁）。ミシェルには視力障害があったにしても、書籍以外にいくらも豊富な、彼の天性により適応した、源泉をもっており、よくそれを活用したから、彼はその朗読係・筆記係をうまく使えば、悠々とその大著『随想録』を完成することができたのであった。

これらの事情を忘れて、ただ書籍的源泉の研究にのみ没頭していては、『随想録』のコンポジションなどは理解できないであろう。ただ書斎に引きこもり書物ばかり読んでいた人の純粋思弁からは、とうていモンテーニュの『随想録』のようなものは生まれでることはできないはずだ。飛躍、脱線、追加、延長をほしいままにしながらその目標を失うことのない『随想録』の構成の妙は、書籍的学問に捉われていないからこそ、成就したのである。我々読者の側から見れば、書籍的源泉に捉われて『随想録』の進化の跡を追うよりも、その底に横たわるモンテーニュの根本思想をしっかり捉えることの方が肝心であろう。このことは、ボヌフォンの古典的名著『モンテーニュ伝』（一八九三）がつとに我々に教えている。新研究にばかり眼をうばわれていると、わかりきった大事なことを見落としてしまう。名著は古くなっても名著である。

モンテーニュの『旅日記』がプリュニスによって発見されたのは一七七〇年頃であったが、〈書斎《リブレーリー》〉の天井の銘文を発見し、初めてそれを解読公表したのは、『自邸におけるモンテーニュ』（一八六一）の著者、ガリーとラペールという二人の仲のよい友達であった。梁の木が腐蝕していたりペンキがはげ落ちたりして読みわけられぬ部分も相当あったわけだが、その後ボヌフォン（一八九四）、ミス・グレース・ノートン（一九〇五）、ネーラック（一九〇四）、ヴィレー（一九三〇―三三）、プラタール（一九三四）、モーリス・ラ（一九六一）、ジャック・ド・フェトー（一九六六）、ジャン・セアール（一九七一）、マリアーヌ・メージェ夫人（一九七六）、等の研究を経て、今では全部解読されたと言ってよいであろう。次に、かつて拙訳『モンテーニュ全集』第Ⅲ巻（一九五八）に付録した拙訳をもとにし、上記諸研究の成果を参酌しながら、改めて次に天井の銘文・五十七の格言を再録しよう。

格言の数は全部で五十七、うち二十が聖書から出ており、九ばかりがセクストゥス・エンピリクスから、そしてストバイオスの『詞華集』からの引用句が八ばかりである。ギリシア語のものが二十五、ラテン語のが三十二ある（以下〔G〕〔L〕と別記する）。モンテーニュの同時代人のものはただ一つ（格言第三十九）、ラテン語でミシェル・ド・ロピタルの言葉がある。

1〔L〕**《人間ニトリテ学問ノ究極ハ、起キタルコトハ之ヲ善シトシ、ソノ他ノコトハ気ニカケザルコトナリ。》**伝道書

モンテーニュはこの句の終わりにEccl. と添え書きしているが、「エクレジアスト」（伝道書）の中にも「エクレジアスティク」（集会書）の中にも、いくら捜しても見出されない。ただこの句は前に書かれていた句を塗りつぶした上に書かれているところから、前にあった句が「伝道書」の句であったのかもしれないと、フェトーは考えている。『随想録』第二巻第十二章には《「伝道書」に曰く、物事を毎日お前の眼お前の舌に、見られ味わわれるがままに、よろこびて享けよ。その他の事はお前の知識の及ばないことである》と書いている（II・12・599）。いずれも〈未来のことは人間には知りようがないのだから取越し苦労などせずに現在を楽しめばよい。明日のこと死後のこと

などに心を労するな〉ということである。始めにこの句は「伝道書」にも「集会書」にも見えないと言ったが、それはヴルガタ本と対比した場合の話であって、十六世紀のフランスには、そのほかに幾種ものラテン語聖書があった。特にモンテーニュの〈リブレーリー〉に記された聖句は、イジドール・クラリウス訳（一五四二）聖書やセバスティアン・カステリヨン訳（一五五一）と比較して見る必要があるとメージェ夫人は注意している。

　モンテーニュが天井に記させた前掲の句はヴルガタ版「伝道書」三の二十二と、逐字的に対比すると相違しているが、大意は同じだと思われる。それはポートレルの仏訳聖書をもとに邦訳すると次のようなことになる。《そして私〔「伝道書」の著者コーヘレス〕は自分の仕事を楽しむこと以外に人間の幸福はないことを知った。それが人間の本性《コンディション・ユメーヌ》である（Car, c'est la condition humaine.）。後に起こることを見る力を人間に与えるのは誰であろうか。》

2〔L〕**《神ガ人間ニ知識ノ欲望ヲ与エ給イタルハ、コレ**〔人間〕**ヲ苦シマセ給ワントテナリ。》**伝道書、一

　この句もこのままでは「伝道書」中に見出されないが、その一の十三には確かに次のような文章がある。《我《われ》心を尽くし知恵を用いて天が下に行われるもろもろの事を尋ねかつ調べたり。この苦しき業は神が世の人に授けてこれに身を労せしめ給うなり。》

　同じ考えは『随想録』のいたるところに読まれる。例えば第一巻第二十七章には《自惚れと好奇心〔詮索癖〕とは我々の霊魂の災禍《わざわい》である》（I・27・245）。第二巻第十二章には《人間の業病《ペスト》は知っているぞという自惚れである》（II・12・580）、同巻第十七章には《物事を知ろうとする好奇の心

は人に授けられた苦しい業であると、聖書は言っている》（II・17・750）という風に。いずれも「伝道書」の、《それ知恵多ければ憤激《いきどおり》多し、知恵を増すものは憂患《うれい》を増す》（II・12・589）などという句を踏まえている。〔後出格言第七参照〕

3〔G〕**《風ハ空《カラ》ノ革袋ヲフクラマセ、自惚レハ分別ナキ人間ヲフクラマス。》**

出所は記されていないが、ストバイオスの『詞華集』から出ていると諸説一致している。この本は五百人以上のギリシアの詩人や散文家の章句を集めたアンソロジーで、内容は、詩・哲学・政治・歴史・家政等広範囲に及んでいる。原本は紀元五〇〇年頃に出たものと言われ、そのラテン訳は一五三五年以降数種あり、それはモラリスト・モンテーニュを育成する上に大いに貢献したと思われる。

4〔L〕**《日ノ下ニ行ワルルスベテノ事ノウチ最モ辛キハ、スベテノ人ガ同ジ運命ヲ持テルコトナリ。》**伝道書、九

これも原文どおりには見出されないが、同じ意味の言葉は「伝道書」の諸所にある。九の三には《すべての人に臨むところのこと一つなるは、是れ日の下に行わるる事のうちの最も悪しきものたり。》九の二には《すべての人に臨むところは皆同じ。義《ただ》しき者にも悪しき者にも、善き者にも浄《きよ》き者にも穢《けが》れたる者にも……その臨むところのことは同一《ひとつ》なり。》『随想録』の方を見ると、第一巻第三十六章に、《この天の下なるよろずのものは、聖句にあるとおり、同じ掟に従うものであるから、云々》（I・36・293）とあり、第二巻第十二章には、《我々は我々以外の者の上にもいなければ

下にもいない。日の下にあるすべてのものは、同じ法則、同じ運命に従うのだ云々》（II・12・550）と書いている。

5〔G〕《**最モ楽シキ人生トハ、何事ヲモ思ワザルコトナリ。**》〔ソフォクレス〕

この句は、前掲格言第四の下に透《す》けて読まれるもので、フェトーの説では、エラスムスの『格言集』から採られたソフォクレスの句であろうとのことである。

同じ考えは『随想録』の中にしばしば出て来る。第二巻第十二章に《それは次のギリシアの古句に「あんまり明敏でないところに多くの幸福がある」とあるとおりである。

深ク考エザルコトノ中ニ最モ快適ナル人生アリ。（ソフォクレス）

また「伝道書」に「それ知恵多ければ憤激《いきどおり》多く、知識を増す者は憂いを増す」とあるとおりである。》（II・12・588–589）

6〔G〕《**ソレハコウデモナケレバ、アアデモナシ。スナワチ、ソノイズレニテモナキナリ。**》〔セクストゥス・エンピリクス『ピュロン説概要』、I・十九〕

モンテーニュは〈レーモン・スボン弁護〉の章の中に（II・12・598）、ピュロンのともがらの語り方はこのとおりであると言って、その口癖を七とおり列挙した中に、この句を入れている。《「それはこうでもなくああでもない。すなわちそのどちらでもない。」……これこそ彼らの繰り返し句〔口癖〕である。……いつまでも無知を告白してやまず、いかなる機会においても勾配なく傾斜なき判断をすることと思えば、ピロニスムとはどんなものか誰にでもわかるのである。……》と書い

ている。〔なお後出格言第四九、五〇、五一参照〕
セクストゥス・エンピリクスというのは、伝えるところによると紀元三世紀の始め頃、天文学・哲学・医学に通じたギリシアで有名な学者であった。女詩人サフォーと同じくレスボス島の出身で、セクストゥスが本名、エンピリクスというのは彼が医者として実験派であったための綽名である。〈実証主義者セクストゥス〉という意味である。『ピュロン説概要』は古代懐疑主義総論とでも言ったもので、「伝道書」とともに、モンテーニュの生来の懐疑思想《セプティシスム》を支持育成するのに大いに役立ったものである。〔本書第十一章参看〕

7〔L〕《**神ガカクモ多数ニ造リ給エル物事ノ大ナル或ハ小ナル世界ノ概念ハ我々ノウチニ在リ。**》

伝道書

梁上には文末に Eccl. と記されているが、少なくともこのままの形では「伝道書」にも「集会書」にも発見されない。ただ類似の句として従来「伝道書」三の十一がとり上げられるが、少なくともヴルガタ版のラテン文とくらべた結果では、両者の近似性はかなり稀薄である。むしろそれをモンテーニュが梁の長さに合わせて、簡潔なラテン文に言いかえたものと考える方がよいだろう。モンテーニュはヘブライ語はもちろん、ギリシア語もあまりよくは読みこなせなかったから、一般に聖書を読む場合は彼に最も読みやすいラテン語のヴルガタ版によったと信じられているが、最近の研究によると、彼が特に好きであった「伝道書」に関しては、セバスティアン・ミュンスターとかセバスティアン・カステリヨンとかイジドール・クラリウスとかいう、当時プロテスタントとか異端者とか呼ばれていた人たちのラテン語訳をいろいろと読んでいたらしい。そこでこの格言第七も、カステリヨンのラテン訳とその釈義をしているクラリウスのラテン文とに対比してみると、最初の解読者ガリーとラペールによって復元されたラテン文に重大な誤りがあることが判明する。したがってそれに基づくボヌフォン以来モーリス・ラに至る諸学者の仏訳もまた訂正されなければならなくなった。ここにジャン・セアールおよびマダム・マリアーヌ・メージェが明らかにしたところによれば、まずラテン原文の最初の文字《Orbis》は《Nullius》でなければならない。そうすると文の末尾にある《notitia in nobis est》が打ち消しになる。したがって文章全体の意味が肯定ではなしに否定となる。すなわち格言第七は、次のごとく訳しなおさなければならなくなる。

《神ガカクモ多数ニ造リ給エル大ナルマタハ小ナル物事ノウチノ何一ツニツイテノ知識モ我々ノウチニハ在ラズ。》

こう改めてみると、格言第七の意味ははじめて明瞭になり、モンテーニュの根本思想たるセプティシスムとも、彼が愛読したコーヘレスのキリスト教的懐疑主義とも、合致することになる。そしてモンテーニュが文末にEccl.と付記したことも間違いとは言えなくなる。「伝道書」の三の十一の後半には《人は神のなし給う業を始めより終わりまで知り明らむることを得ざるなり》と言われている。つまり《神は人の心に永遠を思うの思念《おもい》を賦《さず》け給えり》ではあるけれども、〈無力な人間にはとうてい神の造り給うもろもろの事物の真実の意味を捉えることはできないのだ〉という意味が加わる。結論をすれば、この格言第七はヴルガタ版テキストとは合わなくても、やはり「伝道書」の作者コーヘレスの真意を完全に伝えている。モンテーニュとしては自分が若い頃から心の奥底にいだいている懐疑的傾向の無二の理解者・支持者として、コーヘレスをセクストゥスと共に、己れの聖所リブレーリーのうちに、親しく迎えいれたわけである。我々は、ここにモンテーニュのセプティシスムが、彼のエピキュリスムと共に、決して彼のキリスト教と背反するものではなかったことをも、理解することができるのである。単純なキリスト者の耳には、懐疑論者というと無神論者か異端のように響くかもしれないけれども、むしろセプティシスムはキリスト教信仰の重要な要素である。ヴィレーは『随想録』の中にはプルタルコスの引用が五〇〇回もあるのに聖書の引用は三三回しかないと言うけれども、プルタルコスだけは例外として、ユヴェナリスが五〇回、ヴェルギリウスとカトゥルスとがそれぞれ二四回にすぎないことに較べれば、聖書の三三回は必ずしも少数ではない。それにその後の研究によれば聖書の引用は四五回あるし、しかもリブレーリー天井の格言中二〇句は聖書から出ているのであるから、合計六五回となる。モンテーニュのキリスト教は低俗なキリスト教ではなかったが、彼が仮面したカトリック教徒でなかったことは、すでにしばしば述べたとおりで、ここに改めて説くまでもないであろう。

以上は最新の研究に基づいた格言第七の新解釈であるが、従前の《Orbis》（世界ノ）という語のままでも、いささか明瞭を欠きはするが、それなりの解釈ができなくはない。すなわち〈神がかくも多数に造り給える物事の大きな世界〉とは、宇宙とか自然とか呼びなされる広大な世界すなわち〈マクロコスモス〉を指し、〈小さな世界〉とはそこに含まれる禽獣虫魚そして人間など、いわゆる〈ミクロコスモス〉を指すものと考えれば、そのような〈事物の秩序〉の理解、そういう宇宙自然、互いに含みつ含まれつする宇宙の総体、という概念は、シャルル・ド・ブーヴェルやニコラウス・クサヌスや、そしてモンテーニュにも懐抱された世界観であって、それは「創世記」が教えるところとは異なるけれども、人間が生来もっているものだと言うのではなかろうか。創造者を認めず、擬人的神観《アントロポモルフイスム》の否定の上に立つ〈レーモン・スボン弁護〉の章の結論を、聖霊的・霊感的であるよりも理性的・理神論的であると読み取るものは、少なくともアルマンゴー博士などは、格言第七の意味をおそらくそのような意味に解したのであろう。またモンテーニュが「伝道書」のミュンスター訳ラテン語テキストと、カステリヨン訳に対するクラリウスの釈義などの間に、彼一流の宇宙観を支持補強する材料を得ようとしたのだと解することも、そう無理ではないであろう。ローマ公認のヴルガタ本テキストに準拠して「伝道書」の根本精神を学びとろうとするのではなく、つまりそれを自分の思想の源泉として取り扱うのではなく、逆に、自分の根本精神を堅固なものとするために、ただ補強の材料を、そこに求めたにすぎないのであるとすれば、格言第七が「伝道書」にも「集会書」にもぴったりと当てはまる原型を見出しえなくても、いっこう差支えない。ただそれがモンテーニュ自ら梁上に記させたもの、いわば彼の座右の銘、気に入りの句であったなら、それはそれだけで十分なのである。

第一巻第五十六章〈祈りについて〉の章を見ると、彼の宗教上の信念・態度が、一五七〇年から一五八八年以降まで、不変に貫かれていることがよくわかるのだが、この章の冒頭の一節は〔これは(a)の標識の下にあるが、ミシェルが法王庁の注意を受けて帰国した後の第二版すなわち一五八二年版に書き加えられたものであると、知る人は少ない〕、次のように述べている。

《(a)わたしはここに混沌として定めなきもろもろの感想を、ちょうど学校において討論させるためにいろいろと疑わしい問題を発表する人々と同じように、提出する。つまり真理を打ち立てるためにではなく、それを探究するためにである。そしてそれらを、たんにわたしの行いや書きものだけでなく、わたしの思想までも規定することをお役目となされる方々の御判断に委ねる。それが否認されることも、それが是認されることも、同様にわたしにはためになることであろう。(c)だって万々一無知や不注意のために、使徒直伝・ローマ公認・のカトリック教会の聖規に反するようなことでも言われているとしたら、それこそまったくけしからんことであるから。……(a)だがしかし、常に法王庁の方々の戒告の権威に服しながらも、……それでもなおこのように思いきって、あらゆる問題にくちばしを入れないではいられないのである。例えば次のように。》(I・56・393-394)

以上は一五八二年版への追加であったが、更に一五八八年以後の加筆の中には次のような文章が読まれる。

《(c)わたしは人間的な我流の感想を、たんに人間的感想として、天意とは別に思いいだかれたものとして、お目にかけるのであって、決して天意によって規定された・疑いと変更とがゆるされない・感想としてではない。ひっきょうそれは思念の材料であって〔傍点引用者〕信仰の材料ではない。わたしがわたしに従って推理するところであって、神によって信ずるところではない。……その態度は世俗的《ライック》であって聖職者的《クレリカル》ではないが、でも全く敬虔《ルリジュー》なものである。》(I・56・399)

要するに、格言第七の意味を、私は『随想録』第一巻第五十六章との対比によって、あえて前述のように理解したのである。モンテーニュがこの格言に《伝道書》と付記したのはおそらく誤記ではないであろう。そして「伝道書」はモンテーニュの愛読書であったから、聖典そのものばかりでなくクラリウスやカステリヨンの註疏までも較べ読んでいたのであろう。だがそれ以上に、我々はこのような宇宙観が彼自らの根本思想であり、それは聖霊によって教えられたものではなく、まったく人間的思想であること、それが彼の不動の信念であることを、知らねばならない。それは世間への言いわけでも糊塗でもなく、彼自身への誓約である。ビュトールは、古代人の格言には出所を付記せず、「伝道書」だけは、内容を著しく歪曲した場合までEccl.と添記しているのは、自己防衛の手段にすぎないと言うが、私はそうではないと思う。彼は古人を尊崇するあまり、自らキリスト教国の臣民であることを忘れないようにと、常に自戒しているのだと思う。彼がド・ロピタルやラ・ボエシと同志であったことを、我々は最後まで忘れないようにしたいものである。

8〔G〕《**マコトニ我《ワレ》悟レリ。我ラ皆人間ニテアルカギリ、幽霊スナワチ茫タル影ニスギザルコトヲ。**》〔ストバイオス『詞華集』の中のソフォクレスの言葉〕『随想録』第二巻第十二章〈レーモン・スボン〉の章に、《我々は存在と何の交渉ももたない。なぜなら、人間は皆、常に発生と死滅との中間にいて、自己に関してただぼんやりとした姿《すがた》・形《かたち》〔アパランス・エ・オンブル〕と不確実で脆弱な意見しか与えないからである。》(II・12・709)

9〔L〕《**オオ悲惨ナル人間ノ精神ヨ！　盲目ナル情念ヨ！　イカナル暗闇、イカナル危険ノウチニ、我ラガ倏忽《シュツコツ》ノ人生ハ、流レ去ルヨ！**》〔ルクレティウス〕

10〔G〕《**己レヲ高シト恃《タノ》ムモノハ、最初《ハジメ》ノ口実《コト》ノ前ニアエナク敗《ヤブ》ル。**》〔ストバイオス『詞華集』の中のエウリピデスの言葉〕
これは何かほかのラテン文を塗りつぶした上に記されている。

11〔L〕**《スベテノ物ハ天ト地ト海ト共ニ、偉大ナル全体ニ比スレバ無ニヒトシ。》**〔ルクレティウス〕

12〔L〕**《汝オノレノ目ニ自ラヲ知恵アル者トスル人ヲ見ルカ、彼ヨリモ却テ愚カナル人ニ望ミアリ。》**箴言、二十六〔「箴言」二十六の十二〕

〈レーモン・スボン〉の章に、《ⓐ単純な者や無学な者は、聖パウロが言ったとおり、昇って天国を得る。それなのに我々は、身に知識をかかえながら地獄におちる。》（II・12・590）《ⓐ人々は聖パウロが言っているように、自ら知者だと称しながら愚者となり、朽ちることのない神の栄光を、朽ちなければならない人間の像《すがた》に似せた。》〔〈ローマ人への手紙〉一の二十二―二十三〕（II・12・626）とある。

13〔L〕**《汝イカニシテ霊魂ノ肉体ニ合ワセラルルカヲ知ラズ。カク汝神ノ作為《ワザ》ヲ知ルコトナシ。》**

伝道書、二

この句も別のラテン文の上に書かれていて判読しがたいので、以上後世諸学者の推定・復元による。梁上にEccl. IIとあるけれどもヴルガタ版では十一の五が最も近似している。やはり格言第七の場合に述べたように、カステリヨン版かクラリウス釈義に基づくものではないかと察せられる（ジャン・セアールの説）。ヴルガタ版十一の五には、《汝は風の道の如何なるかを知らず、また孕める婦《おんな》の胎《はら》にて骨の如何に育つかを知らず。斯《か》く汝は、万事を為し給う神の作為《わざ》を知ることなし》とある。〔後出格言第四十二参照〕

14 〔G〕《**ソレハアルコトガデキ、マタ、アラザルコトガデキル。**》〔セクストゥス・エンピリクス『ピュロン説概要』、Ⅰ・二十一〕

15 〔G〕《**善キモノハ美ワシ。**》〔プラトン〕
『随想録』第三巻第十二章、《ギリシア語では同一の語が善と美とを包括している。聖霊もまた、美しいと言いたい人々を善いと呼んでいる。わたしはプラトンが当時流行したものだと言って、ある古代の詩人から引用したその歌が示しているのにならって、もろもろの善を健康・美・富という順序に並べておきたいと思う。》（Ⅲ・12・1218）

16 〔G〕《**人間ハ土器ナリ。**》〔聖パウロの〈ローマ人への手紙〉九の二十―二十一〕
《ああ人よ、汝は誰なれば神に言い逆らうぞ。土器は己れを造りたる人に向いて、何故に我を斯《か》く造りしぞといふや。陶師《やきものし》は同じ塊《つちくれ》を以て一つの器を貴き用のため、一つの器を賤《いや》しき用のために造るの権あるにあらずや。》なお同様の格言はエラスムスの『格言集』にもあり、セネカの「マルキアを慰める詞」の中には、《人とは何ぞや。そはひび入りし器いと脆《もろ》きものなり》とある。『随想録』第二巻第十二章にも《すべての被造物のうちで最もみじめで脆《もろ》い者といえば、それは人間である》（Ⅱ・12・543）と記されている。この〈脆い〉ということが、〈人間の分際《ユメーヌ・コンディション》〉なのであるから、各人はそれぞれの分をわきまえ、いたずらに嘆いてもいけないし、高きを望んでもいけないと言うのであって、モンテーニュはいたるところで〈母なる自然への随順〉を説いている。あるいはプロタゴラスの〈人間、万物ノ尺度〉への反発でもあろうか。

17〔L〕**《自ラ智《カシコ》シトスルコトナカレ。》**ロマ書、十二〔〈ローマ人への手紙〉十二の十六〕

格言第十六と同じ趣旨であり、ラゲ訳「ロマ書」によれば《喜ぶ人々と共に喜び、泣く人々と共に泣き、志を相同じうし、高きを思わずして低きに甘んじ、自ら智《かしこ》しとすることなかれ》（十二の十六）とある。ここでもモンテーニュは自ら出所を梁上に明記させている。いつも旗幟鮮明である。

18〔G〕**《迷信ハ子ノ父ニ順《シタガ》ウガ如ク高慢ニ従ウ。》**〔ストバイオス〕

『随想録』第二巻第十二章に、《服従と譲歩からはあらゆる徳が生まれ、高慢からはあらゆる悪徳が生まれる》（II・12・580）、また《おそらくはこのことを、「迷信は自尊に従う。あたかも子が父に従うように」というギリシアの古言は、意味するであろう》（II・12・591）とも。

19〔G〕**《神ハ己レ以外ノ何人《ナンピト》ニモ自ラ尊シトスルヲ許サズ。》**〔ヘロドトス〕

『随想録』第二巻第十二章（五三九頁）にこの句は引用されている。

20〔L〕**《汝ガ最後ノ日ヲ冀《コイネガ》ウナカレ、マタ恐ルルナカレ。》**〔マルティアリス〕

21〔L〕**《ソノ実ルモノ、是レナルカ彼レナルカ、マタ両者《フタツ》トモニ美《ヨ》クナルヤ、人ヨ、汝之ヲ知ラザルナリ。》**伝道書、二モンテーニュは出所をⅡと記しているが、ヴルガタ版十一の六に相当する。クラリウス版はヴルガタ版とほとんど同じで、カステリヨン版はいくらかちがう所がある。

22〔L〕《**我ハ人ナリ、サレバ人間ノコト、一ツトシテ我ニ無縁ナルハナシ。**》〔テレンティウス〕『随想録』第二巻第二章（Ⅱ・2・425）にこの句が原典におけるとはいささかちがった意味で引用されている。〔拙訳『随想録』四二六頁の注参照〕

23〔L〕《**汝賢キニ過グルナカレ。過グレバ却テ愚ニ至ル恐レアリ。**》伝道書、七〔の十六〕この句はヴルガタ版のテキストに近い。カステリヨン版とはちがっている。『随想録』第三巻第五章に、《知恵もまたその過度をもつ。狂愚におとらず節度を必要とする》とある（Ⅲ・5・976）。また第二巻第十二章は全章に同じ思想が充満している。無知の頌讃につながる。

24〔L〕《**モシ人アリテ何ヲカ知レリト思ワバ、ソハ未ダ如何ニ知ルベキカヲ知ラザルモノナリ。**》〔「コリント前書」、八の二〕『随想録』第二巻第十二章に《自分の知をたのむ人間は未だ知の何たるやを知らない者である。》（Ⅱ・12・540）

25〔L〕《**人何者ニモアラザルニ、何者カナリト思ウハ自ラ欺クナリ。**》ガラチア、六〔「ガラチア書」、六の三〕

『随想録』第二巻第十二章（II・12・540）にこの句がそのまま仏訳されている。

26〔L〕**《必要以上ニ賢明ナルナカレ、程々ニ賢クアレ。》**ロマ書、十二〔「ロマ書」、十二の三〕
この句は『随想録』第一巻第三十章冒頭に仏訳されて出て来る。同時に同じ意味のホラティウスの句が引かれている。《徳ヲ愛スルコト余リニ度ヲ越ユル時ハ／賢者モ奇人、正シキ者モ不正ナル者ト言ワレン。》（ホラティウス）〔前出格言第二十三参照〕

27〔G〕**《何人《ナンピト》モ知ラザリキ、マタ知ルコトナカラン、確実ナル何事ヲモ。》**〔セクストゥス・エンピリクスに引かれたるクセノファネスの句〕

28〔G〕**《我々ノ生キテイル生ガ死ナノデハナイカ。我々ガ死ト呼ブモノコソ生ナノデハナイカ。》**〔ストバイオス『詞華集』の中に読まれるエウリピデスの言葉〕
『随想録』第二巻第十二章（II・12・621）にこの句を自ら仏訳しその意を敷衍している。

29〔L〕**《万《ヨロズ》ノコトハ余リニモムツカシクシテ、人ソレラヲ理解スルコトアタワズ。》**伝道書、一
ヴルガタ版テキストとは小異がある。「伝道書」一の八には《万《ヨロズ》の物は労苦す、人これを言い尽くすことを能わず》とある。この句も消されたギリシア語の上にのせて記されている。

30〔G〕**《語ノ牧場ユタカナレバ**（vaste est le champs des mots）、**ドチラノ意味ヲモ言イ表ワセ**

ル。》〔ホメロス〕

モンテーニュはこの句を、『随想録』第一巻第四十七章の冒頭に自ら次のように仏訳している。《いかなる場合にもたくさんの言い方があり、善くも悪くも言いうるものだ。》（I・47・355）原典では〈各語の領域はそれぞれ広いからいろいろの意味を含めることができる〉という意味だが、モンテーニュは〈言葉はいろいろに組み立てることができるから、同じ言葉でどちらの意味をも言うことができる〉という風にとっているわけである。『随想録』第二巻第十二章でも、この言葉の多義性がモンテーニュの懐疑説を支援している。《我々の言葉もまたご多分に洩れずその欠点弱点をもっている。この世の紛議の動機は大部分が言葉づかいに発している。……》（II・12・622）とか、《最も明瞭で純粋で完全な言葉の中からも、人はいかに多くの嘘や間違いを生み出したか。いかなる邪説が、そこに十分な基礎と証拠とを得て、その目的をとげ、自説を押し通さなかったか。……》（II・12・690）などと書いている。第三巻第十三章では法律上の厳密な文章に関しても同じ疑いを抱いている。

31〔L〕《**人類ハ物語ニ極メテ餓エテアリ。**》〔ルクレティウス〕

プラタールは「集会書」十の七から出ていると言い、モーリス・ラはルクレティウス『物の本質について』（四の五九三）から出ていると言うが、いずれにしても原典どおりではない。あるいは「伝道書」一の八に、《目は見るに飽くことなし、耳は聞くに充つることなし》とあるのによるのではないか。いずれも理論・学説を信ぜず、むしろ道聴塗説の方にいくらか根拠があると考えた、モンテーニュの気に入りの言葉である。彼は空虚な知識を否定し、野蛮人と直接会話したり、航海記・旅行記・歴史・伝説の類を好んで読みあさったのである。

32〔L〕**《事物ノ中ニハ何ト多クノ空虚ガアルコトカ。》**〔ペルセウス〕

33〔L〕**《イタルトコロ空ナリ。》**伝道書、一

「伝道書」（ヴルガタ本）一の二では《都《すべ》て空なり》とある。モンテーニュは《Omnia Vanitas》の前にperを加えて《partout》（いたるところ）と記している。同十二の八にも同じく《すべて空なり》とあって〈イタルトコロ空ナリ〉とはなっていない。カステリヨン版もクラリウスのも〈peromnia〉とはなっていない。両方ともただ《Omnia》となっている。

34〔L〕**《節度ヲ守リ限界ヲ越エズシテ自然ニ順《シタガ》ウコト。》**〔ルカヌス〕

梁上にはただSERVAREの一語しか読みとれないが、後世の学者は『随想録』第三巻第十二章の始めの方に引用されているルカヌスの『内戦記』中の句に基づき、以上のごとく補足・復元したのである。現在ではその始めの句さえ消えて読めない状態にある。ガリーとラペールの時代にすでに起句だけしか判明しなかったのであるから、プラタールが〈読み難し〉として仏訳をあきらめたのは当然であろう。

35〔L〕**《塵ナリ灰ナリ。汝何ヲカ誇リトスルヤ。》**〔「集会書」、十の九〕

『随想録』第二巻第十二章に、ただ〈聖なる御言葉《サント・パロール》〉としてこの仏訳とおぼしき文章がある。《汝

は塵である。灰である。いったい汝は何を誇りとするのか。》(II・12・592)「創世記」三の十九にも《汝は塵なれば塵に帰るべきなり》とある。出所はいずれにせよ、モンテーニュはソクラテスの〈無知の頌〉、《わたしの神は、自ら学問があり知恵があると思うことを、人間特有の愚《ベティーズ》であると考えている。わたしの最上の学説は無知の説であり、わたしの最上の知恵は単純である》という言葉に賛同し、学者の思いあがり、自惚れをいましめ、人間が己れの限界を知り、謙遜であるべきことをいたるところで説いている。次の格言も同じ趣旨であって、モンテーニュの終始持して変わらなかった根本思想で、彼の懐疑説の一端でもある。

36〔L〕**《ワザワイナルカナ、己レヲ見テ智《カシコ》シトスルモノ！》**〔「イザヤ書」、五の二十一〕〔格言第二十四、二十五、二十六参照〕

37〔L〕**《現在ヲタノシミ享ケヨ、ソノ他ノコトハ汝ノ外ニアレバナリ。》**

これはミシェル・ド・ロピタルの詩句によるとの説もあるが、おそらくモンテーニュの造句であろう。格言第一と同じ意味で『随想録』第二巻第十二章に《「伝道書」に曰く、「物事を、日毎日毎にそれらがお前の眼お前の舌に見られ味わわれるがままによろこびて享けよ。その他のことは、お前の知識の外に在る」と》と書いているのが想い出される。「伝道書」三の二十二には、《されば人はその動作《はたらき》によりて逸楽をなすに如《し》くはなし、是れその分なればなり、我これを見る。その身の後のことは、誰かこれを携えゆきて見さしむるものあらんや》という一節があるが、これが源泉であるにしても、この格言三十七の構文は全くモンテーニュのものになっている。〔格言第一およびその

注参照〕

38〔G〕**《イカナル理由モ反対ノ理由ニ会ワザルハナシ。》**〔セクストゥス・エンピリクス『ピュロン説概要』〕

『随想録』第二巻第十五章の書き出しに《(a)「反対の理由をもたない理由は存在しない」と、最も賢明な哲学者たちの一派は言う》(II・15・722) とある。これもまたモンテーニュの懐疑主義・相対主義・伝統主義の基盤である。

39〔L〕**《我々ノ精神ハ暗黒ノ裡《ウチ》ヲサマヨウ。ソレハ盲目ナレバ真ヲ識別スルコトアタワズ。》**〔ミシェル・ド・ロピタル〕

同時代人の句はこれ一つである。いかにモンテーニュがこの人に敬服していたかが推しはかられる。この人はラ・ボエシと同じくカトリック教徒で、ポリティーク党の一人でもあったことに注意しなければならない。〔拙著『モンテーニュとその時代』随所参照〕

40〔L〕**《神ハ人ヲ影ノ如クニ造リ給エリ。日光《ヒカゲ》移リテソノ影消ユル時、コレヲバ誰カ判断シ得ン。》**伝道書、七

モンテーニュは『随想録』の中にこれを聖なる御言葉として自ら仏訳しているが (II・12・592)、梁上に記されているような句は、「伝道書」第七章には、見出されない。けれども人間を影にたとえることは『随想録』中にしばしばあった。「伝道書」六の十二には《人はその空しき生命の日を

影の如くに送るなり。誰かこの世において如何なる事が人のために善きものなるやを知らん。誰かその身の後に日の下にあらんところの事を、人に告げうるものあらんや》というような名文がある。それらのイメージがモンテーニュの脳裏に深くきざみこまれていて、ふと彼にこのような句を梁の上に記さしめたのではなかろうか。言葉は同一でなくても、よく「伝道書」の精神を伝えている。要するにモンテーニュの詩的霊感の所産と見るべきであろう。たいへん口調のよいラテン文で、モンテーニュは耳と口でラテン語を学んだのであるから、それは彼の得意とするところであったろう。彼の造り上げたラテンの格言は皆同じ特徴をもっていると言われる。

41 〔L〕《**世ニ不確実ホド確カナルモノナク、人間ホド悲惨ニシテ不遜ナルモノナシ。**》〔プリニウス『博物誌』より〕

『随想録』第二巻第十四章（II・14・721）にこのラテン原文が引用されており、一五九五年版以前の版には、原文の直後にモンテーニュ自らの仏訳が添えられていた。Dezeimeris et Barkhausen 版 *Essais*（すなわち一五八二年版）参照。なお第二巻十二章には《すべての被造物の中で最もみじめで脆《もろ》いものと言えば人間であるのにそれが最も傲慢なのである》（II・12・543）と述べている。

42 〔L〕《**神ノナシ給エル諸々ノ御業ノウチ、人間ソノ何《イズ》レヲモ知ルコトナシ。何レモミナ風ノ道ノ如クナラザルハナシ。**》伝道書、十一

これもモンテーニュが、前にあったギリシア語の格言を塗り消しその上に記させたもので、適当に短縮・改作したものである。原典十一の五には次のようにある。《汝は風の道の如何なるかを知

らず、また孕める婦《おんな》の胎《はら》にて骨の如何に育つかを知らず。斯《か》く汝は万事を為し給う神の作為《わざ》を知ることなし。》

43〔G〕**《各人ハソレゾレ神々アルイハ人々ノウチソノ好ム者ヲエラビテ友トス。》**〔エウリピデス〕

これはモンテーニュのリベラルな生活態度を端的に表出している。事実彼の交遊範囲はカトリック教徒のみにとどまらず、プロテスタントにも異端と言われる人々にも及んでいた。聖書すらヴルガタ版のみならず、ルフェーヴル訳、オリヴェタン訳、カルヴァン訳、カステリヨン訳等を読みくらべていたようである。

44〔G〕**《汝、己レヲ重ンズベキモノト思イナスナラバ、自ラ何者カナリト信ズルソノ思イコソ、汝ヲ滅ボサン。》**〔ストバイオスの『詞華集』に引かれたメナンドロスの言葉〕

45〔G〕**《人間ハ物事ソレ自体ニヨッテデナク、彼ラガソレラニ関シテ懐《イダ》ク考エニヨリテ苦シメラル。》**〔ストバイオスに引かれたエピクテトスの言葉〕

モンテーニュは第一巻第十四章の書き出しに《古代ギリシアの格言が言っているとおり》と言って、この句をそっくり仏訳している。斯《か》く、この句は一五七二年の〈あらかじめ備える法〉〈哲学することによって万難を乗り越える法〉（第一巻第十四章、第一巻第二十章）を生んだのであるが、後年の〈敵をかわす法〉〈心気転換法〉もまたこのエピクテトスの語の裏返しと見ることができよう〔拙訳『随想録』第一巻第十四章、第三巻第四章の解説参照〕。これもまた彼の中心思想であった。

46〔G〕**《死スベキモノガソノ分ニフサワシキ思想ヲ懐《イダ》クコトコソ美ワシケレ。》**〔ストバイオスの『詞華集』におさめられたエウリピデスの言葉〕

『随想録』第二巻第十二章にこの語を敷衍した次の文章が読まれる。《何を人が我々に教えるにしても、何を我々が学ぶにしても、常に与えるのも人、受けるのもまた人であることを、想い出さねばならない。それを我々に差し出すのも死スベキモノの手であり、それを受けるのも死スベキモノの手なのである。天から我々に来るものだけが人を承服させる権力と権利をもち、これだけが真理のしるしをもつのである。》（II・12・666）〈レーモン・スボン弁護〉の章の結論も同じことであった。《手のひらよりも大きなものを握ろうとし、腕に余る大きなものを抱こうとし、また両脚のひろがりが及ばない幅をまたごうと希望することは、不可能でありまた自然に反している。人間が自分より上に、人間性より上に、のぼろうとするのも同様である。まったく人間は、自分の眼をもって視、自分の手をもって握るよりほかに仕方がないのである。》（II・12・711）次の格言第四十七も同じことを言っている。いずれもモンテーニュの終始変わらざる根本思想を述べている。

47〔L〕**《何ガ故ニ汝ノ霊魂ヲバ、ソノ力ニ及バザル永遠ノ謀事《ハカリゴト》ヲモテ疲ラスルヤ。》**〔ホラティウス〕

ヴァレリーが『海辺の墓地』の頭に銘としておいたピンダロスの句とも照応する。《わが魂よ、永遠の生を願うな。可能の沃野を究めつくせ》（『ピュティア祝勝歌』）。アルベール・カミュもその『シシュフォスの神話』の始めに同じピンダロスの句を掲げている。これはモンテーニュが第二巻第十二章のみならずいたるところで説いてやめなかった思想である。『随想録』最終章にモンテーニュは言う。《無知と無好奇こそ、出来のよい頭脳を休めるのに、何と楽な柔らかいそして健康的な枕であるよ！》（Ⅲ・13・1236）

48　〔L〕**《主ノ審判《サバキ》ハ淵ナリ。》**詩篇〔ヴルガタ本三十五の七、日本語版では三十六の七に当たる〕

49　〔G〕**《ワタシハ何事モ決定セズ。》**〔セクストゥス・エンピリクス、『ピュロン説概要』〕『随想録』第二巻第十二章、《彼らの語り方はこうである。「わたしは何事もきめない」「それはこうでもなく、ああでもない。すなわちどちらでもない」》（Ⅱ・12・598）等々。〔前出格言第六、後出第五十、五十一、五十二参照〕

50　〔G〕**《ワタシハ全ク理解シナイ。》**〔セクストゥス・エンピリクス、『ピュロン説概要』〕『随想録』第二巻第十二章（Ⅱ・12・598）参照。

51　〔G〕**《ワタシハ判断ヲ中止スル。》**〔セクストゥス・エンピリクス〕『随想録』第二巻第十二章、《彼らの聖句（mot sacramental）はエペコー（épéchô）である。すなわち「わたしは判断を懸案とする」のである。これこそ彼らの繰り返し句〔すなわち金科玉条〕で、前述の諸句と結局同じ意味である。》（Ⅱ・12・598）こう書いてから更に《結局これは、「われ何をか知る？」という疑問形に表現する方が、ピュロンの思想を最も正確に理解・表出することになる》と言い、《それでわたしはこの一句〔épéchô〕を一個の天秤に銘としてつけている》（Ⅱ・12・

623）と書く〔拙訳『随想録』六二三頁、注参照〕。すなわちこの標語こそ、モンテーニュの思想全体の根本根底をなすものであり、天井に記された五十七の格言を総括するものであるから、彼がこれを〈金科玉条〉（mot sacramental）とか〈最後のキメ手となる句〉とか言ったのも当然である。なおモンテーニュがピュロンのともがらをエペシストと呼んだのはこの〈エペコーのともがら〉という意味であった。

52〔G〕《**ワタシハ検査スル。**》〔セクストゥス・エンピリクス、『ピュロン説概要』〕

これは懐疑主義の標語であるが、《セプティック》はただ〈うたがう〉のではなく、それと共に〈真理を捜す〉のである。だから《que sais-je?》はここにポジティブな意味を持ってくる。《ワタシハ検査スル》は結局モンテーニュの essai, essayer と同じ意味である。

53〔L〕《**習慣ト感覚トヲ案内者トシテ。**》

『随想録』第一巻第二十三全章は習慣の考察に当てられ、第二巻第十二章では、《我々の知識はみな感覚を通して我々の中に入って来るのだ》と言い、感覚のひきおこす誤謬錯覚を十分に認めながらも、《モシ感覚ガ確カナラザレバ、全理性モマタ頼ムニタラザルベシ》というルクレティウスの句を引いて（I・14・103）、理性の過信よりも感覚の現実性を高く評価している。〈習慣《アクテュマンス》は第二の自然〔すなわち天性〕であって第一の自然に比して決して劣るものではない〉（Ⅲ・10・1165）と言って習慣の力のあなどるべからざることを力説するモンテーニュは、当然伝統の尊重者となり、軽率な革新を排除するようになる。《習慣ト感覚トヲ案内者トシテ》とは、抽象的な観念論の空虚なるを悟り感覚を無視しない血もあり肉もある人間主義者、ヒューマンな知恵者となろうという、モンテーニュの座右の銘である。この語の精神はモンテーニュの全体にゆきわたって感じられる。

54〔L〕《**交互ノ推理**〔証明〕**ニヨリテ。**》

我々は〈ディアレーレ〉(dialelle) すなわち循環論証〔フランス語で言う cercle vicieux〕をどこまでも進めてゆくと、結局堂々めぐりになって果てしがなく、いつまでたっても決着はつかないという、不可知論的態度の表明である。《交互ノ推理〔証明〕ニヨリテ》甲論乙駁を際限なく重ねてゆく最後にいったい何が残るか。〈レーモン・スボン弁護〉の一章は結局この格言を敷衍し説明していると言ってよかろう。モンテーニュはこの章の中に《我々が物事から受けいれる形象を判断するには、我々に一つの判断用器具が必要であろう。その器具を検査するには、そこに証明が必要だろう。その証明を確かめるためには、またもう一つの器具がいるであろう。つまり堂々めぐりで切りがない(Nous voilà au rouet.)。……したがってそれはいつまでも切りがないことである (par ainsi, ce ne sera jamais fait)》(II・12・708) と書いている。

55〔G〕《**ワタシハ理解シ能ハズ。**》〔セクストゥス・エンピリクス、前出格言第五十参照〕

56〔G〕《**コレ以上ニ何モノモ。**》

我々人間の認識には限界がある。人間とはそのような存在なのであるから、相対的な知識をもって満足せねばならないし、事実それ以上に出ないのである。それ以上は〈死スベキモノ〉という己れの分際を越えることであるから、天理に反し人間を不幸にする。前出格言第四十六、四十七と照応する。

57〔G〕《**一方ニ傾クコトナク。**》

前出格言第五十一にあるごとく、判断を懸案としておき、決定を保留するという知的態度は、必然的に政治上・宗教上の中立主義・伝統主義・寛容の徳を生む。これは自他両方に対する厳正中立を自分に約束する標語である。

以上五十七の格言のうち、格言第五十以下の八句は大梁二本のジグザグ状に線描きされたリボンの上に記されていて、他の四十九の格言を、しっかりとモンテーニュのセプティシスム、彼特有の論証の方法に結びつけているように見える。リボンはその象徴ではなかろうか。小梁の上の四十九の格言は、大梁の上の二条のリボン、すなわち八句の格言によって結束されているかのようである。モンテーニュにとっては、古代の三人の大哲学者のうち、ピュロンこそ一番キリスト教を受容するに適していると思われたのである。逍遙学派《ペリパテティーク》は、もう真理は見つけたと思っているし、アカデメイア派は、真理は見つからぬと始めから投げている。それに対してモンテーニュは、セプティック〔懐疑論者〕すなわちエペシスト〔判断中止論者〕として、倦むことなく真理を捜しつづけようというのである（II・12・595–600）。だが〈死スベキモノ〉としての人間の分際《ユメーヌ・コンディション》を忘れない限り、このセプティシスムは我々をエピクロスの〈アタラクシア〉に導くと、彼は堅く信じている。これが榻上《とう》に仰臥して彼が仰ぎ見た知恵の書の開かれた頁の教えるところであった。

以上五十七の格言を出所によって分類して見ると、

(1)聖書から、二十（内訳――「箴言」から一、「イザヤ書」から一、「パウロ［（ロマ書）］」から三、［「コリント前書」から一、「ガラテア書」から一、「詩篇」から一、］「伝道書」から十一、「集会書」から一）

(2)セクストゥス・エンピリクスから、九

(3)ストバイオスの『詞華集』から、八

(4)古代の哲学者、詩人、十四（内訳――ソフォクレス一、ルクレティウス三、［エウリピデス、］プラトン、マルティアリス、ヘロドトス、テレンティウス、ホメロス、ペルセウス、ルカヌス、プリニウス、ホラティウス、各一）

ここで第一に注意したいことは、これらのうちにモンテーニュのストイシスムを証拠だてるような格言は一つもないということである。それから、聖書から引かれた格言も、ストバイオス、セクストゥス、その他の古人の格言も、その内容はいずれも聖書風なセプティシスムかエピキュリスムの傾向を帯びたものばかりであるということである。格言第五《最モ楽シキ人生トハ、何事ヲモ思ワザルコトナリ》は、ストバイオスの『詞華集』から採られたソフォクレスの句であるが、その上にのせて格言第四《日ノ下ニ行ワルルスベテノ事ノウチ最モ辛キハ、スベテノ人ガ同ジ運命ヲ持テ

ルコトナリ》という「伝道書」の句が記された。格言第十八《迷信ハ子ノ父ニ順《シタガ》ウガ如ク高慢ニ従ウ》というストバイオスの句の上には格言第十七《自ラ智《カシコ》シトスルコトナカレ》という聖パウロの句が記された。格言第二十《汝ガ最後ノ日ヲ冀《コイネガ》ウナカレ、マタ恐ルルナカレ》というマルティアリスの句はヘロドトスの《神ハ己レ以外ノ何人《ナンピト》ニモ自ラ尊シトスルヲ許サズ》という句に代えられた。だがこのような書き換えを通じても、ストイシスムからエピキュリスムへというような変化は認められない。

なおもう一つ言いうることは、聖書以外から出た言葉は、いずれも人間の理性の無力を言いあらわしていて、モンテーニュの懐疑主義的態度を明示するけれども、それらはいつも謙遜の色を帯びており、決して彼のキリスト教思想を傷つけるものではないということである。それに五十七句のうち二十句が『随想録』の中にも引用されているが、それに伴うモンテーニュの注釈敷衍もまた決して反キリスト教的ではないのである。数においては古代人の格言が聖書の格言より断然多いけれども、同時代人の中からただ一人選ばれた格言の主が、信念の堅いカトリック教徒ミシェル・ド・ロピタルであることも注意してよいであろう。

要するに五十七*の格言は、その源泉が何であれ、それがキリスト以前の古代人からである場合も含めて、その主調となっているものは、常にキリスト教的な温和なエピキュリスムでなければ、人間の高慢をたしなめるやはりキリスト教的な穏健なセプティシスムである。いずれも皆キリスト教的ヒューマニズムの色合いを帯びている。モンテーニュは〈レーモン・スボン弁護〉の章の中で古代の哲学者を三つに分け、逍遥学派の人たちは真理をすでに発見していると考え、アカデメイア派は始めから真理の発見を不可能なりとして放棄してしまったのに対し、ピュロン派だけがなお真理を探しつづけているのだと言い、ただピュロン派だけはキリスト教を全面的に否定していないのだから、十分これと提携してゆくことができると述べている。事実、彼はキリスト教もドグマの形で押してくれればピロニスムを〈最後の奥の手〉としてこれを打破するのに用いるが、そうでなければ彼はいつもリベラルなキリスト教徒であることができた。こういう気分が、五十七の格言の中にも〈レーモン・スボン〉の章の中にもあふれている。

＊　この五十七という数は第一巻が全五十七章であることと関連がある。エール大学所蔵一五八〇年版『随想録』の覆刻版（スラトキン社）に付されたダニエル・マルタンの序文参照。

ミシェル・ビュトールは、リブレーリー天井の格言のうち古代諸家の格言については一つもその出所を付記していないのに、ただ聖書からの引用についてのみ必ずその出所を示していること、しかも聖書原典（ヴルガタ版）にない句を自ら創作した場合まで麗々しく《Eccl.》などと付記していることを取りあげて、これはモンテーニュが世間体を取り繕った故意のカムフラージュないし偽善であると断じている（松崎芳隆訳『エセーをめぐるエセー・モンテーニュ論』、一九六八）。ビュトールはモンテーニュに関して幾つもの創見を我々に示しているが、モンテーニュ邸天井の銘文の出典に関する限り、ジャン・セアールの「モンテーニュと〈伝道書〉」＊と題する実証的な研究報告を踏まえた上で、私は私の答えを出したい。だがモンテーニュの哲学と宗教との関係は、西欧合理主義の立場に立つ限り、今後もなお矛盾とか虚偽とかいう風に解釈されることはやまないであろう。一九六七年以来モンテーニュに関するすぐれた手堅い研究の結果を相継いで発表しているこの道の専門家ギェルツィンスキー神父までが、モンテーニュを〈特別の読者の前でなければ容易にはその覆面《マスク》をとらない人〉であるとし、《モンテーニュの著作全体を注意深く検討すると、それが信仰主義《フィデイスム》の精神とは全く相容れないものであることが確かである。モンテーニュはその著書の中で、絶えず我々に向かって、習慣の圧制から我々を解放し、ひたすら我々の個人的理性に聴従するよう勧告することをやめない》と述べ、《ひっきょうモンテーニュのフィディスムは狂信の時代が彼に押しつけた欺瞞である》と、やはりビュトールと同じ結論を出している。だが果たして彼はギェルツィンスキー師の言うように《小さなサークルの人たちのために懐疑論的真理を懐抱しつづけながら、その心の奥底では一般社会や公認の思想をいかにも尊重しているかのような風に見せかけていた》のであろうか。果たして彼は一方の手で宗教に対する致命的な一撃を振りおろしながら、片手で香を焚くというような器用な芸当のできる人であったのだろうか。ピエール・ミシェル（〈モンテーニュ友の会〉の会長）は、ギェルツィンスキーの〈レーモン・スボン弁護〉に関するすぐれた研究を高く評価しながらも、最後にこう付け加えている。《正直に言うが、我々としては、『随想録』を読んでいてタルテュフみたいな男とつきあっているような感じを持ったことはかつてなかった。ギェルツィンスキーのきびしい攻撃は、その作品は賞讃することができても人間の方は十二分に賞讃できないという、論者の遺憾を表わしたものと解すべきだろう》と。五十年来モンテーニュと付き合っている私の感想も全く同様である。理屈の上ではそうなるにしても、生身の人間はそう簡単に割り切れるものではない。ここでも伝記的研究・性格学的研究が先行すべき必要を感じる。ただ〈レーモン・スボン弁護〉の章だけをとってみても、彼は理性の賞讃者であると同時に侮蔑者である。思想の自由独立を唱えながら、行動に関しては習慣の尊重を忘れまいとする。こういうアンビヴァランスは特殊なケースではなくて、むしろすべての正常な人間に自然にそなわった〈人間性状《ユメーヌ・コンディション》〉

なのではあるまいか。ギェルツィンスキーのデカルト的合理主義と聖職者の身分とは、このモンテーニュの宗教という微妙な問題の解明に当たっては、二つの妨げであったように、私には思われる。それにすでに言ったとおり、モンテーニュにおいては、その懐疑主義はキリスト教破棄の道具ではなく、むしろその基礎であった。そこで改めて、モンテーニュのピュロン説とはどのようなものであったのか。キリスト教にもいろいろあるように、懐疑主義にもいろいろあるのではないか、ということが問題になってくる。

＊　Cf. Jean Céard, *Montaigne et l'Ecclésiaste. Recherches sur quelques sentences de la «Librairie»*, in *Bibliothèque d'Humanisme et Renaissance*, XXXIII（1971）, p. 367–374; Marianne S. Meijer, *Montaigne et la Bible*, in *B. A. M.*, 5e série, n° 20, p. 23–51.

第十一章　モンテーニュの創造的懐疑説

――〈現象学的・排去的〉懐疑説――

いくらかでもモンテーニュの思想について考えたことのある者は、〈懐疑主義的転機《クリーズ・セプティック》〉というような言い方は、もうあまりしなくなったはずである。彼の懐疑思想《セプティシスム》は単なる一過性のものとは考えられない。それは彼の思想の展開途上の一定時期にのみあったのではなく、それこそ彼自らの言葉によれば《彼と共に生まれた》天賦の特質なのであって、一生のいかなる時期においても、常に彼の精神の根底で絶えず働きつづけたものである。だがそのセプティシスムとはいったいどのようなものであったのか。それはラディカルな、本質的な、何ものの存在も許さないような、末は普遍的ニヒリスムに行きつくようなものであったのか。デンマークのブリンケンベルク教授は、このモンテーニュの宗教とか信仰とかいう微妙な問題に新しい解釈を与えるためには、まずもって《その論及しようとする概念の予備的分析の上に立たねばならない》と説いている。それにセプティシスムというからには、それがどのようなセプティシスムであるにせよ、それはいかなるドグマをも許すはずがない。だからモンテーニュはどのようなセプティックであるにせよ、彼はその哲学の内容によってセプティックであるのではなく、ただその方法《メトード》によってのみセプティックでありうるのではないか。こういうことが、まず最初に考えられるべきことである。これはフランスのマルセル・コンシュ教授が注意してくれるところである（コンシュ「モンテーニュのピュロン的方法」、〈モンテーニュ友の会紀要〉第五輯一〇―一一号・一九七四・所収）。

〈セプティック〉とはいったいどのような人を言うのか。コンシュ教授の援用するヴィクトール・ブロシャール著『ギリシアのセプティックたち』（一九五九年再版）を孫引きさせてもらえば、《真のセプティックとは、現象を排去除外したすべてを、断然かつ徹底的に疑って、いつまでも疑いやめない者のことである》という。そうしてみると、セプティックとは絶対的に万事万物を疑うのではなく、彼の疑いの及ばない領域が相当に広くあるように感じられる。〈現象《フェノメーヌ》〉（あるいは外観《アパランス》）を除いてというのだから、彼の疑いは明白自明な事柄には及ばないので、それはただ現象の裏に匿《かく》れて見えない曖昧な事柄にだけ及ぶにすぎない。雪はあるいは白くないのかもしれないが、眼にはとにかく白く見える。蜜は本質的には甘くないのかもしれないが、舌には確かに甘く感じられる。その感覚は疑いないのだ。その白いとか甘いとかいうことが果たしてその物の本質であり本体であるかということになって、はじめて疑いを抱く。それがセプティック・フェノメニスト〔現象学的（排去的）懐疑主義〕の立場であり、すなわちモンテーニュの立場なのである。物の実体や本質や絶対の真理などをかつぎ出して彼を無理に承服させようとする相手が出てきて、はじめて彼は自己防衛のために、やむをえず、そのセプティシスムを発動させるのだ。〈レーモン・スボン弁護〉の章の中で、その一章を献呈した貴婦人に向かって忠告した言葉でそれはわかる。《まったく只今ここに用いました剣法〔＝セプティシスム〕は究極の手段としてでなければお用いになってはなりません。それは死にもの狂いの一撃でございまして、いよいよ敵にその武器を失わせるために自分の武器をも捨てねばならない場合にだけ、許される方法でございます。それは秘伝の奥の手ですから、稀に、控え目に、用いなければなりません。》（II・12・658）

だからモンテーニュの懐疑は、積極的な徹底的な普遍的なピュロン説ではなく、それは精神の自由を確保し、〈アタラクシア〉の状態を危うくされないための、方法的セプティシスムであった。いかなるドグマティスムにも侵蝕されず拘束されないための、自己防衛の手段にすぎなかったのである。

ピュロンはソクラテスと同じく自ら著作をのこさなかったので、後にティモンの語り伝えたものを更にアリストクレスが祖述したものがいわゆるピュロン説であるが、モンテーニュは直接それを読んではいなかった。彼の懐疑説の源泉となったのはセクストゥス・エンピリクスの『ピュロン説概要』であったが、ここでは純正ピュロン説らしい表現の合間に、すでにセプティシスム・フェノメニストが混入していた。だからモンテーニュは、感覚はただ形象現象を与えるのみで本質・エッサンスは与えないと言いながら、〈弁護〉の章の中ではその本質本性について、彼一流の考えを述べている。同章の終わりには、パルメニデス流の自然観・宇宙観をさえ述べ、永遠不易の〈存在《エートル》〉についても自分の所信を展開している（II・12・708以降）。それはもはやピロニスムでもセプティシスムでもないかのごとき感を与えるが、しかし、彼はあくまでも頑冥固陋な論敵を向こうにまわしてのキリスト教弁証論の一部として所信を述べているのであるから、ここでも彼が依然として〈セプティック・フェノメニスト〉であることに変わりはない。だから彼がピロニスムという語で言い表わしているものは、ピュロンのピロニスムではなくて、むしろセクストゥスのセプティシスムであり、同じ懐疑説とは言え、そこには微妙なちがいがある。それは同じ『荘子』でも内篇・外篇・雑篇があるのと同じである。要するにモンテーニュの懐疑思想は、ピュロン直伝のピュロン説ではなくて、セクストゥス・エンピリクスから間接に仕入れた〈セプティシスム・フェノミニスト〉にすぎないということになる。

モンテーニュは哲学者を三つに分類する。《その目的はいずれも真理、知識、確実を求めるにあるが、逍遙学派・エピクロス学派・ストア学派は、それらを見出しえたと考えた。次にクレイトマコス、カルネアデス、アカデメイア派の人々は、それらはとうてい見付からないものと断定してその探究を放棄した。ところがピュロンをはじめセプティックすなわちエペシスト〔捜し求める人〕たちは、まだ自分たちは真理の探究をあきらめず、なおそれを捜し続けていると言う》とモンテーニュは書いている（II・12・595）。だがコンシュ教授の明らかにするところでは、ティモンあるいはアリストクレスに伝えられたピュロンは、人間の認識の可能性を否定するのだから、探究をも放棄しているはずであり、判断を中止するのではなしに判断をしない・判断を放擲する・のである。どっちつかずに、動揺しているのではなく、断然判断しないのである。しかも〈存在〉の概念までも問題にするのである。物が存在スルのか存在シナイのか、存在スルでもあり存在シナイでもある。ところがセプティシスム・フェノメニストの方は、物事はその本質は認識しえず捕捉しえないけれども、とにかく物事は〈存在スル〉と考えるのである。ピュロンの方は〈存在スル〉とも〈存在シナイ〉とも言えないのだから、モンテーニュが真正のピュロン学派だとすれば、〈レーモン・スボン〉の章の結論に、《本来流れて捉えがたい物をつかまえようとすればするほど、ますますその捕えようとするものをとりにがすことになる》とも、《世には何一つとしてとどまるものがなく、何一つとして常に一つであるものはない》とも、《いやむしろ総体的な存在と共に、常に他のものへ、他のものへとなりながら、それぞれの存在もしぜんに変わってゆく》とも、《在るとはどういうことかよく知らないために、見えるものと在るものとを混同する》とかは書かなかったであろう。とにかくそれは動いてやまないにしても捉えがたいにしても、彼は存在について千言万語をつらねている。彼のセプティシスムが、普遍的な徹底的な根本的な懐疑主義ではなく、むしろ広大な除外圏をもつセプティシスム・フェノメニストであったことはこれで分明である。そのことを、彼自ら告白している。むしろ漏洩している。暴露している。《わたしがこの思想〔ピュロン説〕を力のかぎり叙述するのは多くの人々がそれをわかりにくいと思っておられるからである。それにその道の著者すら、この思想をいささか曖昧に、かついろいろに、表出しているからである》（II・12・598）と。実際彼による哲学三派の分類も粗雑であったし、懐疑論者の間の細かい異同も彼には十分把握できていなかった。それは一般に彼の読書の仕方が、いつも気分本位で、学究的綿密さを欠いたからである。彼は一つの本を最初の頁から終わりまで順序を追って読みはしない。彼は各部分を全体との関連において読むのではない。彼の言葉に従えば、それは読むのではなく頁をめくるのである。《或る時はこの本を、また或る時は別の本を、これという順序も計画もなく、あちこちと断片的に頁をめくる》のである。ここに《je lis》とは書いていない。ちゃんと正直に《je feuillette》と書いている。前後との関係を無視して拾い読みをするのが彼の癖なのであるから、ストア主義にしてもエピクロス主義にしても、それを全体として読み取ってはいないのだ。『ピュロン説概要』にしても同じことで、そこにセクストゥスとピュロンとを、識別して読んではいなかったと言えるであろう。『随想録』の中には、一つの頁の上に、ストア派からもエピクロス派からも同時に引用している。万事アンティ・システマティック、アンティ・ドグマティックな読書法・思考法でゆくモンテーニュには、純正ピュロン説というドグマはつかめなかったのである。ただ懐疑主義的断片を、セクストゥス・エンピリクスの中から拾いあげただけなのである。多くのモンテーニュ学者は、自分が本格的な学者であるがために、かえってモンテーニュを学者として買いかぶっている。前出ビュトールにしてもギェルツィンスキーにしても、モンテーニュのこの我儘勝手な性分を忘れているのではなかろうか。毎度言うように、モンテーニュは学者先生でも神学者でもなく、至極気まぐれな、自分本位の、アルティストであり詩人であったのだ。

　モンテーニュが純正なピュロン学者でなかったことは、彼がもともとドグマティストではなかったのだから当然なことであり、彼が現象学的セプティックであったとすれば、彼がキリスト教に共鳴しそれと提携しても、不思議どころかそれは当然なことである。実にコンシュ教授が純正なピロニスムと現象学的セプティシスムとを区別したことは、モンテーニュと宗教という我々の問題に、大きな照明を与えたと言えるであろう。セプティシスムとキリスト教との距離はそう遠くはない。人は〈レーモン・スボン〉の章の結論を、キリスト教ではなくて、スピノザ流の汎神論だとか自然神教だとか言うが、親鸞上人が〈自然法爾《じねんほうに》〉ということを語っていても誰も、彼が仏教徒であることを疑わないではないか。現にキリスト教国の中にも、ユニテリアンとよばれる一派もあるではないか。モンテーニュに深く傾倒したエマスンもそのユニテリアンの一人であったではないか。

要するにモンテーニュはいかなるドグマも持ちたくないのであるから、彼のセプティシスムもピロニスムのようなドグマとはならない。それは自他いずれに対してもドグマとはならない。それはただドグマを忌避し排除するための方法としてのみあるのであって、キリスト教と対峙したり競争したりするための学説では毛頭ない。彼は生来喧嘩口論を好まない。このモンテーニュのセプティシスム・フェノメニスト（現象学的懐疑説）は、〈レーモン・スボン〉の章以外では、特に〈対話の仕方について〉（第三巻第八章）の章においてよく把握されるであろう。

《わたしはすこぶる自由気楽に対話討論に加わる。なぜならわたしの内部には、人の意見が入り込んできて根をおろすには全く適しない地盤ができているからだ。どんな提言もわたしを驚かさず、どんな信仰もわたしを傷つけない。どんなにそれがわたしの信仰に反していても平気である。どんなにつまらない・またどんなに度はずれな思想も、人間の精神が産みだしたものとしてふさわしいと思われないものはないからである。我々の判断に判決をくだす権限を与えない我々〔懐疑論者〕は、平然と相反する論説を打ち眺める。そしてそれに判断は貸さないけれども、耳だけは気軽に貸してやる。天秤皿の一方が全然からっぽの時は、そこにどこかの婆さんのたわいのない夢なんか載せて、もう一方の皿をふわふわさせてみる。……すべて我々の周囲で信じられているその種の愚かな夢も、少なくとも一応きくだけのことはある。わたしにとってそれらはただ無よりはましだと言うにすぎないが、とにかく無ではないのである。素人のその場かぎりの意見にしても、秤にかけてみれば、全然無というわけではない。いやそこまで折れて出ない人は、おそらく迷信という不徳を避けようとして、頑固という不徳におちるのである。》（Ⅲ・8・1067）《……内容などはわたしにとって問題ではない。意見はどれもわたしにとっては一つである。どっちが勝っても、ほとんど関係ないのである。》（Ⅲ・8・1069）

モンテーニュがそのセプティシスムによって探究し発見しようとしたのは、もとより真理ではなくてむしろ〈無知無学〉であり、目的はそこにアタラクシアを得ることであった。《いつまでもやむことのない無知の告白、いかなる場合にも勾配なく傾斜することなき判断を想像してみれば、誰にでもピロニスムとはおよそどんなものか理解ができるのである。》（Ⅱ・12・598）……《彼ら〔ピュロンのともがら〕の、まっすぐで曲がらない、どんな物をも同意も賛成もせずに受けいれる態度は、彼らをそのアタラクシアへと導く。アタラクシアとは平和で落ちついた生活状態のことで、彼らはそれによって、我々が物事に関して持っているつもりでいる意見だの知識だののために蒙りがちな、動揺から免れる。……いやそれどころか、彼らは自説に拘泥する気持ちからも解放される。》（Ⅱ・12・596）それは荘子のいわゆる〈虚静恬淡寂漠無為〉の境地に達すること、母なる自然にその身も心も委ねて浅はかな知恵《さかしら》をはたらかさないことであるから、親鸞の〈自然法爾《じねんほうに》〉にも宣長の〈神ながらの道〉にも通ずる境地と言えるであろう。

『随想録』は矛盾に満ちているという。モンテーニュのセプティシスムはローマのカトリシスムと相反するという。だが、『随想録』の世界には多様性があり変化はあるけれども矛盾はない。『随想録』はシステムやドグマの世界ではなくて宇宙そのものなのであるから。モンテーニュは知識人、思想家ではなくて、実存する人間（実存者 existant）なのである。彼は思想と生活とを分離しない。

セプティシスムは彼にとって思想の方法であると共に生活の方法なのであった。

モンテーニュのセプティシスムは生活の方法《メトード》である。生き方である。セプティシスムにもその考え方がありその信念がありその意見があり、しかもそれらは決してかりそめなものではない。けれども彼はそれらを絶対化したり教条化したり、それを原理としたり真理としたりドグマとしたりしないだけのことである。彼はそれぞれの意見思想の相対性を十分に認識しており、自分たちのそれらと、他の誰かのそれらとが等価値であることを知っている。だからいわゆる折伏《しゃくぶく》精神などはもっていない。自分を他より優越しているとは思わない。動物に対してさえ優越感をもたない。ただ彼らとは違っていると知るだけであり、それはかえって彼らにその特異の存在を認めてやることになる。すなわち万物斉同の理《ことわり》をわきまえている。もろもろの存在が多種多様であり、特に人間性の様態の千差万別であることを信じているから、他者を尊敬し、これに絶対の好意を懐《いだ》く。決して自分自身の価値を絶対化したり、多様なる諸存在に〈真理は一つなり〉というドグマを押しつけたりはしない。だから懐疑論者は、ファナティスムやアントレランス（不寛容）や排他主義には全面的に反対する。要するに相違を一様化して、同一の拘束に服せしめようとはしない。でも、セプティックの生活は、他のどんな人の生活にくらべても劣らず真剣である。だから一人のセプティックが、自分はキリスト教徒だと言った時は、全面的にその誠実を信じてやらなければならない。その人がセプティックな思想意見をもっているからと言って、彼の信仰を疑うことは許されない。モンテーニュは《我々はペリゴール人あるいはドイツ人であるのと同じ資格でキリスト教徒である》（II・12・535）と言った。モンテーニュは押しも押されもせぬ歴としたペリゴール生まれのフランス人である。そして同じく押しも押されもせぬキリスト教徒なのである。だがそれと同時に、哲学的にも論理的にも、自分のキリスト教信仰を絶対化する権利はない。これを絶対的真理〈la Vérité〉として回教徒や新世界の原住民に押しつける権利はない。ありとするのは間違ったキリスト教徒の越権と言わねばならない。モンテーニュが自ら〈クレティアン〉だと言う時、キリスト教とは〈謙虚〉〈恭順〉〈拝跪〉〈祈禱〉等々のキリスト教徒のとる心霊および肉体のある種の態度を意味するのである。こう考えると、モンテーニュのセプティシスムは、ドグマティックなピロニスムとはちがったしたたかさを持っているようにも見えるが、決してキリスト教そのものを否定してはいない。彼が打倒するのは、誤れるキリスト教の解釈であって、キリスト教それ自体ではない。

　モンテーニュは、〈哲学するとはいかに死すべきかを学ぶことである〉（第一巻第二十章）という章の中で、結局生者必滅の理《ことわり》を、もっぱら理性に訴えて、我々に教えようとするのであったが、〈死〉などというものは理性に訴えるまでもない至極日常的な自然の現象にすぎないのであって、ただ毎日を自然に生きてさえいれば〈しぜんに〉わかることなのだと言い、その章の終わりに、自然そのものをして（自然を擬人化して）諄々《じゅんじゅん》と語らしめた末、《これこそ我々の母なる自然の良き教訓である》と結んでいる。『随想録』最後の章〈経験について〉（第三巻第十三章）の章においても、《自然はやさしい案内者である。やさしいと共に賢明で公正な案内者である》（Ⅲ・13・1282）と言い、こういう《慈悲深くて全能な舵取り》とも言うべき自然の規則をわきまえこれに随《したが》っていれば、別に崇高な知識などがなくても人間は少しも困らないのだと、ここでも自然を人間に見たてて《彼女は我々に歩く脚をつけてくれたように生きてゆくための知恵もつけてくれた》と書いている（Ⅲ・13・1236）。だがこれは、ロベール・ルノーブルが述べているような、ようやく目覚めはしたもののなお一抹の不安を残していたルネサンス人が必要とした〈母なる自然〉と、果たして同じものであったろうか。ルノーブルはこう書いている。《ルクレティウスの自然、ブルーノが多分かいま見たであろうあの自然器械、あの非情で人間に対してきわめて冷ややかな自然、そのようなものは、当時はまだ何人《なんぴと》もこれを欲しなかった。誰もそのような思想には堪えられなかった。当時一応目覚めてはいたもののなおかつ臆病であった霊魂《ひとびと》は、キリスト教の〈父なるおん神〉から脱却しようと努めればつとめるほど、いっそう〈母なる自然〉を必要としたのである。自然を母として考えることによって幾ばくかの安心感を得たいというのが、確かにこの時代の〈一つの歴史的事実〉であった》と。だがモンテーニュは、同じく〈母なる自然〉という表現をしばしば用いはしたが、もはやそのような臆病な感じを抱いてはいない。モンテーニュはルクレティウスの自然をがっちりと受けとめている。〈母なる自然〉が死に対処する最善の方法として我々人間に教えるのは、人間中心の考え方《アントロポモルフィスム》に甘えていては駄目だということであった。すなわち死を、〈人間の相のもとに《スブ・スペシエ・ホミニス》〉（sub specie hominis）ではなしに、〈自然の相のもとに《スブ・スペシエ・ナトウラエ》〉（sub specie naturae）に見なければならないというのであった。《お前たちがかつて感動なく恐怖なく死から生へととび越えたその同じ渡しを、今また生から死へと再び越えてゆけ。お前たちの死は宇宙の秩序を組み立てているもろもろの部分の一つである。それは世界の生命の一片である。……お前たちが今享《う》けつつあるお前たちの存在は、等分に生と死とに分属しているのだ。お前たちの誕生の第一日は、お前たちを生に導くと共にまた死へと導く第一歩なのである。……それにお前たちは、一日を生きたならばすべてを見たのである。一日はもろもろの日にひとしい。別の光、別なる闇はない。あの日、あの月、あの星、あの配列、それはお前たちの祖先が楽しんだものであって、またお前たちの子々孫々を慰めるものである。そしていくらまずくいっても、わたしの喜劇のすべての場面の配置変化は、ただ一年をもって完結するのである。お前たちはわたしの四季の移り変わりに注目したことがあるか。それは世界の少年期・青年期・壮年期・老年期にあたる。世界はその演技を終わった。もう、再び同じことをくり返すよりほかにすべを知らない。それはいつまで見ても同じことだろう。》(I・20・143–145)

ここで私は、《死生ハ昼夜ナリ》とか《生ト死ハ相共ニ春秋冬夏四時ノ行ヲナスナリ》とかいう荘子の語を思いうかべる。この人もまた死生を〈自然の相のもとに〉見ていたのである。そしてルクレティウスもそうであった。だからモンテーニュのこの章には、ルクレティウスの引用がきわめて多い(すべてで十三回)のに気がつくのである。

《汝ノ一生ガ終ワル時、万物モマタ死シテ汝ニ従ウ。》
《幾ラデモ長生キセヨ、数百歳マデモ。サレド死ハ常ニ永遠ナリ。》
《無ニモナオ及バザルモノ世ニアリトセバ、死コソハソノ無ヨリモ更ニ怖ロシカラザルモノヨ。》

等々は、いずれもルクレティウスのものである。

だからモンテーニュの〈母なる自然〉は、最後にこう言って引導をわたす。《水や土や風や火をはじめとしてわたしのこの建物をなす諸部分は、お前の生の道具でも死の道具でもない。なぜお前は、最後の日を恐れるのか。その日は、他のもろもろの日以上に、お前の死に関与してはいない。

最後の一歩が疲労を作るのではない。ただそれを宣するのである。もろもろの日が死に向かってゆき、最後の日がいよいよそれに達するのだ》（I・20・148）と。

こういう母なる自然のイメージは、〈子供の教育について〉の章（第一巻第二十六章）に読まれる有名な一節と、本質的にその意味を同じくする。重複をいとわず、もう一度引用する。

《けれども〔世間には〕あたかも一面の絵画の中にそれを見るように、その心の中に我々の母なる自然がその完全な荘厳さを示した偉大なお姿を、想い浮かべる者もございます。そのお顔の上に、あのように普遍で休むことのない変化を読みとる者もございます。そこでは己れ一個ばかりでなく、王国全体も、きわめて細い針の一突きほどのものだと見る者もございます。そういう人物であってこそ、はじめて物事を、その正しい大きさにおいて測り知るのでございます。

この大きな世界こそ……我々が正しく自己を知るために覗き込むべき鏡でございます。》（I・26・216）

これはもう、聖母像とか慈母観音とかいうイメージではない。日月星辰・山川草木・禽獣虫魚、そして人間も、一切を生み一切を育成し、自らも生々流転する、広大無辺の宇宙というイメージであって、それは父でも母でもまたいかなる人間の姿でもない。それは《天地ハ我ト並ビ生ジ万物ハ我ト一タリ》と言った荘子の思想である。だがこのような自然観は、必ずしも異教的であるとは言えない。キリスト教徒の中にも、このようなイメージをもつ者は少なくない。『自然神学』の著者レーモン・スボンは、自然こそ人間が《神と人間との関係を知るために読むべき唯一無二の書物》であると述べている。後にはパスカルが、このイメージを直接モンテーニュから借用している。むしろこの広大無辺の世界の中に微塵のごとき眇《びょう》たる存在であることを自らはっきりと意識することこそ、すべての宗教の根源であると言えよう。我々はここで、善導が《自然即チ是レ弥陀国ナリ》と言ったことや、親鸞が《みだ仏は自然のやうを知らせむれう〔料＝手段方便〕なり》と言ったことなどを思い出す。モンテーニュがルクレティウスの長い詩句*を引いて（II・12・547）〈自然が慈母であるのはただ人間以外の被造物に対してだけなのではないか。人間にとっては継母なのではないか〉と記しながらも、〈宇宙の秩序〉〈自然の一般的法則《ロワ・ジエネラル・デユ・モーンド》〉の理解へと読者を導き、それに随順することこそ〈アタラクシア〉への唯一の道であることを自覚させたのも、〈自然法爾《じねんほうに》〉**の教えと相通ずるものがあるように思う。ただモンテーニュの説教はあくまで開けっぱなしで快活である。《蚤やもぐらの面倒も見る〔大自然の〕秩序は、人間の面倒も見てくれる。蚤やもぐらと同様にあせらないで、されるがままになっていればよいのだ。「はい、どう！」と叫んだってむだである。こっちの声がかれるばかりで、馬〔自然の秩序〕は進まない。それはとっつきようもない無慈悲な一つの秩序なのだ。我々の恐怖・我々の絶望は、かえって彼〔秩序〕の気をわるくする。それは彼の救助を促すことにはならないで、おくらせることになる。彼には健康も病気も同様に進ませてやらねばならない義務があるのだ。一方に買収されて他方の権利をおかすようなことはしっこない。したら、それこそ秩序が秩序でなくなる。従おう！　神にかけて従おう！　秩序は従う者を導く。従わない者は引きずっても連れてゆく。その狂気をも医薬をももろともに！　君の脳味噌に下剤をかけたまえ。その方が胃の腑にかけるよりは効き目がある。》（II・37・896）これは死の影におびえる病人へのはげましだけであろうか。同時にそれは、我々の硬化した合理哲学も一緒に洗い流してしまえと言うかのごとくである。

＊《(b)あらしによって岸辺に吹きつけられた水夫のように　人の子は母の胎内から世の明るみのなかへ　自然によって荒々しく押し出された時から　言葉も知らず生きる便りももたないで　あわれにも　裸で　地上に横たわっている。彼はその生まれた場所を　泣き叫ぶ声で充たした。泣くのはもっともだ　不幸なるものよ。お前には生涯苦しむべきものが沢山ある。ところがもろもろの動物は　大きいのも小さいのもまた猛獣の子も　難なく生い育つ。からからとなる玩具も　乳母のやさしい言葉も　いらない。四季様々の衣服もいらない。武器も　高い壁も　彼らをまもる室《へや》も　いらない。何となれば　大地とたゆまぬ自然とが　豊かに彼らに　その欲するものを与えるからだ。》（ルクレティウス）

＊＊『歎異抄』の有名な言葉《善人なお以て往生をとぐ、況んや悪人をや》の意味するところは、特に善行をしようと努力するのでなく、ひたすら運命自然に随順するものは、天寿を完うし至福を得る、ということであろう。それはあらゆる〈サカシラ〉〈ハカラヒ〉を離れて自然のままに生きるのが、〈上ツ代の道〉であると考える宣長の考えとも、漱石の則天去私とも通ずるものがあると思う。（一九七九年六月十二日補注）

念仏を唱えるということは、他力を信ずることとであって、自然（mère nature）のふところに抱かれることを意味するであろう。聖道門とは努力、自力の法、浄土門とは自然随順の法、ナテュリスムであろう。〈自然《じねん》の理《ことわり》に相かなふ〉（『歎異抄』六）という表現さえあるくらいだから。

〈愚禿親鸞〉というのも、「俗にあらず僧にあらず」ということで、これもモンテーニュのキリスト教徒としての姿勢と同じことと理解することができそうに思う。（一九七九年八月八日補注）

《この天地万物の中にあって、わたしは何も知らず、何にもかかわり合わず、ただ世界の一般的法則《ラ・ロワ・ジェネラル・デュ・モーンド》の導くがままになっている。わたしはそれ〔その法則〕を肌に感ずる時、はじめてそれが十分にわかるであろう。いくらわたしが学問を積んでも、それ〔宇宙の秩序〕に道を変えさせることはできない。それはわたしのために変わってはくれまい。変わってくれと希望するのは愚かである。変えようと苦労するのはいよいよ愚かである。何故なら、それは必然的に万人に共通して一様なものであるのだから。》（Ⅲ・13・1235）

この天地の法則に従うということは、人間にとって決して悲運ではないのである。自然は哲学者の知恵が約束する以上のことを立派にしてのけている。最も単純に自然に身をまかせるということは、最も賢明にそれに身をゆだねることである。無知に徹し、自然のままに生きることこそ、アタラクシアなのである。《おお無知と無好奇こそは、よくできた頭脳を休めるのに、何とらくな・柔らかい・そして健康的な枕であることよ！》（Ⅲ・13・1236）つまり〈死スベキモノ〉として人間が己れの分をわきまえず、高遠な神聖な学問などのために心身をいたずらに労することは、健全に生まれついた良識ある人間のなすべきことではないと、モンテーニュは言うのである。《奈何《イカン》トモスベカラザルヲ知リテ之ニ安ンジ命《メイ》ニ若《シタガ》ウハ徳ノ至リナリ》と荘子は言う。〈徳〉とはモンテーニュにとっていわゆる〈道徳〉のことではなく、人生の理《ことわり》をわきまえる〈分別〉のことである。〈知恵《サジエス》〉〔叡智〕のことである。

モンテーニュの思想をあれこれと分析して知ったのでは、彼のペルソナリテ、彼の魂にふれることはできない。それにふれるには我々自ら、モンテーニュと同じ生活態度のうちにその身をおかねばならない。つまり彼と同じように、自分の生活態度の修正・建て直しを志すのでなければならない。モンテーニュは『随想録』を、後世の学者の分析のために書いたのではない。彼は〈子供の教育について〉の章の中で言っている。《以上が私の意見でございます。それらを知る者〔知識としてそれを誦《そらん》ずる者〕よりそれらを行う者〔実践する者〕こそ、そこにより多くの利益を得ました》（Ⅰ・

26・227）と。また『随想録』最終章にはこう書いている。《……こう解釈が沢山になってくると、真理が分散し破壊されることは経験によって明らかである。アリストテレスは理解されるように書いた。もしそうでなかったとすれば、自分の思想を述べている彼よりも才能の足りない第三者には、なおさら理解できないはずだ。……

誰でもが言うではないか。「注釈は疑惑と無知を増加する」と。それは人間が書いたものだろうと神の御手《みて》に成ったものであろうと、人々のもてはやす書物で解釈のために難解が取り除かれたものは、ただの一冊もないからだ。第百の注解者がその次の人に渡したその書物を見たまえ。それは第一の注解者が見たものよりもずっと取っつきにくく難解になっている。いったいいつになったら我々は一致するのであろうか。「この本の解義はもうこれでよい。もう一言も付け加えるものはない」と。》（Ⅲ・13・1228–1229）あたかもモンテーニュは、自らここに、書籍的研究の対象になることをあらかじめ拒んでいるかのようだ。

特に書籍的源泉に溯及したり時代精神に結びつけたりして解釈することは、彼の独自性を晦《くら》まし誤解を生むおそれがある。彼は時代の児であるよりは、どこかちがった世界から流されて来た異邦人であり風来坊である。もちろん十六世紀文化の中には彼を説明するかに見える幾多の要素が発見されるであろうが、それらはいずれもばらばらの事実であって、それらはモンテーニュの裡《うち》に入ってはじめて深い意味を帯び、はじめて共通の尺度では割り切ることのできない一人の独自な人格を生んだのである。だから彼の作品の各部面を切り離して時代精神の各要素に結びつけてみても、彼が結局その時代における一浮浪児ないしは反抗児であったことを認めないわけにはゆかない。彼の同時代人は誰一人として、彼の無学の頌讃や、彼の大胆きわまる擬人神論《アントロポモルフイスム》批判や、その独特なモワの節約論（第三巻第十章）や、『随想録』に異様な生彩を添えているバロック風な文学的形態を創造したものはなかった。およそ永遠に生きるほどの作品をのこすような人物は、いつまでも時代精神の中にとじこめられているはずがない。一見すると彼の〈無学〉(inscience)の頌讃は、当時流行した幾多のセプティシスムの一変種くらいに思われるかもしれないが、少し注意して見れば、その類似はきわめて浅い。表面だけである。当時のセプティシスムはみな知識の基礎に立っている。知識の或る形態を疑うけれども、それを倒した跡にまた別の知識をうち立てるのが常である。例えばコルネリウス・アグリッパのようにスコラ学を打ち倒したかと思うと、その代わりにオキュルティスム（隠秘学）をうち立てるのである（『学問の虚しさと無価値について』、一五二七）。あるいは、フランシスコ・サンチェスのようにアリストテレスを批判した上で、これに代わる新しい研究方法を打ちたてようとするのである。この人は『何事も知られざること』（一五七四）のあとに、今日に伝わってはいないが、〈学問的方法〉と題する一著述を公にすると予告していた。*ところがモンテーニュの方は、当時のセプティックたちよりも徹底しており、形而上の知識の可能性そのものを否定するのである。何かの思想の影響力とか意義とかを捕捉するためには、まずそれが強要する〈生き方《ファソン・ド・ヴィーヴル》〉に注目することが肝心だということに思い至るならば、モンテーニュのセプティシスムと他のもろもろのセプティシスムとが、根本的に相違するそれぞれの〈生き方〉から来ていることに気がつくはずである。一般のセプティシスムには、どうしても一種の欲求不満が伴い、末は絶望に往きつくこともあるのだが、モンテーニュの〈無知無学〉の自覚は、いつも〈虚静恬淡〉の方向に自分の生活態度を修正するに至る。こう考えてくると、どうしても我々は、モンテーニュの無知無学の説と普通のセプティシスムとの間には、最もラディカルな乖離があると結論しなければならなくなる。

＊ イアゴルニツェール美智子夫人の「サンチェスの『何事も知られざること』とモンテーニュの経験について」（〈モンテーニュ友の会紀要〉第五輯第九号参照）。

モンテーニュの生活態度に最も近いそれを見出したいために、まずもって古代のピュロン説まで溯《さかのぼ》らねばならないとはどういうわけか。また、その同じ哲学を知ったモンテーニュの同時代人が、彼を最も魅了したその生活態度に気がつかなかったというのはどういうわけか。時代精神の概念ではおそらく説明がつかないであろう。

古代懐疑主義哲学が目指す究極の目標は知識学問ではなくて、日常の生活感情の修正にあったのだと、バラスは指摘する。

セクストゥス・エンピリクスは、判断の中止はアタラクシアに、すなわち平和で幸福な生活に、通ずると明言している。《懐疑家たちは、仮象《アパランス》と概念《コンセプト》との間に存する相違を判断することによってアタラクシアに到達することを期待していた。ところがそれができなかったので判断を中止した。すると幸運にもアタラクシアは、影の形に従うごとく、判断中止のすぐあとに現われた》（『ピュロン説概要』Ⅰ・二十九）。＊《誰かが前もって、これこれの事柄は本来悪（par nature mauvais）であると判断する時、その人はそれらの事柄にだけ苦しめられるのではなく、そのあとに続くたくさんの別の悪によって苦しめられる。……だがひとたび推理によって、それらの事柄のどれもが、本来の善でも本来の悪でもないとわかれば、心の不安はたちどころにやみ、一つの平和な生活があなたを迎える。……このことを教えるのが、実際に、セプティシスムの特殊の任務なのだ》（『独断論者反験』[**])。ピュロンのともがらがこのように言うところを煎じつめると、確実なものが何一つないとしたら、どんなことをも、本当に善だとか悪だとか考えてはならないことになるわけで、こういう考えは、正当に実践されるならば、必ずその人の不安感を減少し、その人を魂の平安に導くことは疑いない。ピュロンおよびその弟子たちがどの程度にその望みを達したかは知る由もないが、ただ一つ明らかなことは、彼らが真に徹底した首尾一貫せる懐疑の到達すべき生活態度がどんなものであるべきかを、完全に定義していることである。だが、彼らの後に、真にここまで徹底した者はまことに稀であった。一切を否定すると誇称する者も、或る思想を否定したかと思うと、往々にして、きわめて安易にそれに代わる別の思想を肯定してしまう。現代では、セプティシスムは〈自我《モワ》の尊崇《キュルト》〉となり、〈本能の肯定〉となり、〈社会の神聖化〉になっている。あるいは、快楽や富や栄誉が最も確かな幸福だとする信念の上に立つ低俗な〈物質万能主義〉を助長するためにのみ役立っている。こういう悪い結果を見ただけでも、セプティシスムが結局生活の仕方につながるものであることがよくわかるだろう。

* Cf. Traduction de Geneviève Garon. (*Œuvres choisies de Sextus Empiricus*, Ed. Montaigne 1948, p. 164; cité par Baraz.)

** Traduction de Jean Grenier. *Contre les moralistes*, Ed. Montaigne.

モンテーニュはピュロン説の真諦を完全に理解し、見事にそれを彼の生活態度の修正に役立てた。《彼ら〔ピュロンのともがら〕の、こういうまっすぐで曲がらない、すべての物を同意も賛成もせずに受けいれる、知的態度は、彼らをそのアタラクシアに導く。このアタラクシアというのは、平和で落ちついた生活態度のことで、彼らはそこで、我々が物事について持っているつもりでいる意見なり知識なりのためにとかく蒙りがちな、動揺から完全に免れている。実にこうした心の動揺から、怖れ、けち、そねみ、飽くなき欲望、野心、高慢、迷信、革新ずき、謀反、不服従、頑固、その他肉体的苦痛の大部分は、生まれ出るのである。》(II・12・596)

かくモンテーニュは、当時一般の懐疑論者がもっぱら知的撞着に陥り、ピュロンの真意が生活態度の改善にあることを看過したのとは、ちがっていたばかりでなく、セクストゥス・エンピリクスのピュロン説理解を更に越えて、この学説に最も欠けたる点を遺憾なく見抜いていた。すなわち、人間の生活にはこれこそ絶対確実に善だというものも絶対に悪であるというものもないということは、裏返して言えば何事も或る程度善であり、一応善と考えられることも或る程度の悪を含んでいる、ということであるから、それは当然モンテーニュを〈万物斉同〉の思想にと導いたわけである。善悪、美醜、賢愚、貴賤、生死等の差別がなくなってみれば、人は焦慮と憂悶をわすれてアタラクシアに到達するばかりでなく、同時にそこに新たなる創造への勇気を持たされる。すなわちモンテーニュは、ピュロンのともがらにとっては究極であったそのアタラクシアを、改めて自己創造の出発点とすることができたのであった。だからモンテーニュのセプティシスムは、ここで彼の同時代人が漫然と共感していたセプティシスムとも、セクストゥス・エンピリクスの伝える純正なピュロン説とも異なる、モンテーニュ独自のセプティシスムとなったのである。それは書籍的源泉への溯及とか時代精神の闡明《せんめい》とかによっては捕捉せられない。それは彼と共に《生まれ》た、《全く彼のもの》なのであるから、『随想録』そのものをも含む彼の生活の全体を通じて、彼の思索の跡を追及するよりほかに方法がない。彼はすべてを疑う。断然〈知識〉を疑う。だが思想は知識ではない。彼の思想、彼のセプティシスムは、彼の創造的活動力の自由な開花発展を妨げるあらゆるものを排除しつつ歇《や》むことがない。

特に注意せねばならないのは、モンテーニュのセプティシスムは、〈通例西欧の人たちが考える意味での思想を執拗に拒否〉（ジャン・ピエルメ）するものではあったが、決して知的活動の全面的拒否ではないということである。それどころか、豊富で微妙な陰影をもった知識欲の変種であり、旺盛大胆な好奇心の結果であって、無限の多様変化に対する愛がなくてはとうてい生まれえない思想である。〈レーモン・スボン弁護〉の章の末尾における彼の神観を見ても、〈後悔について〉の章における世界観を見ても、〈経験について〉の章のもろもろの告白叙述を見ても、モンテーニュは多くの現代思想家たちよりも、かえって我々の近くに居る思いがする。

こんにち〈無知無学〉の哲学は今までになく強く求められている。まったく科学と技術で造りあげられた宇宙に住むことは堪えがたいことだが、さりとてそう単純に超自然の信仰に立ち戻ることもできない。〈無知無学〉の真の効用に浴するまでに至らないで、ただの非合理かきわめて幼稚な懐疑に落ちこむだけで終わるのでは、あまりにもアナクロニスムである。まったくこの二つは、結局明晰と正確との放棄であり、自己創造の基盤となる思想の全面拒否にほかならないからである。

ところが二十世紀においても、この〈無知無学〉の思想が、科学万能の思想が窒息させがちな創造の力を、解放し豊富にする結果をもたらした場合がある。その幾つかの実例の一つとしてミカエル・バラスはそのモンテーニュ論の結論の中で、アランの『プロポ』の一節をあげて、そこにモンテーニュの主要なライト・モティーフ、すなわち〈無知無学の効用〉〈理性と正義に対する敬意〉〈必然の受諾〉〈自然との協和〉が再現していると言う。*

* アランとモンテーニュの対比研究は、ラグランジュによって精密になされている。Alain Lagrange, *Alain, lecteur de Montaigne* in *B. A. M.*, 5e série n° 14–15, 1975.

その『プロポ』はハルトマン版の『八十四のプロポ』の中には見出されないが、プレイヤッド版の再版（一九五六年）には「実在するものを愛する」との題下に、次のように読まれる。

《世にはその意味がわからなくても黙って受諾しなければならない物事がある。その意味では何《なん》人《びと》も宗教なしで生きてはいない。宇宙は一つの事実である。その前では、理性も身をかがめなくてはならない。理性は、星の数をかぞえきらぬ前に、あきらめて眠ってしまわなくてはならない。子供は木ぎれや石ころに向かって怒る。多くの大人は、雨や雪や霰や風や太陽を批難する。いずれも、万物相互の関連をよく理解できないからである。彼らは、これらすべてのものが専制者の命令から出たものと信じ、この世にはあっちにもこっちにも水そそぐ気まぐれな園丁が居るのだと信じている。だから彼らは祈るのである。

だがいささか〈必然《ネセシテ》〉を理解した者は、もはや宇宙に向かって弁明を求めはしない。その人は言わない、「何故にこの長雨？　何故にこの悪疫？　何故にこの死？」などと。これらの問いには答えは出ないと知っているからだ。「それはそのようにあるのだ」（C'est ainsi.）。言うことができるのはただこれだけなのだ。だが、これはかりそめの言葉ではない。**実在する**《エグジステ》（Exister）ということは〔それだけで〕何か（quelque chose）である。それはあらゆる理由を制圧する。

ところでわたし〔＝アラン〕は、ほんとうの宗教感情というものは実在するものを愛することだ、と信じたい。だが在るところのものは愛せられるに価するか？　確かに〈否〉である。世界はその是非を問わずに愛さなければならないのだ。**存在**（existence）の前には低頭しなければならないのだ。わたしは、「自分自身の理性を殺さねばならぬ、湖中に没するがごとくに」とは欲しない。だがそうすると、低頭させるものは何もなくなる。人生はそれほど単純ではない。理性を有するものは尊ばねばならない。正義はできるかぎりこれを実現しなければならない。だが、次の公理について冥想することもまたできなくてはならない。「いかなる理由も存在を与えることができず、いかなる存在もその理由を提出することができない」ということ。分娩する女性は発明するアルキメデスとは全然別のものである。……（下略）》

以上の文章の中で、〈必然に対する質問には答えはない。「それはそのようにある」（C'est ainsi.）と答えるほかに答えようはない〉と言っているところは、我々東洋人にとっては大変面白い。それは『荘子』の外篇以後に現われる〈自然〉の意味、我々の〈じねん、自然〉に対する定義、特に親鸞が『末燈鈔』の中で〈自然法爾《じねんほうに》〉の意を説明している文言と相通ずるところがあるように思われるからである。バラス*も、モンテーニュ的な自然への帰一融合ということは、人間の最も根源的な自然的な経験に由来するのであるから、〈歴史のいかなる時期においても同じ清新さをもって再現するのだろう〉と言っているが、同じ意味でそれが伝統を全く異にする中国や日本において発見されても決して不思議ではないであろう。

＊ M. Baraz : *Le sentiment de l'unité cosmique chez Montaigne*, in *C. A. I. E. F.*, n° 14, 1962.

とにかく、この〈いかなる理由も存在を与えることができず、いかなる存在もその理由を与えることができない〉という公理は、ひっきょう自然は不可解であるということであって、いかに科学と技術が発達しても生殖や遺伝の秘密を説き明かすことはできない。アランはここに《分娩する一人の女と発明工夫するアルキメデスとは全く別のものだ》と断言しているが、そのことはモンテーニュが、『随想録』第二巻第三十七章〈子が父に似ること〉という章の中で、《たとえば我々が生まれ出てくるあの精液の一しずくが、ただ父親の肉体的形状の刻印をひめているばかりでなく、その思想傾向の刻印までも含んでいるとは、何たる奇蹟であろう！　ほんのわずかなこの一滴、それはいったいどこにそのような無限の形を宿しているのか！》と書いているのと同じことである。この一節（II・37・891）は第二巻第三十七章の眼目であるばかりでなく全『随想録』の秘鍵であって、最も強く人の心に迫るところである。パスカルの断片七二における〈二つの無限・人間の不均衡〉ほどにロマンティックな遠景を背負ってはいないが、自然の広大無辺を冥想させるのにこのモンテーニュの思索以上のものはけだし稀であろう。少なくとも精神の明晰度においてはモンテーニュの方がはるかにパスカルを凌いでいる。

アルベール・カミュもまた同様に、宇宙とその神秘を受けいれ、しかもその明哲をいささかも曇らせることなく、人生には避けるに避けようのない絶望的なものが、〈奈何《イカン》トモスベカラザルモノ〉〈せむかたなし〉が、あることを凝視する。カミュが最後までニヒリスムの誘惑に負けずに通せたのは、この世は限りなく豊富で深遠であればこそ我々に理解しつくせないのだという直観があったからではないか。この直観は、彼においてきわめてはっきりとしたものであったが、その本質はいかなる時代においても同一であった。戦後の日本に紹介され、最も斬新な人間認識として多くの論争をまきおこしたカミュの〈不条理の哲学〉、大岩を天に向かって際限なく運びあげるシジュフォスだの、絶対的な自由を求めて自滅する暴君カリギュラなどが象徴するカミュの哲学の底を流れるものもまた、時代を隔てたモンテーニュの、いかにも古臭く見える自然随順・必然受諾の精神にほかならないのではなかろうか。モンテーニュはカミュのように貧困と病苦は知らなかったが、険悪な世相のもとに、生と死、自己と世界との矛盾対立になやみ、自然の中にあっては陶酔と共に不安を感じ、社会に対してはほとんど絶望しながらも、来世にではなしにあくまでも現世に幸福を求めるという、人間の宿命的な不条理の間に生きつづけた。カミュの『反抗的人間』を見ても、それは近代ニヒリスムの批判であり、彼の説く反抗は極右と極左の絶対主義に屈することなく常に暴力を排して中道をとるという、モンテーニュ的相対主義である。聞くところによると、このカミュはその師ジャン・グルニエを通じて老荘哲学の影響をうけているということであるが、老荘とモンテーニュとの近似性・共通点については、すでに幾度かふれたとおりである。人間は生と死の間に生きることを運命づけられているので、この運命に逆らわず静かにそれに随順するところに生の価値が生まれ、生が愛すべきものとなるというのは、カミュ――モンテーニュ――荘子に共通する〈直観〉であったのだろう。

要するに、カミュはアランと共に、現代フランス文学の中で、最もよくモンテーニュの伝統を継ぐモラリスト作家と言いうるだろう。そして今後ジャン・グルニエをはじめとする一群の人々の老荘思想の研究と理解とは、おそらくフランス学者のモンテーニュに対する理解を深めるばかりでなく、西欧思想に新たな展開をもたらすことであろう。たとえば『夜の果ての旅』の作者として知られているセリーヌにしても、その文体においてのみならず、その思想においても、多くの点でモンテーニュと共通するものを持っているとは、モンテーニュ学者フェトーが詳細に述べているところである。* 現代フランス文学の愛読者は、このモンテーニュの現代性をいささか忘れすぎているようだ。『随想録』初版の四百年目にあたる一九八〇年には、おそらくこのことを、いやでも人々は想い出させられるにちがいない。

* Jacques de Feytaud, *Céline et le petit Montaigne*, in *B. A. M.*, 5e série, n° 12, 1974.

一九八〇年六月七日から四日間、『随想録』初版の四百年目を記念し、ゆかりの地ボルドー市で、第二回モンテーニュ研究者国際会議、講演会、展示会、城館見学旅行等が行われる。参加者はフランス学者六十名、外国人四十名（アメリカ十名。カナダ、イタリア、日本各四、五名ずつ）と予想される。（一九八〇年一月二十九日付記）

カミュの思想に深い感化を与えたというジャン・グルニエは、おそらく現代フランス思想界において最もよく老荘思想を理解できた人だと思うが、その著『道《タオ》の精神』の中では、最後にそれとベルクソンの思想を対比し、次のように語っている。《〈無為〉ということ、〈道ハ常ニ無為ニシテ而《シカ》モ為サザルコト無シ〉ということの意味を本当に理解しようと思うなら、まずベルクソンの天才的な直観を想起すべきである。彼は一度も老荘の話をきいたことはなかったらしいが、彼はその〈無為ノ益〉〈無用の用〉ということの意味を、自分自身の体験によって立派に定義説明している。彼はラザリスト会の教父プージェという人が、己れの達成した結果をまるで意識していないのを見て驚いたと言う。つまり彼は、プージェ師が立派に聖人の境地、いわゆる sainteté に達しながら、それまで何の努力も精進もしたことがなかったかのような印象を受けて、ひどくびっくりしたのである。だがベルクソンは、決してそこに努力が全くなかったとは言っていない。「そこには何かがある」と認めている。「現在まで分析されたことがなく、依然大きな神秘のままにとどまっているケルクショーズ（何か）がある」と言って、次のような自分の体験を物語るのである。「わたしはプージェ師のことに、わたしの騎手としての経験を対比してみる。若い頃わたしは馬術がすきでよくその練習をしたが、或る日ふと、それまで努力して行《おこな》ってきたことを努力せずにやってみようと決意した。結果は、わたしが緊張状態から全く無心の信頼状態に転じた時、きわめて好くなった。だがこの状態は分析することが困難である。それはそのままの状態で研究しなければならないから。だがそれが勇気に関連していないことは確かである。そこには危険の心配は全くないのであるから。それはたぶん、誰かの手中に万事まかせきった信頼とでも言うものだろうが、誰の手に？何に？と問われてもわたしは答えられない。〈馬術の精の手中に〉（entre les mains du génie de l'équitation）とでも申そうか。まさか〈神の御手《みて》に〉とも言えないから。だがとにかくそれは絶対的信頼の問題なのであって、連続した一連の努力がほとんど瞬間的に一つになったと思うと、それはわたしに柔軟性《スプレス》と容易さ《エーザンス》と、プラス・ケルクショーズを与えたのであった。」》

以上のベルクソンの文章は、ジャン・グルニエがジャン・ギトン＊から引用したものを、更にわたしの老爺心からわかり易いように砕いて説明的に訳したから、幾分そこにズレもあることであろうが、とにかくここには、ベルクソンが直接老荘を読んではいないにしても、〈無用ノ用、不言ノ教エ、無為ノ益〉（『列子』）とか、〈不言ノ教エ、無為ノ益、天下之ニ及ブコト希《マレ》ナリ〉（『老子』）とか〈虚静恬淡寂漠無為〉（『荘子』）とか言われることの意味を、自己の思索と体験にてらして会得していたことが推察できる。ジャン・グルニエはなおこのあとに、『荘子』「天地篇」における堯と封人との問答を訳載しているが、それによれば、ベルクソンが万事をまかせきった相手は、そこに詩的に述べられているとおり〈野の鳥のさえずりと同化し、天地の自然に同化する〉ということであろう。ベルクソンはこの境地を分析することは困難だと言っているとおり、荘子もその神秘的な力の故にそれを〈玄徳〉と呼び、かつそれは外見上〈愚ナルガ若《ゴト》ク昏ナルガ若シ〉と言っている。つまりグルニエは、ラザリスト会神父プージェ師が特別に気張ることもなく聖者《サン》（老荘家のいわゆる神仙）の境地に自ら達し、ベルクソンが馬術上の技術をあえて無視して思わざる結果を実現したことを、〈道《タオ》〉の精神によって理解しようとしたのであろう。だがいずくんぞ知らん、その例はフランスにもある。特に学芸を排して自然に随順したモンテーニュのもとにたくさんある。『随想録』を読むと、いたるところに paresse, fainéance, fainéantise, oisiveté, mollesse, négligence, nonchalance, ignorance（怠惰、無為、無気力、無頓着、無知無学）等の語が相ついで出てくる。モンテーニュはこれらの特質が必ずしも人生のマイナスではなく、往々にして目から鼻に抜けるような才子や利口者の学問知識以上の偉力を発揮する実例をふんだんに見せてくれる。

* Jean Guitton, *Dialogues avec M. Pouget.*

それからもう一つ、同じ『道《タオ》の精神』の中で、ジャン・グルニエは、ロマン・ロランに関連して次のように述べている。《今日まで越え難い距離によって互いに孤立させられているもろもろの形而上学・神秘神学に共通の原点を、我々は両々比較することによっていっそう明らかにすることができる。ひとりの我々の同時代人〔＝ロマン・ロラン〕は「私は東洋と西洋との比較形而上学・比較神秘神学の両講座が創設されることを心から望む。これらの研究は、互いに助け合い相償うべきものであって、もし人間精神が己れ自らを全体的に知りたく思う限り、目下我々人間にとって必要不可欠のものである」（ロマン・ロラン『ヴィヴェカナンダの生涯』二一三頁）と言っている。》考えてみると、このような古今諸地域にわたるもろもろの思想の比較は、現にモンテーニュが『随想録』のいたるところで行ったことであるのみならず、モンテーニュの思想そのものも、ただそれだけをとって論理的な定義結論をそれに与えるよりは、それをインドやシナや日本の思想との比較のなかで、いっそう的確に捉えることができるのではないか。モンテーニュ自らつとにその道を指し示しているのではないか。特にジャン＝ジャック・ルソーであるとかニーチェであるとか、それにわがモンテーニュであるとか、多少とも脱ヨーロッパ的傾向のある特異な人物の真髄をとらえようとする場合には、この方法がかえって有効なのではあるまいか。自らサン・フランソワ・ド・サルやフェヌロンやギュイヨン夫人の寂静主義《キエティスム》と老荘思想家の特有のキエティスムとの綿密なパラレルを行ったジャン・グルニエのこの意見には、大いに聴くべきものがあるように思う。

わたしは最近ふとしたことから、フランス詩人アンリ・ミショーの随筆『アジアにおける一野蛮人』の中に次のような文章に出会った。

《ヨーロッパではすべてがトラジック（悲劇）で終わる。知恵《サジエス》に対する好みは、ヨーロッパには全然なかった。少なくともギリシア人たちのあとには全くなかった。しかもギリシア人だって、ずいぶんあやしい。

フランス人もギリシア人も、ロシア人もイタリア人もスペイン人も、それからイギリス人も、それぞれの形で（例えばエディポスとかハムレットとか）、とにかくトラジック好みだ。

もしキリストが十字架にかけられなかったら、ヨーロッパに百人と弟子は作らなかったろう。御受難があって皆が興奮したのである。

スペイン人はキリストの疵を見なかったら、いったい何をしたであろうか。だからヨーロッパ文学は全部が苦悩の文学であって、知恵の文学では断じてない。アメリカのウォルト・ホイットマン、『森の生活――ウォールデン』〔神吉三郎の邦訳が岩波文庫に入っている〕の著者（デヴィッド・ソーロー）が出て来るまでは、別の調子は聞くことができない。

シナ人はあまり断腸の詩を書かないし、めそめそしないから、ヨーロッパ人の趣味に合わないのである。》

こう言われてみると、『随想録』も知恵の文学であって、ドラマティックでもトラジックでもない。だから一握りの特別の人々を除く一般ヨーロッパ人は、あまりモンテーニュに魅了されないのである。彼の知恵の底にはトラジックが決してなくはないのだが、それを包む雰囲気は晴明静寂、まさにアタラクシアとか虚静恬淡とかいうものに近い。西欧的というよりはかなり東洋的である。ところが我々生粋の東洋人も、明治以来新島襄や中江兆民や森鷗外等々を通じてかなり西欧化し、シェイクスピアとかパスカルとか、ゲーテ、トルストイ、ドストエフスキーなどの方に魅せられてしまって、東洋の魂を忘れモンテーニュには何の感銘も受けなくなった。道徳と言えばキリスト教的ストア主義のほかにはなく、文学と言えば西欧の近代文学のほかになくなった。だがその頃から西欧ではようやく脱ヨーロッパ的気運が生まれ、ジャン・グルニエやロマン・ロランやアンリ・ミショーなどがインドやシナに、異質ではあるが高度の思想文化が古い昔から存在することに気がつき始めた。ようやくモンテーニュもまた、従来とはちがった方向から照明をあてられることによって、改めて見なおされる時が、来つつあるような気がする。わたしが〈ヨーロッパにおける一野蛮人〉として、キリスト教会に何の遠慮も気がねもなく、『ペルシア人の手紙』におけるユスベックみたいに、幼稚な感想をこうしてモンテーニュ像に関して述べる気になったのもそのためである。

終章 《思想を思想という形では主張することを欲しない思想家》
——《メ・レーヴリー》、覚めたる者の見はてぬ夢——

フーゴー・フリードリヒはその有名なモンテーニュ論のはしがきの中に、大体次のようなことを述べている。《モンテーニュ研究の中で最も堅実で間然するところなしと思われるのは伝記関係の諸研究と原典批評に関するもの、および源泉に関する調査であるが、『随想録』そのものの分析解釈となるととうてい満足とは言いきれない。中には深い・時には輝かしい・コンマンテール（論評）もあるにはあるが、多くは断片的でまとまったものがない。だが、〈モンテーニュの根本思想とはいったい何なのか、それは思想史の中でどのような席を占めているのか〉ということは重大な問題なのだが、それに対する答えはまちまちで一貫せず、時には真っ向から衝突したりして徹底しない。或る人はモンテーニュを認識の理論家であると言い、或る人は教育論者であるとし、また十八世紀啓蒙哲学の先駆だと言うかと思うと、ルソーの自然哲学の先輩だとも言い、また未完のベルクソンだとも言う。それら左派に組み入れ難いと思う者は、〈愛すべきおしゃべり〉だとか〈通俗哲学〉だとか言って簡単に片づけてしまう。だが通俗哲学だと言っても、いったいどれほどの俗人がそのフィロゾフィー・ポピュレールを理解しているだろうか。おかしなことに、この通俗哲学者が、その死後三世紀半の間に獲得した愛読者たちは、あらゆる社会層にわたりあらゆる活動あらゆる職業にたずさわる知的アリストクラシーである。だがそのモンテーニュの通俗哲学は、もっと掘りさげて検討してみるに価するであろう。当惑した専門家たちは互いに押しつけ合って「それはぼくの専門ではない」と言うのだけれど、それはあらゆる専門という枠を越えて、すべてのエリートたちの上にあまねく影響を及ぼしているのだ。だから従来誤って多くの論者が個々別々に取りあげてきたもろもろの部面〔例えばセプティシスムとかエピキュリスムとか言うような〕は、実は渾然と組織された一精神のいわば各関節にすぎぬのだということを理解させることができるなら、その骨折りは決して無駄ではないであろう。これこれの部面は時代おくれになっているとか、これこれの点ははるかに時代に先駆しているとかいう風に、一々分けて考えているだけでは、とうてい渾然として一体を成せるモンテーニュの思想を明らかにすることはできないだろう》云々。

この一文はまことによく一九四九年という時点におけるモンテーニュ研究の実状とその欠点とを明示していると思う。

まったくモンテーニュは、従来西欧思想界においては本格的な哲学者として扱われていない。だが我々東洋人から見ると、彼こそは本当の哲学者である。吉川幸次郎はその『本居宣長』の中にこう書いている。《思想を思想という形では主張することを欲しない思想家、哲学を哲学という形では主張することを欲しない哲学者、それが本居宣長であった》と。正にこれは、『随想録』の著者についてもぴったりと当てはまる言葉だと思う。モンテーニュも宣長も、その目的とするところは、真理の追求にあった。自然とか神とか人生とか宇宙の法則とかの追求であったのだが、ただその追求は総括的言語によってではなく個別的言語によってなされねばならないと、二人ともに考えていたのであった。モンテーニュは生来抽象や理論や学説がきらいであった。彼は始めから総合の言語には不安があって、それを信用することができなかったからである。それよりも具体的な個々の言語に耳を傾け、歴史や伝記や民俗の中に生きた実例を求め、その上に〈哲学する〉ことに慣れていったのである。ひっきょうそのような日常茶飯の体験が彼の思想の内部に浸みこみ、彼にその追求する目的を捕捉させたのである。まったく彼くらい理知による総合の危険を知っていた者はない。学問の対象はそれぞれに異なるし、それに基づく方法の差異も無限に複雑な形をとるのであるから、概括的な言語は、ひっきょうやむを得ざるの道具であって、ただ一応の手段として採ることを許されるにすぎないのだということ、そして総合は必ず細微な現実の破壊につながるということを、モンテーニュくらいよく心得ていた者はない。だから例の〈レーモン・スボン〉の中でも、ナヴァール王妃に対して、〈ピュロン説のごときはいわば伝家の宝刀みたいなもので、いよいよせっぱ詰まった場合でなければ抜いてはならないのだ〉と、訓《おし》えたのである（II・12・658）。彼は一時セクストゥス・エンピリクスにひどくのめり込んだとは言え、決してそこにピュロン説をそっくりそのまま学びとったわけではない。そこにティモンやアリストクレスの伝承する、ピュロンのむしろ言動や生活の方に感動したのであって、ひっきょうそれは、ディオゲネス・ラエルティオスの『哲学者列伝』やプルタルコスの『対比列伝』と全く同様に、彼の人間研究の生きた資料の倉庫にすぎなかったので、このことは彼自ら〈書物について〉（第二巻第十章）の中にはっきりと述べているとおりである。だから彼自らあれほどラテン語の達者であり、時代もまた古代尊崇のルネサンス期に当たったにもかかわらず、彼は至極しぜんに、ラテン語ではなしに、フランス語で、つまり学問語ではなしに、日常普通の、具体的な、個別的な言語で書くことになり、『随想録』という当時西欧では珍しい独特の形態をとることになったのである。ここには看過することの許されざる深い意味がある。

モンテーニュは自分の思想と、その思想上の著作をひっくるめて、よく〈わが夢想《メ・レーヴリー》〉(mes rêveries)と言う。更にいっそう格をさげて〈寝言〉〈たわごと〉(mes rêvasseries)とも言う。それからただの〈夢〉(J'enregistre et dicte, en me promenant, mes songes que voici.)とも〈おしゃべりの波〉(un flux de caquet)とも、また〈奇怪千万な・とりとめもない妄想・想像・幻想〉(imaginations, fantasies, chimères et monstres fantasques)とも、そしてしまいには、〈これこそ老いたる精神の或る時は硬く或る時は軟らかい、そしていつも不消化な排泄物である〉(Ce sont des excréments d'un vieil esprit, dur tantôt, tantôt lache, et toujours indigeste.)とまで言う。もちろん学者先生の衒学や偽善に対する面あてもあろうが、彼は本心、自分の述べるところは学説なんて言うしろものではなく、ごく内証《ないしょ》の・プライヴェートな、(無責任な放言とまでは言わないが)至極のんきなおしゃべりにすぎないのだということを、あくまで読者に納得させたいのである。《resver》(夢みる・夢想する)という言葉は、フリードリヒの説明*によると、古代フランス語でもすでに〈寝言・うわごと、取りとめのないたわいのないことを言う〉という意味であったそうだが、モンテーニュ自ら例の〈レーモン・スボン弁護〉の章の中で、はっきりと自分の思想の実態をこう定義している。《夢想《レーヴリー》こそは覚めたる人の夢であり、ただの夢よりもいっそう悪い夢である》(II・12・703)と。この同じフランス語をジャン・ニコの仏羅字書で確かめてみると、〈deliratio, inertia〉と出ている。『随想録』の中の夢想《レーヴリー》の意味はこれでいっそうはっきりする。また〈ファンタジー〉

〈レーヴリー〉と共に、よりいっそう頻繁に用いられる言葉に〈ユムール〉（humeurs）というのがある（Ⅱ・37・886）。気分とか感じ方とか考え方とか、思想・意見・性質等々の意味にひろく用いられているが、この語は元来ガレノスの古い医書に出て来る〈四体液説〉に由来するものであって、樹木が地中から吸いあげる樹液なども含めて、とにかくすべて流動性をもつものに対して用いられる。モンテーニュにとって人の思想は、（彼の思想ももちろん含めて）すべて動いてやまない〈流動体〉なのであるから、特に彼がこの〈ユムール〉という語を愛用する気持ちはよくわかる。人間そのものが本来流動してやまないのであるから、永遠不変の思想などはむしろ在りようがないのであった。だからそれは謙遜でも自嘲でもない。彼の思想はどうしても〈ユムール〉とか〈レーヴリー〉とか言うよりほかはないのであった。だからこそ彼は、《わたしの本はただわずかの人のため、わずかの年月のために書かれた》のだと言うのである（Ⅲ・9・1133）。これもまた彼の嘘いつわりのない本音なのだとすれば、何もわざわざ長きにわたって変わることのない、そして当時の国際語でもあった、ラテンという死語で記録する必要は少しもない。むしろそれよりは、日々に変化してゆくが、そのかわり生きのよい、潑溂たる現代フランス語で、しかも口語調で書く方がふさわしい。このようにモンテーニュの思想と行動とはいつも矛盾することなくぴったりと合っている。これもまた、我々が見落としてはならぬ重要な、彼の特徴である。

* Cf. H. Friedrich, *Montaigne*, édition fr., p. 47, note 191.

モンテーニュは〈父の子供に対する愛情について〉（第二巻第八章）という章の始めに、彼が日頃親しくしていたデスティサック夫人に献呈する詞の中に、そうした自著の特質を、自ら明確に述べている。それによると、〈わたしは数年前に思いきって官庁を退き孤独の生活に入った時、自分の生まれつきの性分とは正反対の、メランコリックな気分《ユムール》におちいった。そこで、何とかその憂鬱を抜け出ようとして、初めて何か物を書いてみようという〈レーヴリー〉〔すなわち途方もない考え〕をいだくに至った。ところがいざ書こうとなると、材料となるようなものは何一つ持っていない。やむなく自分というものを主題とも材料ともすることになった。そうして生まれたのが『随想録』であるが、まことに一風変った《ファルーシュ》・無手法《エクストラヴァガン》〔無鉄砲〕な企てと言うほかはないが、かえってその点で天下にただ一つしかない書物（le seul livre au monde en son espèce）であると言えよう。このような書物の中には奇異《ビザルリ》ということ以外には人の注目に価するものは何一つない。こんな空虚《ヴァン》で卑賤《ヴィル》な主題〔モンテーニュは自分自身がただ一つの主題材料だと言明している〕に対しては、どんなにすぐれた名人巨匠といえども、人が珍重するような趣を加えることはとうていできまい。結局、斬新《ヌーヴェルテ》とか奇抜《エトランジュテ》とかいうことで勝負するより仕方がない。世間の人たちは、ただ斬新奇抜でありさえすれば珍重してくれるのだから。〉こう言ってモンテーニュは、巧みにデスティサック夫人の母性愛を賞讃することから、〈父の子供に対する愛情〉の問題へと入ってゆく。

世の著作家たちが巻頭にかかげる〈献呈詞〉なるものは、およそ無意味な社交辞令、空世辞《からせじ》にすぎないのが通例であるが、モンテーニュはそのような、読者がほとんど一顧も与えないような一隅を選んで、以上のようにきわめて重大な事柄をさりげなく書きつける。それは当第二巻第八章に対する、心にくきばかりの芸術的な導入となっているばかりでなく、『随想録』全三巻の始めに置かれた〈読者に〉と題する序文と共に、『随想録』の随想録たるその特質を、言い得て余すところがない。

以上二つの〈献辞〉に特に読者の注意を喚起するのは、おのずからそれらが、『随想録』という書物の著者自らによる定義となっているからである。彼自ら言うとおりに信ずれば、彼は死後における名声などはほとんど念頭に持つことがなかったようであるが、同時代人からは、高くではなくとも正当に、理解され評価されることを、切望していたことは言うまでもない。明敏な彼は、自分が世俗の眼から見ればかなりの変人であることを十分自覚していたし、思想を思想という形で主張することを欲せず、しぜんに採ることになった漫筆とか随筆とか名づけたい新様式については、なおさら自ら進んで定義もし説明もする必要を感じていたにちがいない。それに我々後世の研究者ないし読者としてみれば、モンテーニュ自ら選んだ〈エッセー〉という新奇なフランス語の標題がやがてイギリスの哲学書の標題として採用され、更にその書（*Essai sur l'entendement humain*）がフランスでも幅広く読まれた結果、その内容形態を変えてきていることにも留意しなければなるまい。その場合我々が参考にしなければならないのは、まず第一に著者その人によるエッセーの定義でなければなるまい。

従来学者が『随想録』の定義を試みる場合に第一に拠り所とするのは、第一巻第五十章〈デモクリトスとヘラクレイトス〉の中に読まれる〈瀬ぶみ〉の説である。もちろんこれも著者自らの定義であって閑却することの許されぬパッセージではあるが、折角のその頁の中に、もう一つの意味深い部分があるのを、見落としてはならないであろう。それは川瀬に足を踏み入れて、抜き足差し足浅瀬をさぐるペリゴールの田舎貴族の、（まるで〈どじょう掬《すく》い〉みたいな）作らず飾らざる生まれたままの自然の姿である。そうやって自己の思想を、抽象語・一般語によらず、ひたすら彼自らの泥臭い日常語で主張していることである。いま一五八〇年の序文とデスティサック夫人宛の献呈詞を改めて読み返してみても、やはり『随想録』第一の特徴は〈個性《ペルソナリテ》の優位《プレポンデランス》〉ということ、〈モワの自然流露性《スポンタネイテ》〉であることに思い至る。自由検討の精神だとか懐疑の精神だとかいうこともさることながら、この事を措いては『随想録』はないのである。ロックの『人間悟性論』にしても、エッセーという語を標題に用いながら、すでにそこには自己の自然流露性がきわめて稀薄である。モンテーニュ直系の弟子シャロンの『知恵について』にしても、それはモンテーニュの思想を祖述しながら、すでに論説《トレーテ》（Traité）であってエッセー（手記・随想）ではなくなっている。いずれも個別の言語でなしに総合・概括の言語で語っているからである。

こういうエッセーというジャンルの変遷を、ミカエル・バラスは〈エッセーのデペルソナリザシヨン（非個性化）〉とよび、それはプラトン以後〈対話〉という形式が個性の枯渇した作品群に堕したのと同じ現象だと述べている。ロベールの字書を見ると、〈エッセーは一般的にトレーテ（論）と呼ばれるものと幾らか関係はあるが、きわめて自由奔放な構成と文体によってトレーテとは相隔たる遠いもの〉と説明している。このように個性の自然流露ということをエッセーの第一の特徴とすれば、それはフランス語原文からの邦訳ではないにしても、高橋五郎・栗原古城が『モンテーヌ随筆集』と命名したのは決して間違ってはいない。『随想録』も『荘子』も『徒然草』も、その本質・形体両方において互いに多くの共通点をもち、いずれもひとしく随筆文学の世界的名著とするに足りるからである。

たまたま今日は月曜会のサロンで〈びっこについて〉（第三巻第十一章）の章を、約一時間半あまりで素読した。

第三巻のエッセーの中では短篇であるが、まことに珠玉のごとき随筆文学の逸品であることに、改めて喫驚した。そこには完成したモンテーニュの芸術が文句なしに感じとられる。それは〈レーモン・スボンの弁護〉や〈経験について〉の章と呼応して、それらの長篇にひけを取らぬ重厚でまた巧妙な語りくちである。私がここに繰り返すような解説はいらない。黙ってこの小品を読めば、モンテーニュが荘子でも兼好でも宣長でもあることを会得せられるであろう。(一九七九年六月十九日付記)

モンテーニュ自らによる『随想録』の定義は以上の三箇所のほかにまだ三つある。そのいずれにおいても、彼は世間から本職の哲学者と見られることをいかにも迷惑がっている。それどころか、それは彼にとって不名誉でさえあるらしい。次にまず、第二巻第十章〈書物について〉の書き出しの文章から始めよう。

《わたしがここにお目にかけるのも、もっぱらわたしの持って生まれた性能の試《エッセー》しであって決してわたしの後得の学問知識の試《エッセー》しではない。だから自分の無知を人にあばかれても、少しも困りはしないのである。……学問《シアンス》をお求めになるおつもりなら、〔わたしの許にではなく〕それが宿っている場所にお捜しなさい。学問くらいわたしに自慢のできないものはないのだから。ここにあるのはわたしの思想幻想《ファンタジー》であって、これによってわたしは物事を人に知らせようとしているのではない。わたしを知らせようとしているのだ。……だからわたしは、わたしの語ること〔物事〕についてその確実は保証しない。ただ今のところ、それをどの程度まで知っているかを知らせているだけである。どうか書かれている材料《マティエール》に期待せず、それをわたしがどのように取り扱っているか、その取

り扱い方〔論じ方〕(la façon que j'y donne) に注目してもらいたい。》(II・10・493)

モンテーニュはその著作を通じて、自分が天《シエル》から、運命《フォルテューヌ》から、どれほどの、どのような、素質を与えられているかを試しているので、出生後に親や先生や学者の著作からどれだけ、どのような知識を学びとったかを試しているのでは決してないと言う。彼は学問知識を始めから信用していない。その確実性もあやしいし、それは人を幸福にも賢明にもしないと知っているからだ。要するに自分の書きつけているのは、他人からの貰いものではなく彼自らの思想《ファンタジー》なのだと言う。彼はここでも《mes fantasies》と書いている。とにかく彼は人に自分の学識を示したり誇ったりする気など毛頭ない。ただ、自分を分析したり描出したりするその仕方《マニエール》・方法《ファソン》を通じて、読者にも己れ自らを知り、人間そのものの正体を捉えてもらおうと思っているのだ。〈学識の内容《マティエール》が問題ではない、その取り扱い方《ファソン》が問題なのだ〉と言っているのは、ミシェル・ド・モンテーニュが学問知識をどのように取り扱うかが『随想録』の眼目なのだということ、すなわちそれは教育学でも哲学でも史学でもなくミシェルの個性《ペルソナリテ》そのものがこの書物の中心なのだということを、読者に向かって懸命に語りかけているのだ。そして次に、自分もまた世の学者先生と同じように、盛んに古今東西の名著を引用してはいるが、ただそれらを羅列し繋ぎ合わせているばかりで著者その人はいったいどこに居るのかというような、世の学者先生の著作などとは一緒にしてもらいたくないと言う。次のパラグラフは、彼の古書の引用に関する弁明であるが、そこに我々は従来あまりにも重視された〈エッセーの源泉〉という問題に正しい照明を与えられる。

《(c)どうかわたしの拝借しているものの中に、果たしてわたしが、自分の主題に箔をつけるに足るものを、選びえているかどうか見て下さい。まったくわたしは、あるいはわたしの言葉の弱さのために、あるいはわたしの判断の弱さのために、自分ではとてもこれほどうまくは言えないと思うことがらを、他人様《ひとさま》に言っていただいているのだ。〔注——モンテーニュは偉大な古人に引ずりまわされているのではなく、『随想録』の中ではあくまで自分の方が主人であり、古人に代弁をさせているだけなのである。〕わたしは借用物の多きを誇りとせず、その重味のあるものだけを採る。もしその数の多いことによって価値をつけようと考えたなら、この二倍もわたしはしょいこんだことであろう。いずれも有名な古人のものであるから、特に誰のものとあかさないでも、それは大方推察されることであろう。わたしは彼らのもろもろの理由と創意とをわたしの土地に移植し、それらをわたしの理由・創意と混合してしまっているが、その時すら往々にしてわたしは原著者の名をあげることを省略した。*何故かと言うと、それはあらゆる書物が、特に俗語で書かれた現代人の書物が、とかく浴びせられがちな、無責任なゆきすぎた批評をあらかじめ封ずるためである。……わたしは皆が、わたしの鼻のつもりでプルタルコスの鼻の頭をうっかりひとはじきしてみるがよい、わたしのつもりでセネカに悪口を浴びせてみるがよい、と思っているのだ。わたしは微力であるからこういう信用ある人の陰にかくれなければならないが、誰でもいい、このばけの皮をひんむいてほしいものだと思う。つまり明晰な判断によって論旨の力と美とを識別し、借り物と本物とを区別してほしいと思う。〔本物とはもちろんモンテーニュのペルソナリテの方である。〕まったく物覚えが悪くて、いつもそれらの拝借ものを国別に分類できないわたしでさえ、自分の力をよく量ってみれば、わたしの土地がそこにまき散らしたあまりにも立派な花々を咲かせることはとうていできないこと、わたしの土地に成った果実は、とうていそれらの花々には及びもつかないことを、立派に認識できるのである。》（II・10・493–494）

＊　モンテーニュがその生前のいずれの版にも、一々出典を示さずにいるのは、それだけの意味があったわけである。それらはいずれも彼の思想の中に渾然として溶けこんでおり、どの頁においてもモンテーニュ自らがその主体であることを示したかったのだ。出典が一々示されるようになったのはモンテーニュ歿後のことであり、それは現代諸版における(a)(b)(c)の標識と共に研究者にとっては便利であるが、かえって一般読者にモンテーニュの精神を誤解させる一因ともなっている。モンテーニュは、自分の考えでも正しいと思えば悪びれずに堂々と言い、古人の意見も愚劣ならば断然斥ける。物覚えは悪くてもそういう分別はもっていると彼は言いたいのである。

《(a)ただもし次のようであるなら、すなわちもしもわたし自らが混迷混乱しているなら、もしもわたしの理屈が空虚で間違っているのに自ら少しも悟らず、人から指摘されてもなおそれを悟ることができないようなら、それこそわたしの責任である。……知識と真理とは判断がなくとも我々のうちに宿ることができるし、判断の方も学問や真理がなくともそこに宿ることができる。それどころか、無知《イニョランス》の認識こそ判断*の最も立派な最も確かな証拠である、とわたしは思う。わたしは運命《フォルテューヌ》よりほかに、わたしの諸部隊**を配列してくれる幕僚長《セルジャン・ド・バンド》を持たない。夢想***が心に浮かぶがままに、わたしはそれを積み重ねる。それらは、或る時は一ぺんに群がり出て来る。或る時は連綿として相ついで出て来る。わたしは皆に、わたしの生まれつきのふだんの歩みぶりを、このとおりしどろもどろであるが、見てもらいたいと思っている。わたしは自分を、そのあるがままに赴かせる。だからここにあるのは、知らずにいることが許されないほどの事柄でもないし、また口から出まかせにずばずば言ってはならない事柄でもないのである。》（Ⅱ・10・494-495）

＊　〈判断〉は〈理性〉と同意語であり、また知恵・分別の土台であって、〈記憶〉と〈知識〉とに対置される。
＊＊　mes pièces すなわちモンテーニュの提起する諸問題・諸事項・したがって各パラグラフを指す。モンテーニュは幾たびか作戦計画の場に参加した経験をもつので、このような比喩がしぜんに生まれ出るのであろう。——抽象語でなく具体語で語る一つの場合を示している。
＊＊＊　ここに〈運命〉、〈配列〉、〈夢想〉、〈積み重ねる〉等の語に注意。いずれも〈エッセー〉の内容形式を示している。〈思想を思想として述べようと欲せざる人〉の、これは愛用の語彙である。

このようにモンテーニュは自ら『随想録』の最大の特徴を物語っている。それは第一巻第五十章の定義だけでは十分に把握できない〈エッセー〉の実態である。なおもう少し先まで読みつづけよう。

《(a)それはわたしだって、もっと完全に物事を理解したいとは思うが、しかしそのためにあれほどの高価を支払いたくはない。わたしの意図するところは余生を静かに過ごすことにある。今更苦労をしたくはない。そのためにわたしが頭を割ってもよいと思うようなものは一つもない。そんなことは学問のためにだって、学問がいかに高価なものだからといって、わたしは御免だ。わたしが書物をあさるのは、ただそこに、上品な遊び方でいくらかの快楽を得ようとするからにすぎない。そこで少しは勉強もするけれど、ただいかにして己れを知るべきかを論ずる学問、よく死によく生きるの道を教える学問を、求めるだけである。読んでいてふとむつかしい事柄にぶつかっても、わたしはいつまでも爪を噛んではいない。一ぺんか二へんぶつかってみてだめなら、あとはそのままほったらかすことにしている。(b)いつまでそこに突っ立っていたところで、ますます途方にくれるばかり、時間を失うばかりである。まったくわたしは敏捷な〔響きの声に応ずるような〕精神をもっている。第一の攻めで判明しないことは、執着すればするほどわからなくなる。わたしははずむ心でなければ何一つしない。長びくことⓒと過度の緊張は、ⓑわたしの判断をくらまし、悲しませ疲らせる。ⓒわたしの視覚〔鑑識〕はそのために混迷し散漫になる。ⓑわたしは自分の判断を引きもどし、それをゆすぶってもとの座に引き据えなければならない。……》

ここに我々は、モンテーニュの読書なり研究なりが何を目標としているのか、それは知識の集積にではなくて知恵の養成にあることを知る。そして彼が読む時、外物に引きずられず、常に内心のリズムに従っていることを理解する。次の一節もこのことをいっそう明らかにする。

《ⓐ一つの本がいやになると、もう一つの本を取りあげる。わたしは何もすることがなくて退屈でたまらない時だけ書見に没頭する。新刊書にはあまり飛びつかない、古人の書の方がずっと充実しており堅固であるように思われるからである。ギリシア語の本などあまり読まない。子供や初学者なみの理解では、わたしの判断は満足ができないからだ。》（Ⅱ・10・495–496）

第三巻時代（一五八〇―八八年）から最晩年にかけて、モンテーニュはいよいよ自信を深めて己れの創作態度を語り、『随想録』を〈その種において唯一の書〉（本書三七四―三七五頁）と自負する理由を、いっそう明確に定義する。第三巻第十三章に、彼は次のように述べている。我々は次の引用の中に、モンテーニュ学の与件が、もともと学説というようなものではなく、むしろ研究の対象としてまことに厄介千万な、モンテーニュという一つの人格にほかならぬことを、しみじみと考えさせられるのである。

《(c)学者たちは自分たちの諸思想《ファンタジー》を、もっと類別的に、いとも細かに、分類して記録する。わたし〔の方〕は、物事を何の規則にもよらず、ただ漫然と、在来の習慣のままに見るたちであるから、ここでも同じように、大雑把に、盲滅法に、わたしの諸思想《ファンタジー》をお見せ申すだけである。(b)わたしはわたしの意見《サンタンス》を、はなればなれの箇条書きにして、まるでひとまとめにしては言うことができない物ででもあるかのように、申し述べる。関連とか統一とかは、我々みたいな平凡普通の霊魂の中には、とうてい見出されないからだ。知恵《サジエス》というものは堅固で完全な一つの建物《バティマン》であって、各部分がそれぞれその所を占めその特徴をもっているのだ。……わたしは万事学士さま方にお任せしているが、果たして彼らは、あんなにこみ入った、細かで不確かな事柄において、その無限に雑多な相貌を類別することが、おできになるのだろうか。我々〔人間〕の動揺をとめて、それをきちんと整頓することが、果たしておできになるのだろうか。わたしは、我々の諸行為を互いに結び合わせることはとてもむつかしいと思うばかりでなく、その一つ一つを切り離して、それをその主要な何かの特性によって適当に示すことですら、むつかしいことだと思っている。それほど我々人間の行為は二重《ドゥーブル》であって、見かたによっては幾色《ビガレ》にも見えるのである。》（III・13・1240）

こう言ってモンテーニュは、マケドニア王ペルセウスの思想・性格が簡単に論評し去ることがむつかしいこと、自分の熟知していたはずの、あの優柔不断なアンリ三世までが、ブロワの城中では断然ギュイズ公を斬る決心をしたのに驚いたこと、などを例示している。いわんや私のような頭のぼけた老書生に、生きて動いているモンテーニュという人の人格を、系統だてて語ることがどうしてできよう。せいぜい四方八方から照明を与えて、その都度目にうつるその時々の姿を、幾度にも見てもらうよりほかはなかった！

さてここでもう一つ、《エッセー・ド・モンテーニュ》の定義として完璧であり、何人《なんびと》も読み落とすべきではないと思う箇所が、第三巻第九章の中にある。それはすでに本書の諸章の中に断片的には幾度か引用したに違いないが、それはアルマンゴー博士も『随想録』の謎を解く最も重要な鍵《クレ》であると言っている箇所であるから、もう一度、本書のまとめとして、その全文を、私見をさしはさみつつ、ここに再録しようと思う。

《(b)以上の詰めもの《ファルシシュール》*は、いささかわたしの本題からはずれている。わたしはうろついているが、それはわざとしているので、うっかりうろついているのではない。わたしの思想《ファンタジー》は連綿とつながっているのだが、時としてはるか遠くの方でつながっているのだ。互いに見合っているのだが、斜めに見合っているのだ。(c)わたしはかつて、気まぐれな二色のだんだらに染め分けられた、あのプラトンの対話《ディアログ》『パイドロス』を一読したことがあるが、前部は恋愛を、後半は文章を論じていた。古人はこのような破格変調をちっとも恐れないのだ。むしろこのように風のまにまに転がされてゆくことで、いや風そのものをまねすることで、一種不可思議な趣を示している。** (b)わたしの各章の標題は必ずしもその内容全体を総括してはいない。しばしばそれをただ何かの象徴によって示している。*** ……(b)わたしは詩の舞いつ踊りつするようなゆき方（allure poétique, à saut et à gambade）が好きだ。**** (c)詩はプラトンが言うように、軽やかな飄々とした天来《デモニカル》の技芸である。プルタルコスの中にも、彼がその主題を忘れてしまっている諸篇、その論証する当面の問題が、まったくほかの題目のもとに押しつぶされて、時々しか顔を出さないような諸篇がある。例えば〈ソクラテスのデモン〉における彼の行き方を見たまえ。あの元気のよい脱線《エスカパード》、あの千変万化《ヴァリアション》の、何と美しいことよ！　それは無頓着《ノンシャラン》・偶然《フォルテューヌ》の風を帯びていればいるほどますます美しい！　わたしの主題を見失うのは不注意な読者の方であってわたしではない。十分であることを欠かない幾つかの語が、いかにちぢこまっていても、必ずどこかの一隅に見出されるはずである。(b)わたしは遠慮会釈なく、あれこれと変化を追う。(c)わたしの文章とわたしの精神とは、同じようにさ迷い行く《ヴォン・ヴァガボンダン》。……》(Ⅲ・9・1147)

＊　farcissure とは料理用語で、例えば七面鳥の腹の中などに詰め込む複雑な混合材料のことであるから、ここではただ〈余談〉とか〈脱線〉とか、本論からはずれた〈無駄話〉とかいうくらいの意味である。だがモンテーニュはここばかりでなくいたるところで、自分の思想感想、それを含む全文章を、よく〈ごった煮〉(pot-pourri)とか、〈シチュー〉(fricassée)とか、あるいは〈いたずら書き〉(barbouillage)、〈おしゃべり〉(caquet)などと呼び、更に瓦礫の〈山〉などを指す amas という語で示したりする。これは単なる卑下でも自嘲でもなく、当時流行のバロック趣味でもない。やはりすでに度々ふれたとおり、彼の根本思想に根ざしている。それに彼は芯から学者先生の論文調がおきらいなのである。同じこの文章の中にも再び出て来るが、彼はむしろ詩人好みなのである。自分は学者でもインテリでもなく、人並みに御馳走が好きで、皆と一緒に飲みかつ食べながらおしゃべりをしているのだと、読者に思わせたいのである。

＊＊　風や水の流れによせるメタフォールは『随想録』のいたるところに見られる。

＊＊＊　このあとに〈例えば〉と言ってテレンティウスの作品の標題や、スラ、キケロ等の人名の由来などについて述べているが、むしろ我々はモンテーニュの〈馬車について〉とか〈びっこについて〉とかいう章全体を実際に読んでみるとよくわかる。

＊＊＊＊　これは詩的な行文をもっぱら愛用するという意味であろうが、同時にモンテーニュの生き方をも暗示

している。彼は自著をその著者と同質のもの《コンシュブスタンシエル》だと言ったとおり、彼においてこそ、正に〈文は人なり〉であった。彼はその文章においてのみならずその生活全般において、いつも一つのプランを立ててそれに従って行動するというのではなく、そのインスピレーションのままに生を創造するという詩人流の生き方をしていたのである。

《(b)多くの詩人は散文風にだらだらと書いているが、古代の散文のすぐれたものは……いたるところ、詩に特有な大胆で奔放な精気をもって輝き、いかにもそれらしい興奮の状を帯びている。実にこの詩的興奮にこそ、弁舌の上の覇権を委ねなければならない。(c)プラトンは言う。「詩人はミューズの三脚台の上に立って、その口をついて出るすべての事を、勢いはげしく吐き出す。さながら噴泉の蛇口のように、少しも含み控えることがない。だからそこからは、色さまざまな、質もまた相異なる、前後相関連しない事柄がほとばしり出る」と。かく言うプラトン自身が詩人である。また学者たちの言うところによれば、昔の神学も、また最初の哲学も、詩である。詩こそ原来神々の言葉である。》(III・9・1148)

ここにモンテーニュは、あくまでも自分の思想自分の哲学を、総合の言語・抽象の言語をもって語ることを拒んでいる。西欧的な論理的思惟方法を執拗に拒みつづけている。〈わが哲学もまた詩なのだ〉とモンテーニュは言いたかったのである。ここに我々は彼の真髄を見なければならない。

《(b)わたしはわたしの主題《マティエール》〔内容〕がおのずから顕《あら》われんことを欲する。それはどこで別の問題に転ずるか、どこにその結論があるのか、どこにその発端がありどこにその続きが現われるか、それはおのずからわかるはずであって、弱い耳、うっかりした耳のために挿入される接続の詞などで、わざわざそれらを組み合わせる必要はない。わたしがわたしを注釈する必要はない。眠りながら、あるいはそそくさと読まれるよりは、いっそ読まれない方がいいと思わない者があろうか。……わたしは重たさ〔内容の重々しさ〕によって読者の注意を引くことはできないのだから、ひょっとしてわたしの混迷ぶりによって読者を引きとめることができるなら、確かにそれは悪くない。……それに、解り易い書物を軽蔑するたちの人も少なくない。そういう御仁は、わたしの言うことがわからなければわからないだけ、わたしを高く評価してくれるだろう。彼らはわたしの曖昧さを意味深長と結論するであろう。だが本気で言うと、わたしは曖昧がはなはだきらいなのだ。避けられる限りそれを避けるつもりでいる。アリストテレスはどこかで曖昧をてらっているが、それは悪いてらいである。……

わたしが今言わずにいられなかったのは、あの・人の娯《たの》しみの邪魔をする・理性（cette raison trouble-feste）、あの・人の一生を台なしにする・途方もない計画、あのややこしい学説が大きらいだということである。よしんばそこに幾らかの真理が含まれているとしても、それはあまりにも高価で厄介なものだと思う。むしろわたしは、空《ヴ》し《ア》い《ニ》こ《テ》と（vanité）でも愚《ア》か《ー》し《ヌ》い《リ》こ《ー》と（ânerie）でも、もしそれが幾らかの快味をもたらすなら、そしてわたしの生まれつきの傾向をあまり窮屈にしめつけずにそっとしておいてくれるなら、努めてわたしはそれらの〔空しさと愚かしさとの〕徳をたたえよう。》（Ⅲ・9・1148–1150）

このようにモンテーニュは自ら自著『随想録』を定義・説明し、このように言葉をつくして、いかに学説や説教がきらいであるかを訴えているのに、それでもなお《エッセー・ド・モンテーニュ》を哲学書の範疇に入れないでは満足しないと言うのか。もちろん彼は思想家であり哲学者であるが、それにしても私は、彼が学究者であるよりも、むしろ荘子やプラトンや兼好や宣長と同じく詩人であり随筆家であったことを、彼の《エッセー》は佶屈聱牙《きっくつごうが》な・あるいは理路整然たる・哲学書ではなく、親しみやすい優雅な散文詩、すぐれた随筆文学であることを、何よりも強調しないではいられない。

モンテーニュは詩人であるとの認識こそ、モンテーニュの生涯と著作とに関するもろもろの問題を解決するいわばマスター・キーであろう。エッセー各個の構成も、『随想録』全体の構造も、それは蕪雑でも渾沌でもなく、ボワローが謂《い》うところにしたがい《Un beau désordre, c'est un effet de l'art》と言えるであろう。モンテーニュは自ら、まだ若い学生の頃にはへたなラテン詩を作った経験はあるが、その方の才能は全くないと告白しているが、それは彼が詩人であるということの否定とはならない。むしろその逆であった。第一巻第五十四章〈つまらぬ（無用の）小細工について〉の中でも、古代ギリシアの詩人たちが、卵型、鞠《まり》型、斧型、翼型の詩を作って得意がったことを嘲笑しているかのごとくであるが、夫子自らもそれを詩作とは考えずに、一種の数学的遊戯として楽しんだらしい形跡もないではない。ミシェル・ビュトールやダニエル・マルタンなどが*、『随想録』全一〇七章の配置構築を有名な〈ラファエロの外廊〉の天井絵や、プラテリーノ離宮の庭園の洞窟と噴水が現出する奇趣にくらべているのも、決して附会の説とは思われぬばかりか、一東洋人たる私の眼には、かの大日如来を中心として弥勒や文殊や観音の諸像を配置した曼荼羅図絵が浮かんで見える。親友ラ・ボエシも慈父ピエール・ド・モンテーニュも、背教者ユリアヌスもアレクサンドロスもエパミノンダスも、ピュロンもソクラテスも、トゥルネブスもド・ロピタルも、また若くてはなはだ高貴なローマの婦人パウリナも、ペトゥスの妻アリアも、みなモンテーニュの根本精神を啓示する洋風マンダラの諸尊のように見えてくる。**（一九八〇年三月五日付記）

* D. Martin : *Pour une lecture mnémonique des Essais: une image et un lien*, in *B. A. M.*, 5e série, n° 31–32, 1979.

** 小林秀雄『本居宣長』三八三—三八四頁参照。

あとがき

〈我々は余りにもおそく来た〉と書いたラ・ブリュイエールからは三百年、〈モンテーニュに関してはもはや本当の新発見と言えるものはないだろう〉と語ったサント＝ブーヴからも百年以上おくれて来た我々に、今更どれほどのことを西欧モンテーニュ学者の業績の上に付け加えることができようか。だが我々は幸いに東洋人である。始めから彼らにとっては異邦人なのであるから、ここに思い切り東洋人臭いモンテーニュ論を展開することは、それが彼らの意表に出ればでるだけ、かえって一興なのではあるまいか。かつてカミュの『異邦人』をめぐって論争が行われた頃、しばしば私の胸中には、その亡き妻の枕頭に箕坐して盆を敲いて歌っていたという、荘周の姿が去来した。それにロマン・ロランは夙《つと》に東西両洋の思想の比較研究講座があってほしいと言っていたし、カミュの思想の師と言われるジャン・グルニエは、現にその老荘思想の研究『道《タオ》の精神』と題する書物の中で、道家の人々の〈虚静恬淡寂漠無為〉の思想と、フェヌロンやギュイヨン夫人の〈寂静主義《キエティスム》〉の思想との、対比研究を行っている。私は前著『モンテーニュとその時代』においては、もっぱら西欧側の資料に基づき、モンテーニュの生活体験の中に彼の根本思想を見出そうと努めたのであったが、こんどは直接『随想録』そのものの上に東側からも照明をあてて、従来西側からだけではっきりと見きわめ難かったモンテーニュの心中の秘密を探り出そうと試みた。ただ老荘の自然とモンテーニュの自然との対比は、アミヨ訳プルタルコスとモンテーニュのテキストとを両々対置するように簡単にはゆかなかった。東西の学者から完全に批准を得るまでには、この道はなお遠いように感ぜられる。本書は一九七八年五月に脱稿完結したが、更にそれから上梓に至る約二か年の間に、思い付いて書き足した部分が若干ある。その場合は特にそれぞれ日付を付記してある。

なお今年一九八〇年は『随想録』の初版以来ちょうど四百年目に当たるので、フランスでは〈モンテーニュ友の会《ソシエテ・デ・ザミ・ド・モンテーニュ》〉がボルドー市に世界中のモンテーニュ研究家を招集して国際シンポジウムを開催すると共に、関係資料の展示会や、ゆかりの土地への巡遊などを、四日間にわたって行う予定である。私もそれに招請されたが老齢参加に堪えないので、身代わりとして拙訳『随想録』初版（一九三五）『モンテーニュ全集』（一九五七）その他全九巻を、ボルドー市立図書館に寄贈することにした。由って以て、従来幾多の資料の提供を享けた〈モンテーニュ友の会〉に対し謝恩の微意を表明するためである。この学会は、私がまだ学生の頃、一九一三年にアナトール・フランスを初代会長としてアルマンゴー博士が創始したものであるが、今では一九三七年に入会した日本人の私が、最年長最古参の会員だそうである。これなる小著『モンテーニュ逍遥』の刊行がこの記念すべき年にめぐり会わせたのもまた奇縁と言うべきか。

終わりに、私のこの気随気儘な雑文集に誠にうってつけの題名を思いついて下さった、同学の友大塚幸男教授の五十年にわたる友情と、索引・参考書目等の作成一切を引き受けて下さった若きモンテーニュ学者斎藤広信助教授の労に対し、ここに改めて感謝の意を表する。またいつものことながら白水社編集部の千代・上田両君の労を多とする。

一九八〇年三月二十八日

関　根　秀　雄

新版あとがき

『モンテーニュ逍遙』の初版が刊行されたのは一九八〇年、その著者関根秀雄が他界したのは一九八七年である。その時代から今日に至るまでのほぼ四十年の間に、世の中は目まぐるしく変化した。特に書籍を巡る状況には凄まじいまでのものがあり、電子機器の普及によって、街中の本屋さんは次々と姿を消して行くし、新刊書なども、よほど売れ行きのよいものでない限り、数年を経ずして絶版になってしまう有様である。

そんななか、二〇一八年末に著作権法の一部改正が行われ、著作権保護の期間が従来の五十年から七十年に延長された。関根秀雄の著作権を継承した者にとって、これは実に由々しい問題であった。

彼がその全生涯をかけて翻訳した『モンテーニュ随想録』は、一九三五年にその初訳が公刊されて以来、数次の改訳を経て、最後の訳書が刊行されたのは一九八三年である。それらの訳書は、すべて昭和年代のほぼ五十年間に白水社から出版された。その最晩年の著作『モンテーニュとその時代』『モンテーニュ逍遙』もまた、それぞれ一九七六年、一九八〇年に、同じ白水社から刊行されている。

だがその時代には、つまり、今やレトロと言われるようになった昭和の時代には、電子書籍などというものはまったく問題にされていなかった。その結果、電子化されることのなかった紙の本は、次々に消えて行くしかないことになったのである。じっさい『モンテーニュ随想録』（以下『随想録』と略記）の諸版も、最晩年の著作『モンテーニュとその時代』も『モンテーニュ逍遙』（以下『逍遙』と略記）も、昭和の時代に白水社から出版された彼の著書はすべて絶版となって久しい。

訳者、著者である彼自身、四十年近くも前に物故しているのであるから、その著作権を継承した者として、今何らかの手を打たない限り、その著作物はすべて、いずれ跡形もなく消え失せてしまうのではないか、現代の新刊書でさえ先に記したような状況にあるのだから、彼の著書のような地味な本の数々は、遠からずしてそれが存在したことさえも忘れ去られてしまうのではないか、そんな危機感から、故人の子であり孫である私たちは、先ずは彼の最後の著作『逍遙』の出版を思い立ったというわけなのである。

「新版」を出すに当たって、真っ先に問題となったのは、『逍遙』のなかに多数引かれている『随想録』からの引用文である。「あとがき」には、次のように記されている。

前著『モンテーニュとその時代』においては、もっぱら西欧側の資料に基づき、モンテーニュの……根本思想を見出そうと努めたのであったが、こんどは直接『随想録』そのものの上に東側からも照明をあてて、……モンテーニュの心中の秘密を探り出そうと試みた。（三九一―三九

二頁）

つまり『逍遙』は、その内容、というか本体は、『随想録』からの多数の引用によって構成されているのである。従って、それらの文章の引用表記を的確に示すことは必須であると思われた。

旧版において、その表記は一九五七年刊『モンテーニュ全集』に依拠した、と記されている。しかし、当時においてすでに、そんな昔の本を一般読者が手に入れるのは事実上不可能であったし、図書館で見つけ出すことさえも、極めて困難な状況にあったと言わねばならない。その後一九八三年に同じ白水社から『モンテーニュ全集』全九巻が刊行されはしたものの、これもまた、先に記したような事情により、絶版となってすでに四十年が経過している。

そこで、旧版において引用されているモンテーニュの文章に該当する文章を、別の版の、もっと新しい訳書の中に見出し、その版に依拠した引用表記に書き改める必要があると考えた。

旧版において、著者は最初に出現した引用表示「Ⅱ・十・一一八—一一九」の個所に、＊印を付して次のような注記を施していた。

第二巻第十章一一八—一一九頁の意。本書におけるモンテーニュの文章の引用は白水社刊『モンテーニュ全集』全四巻に拠り（往々にして訳文を改めてあるが）、巻・章・頁をこのように示した。

それで新版においては、引用個所の表示を、今現在、唯一入手可能な国書刊行会版『モンテーニュ随想録』（二〇一四年刊）に改めることにした。そこで当該引用文を、白水社版、国書刊行会版の二つの訳書において照合し、国書刊行会版における引用表記にはアラビア数字を当てることにより、白水社版の漢数字による表記とは区別したうえで、この二つの表記を併記することにした。

だが併記はあまりにも煩瑣で、徒に混乱を引き起こすだけのことではないかと思われ、思案の後、国書刊行会版の引用表記だけを残すことに決めた。この時点においては、そのことに何も問題はないように思われたからである。

ところが、いよいよ原稿が整理され、校正刷りが出来上ってみると、これはちょっとおかしいのではないかと、初めて気が付いたのである。というのも、引用文そのものは、一九五七年刊の白水社版のものがそのまま据え置かれているのに、引用表記の方は、二〇一四年刊の国書刊行会版に依拠しているのであるから。

これは何とかしなければ、とすっかり慌ててしまい、その処理をどうしたものかあれこれ考えてはみたものの妙案は浮かばず、結局、現状維持で行くしかないのではないかという結論に達した。

故人は、その生前最後となる一九八五年の「白水社創業70周年記念復刊『モンテーニュ随想録』全一冊」の「はしがき――『随想録』五十年の歩み」において次のように語っている。

……それがやがて『モンテーニュとその時代』（一九七六）『モンテーニュ逍遙』（一九八〇）を生むことになるが、とにかく一九五七年の『モンテーニュ全集』以来この時に至る二十五年の間も、私は右の二著を成すがために、相変わらずモンテーニュが自ら語る文章を、あれこれと引用しないではいられなかった。そして正確を期するためにはその都度わが引用する訳文と〈エッセー〉の原文とをいちいち突き合わせて見ないわけにゆかなかった。

つまり『逍遙』のなかの『随想録』からの引用文は、一九五七年版『モンテーニュ全集』から便宜的に拾い上げられたものではなく、『逍遙』の論旨の基盤を成すものとして、地の文に適合する形で、新たに訳し直されたものと考えられるのである。旧版において「往々にして訳文を改めてあるが」と但し書きがついているのは、その意味に取るのが妥当だと思う。決して『モンテーニュ全集』の訳文を部分的に手直ししたといったレベルの「書き改め」ではないことを知るべきであろう。

同じ「はしがき」のなかで、彼はさらに「どうしてそんなに改訳を重ねる必要があるのかといぶかる人」に対して、縷々「言い訳」をしているのだが、要するに、その主張は、モンテーニュの『随想録』が一つの「文芸作品」であるということに尽きる。「文芸作品」であるからには、その「翻訳」は「創作と同様に心得」るべきものなのであり、創作にしばしばヴァリアント（異文）が存在しているように、翻訳にも一つの原文に対して、改訳によるヴァリアントが幾つかあるのはむしろ当然ではないか、というのである。そして彼は、古今のいろいろな事例を引き合いに出して自説の補強に努めながら、この「はしがき」を次のように締め括っている。

私は本訳書が、原著者もそう望んでいるのであるから、「特別優秀な精神《ひとびと》でも平凡低俗な精神でもない、その中間にある一般大衆に」、その知識の源泉としてではなく、その生きるための案内書《ギード》として、熟読玩味されることをひたすらに願っている。

私たちは、このような彼の主張・願望を尊重したいと思った。

つまり、字面のうえで辻褄を合わせようとして、仮に『逍遙』のなかの『随想録』からの引用文を、すべて一九五七年のものから二〇一四年のものに置き換えたとしたならば、表面的な整合性は得られるかもしれないが、同時に、もっと大きな、もっと本質的な不都合を生むことになりはしないかと懸念したのである。

本書における『随想録』からの引用文とその後に付記された引用表記とは、それぞれ別の訳書に依拠したものではあるけれども、それは、異なった道筋を経て同じ一つの原典、同じ一つの原文に到達するための手段であることに変わりはない。むしろそのための足掛かりを、複数提供しているものと考えることは出来ないだろうか。読者諸氏においても、このような考え方をご理解下さって、私たちの不手際を大目に見て頂けたら有難いと思う。

新版の刊行に際しては、この他にも以下の諸点において、いくらかの変更を施した。

――旧版で頻出するフランス語のカタカナ表記は和訳表現に置き換え、その和訳された語（句）に、フランス語音訳のカタカナ表記のルビを振った。例）ジャンティヨム・フランセ → フランスの廷臣《ジャンティヨム・フランセ》

――フランス語音訳表記が短い単語の場合は、フランス語表記はそのままに、その後に日本語訳を

（　）に記した。例）モワ（自我、自己、私）

——またフランス語表記されていても、英語表記の方が一般的であると思われるものは、英語表記に書き変えた。例）セルクル → サークル
——難読と思われる漢字にはルビを振った。

——不注意による単純なミスと思われるものは、適宜訂正・補足し、補足部分は［　］内に記した。

——旧版の刊行以降、死去するまでの七年間に著者が補筆した書き込みの類は、特にその個所を明示することなく、本文中に挿入した。


上記、いずれの場合も、読者が小さな躓きによって読書の歩みを止めることのないように、特別な専門的知識・学識を持たなくても、抵抗なく本書を読み進めて行けるように、配慮したつもりである。

というのも、著者は何分にも明治の中頃、西暦では十九世紀末年に生まれた人なので、その文章は、昭和の時代に生まれ育った私たちにとっても、時にかなり読み難いという印象を与えられる。著者本人もそのことは十分に承知しており、『随想録』の数次にわたる改訳、改訂に際しては、常に時代の要請に応えるべく、相当努力していたようである。「とにかく若い人に読んでもらわなならんのだ」というセリフを、私たちは何度も耳にしている。特に最晩年においては、モンテーニュ「について」ではなく、モンテーニュ「を」読んでもらわなくてはならないということを、まるで執念の如く、彼が呟いていたことを思い出す。その意を汲んで、私たちは、彼のテキストに上記のような変更を加えさせてもらった次第である。

ただ、その種の補筆・加筆の類は最小限に留めてある。『逍遙』という題名が示しているように——著者はこの題名が殊のほか気に入っていた——、本書は、敢えて堅苦しい学術論文の体裁を取らず、寛いだ座談の雰囲気を醸し出すよう意図して書かれているからである。敢えて言わせて頂ければ、私たちにとって、彼の書いたものを読むことは、ほとんど彼の肉声を聴くことに等しい。そんな著者の語り口を、読者にも楽しんでいただけたら幸いと思う。

故人も、殆ど半世紀も前に書かれた自著が、このような形で蘇ったことを喜んでくれるものと信じたい。

本書を紙の本と電子書籍の二つの形で出版して下さった国書刊行会編集局長清水範之氏の格別のご配慮ご尽力に、心から有難く、深く感謝申し上げます。

二〇二四年五月

戸部松実
柴田郁

関根秀雄 年表

略歴

一八九五年九月十七日、東京、本郷森川町に生まれる。

一九一三年（一八歳）　東京外国語学校仏語科入学。

一九一六年（二一歳）　三月右卒業。九月東京大学仏文学科（選科生として）入学。

一九一九年（二四歳）　七月右卒業。九月海軍兵学校教授。

一九二〇年（二五歳）　八月海軍兵学校依願免官。十二月陸軍大学校教授。東京外国語学校講師兼任。

一九四五年（五〇歳）　一月陸軍大学校教官退職。

一九四六年（五一歳）　公職追放（一九五〇年解除）。文筆生活に入る。

一九五二年（五七歳）　四月東京女子大学講師（一九五四年辞職）。六月学芸大学講師。

一九五三年（五八歳）　三月学芸大学教授を辞任。四月東京都立大学教授となる。

一九五九年（六四歳）　三月都立大学定年退職。四月青山学院大学教授となる。

一九七一年（七六歳）　青山学院大学教授定年退職。一切の公職を退く。

一九八〇年（八五歳）　フランス国立「アカデミー・ド・ボルドー」から『モンテーニュ賞』を授与される。

一九八七年七月二十七日歿。享年九一。

主要著書・訳書目録

一九二五年　『仏蘭西文学史』　古今書院
一九二六年　ブリュンチエール『仏蘭西文学史序説』　岩波書店
（一九二八年改訳文庫版、一九五一年復刊）
一九三三年　『仏語動詞時法考』（一九五〇年改訂版）　白水社
一九三五年　『モンテーニュ随想録』全三巻　白水社
一九三九年　『モンテーニュ伝』　白水社
一九三九年　ヴィレ『モンテーニュの自然哲学』　創元社
一九四七年　『モンテーニュ入門』　八雲書店
一九四七年　『モンテーニュ論攷』　八雲書店
一九四八年　プレヴォ・パラドル『フランス・モラリスト研究』　育生社
（一九五一年『フランスのモラリストたち』として角川文庫）
一九四九年　『モンテーニュ旅日記』　白水社
一九四九年　『モンテーニュ書簡集』　白水社
一九四九年　ラ・ブリュイエール『人さまざま』　白水社
（一九五三年『カラクテール』として岩波文庫）
一九四九年　ラ・ロシュフコー『マクシム』（一九六二年『格言集』と改題）　白水社
一九五〇年　モーパッサン『水の上』　三笠書房
一九五〇年　モーパッサン『ピエルとジャン』（一九五一年より河出書房）　創芸社

一九五一年　『モンテーニュを語る』　角川書店
一九五一年　アナトール・フランス『エピキュールの園』　白水社
一九五三年　ブリア＝サヴァラン『美味礼讃』（一九六二年白水社、一九六七年岩波文庫）　創元社
一九五三年　パスカル『パンセ』（トゥールヌール版による）　創元社
一九五四年　ロチ『お菊さん』　河出書房
一九五五年　ヴォーヴナルグ『不遇なる一天才の手記』　岩波書店
一九五六年　ブロンシュヴィク『幸福の条件』　紀伊國屋書店
一九五七年　ユージェーヌ・シュー『パリの秘密』　創元社
一九五七年　ラ・ファイエット『クレーヴ夫人の恋』　河出書房
（一九六一年『クレーヴの奥方』として筑摩書房『世界名作全集』）
一九五八年　『モンテーニュ全集』全四巻　白水社
一九六五年　『人生の智恵――モンテーニュに学ぶ――』　大和書房
一九七六年　『モンテーニュとその時代』　白水社
一九八〇年　『モンテーニュ逍遙』　白水社
一九八一年　P・ミシェル『永遠普遍の人モンテーニュ』（共訳）　白水社
一九八三年　『モンテーニュ全集』全九巻　白水社

索　　　引

I. 人 名 索 引

ア　　行

カ　行

サ　行

タ　行

ナ　行

ハ　行

マ　行

ヤ　行

ラ　行

II. 書 名 索 引

ア　行

カ　行

サ　行

タ　行

ナ　行

ハ　行

マ　行

ヤ　行

『夜の果ての旅』 *Voyage au bout de la Nuit*（セリーヌ） 364

ラ　行

『礼記』 157
『列子』 366
『老子』→ 事項索引
『論語』 157

ワ　行

『我々はシナを認識しているか』 *Connaissons-nous la Chine*（エティアンブル） 25, 29

〈書名索引補遺〉

本文中に欧文のまま記載されている書名．なお矢印のあとの数字が記載ページ．

BARAZ (Michaël), *Le sentiment de l'unité cosmique chez Montaigne*, in *Cahier de l'Association Internationale des Etudes Françaises*, n° 14, 1962. → 84, 362
BLINKENBERG (Andreas), *Le dernier Essai de Montaigne* in *B. A. M.* (Bulletin de la Société des Amis de Montaigne), 4e série, n° 7, 1966. → 165
CÉARD (Jean), *Montaigne et l'Ecclésiaste. Recherches sur quelques sentences de la «Librairie»*, in *Bibliothèque d'Humanisme et Renaissance*, XXXIII (1971). → 335, 337
CONCHE (Marcel), *Pyrrhon ou l'apparence*, 1973 (cf. ‹Bibliographie› par P. MICHEL, in *B. A. M.*, 5e série, n° 10-11, 1974, p. 106-108). → 32
FEYTAUD (Jacques de), *Céline et le petit Montaigne*, in *B. A. M.*, 5e série, n° 12, 1974. → 364; *l'Ame poétique de Montaigne*, in *B. A. M.*, 3e série, n° 1, 1957. → 78
FRANÇON (Marcel), *Note sur l'évolution des Essais* in *B. A. M.*, 4e série, n° 12, 1967. → 270
GOUGENHEIM (G.) et SCHUHL (P.M.), *Trois Essais de Montaigne*, 1951. → 224
GRENIER (Jean), *Albert Camus (souvenirs)*, nrf., 1965. → 59
GUILLEMIN (Henri), *Flaubert devant la vie et devant Dieu*, Nizet, 1963. → 152
GUITTON (Jean), *Dialogue avec M. Pouget.* → 365, 366
LAGRANGE (Alain), *Alain, lecteur de Montaigne* in *B. A. M.*, 5e série, n° 14-15, 1975. → 360
MARTIN (Daniel), *Pour une lecture mnémonique des Essais: une image et un lien*, in *B. A. M.*, 5e série, n° 31-32, 1979. → 390
MEIJER (Marianne S.), *Montaigne et la Bible*, in *B. A. M.*, 5e série, n° 20, p. 23-51. → 337
MICHEL (Pierre), *Un «très beau vers» de Montaigne (Hugo)* in *B. A. M.*, 3e série n° 1, 1957. → 22
——, *Direction de travail sur Montaigne pour les aggrègatifs*, in *B. A. M.*, 5e série, n° 5, 1973. → 270
RAT (Maurice), *Montaigne versificateur*, in *B. A. M.*, 3e série, n° 25-26, 1963. → 22
——, *Sur une édition scolaire des Essais*, in *B. A. M.*, 4e série, n° 5, 1966. → 270

TRINQUET (Roger), *Le vrai triomphe de Montaigne*, in *Mémorial du Ier Congrès international des Etudes montaignistes*, 1963. → 298

『ピュロン説概要』(仏訳) : cf. Traduction de Geneviève Garon. (*Œuvres choisies de Sextus Empiricus*, Ed. Montaigne, 1948, p. 164; cité par Baraz.) → 357

III. 事 項 索 引

——巻頭の目次を補足するための——

ア 行

カ 行

サ 行

タ 行

ナ 行

ハ 行

マ 行

ヤ　行

ラ　行

参　考　書　目

BARAZ (Michaël), *L'Etre et la Connaissance selon Montaigne*, J. Corti, 1968.
——, *Le sentiment de l'unité cosmique chez Montaigne*, in *C. A. I. E. F.*, N° 14, 1962.
FRIEDRICH (Hugo), *Montaigne*, Gallimard, 1968.
WEILER (Maurice), *Pour connaître la Pensée de Montaigne*, Bordas, 1948.
MARTIN (Daniel), *Montaigne et la Fortune*, Champion, 1977.
CONCHE (Marcel), *Montaigne ou la conscience heureuse*, Seghers, 1964.
——, *L'homme sans définition. Introduction à la philosophie de Montaigne*, in *Revue de l'enseignement philosophique*, oct-nov., 1969.
——, *Pyrrhon ou l'apparence*, Editions de Mégare, 1973.
——, *Montaigne et l'ardeur de la vie*, in *B. A. M.*, 5ᵉ série, N° 13, 1975.
——, *Le Temps dans les Essais*. Communication du 26 mars 1977 à la Société des Amis de Montaigne, in *Bulletin de la Société des Amis de Montaigne*, 5ᵉ série, N° 25-26, 1978.
CÉARD (Jean), *Montaigne et l'Ecclésiaste. Recherches sur quelques Sentences de la «librairie»*, in *Bibliothèque d'Humanisme et Renaissance*, XXXIII, 1971.
MEIJER (Marianne S.), *Montaigne et la Bible*, in *Bulletin de la Société des Amis de Montaigne*, 5ᵉ série, N° 20, 1976.
BIERMEZ (Jean), *Sur Montaigne et la Sagesse taoïste*, in *Revue de Paris*, 1969.

*　*　*

LENOBLE (Robert), *Histoire de l'idée de Nature*, A. Michel, 1969.
AMBACHER (Michel), *Les Philosophies de la Nature*, 〈Que sais-je?〉, P. U. F., 1974.（桐山　稔訳『自然の哲学』，白水社，昭50.）
松本雅明『中国古代における自然思想の展開』，熊本大学，東洋史学研究室刊，昭48.

*　*　*

BERNARD (Henri), *Sagesse chinoise et philosophie chrétienne*, 1935.（松山厚三訳『東西思想交流史』，慶応書房，昭18.）
中村　元「東西文化の交流」（『中村元選集』 9 所収），春秋社，昭53.
中村　元「インドとギリシアの対決」（中村・早島訳『ミリンダ王の問い』巻一解説），〈東洋文庫〉，平凡社，昭49.
平川祐弘『マテオ・リッチ伝』，〈東洋文庫〉，平凡社，昭44.
竹内　実「隠逸の思想」（『中国の思想』第四章），NHK ブックス，昭42.

＊　＊　＊

ETIEMBLE (René), *Connaissons-nous la Chine?*, 〈Idées〉, Gallimard, 1964.
MICHAUX (Henri), *Un barbare en Asie*, Gallimard, 1946.
WIEGER (Léon), *Les Pères du Système Taoïste* (I. Lao-tzeu, II. Lie-tzeu, III. Tchouang-tzeu), Cathasia-France, 1950.
Liou Kia-hway, *L'œuvre complète de Tchouang-tzeu*, Gallimard, 1969.
GRENIER (Jean), *L'esprit de Tao*, Flammarion, 1973.
——, *Entretiens sur le bon usage de la liberté*, Gallimard, 1948.
KALTENMARCK (Max), *Lao-Tseu et le taoïsme*, 〈Maîtres spirituels〉, Seuil, 1976.
宇田　礼『荘子入門』，日本文芸社，昭50.
福永光司訳注『荘子』，〈中国古典選〉，朝日新聞社，昭31.
小川環樹・森三樹三郎『老子・荘子』，〈世界の名著〉，中央公論社，昭44.
岸　陽子訳『荘子』，〈中国の思想〉，徳間書店，昭40.
福永光司『荘子』，中公新書，昭48.
大浜　晧『荘子の哲学』，勁草書房，昭50.
鈴木修次『荘子——人と思想——』，清水書院，昭48.

＊　＊　＊

赤木健介『人生古典』，白揚社，昭27.
森　三樹三郎『無の思想』，講談社現代新書，昭44.
磯部忠正『無常の構造』，講談社現代新書，昭51.
唐木順三『中世の文学』，筑摩選書，昭37.
小林秀雄『本居宣長』，新潮社，昭52.
吉川幸次郎『本居宣長』，筑摩書房，昭53.
野崎守英『本居宣長の世界』，塙新書，昭47.
田原嗣郎『本居宣長』，講談社新書，昭43.
相良　亨『本居宣長』，東京大学出版会，昭53.
『本居宣長全集』全23巻，筑摩書房，昭44.
岡崎義恵『漱石と則天去私』宝文館，昭34.

新版　モンテーニュ逍《しょう》遥《よう》

二〇二四年六月二十日初版第一刷印刷
二〇二四年六月三十日初版第一刷発行

著者　関根秀雄

発行者　佐藤今朝夫

発行所　株式会社国書刊行会
東京都板橋区志村一―十三―十五　〒一七四―〇〇五六
電話〇三―五九七〇―七四二一
ファクシミリ〇三―五九七〇―七四二七
URL：https://www.kokusho.co.jp
E-mail：info@kokusho.co.jp

装訂者　Malpu Design（清水良洋）
印刷所　創栄図書印刷株式会社
製本所　株式会社ブックアート

ISBN978-4-336-07475-1 C0010